厚德博學

經濟匡時

工商管理系列

|第 5 版|

企业管理

杜玉梅　吕彦儒　周琼琼　主编

上海财经大学出版社

图书在版编目(CIP)数据

企业管理 / 杜玉梅，吕彦儒，周琼琼主编. —5 版 . —上海：上海财经大学出版社，2021.8

(匡时 · 工商管理系列)

ISBN 978 - 7 - 5642 - 3821 - 6/F · 3821

Ⅰ. ①企…　Ⅱ. ①杜…②吕…③周…　Ⅲ. ①企业管理-高等学校-教材　Ⅳ. ①F272

中国版本图书馆 CIP 数据核字(2021)第 140896 号

责任编辑：李成军
封面设计：张克瑶
版式设计：朱静怡

企业管理(第 5 版)

著 作 者：杜玉梅　吕彦儒　周琼琼　主编
出版发行：上海财经大学出版社有限公司
地　　址：上海市中山北一路 369 号(邮编 200083)
网　　址：http://www. sufep. com
经　　销：全国新华书店
印刷装订：上海叶大印务发展有限公司
开　　本：787mm×1092mm　1/16
印　　张：22.5
字　　数：440 千字
版　　次：2021 年 8 月第 5 版
印　　次：2021 年 8 月第 1 次印刷
印　　数：49 001—53 000
定　　价：56.00 元

第五版前言

本书秉持管理类专业的入门课和非管理类专业的管理基础课的清晰定位，在内容编排上贯彻去繁取简、去粗取精的原则，在体例设置上力求生动活泼、方便使用，在写作风格上坚持深入浅出、简洁明了，得到了广大读者的肯定。

然而，尽管以基础教材定位，但本书的编者依然坚持认为，基础知识不等于陈旧知识，入门教材不等于落后教材。因而，编者努力使本书理论与实践相结合、经典与前沿相呼应。正是出于这个考虑，本书的编者结合近年来理论研究和实践探索的最新经历和企业管理领域的前沿动态，组织修订本书。

与前几版相比，第五版修订了部分基础内容和课后的案例，增加了教师 PPT。如有需要，可与上海财经大学出版社李成军编辑联系（电话：021－65904706，E-mail：littlelcj2@163.com）。

本书的修订得到了上海财经大学出版社李成军编辑的大力支持，在此表示感谢。

当然，书中错误和不足在所难免，恳请广大同行和读者批评指正。

编　者

2021 年 7 月

第一版前言

早在1916年，法约尔在其《工业管理与一般管理》一书中就指出，任何类型的企业都存在六种基本活动：技术活动、商业活动、财务活动、会计活动、安全活动和管理活动。法约尔将这六种基本活动称为企业的经营活动，而管理只是其中一类。

人们在使用“企业管理”和“管理”时，经常是不加区别的，但在学科体系中两者是有区别的。提到“管理”时一般指的是“管理学”，而“企业管理”则多指“企业管理概论”。那么究竟该如何区分“企业管理”和“管理”呢？我们认为“企业管理”可以分为广义和狭义两种理解：广义的企业管理，是指企业的经营活动，包括管理学、战略管理、营销管理、财务管理、生产管理、人力资源管理等；而狭义的企业管理特指的是管理学。

本书定位为管理类专业的入门课和非管理类专业的管理基础课，因而我们的“企业管理”是广义的概念，也就是指企业经营管理。通过本书的学习，读者会对企业经营管理有个整体的把握，对企业经营管理的基本问题有个清晰的认识。

但是，作为广义的“企业管理”，把战略管理、营销管理、财务管理、生产管理、人力资源管理等职能管理的内容全部包括进来，从体例上说不免让人有大杂烩的感觉，从内容上说也难免会有纷繁复杂、难以把握的可能。

出于以上两方面的考虑，本书在安排体系时，既保证了体系的完整性，又突出了内容的重点性。将作为企业经营管理的基础和核心的管理，编排时在篇幅上给予了侧重。同时，在编写职能管理的内容时，也兼顾了职能管理体系的完整性和内容的侧重性，增加了基础知识和基本原理的比重。

因而，本书在体系上分为三篇。第一篇为企业管理概述，主要讲授企业、企业制度和企业环境方面的内容，是全书的基石；第二篇为企业管理原理，以管理职能为线索，重点介绍了管理学的基础知识和基本原理，是全书的核心；第三篇为企业经营管理，将企业文化、企业战略管理、营销管理、财务管理、人力资源管理、生产管理、供应链和物流管理等职能管理的基本内容独立成章，以基本管理的管理过程为中轴，贯穿职能管理原理，使各章相对独立，又浑然一体，描述了一幅较为完整的企业经营管理画卷。全书的最后是管理创新的内容，为读者展现了企业管理发展的趋势，是全书的结语，也是企业管理学习全新的起点。

本书借鉴了国际流行的经典教材的编排体例，在每章的开始以“学习目标”和“关键术语”的形式，开宗明义，给读者一个清晰的思路，能够把握全章的重点；在章节的最后又加了“本章小结”，总结基本原理和主要内容，便于读者梳理全章内容和日后复习。作为教材，我们还安排了“复习思考题”，供读者课后练习。企业管理是一门实践性很强的学科，因而我们在向读者讲授基础理论、基本概念的同时，在开篇加入了“引入案例”，在章节最后加入了“案例思考”，既可以帮助读者深入理解所学内容，又能使读者在分析具体案例时，提高认识、开阔视野。

本书由上海交通大学安泰经济与管理学院周颖老师和上海交通大学成人教育学院杜玉梅老师担任主编，上海交通大学安泰经济与管理学院吕彦儒博士和五邑大学管理学院的樊建锋老师担任副主编。全书由周颖负责体例安排和体例设计，并负责统稿和最后定稿。杜玉梅负责编写第三、四、五、七、八章，樊建锋负责编写第九、十二、十四和十五章，吕彦儒负责编写第一、二、六、十、十一、十三和十六章。

在教学和科研过程中，我们能抽身出来完成本书，得到了家人的理解和支持，没有他们的关爱就没有本书的出版，感谢他们！在本书的编写过程中，得到了上海财经大学出版社李成军编辑的大力支持，在此表示感谢。由于作者能力所限，书中错误和不足之处在所难免，恳请广大同行和读者批评指正。

编　者

2006 年 8 月

目　录

第一章　企业概论

学习目标

1. 掌握企业的概念；
2. 理解企业类型的分类方法及其基本特征；
3. 了解公司设立、合并、分立以及解散和清算的有关知识；
4. 了解创业对创业者的要求。

关键术语

企业　企业类型　公司制　有限责任公司　股份有限公司　创业　从业

引入案例

优衣库的磨难：创业是从失败中一步步走出来的

创业不需要什么特别的资质，而是从失败中一步一步走出来的。关键的问题是，当你已经做出了“失败”的判断时，你能否及时地抽身。既然已经知道这项尝试是一定会带来损失的，及时制止这种损失就应该是最优的决策。

20 年前，我对聚集在这里的公司总部员工们宣布：“公司名称从‘小郡商事’改为‘FAST RETAILING(迅销)’，优衣库正式拓展全国连锁业，每年开 30 家店，3 年后达到 100 家，尽快实现公司上市目标。”

回想起来，当时这一目标一旦失败，公司也许就会倒闭，但那是个绝好的扩张机会。

扩张的冲动

1994年12月在广岛证券交易所上市后，公司扩张的冲动显得更为迫切。为了加强商品设计和信息收集，我们在美国纽约设立了一家全资子公司——“印象纽约公司”。

但1995年初秋，由纽约子公司一手打造的商品全线投入市场，却遭遇全军覆没的惨剧。1996年11月，公司在东京又成立了一家商品设计事务所。这样，我们把商品企划的工作分散到了纽约、东京、大阪、山口四个地方。但在实际操作时，四个地方要做到信息顺畅交换和共享更加困难。我意识到，这种组织架构的尝试是行不通的，必须在东京设立商品研发的一体化机制。于是，纽约子公司宣布解散。

接着，1996年10月，我们出资将东京一家童装公司85%的股权买下，收于“优衣库”的麾下。但由于这家公司本身损益结构一直没有得到很好的改善，出现了连续亏损。最终，我们关闭了这家公司的所有店铺。从这次的失败中，我们意识到，优衣库自己企划的商品打着他人的牌子推向市场的运作模式行不通。

由于优衣库做的是休闲服装，这与运动服装相近，那么，是否可以把那些平时穿着的运动服集中起来作为休闲服来卖呢？于是，我们开了一家新业态的店，取名叫“SPOQLO”。

经过一年左右的准备，1997年10月，“SPOQLO”和“FAMIQLO”各开出了九家店。但就在“SPOQLO”开到17家、“FAMIQLO”开到18家的时候，我们又不得不关闭了这一类店铺。

保守的困扰

优衣库的真正成功是从销售薄绒衫开始的。1998年，我们推出薄绒衫，把以前人们作为登山服，或兴趣爱好的特殊服装，用谁都能买的价格，使其成为一种大众商品，迅速掀起热潮，优衣库也得以从名不见经传到家喻户晓。

但在连续三年的薄绒衫好卖的行情中，由于其他商品的连带销售也得到了相乘效果的惠及，其中一部分人产生了错误的想法，认为做生意是很简单的，只要商品能及时补货，无须吆喝都能卖掉，好像商店变成了自动售货机。于是，热衷空谈的人出现了，还有一些从大企业过来的人，本来应该怀着一切从头开始的心情开始工作，却带来了原来大企业的一些惯性做法，不思新的挑战。

同时，在生产环节上，由于供不应求，一直需要追加生产；而在销售环节，由于店铺成为自动售货机，不再需要动脑筋也能卖得很好。在这种情形下，作为经营人员就要思考，目前的这一切只不过都是因为薄绒衫的畅销带来的效果，不能陶醉其中，必须尽快拨正航船的航向。

随着薄绒衫热潮的谢幕，公司进入了新的停滞期。门店的销售也开始大幅下降，出现了同比的负增长。这也可以说是因为薄绒衫的成功带来了“错觉”，而贻误了下一轮新的进发。

为了打破这一现状，我决定到英国伦敦和中国去开店。

国际化的槛

于是，我们很快在英国伦敦设立了子公司。

现在，当我反省这一段时期的事情时，觉得当时的自己也陷入了一种疯狂的泡沫之中。因为在国内取得了成功，就很轻易地认为可以到海外去发展了，以为把日本的成功拿到海外复制就可以了，其实是大错特错。

在伦敦正式开店是在2001年9月，也就是说，在现地法人成立后还花了将近一年的时间。在伦敦市内开了4家店，其后，在英国共扩展到21家店，但却一直亏本。

因为要实现2004年年末开出50家店的目标，结果大家就为开店而开店，全然不顾及其他，直冲着商店的数量而去，盲目扩张。

高的租金，再加上开店需要投入的人事费、内装工程、信息系统、研修培训等方面，没有“效率”和“效果”的判断，反正先投资开出50家店铺再说的做法，导致全军覆没。

为此，我们开始压缩规模，伦敦圈以外的门店，全部关闭。伦敦市内的，或离市中心很远的郊外店，凡是效益不好的，全都关闭。结果，除了市中心及郊外效益还可以的5家店，其他都关掉。

经过了如此大的失败，优衣库在上海的开店，就不能像在伦敦那样冒进，而是一步一个脚印，开一家店盈利后再开下一家。

我经历的是“九败一胜”的人生，优衣库做的是屡败屡战的生意，所以，创业不需要什么特别的资质，而是从失败中一步一步走出来的。关键的问题是，当你已经做出了“失败”的判断时，你能否及时地抽身。既然已经知道这项尝试是一定会带来损失的，及时制止这种损失就应该是最优的决策。

资料来源：柳井正：《优衣库的磨难：创业是从失败中一步步走出来的》，《销售与管理》，2011年7月27日，作者系日本迅销集团董事长兼CEO。

第一节　企业概述

一、企业的概念和含义

企业是为满足社会需要并获取盈利，实行自主经营、自负盈亏、独立核算，具有法人资格，从事商品生产和经营的基本经济单位。从这一企业概念中我们可发现企业的五个特点。

1. 企业是一个经济性组织

人们把经济理解为“经世济民”，意思是要在有限的资源条件下，使用尽可能少的投入创造尽可能多的社会财富，以满足社会日益增长的物质和文化生活需要。企业作为一个经济性组织，首先表明它是一个投入-产出系统，即从事经济性活动。具体表现为生产性和营销性等方面的活动，都是把资源按照用户的需要转变成为可被接受的产品与服务。其次表明它具有追求经济性的目标，即在经营企业的过程中实现“产出/投入”的最大化。具体而言，企业不同于行政事业和福利性机构，它必须获取盈利。盈利是企业创造附加价值的组成部分，也是社会对企业所生产的产品和服务能否满足需要的认可与报酬。在发育完善的市场体系下，企业所获得的利润报酬与其为社会所做的贡献成正比；而不获利或亏损的企业则可认为是在占用、浪费、损害社会资源，是不应让其继续存在的。企业的经济性或获利性还意味着政府的税收与国民的福利、公益事业的发展，以及企业自身的扩大再生产、职工生活水平的不断提高。对于当今绝大多数的企业来说，经济性不仅是一种要求，它往往被认为是企业行动的最高且唯一的目的：实现利润的最大化。

2. 企业是一个社会性单位

企业不仅是经济组织也是社会组织，而且在现代社会中，企业的社会性功能已不单纯地从属于其经济性功能，不是简单地反映为“取之于社会，需用之于社会”的道义方面的要求，现代企业已是一个向社会全面开放的系统，它所承担的社会责任与政治责任有时甚至会对其经济性行为产生决定性影响。所以，企业概念中的“为满足社会需要”不仅指满足用户甚至市场的需要，它还包括了满足企业股东和一切经营及其结果的“相关者”的需要，这些相关者都在不同方面、不同程度上与企业发生联系，影响、帮助或制约企业的行为。这形成了企业经营的社会环境，企业无论如何也脱离不了这种环境。应当注意到，企业社会性的责任与功能有时与其经济性的责任与目的之间会形成矛盾，结果往往是迫使企业在经济性方面妥协，因此企业利润最大化的目标一般是很难实现的。企业的社会性要求其管理者不仅要有经济头脑，还必须会解决社会和政治问题。

3. 企业是一个独立法人

企业具有自己的独立财产与组织机构，能以自己的名义开展民事活动并承担责任，享有民事权利与义务。企业的法人特点规定了它须依照法定程序建立组织，如必须在政府部门登记注册，应有专门的名称、固定的工作地点与组织章程，具有独立的财产，实行独立核算，能够充分独立、自主经营等；同时，作为法人，企业也只对“有限”的自己负法律责任，如企业的行为并不殃及其员工，企业资产的清算仅对法人的注册资本与负债有效，并不涉及出资人的其他财产问题。因此，独立法人的特点决定了企业一定是自负盈亏、独立核算与自主经营的。企业的经理、厂长是法人代表，应该对自己的权利有充分的认识，同时也应明确了解自己要负的责任。

4. 企业是一个自主经营系统

除了独立法人的自主权利与责任所要求的自主行动之外，由于企业是在市场中运作，面对的是各种各样的需求、稍纵即逝的机会、优胜劣汰的竞争，其经营决策除了需要有效性，还必须强调行动的高效率，因此这也要求企业对其经营要有充分的自主性，不应受到其他方面的直接干预。同时对于企业经营者来说，自主经营除了行动的自主性之外，还意味着与自主经营所对应的“自觉”负责，包括“自负盈亏、自我积累、自我发展和自我制约”，这些都是所有权与经营权分离之后，企业经营管理应该承担的义务。为了利用好自主经营，使企业得以长期、稳定发展，管理者还必须为此建立管理科学的企业经营系统，其中包括有效的企业组织与领导体制、高效率运作的经营决策机制。

5. 企业是一个历史发展的产物

企业并不是生来就有的，它是商品经济的产物，也标志着生产力发展的一定水平。在奴隶社会和封建社会中，主要的经济形态是自给自足的自然经济，家庭既是社会又是经济的基本单位，包括那时少数的工业作坊的生产都并不是为了交换，而主要是为了自身或给奴隶主、封建主的消费，因此这种以家庭和手工业作坊为基础的自给自足的生产组织形式都不叫企业。只有商品交换发展到了一定程度，尤其是中间商介入生产与交换之间时，才开始产生最原始的企业组织：简单协作生产制。这种生产形式的核心是由中间商控制家庭或作坊的生产，原料的购进、销售的环节都与生产相脱节，尽管生产工具和劳动力还以家庭或作坊为主，但生产者已经在向雇工过渡，生产也不再以个人或家庭消费为主，生产的组织也正在向社会化协作的方式演变。

随着工业革命和大机器生产的推行，掌握着市场、原料和大量流动资本的中间商开始直接进行生产性投资。可以想象在机器应用于生产的年代，会发生的肯定不再是机器走入家庭，而是家庭作为经济细胞的彻底破裂，生产者彻底地变成雇工和无产者，这时的企业就是以第一次工业革命为基础的工厂生产制企业。由此可见，企业自诞生那天起就背负着“希望与罪恶”，它既代表着新的生产方式，是社会化生产的开始，意味着生产效率与管理效率的无止境提高，创新、创造活动的空前活跃；同时，企业的功利取向又使经营者能够在方法合理性外衣的掩盖下，肆无忌惮地榨取剩余价值、牟取暴利、采取一切手段达到目的，并使之成为一种职业规范。尽管社会主义的企业与资本主义的企业有着本质的区别，但在社会主义初级阶段，更重要的是企业作为一个历史发展的产物，人们对它必须要有全面的认识，尤其是对于管理者而言，除了应有明智的头脑外，还需具有正确的价值观。

二、企业的使命

企业在创业初期一般都像婴儿一样，只有强烈的生存欲望，而并不在意生存究竟为了什么，但随着其发展壮大，生存已慢慢不是问题，人就要追求如何生活得更幸福、更有价值；同样，当企业不再面临生存挑战而面临发展选择之时，企业的使命、信念、理想一类的问题便会自然产生。

根据企业的概念，其目的包括两个方面："满足社会需要并获得盈利"，即"顾客满意＋合理利润"，它反映出企业社会与经济两方面的职能与责任。然而，在管理者实际决策之时，两方面目标的完全保证往往不如单一目标的不懈追求来得简单明确，况且社会利益与经济效益对于企业而言并非总是协调、统一的。在这种情况下，管理者的决策则可能遇到这种问题：在企业经营中究竟是以什么作为本质目的追求？是"合理利润"为目标、"顾客满意"为手段，还是"顾客满意"为目标、"合理利润"为回报？这并非是要评判哪种方式正确，而是要通过这一问题的讨论，使管理者对自己企业的使命、经营信念与企业文化等方面有更进一步的认识。

关于企业的社会责任问题从来就有两种不同的看法，其中主张企业只应负有限社会责任的人士认为：在自由竞争的市场体系下，企业追求私利极大化的过程会导致社会公利极大化的结果；担负社会责任的企业往往以牺牲企业利润和效率为代价；社会的公平取决于代表民意的政府，而不应由企业领袖来参与；企业管理者应接受更多的营销、生产、财务方面的职业训练，社会决策并非他们之所长；企业利润分散于社会既不稳定又不充足，不能有效地解决社会问题。因此认为企业主要是完成其经济任务、追求利润目标，社会问题则由政府或社会本身来解决。

另一种观点认为企业应该具有社会责任感，因为这对企业本身有很大的好处。如果企业都不大规模裁员就不会有很高的失业率，相应的购买力也不会下降，企业市场便不会萎缩；如果企业不管社会问题，就很有可能会导致社会混乱，受害者仍是企业；同样，如果企业不顾社会，人民就会转向政府，要求更严厉地管制企业，这有可能更为糟糕；还有许多问题的确是由企业造成的，企业有义务负责完善、改善社会环境及其公众形象。

企业作为一个经济系统，无论从哪一方面来说都必须是盈利的，千方百计地提高经济效益是管理者的中心任务。然而，盈利是应该被直接作为目的来追求，还是被当成一种过程产物来看待，这一问题确实是值得管理者考虑的，尤其是那些经营较好、正在谋求进一步发展的企业更应慎重考虑这一关系。如果管理者把盈利水平作为最高目标加以追求，其他的一切都只是实现这一目标的手段，就比较容易导致经营方面的短期行为、影响战略目标的稳定，容易使企业追逐高回报率的行业或市场，而不易使企业在长期竞争中集中精力提高自身素质，这可能会动摇企业长远生存与发展的基础。相反，若是企业把更多的精力用于关注市场、用户，能够了解和掌握市场的变化、用户需求发展的趋势，并迅速做出反应，甚至引导、把握趋势的变化，企业就将在这一市场上长久不衰、日益兴旺，相应地不仅盈利水平会较高而且稳定性会很好，同时高市场占有率与良好的公司形象所导致的经营风险会很低。由此可见，如果企业把眼光更多地放在服务对象身上，更多地关注长远的社会、市场、顾客利益，社会和用户是会充分予以回报的。利润作为服务过程的产物将自然而然地产生而无需刻意追逐。

松下幸之助说："生产的目的是以丰富大众日常生活的必需品、改善及扩充其生活内容为主要目的。"这部分地揭示了松下公司成功的秘密。在世界经济大萧条之时，松下先生就在考虑"生产者的使命""为什么办企业"这类经营理念问题，并从一次偶然的宗教活动中悟出了"正义的经营"之道："宗教事业，是全力以赴地引导广大有烦恼的人获得精神寄托，是使其人生幸福的神圣事业；而我们所经营的事业，则是生产和满足人类生活不断提高所需要的物质产品，因而它也是必不可少的神圣事业"，于是他建立了"实业人的使命，就是克服贫困，就是使整个社会脱贫致富。把商店和工厂繁荣起来并不是经营和生产的目的，而是通过其劳动和活动，使社会富起来"。在这一信念体系下，顾客满意与合理利润问题也就很容易解决了："所谓利润，应该看作是对完成企业使命所给予的报酬，因此，没有利润的经营可以看作是这个企业对社会贡献小，没有完成本来使命的企业。"

美国著名的经验主义学派管理学家彼得·德鲁克(Peter Drucker)也曾指出，"企业目标的唯一有效定义就是要创造顾客"。德鲁克的本意不是说企业只管创造顾客及服务用户，而可以不管成本或不盈利，他关键是想告诫经理及管理者存在一种更好的经营思想，即时刻不要忽视顾客，不要"只顾盈利而不爱服务"，若不管用户需求、服务不佳，企业在竞争中必然受挫，自然也难以盈利；而采用追求"创造顾客"模式，则盈利是必然的结果。

由此可见，尽管追求企业的经济性甚至以利润为经营目标无可厚非，但中外管理学界与实业界也在思考、探索着一种更好的经营思想与思想方法，以试图把企业利益与公众、客户利益更好、更自然地协调统一起来。

专栏

世界500强：以企业排名观世界经济格局

2020年8月10日，新的《财富》世界500强排行榜发布。《财富》世界500强排行榜的历史始于1955年。那一年,《财富》杂志根据各公司1954年的总收入对美国最大的500家工业企业排名。1995年8月7日,《财富》杂志第一次发布同时涵盖工业企业和服务性企业的《财富》世界500强排行榜。

依据这个榜单的数据,人们可以了解全球最大企业的最新发展趋势。通过纵向不同年份和横向不同行业的比较,人们既可以了解企业的兴衰,也可以了解公司销售收益率、净资产收益率、全员生产效率等经营质量的变化。与此同时,深入国家或地区的研究可以揭示大企业群体分布的变化。

2008年国际金融危机以后,这些大公司的经营状况跌入低谷。随后的最大转变发生在2018年,当年收入和利润的同比增幅分别接近9%和15%。在这个基础上,2019年《财富》世界500强收入同比继续增长2%;但是,2019年这些公司利润总和为2万亿美元,同比减少超过4%。

沃尔玛连续第七年成为全球最大公司,中国石化仍位列第二,国家电网上升至第三位,中国石油位列第四,而壳牌石油下降至第五位。

在盈利方面,沙特阿美仍以882亿美元的利润位居榜首。伯克希尔-哈撒韦紧随其后,以814亿美元的利润位列第二,苹果则退居第三。工、农、建三大中国银行继续位列利润榜前10位。微软公司凭借云业务的出色表现,利润同比暴增近137%,进入利润榜10强,位居第五。

2020年排行榜最引人注目的变化无疑是中国公司实现了历史性跨越:2020年,中国内地与香港公司数量达到124家,历史上第一次超过美国(121家)。加上台湾地区企业,中国共有133家公司上榜。但是,中国企业盈利水平较低。2019年,上榜中国内地与香港企业124家平均利润不到36亿美元,约为美国企业(70亿美元)的一半,也低于全球500家大公司平均利润41亿美元。根据这三个数据计算,上榜中国内地与香港公司平均销售收益率为5.4%,低于美国企业的8.6%,平均净资产收益率为9.8%,低于美国企业的17%。

资料来源:节选自财富中文网,http://www.fortunechina.com/fortune500/c/2020-08/10/content_372148.htm,登录时间:2021年5月11日。

第二节 企业的类型划分

现代市场经济的活力归根结底来自企业。企业是社会最具有活力的细胞,它的形式多样、情况复杂。为了便于研究和管理,我们有必要对企业分类。由于企业类型在不同的国度有所不同,因此下面仅对我国的企业加以分类。

一、按所有制性质分类

1. 国有企业

我国的国有企业又称全民所有制企业，是指所有权为国家所有，依法注册、登记，自主经营、自负盈亏、独立核算的生产经营组织。国有企业具有法人资格，以国家授予其经营管理的财产承担民事责任。国有企业财产属于国家所有，对国家负责，经营目标是确保国有资产保值和增值。由于我国全民所有制采取国家所有制形式，由国家代表全民行使所有者的职能，因此，国家有关管理机构自身的完善程度与管理人员的素质等问题就会影响国有企业的正常、高效运营。国有企业发生亏损的原因有时不单纯是经营性亏损，而可能是政策性亏损。政策性亏损是指企业为实现国家规定的社会公益性目标或者指令性计划而形成的亏损；经营性亏损则是因企业自身的经营管理不善造成的。国有企业经营管理中存在的政府性行为与市场经济的不适应，是我国改革进程中的一个大问题，还有待解决。

2. 集体企业

集体企业即集体所有制企业，是指所有权属于人民群众集体所有，依法注册、登记的生产经营性组织。它目前在我国主要分为农业中的集体所有制和工商业中的集体所有制，其中农业中的集体所有制现在主要是指家庭联产承包责任制。

3. 民营企业

民营企业是指生产资料属于私人所有，依法注册、登记的生产经营性组织。民营企业的所有权由于属于私人企业主，因此其资金规模一般不大。

4. 混合企业

混合企业是指所有者中可能既有国家和集体等公有制成分，又有个人与外资等私有制成分的企业，是不同性质所有制之间的联合。正由于其混合所有的性质，使其组建和经营更加灵活，更有利于资源的优化组合和合理调配，应变能力较强。

二、按资本来源的国别分类

1. 中资企业

中资企业是指资本来源于我国境内，所有者为中国公民或法人的生产经营性组织。我国绝大多数的企业是中资企业。

2. 外资企业

外资企业也称外商独资经营企业。它是指外国的企业、其他经济组织或者个人，依照中国的法律和行政法规，经中国政府批准，设在中国境内，全部资本由外国投资者投资的企业。

3. 中外合资经营企业和中外合作经营企业

(1)中外合资经营企业是指由外国投资者和中方投资者依照中国的法律和行政法规,经中国政府批准,设在中国境内的由双方共同投资、共同经营,按照各自的出资比例共担风险、共负盈亏的企业。中外合资经营企业一般采取股权式方式组成,其组织形式多为有限责任公司。

(2)中外合作经营企业是指契约式的中外合营企业,它是由外国企业、其他经济组织或者个人同中国的企业和其他经济组织,依照中国的法律和行政法规,设在中国境内的,由双方用契约确定各自的权利和义务的企业。合作经营企业可以依法取得中国的法人资格,也可以不具备法人资格。具备法人资格的合作企业,一般采取有限责任公司形式,投资者以其投资或者提供的合作条件为限对企业承担责任;不具备法人资格的合作企业,合作双方依照中国民事法律的有关规定承担民事责任。

三、按信用基础分类

1. 人合型企业

人合型企业的信用基础是人,投资者组建的基础主要是凭借相互的信任。合伙制企业即属于人合,合作双方拥有平等的决策权。这种企业由于受人际关系、信用程度和个人财力的限制,融资能力较差,一般规模比较小。

2. 资合型企业

资合型企业组建的基础是资产,其信用基础是资产。股份有限公司就是典型的资合公司。资合公司的融资能力较强,规模一般比较大。

3. 两合型公司

两合型公司是指兼有人合与资合两种性质的公司,其主要股东即经营者以相互信任的人际关系为基础,而一般股东则以资产为信用基础。这样的企业兼有人合型企业与资合型企业的优点,但在实际组建和运营中存在固有的缺点,因此两合型企业并未形成气候。

四、按股东对公司债务承担的责任分类

1. 无限责任公司

无限责任公司是指由两个以上的股东组成的、全体股东对公司的债务负无限连带清偿责任的公司。它的特征是:

(1)公司解散清算时,股东要以自己的全部动产与不动产对公司所负债务负责,即当公司资产不足以清偿公司债务时,股东要以自己的资产清偿。

(2)无限责任公司的设立简单,通常没有法定的最低注册资本额的限制,也无须对

外公开财务状况。

(3)股东转让股权受到严格的限制，股东的责任与其在公司内部的利益成正比，而且延伸至公司所有的债务。

(4)由于无限责任的存在，且股东有权直接参加公司的管理，使得无限责任公司的股东必须积极努力经营以免公司破产，因此，其相应的信用程度也要高一些。

(5)因为股东风险大，股本转让困难，相对自由度低，所以，筹集资本比较困难。

2. 有限责任公司

有限责任公司是指由法定数量的股东组成的、全体股东仅以各自的出资额或出资额加上所承诺的担保额为限承担财产责任的公司。其特征是：

(1)不发行股票。股东各自的出资额，一般由他们协商确定。在他们各自交付了其协定应付的股金后，由公司出具书面的出资证明(股份证书)，作为其在公司中享有权益的凭证。

(2)股东人数较少，股东常常作为雇员参加公司的经营管理。股东人数通常有法定的最高限额，以免由于“管事的人”太多，造成决策的延缓和官僚机构臃肿的现象。

(3)公司股权转让有严格的限制。万一发生特殊情况需要转让，必须经全体股东一致同意。如股东欲转让其股份，其他股东有优先购买权。这也是对股东人数限制的一个原因。

(4)公司的账目不对外披露。

3. 两合公司

两合公司是指由两部分股东组成的，其中一部分股东对公司债务负无限责任，另一部分股东对公司债务仅负有限责任的公司。

公司中无限责任股东的法律地位一般与无限责任公司的股东地位相同，有限责任股东的法律地位同有限责任公司的股东地位基本相似；但有限责任的股东不得随意转让其资本份额，若转让须经全体无限责任股东同意。负无限责任的股东均有执行业务的权利并承担相应的责任，可以对外代表公司；而负有限责任的股东无权对外执行业务和代表公司，但其享有对公司的监督权，在营业年度终了时可以要求查阅公司营业期间的资产负债表，并可检查公司的业务和财务状况。两合公司的基本特点与无限公司相似，但可以同时满足不同投资者的需要。有良好的信用和经营能力但没有财力的人，与拥有财力但没有能力或不愿直接从事经营活动的人可以相互结合，互取所长。两合公司由于决策权和经营权完全掌握在无限责任股东手中，其有限责任股东的地位远不如有限责任公司的股东，因此，一般情况下投资者不愿参加两合公司。实际上，采用这种公司形式的企业并不多见。

4. 股份有限公司

股份有限公司是指公司的全部资本分为等额股份,全体股东仅以各自所认购的股份数额对公司承担有限责任的公司。公司可以向社会公开发行股票,股票可以自由交易或转让,股东的一切权利都体现在股票上并随股票的转移而转移。每股有一份表决权,股东以其所持有的股份享受权利,承担义务。股东人数有法定的最低限制,但无上限。股份有限公司是最典型的现代企业组织形式。股份有限公司完全建立在股东投资的基础之上,公司的信用全部来自公司的资产,与股东个人无关,其可以向社会公开发行股票募集资本。股份有限公司的规模一般较大,竞争能力较强。

五、按组织形式分类

1. 个人独资企业

个人独资企业是指由一人投资经营,企业财产及收益归投资者一人所有,对债务承担无限责任的企业。

2. 合伙企业

合伙企业是指由各合伙人订立合伙协议,共同出资、合伙经营、共享收益、共担风险,并对合伙企业债务承担连带责任的营利性组织。

3. 公司

我国的公司可分为有限责任公司、股份有限公司和国有独资公司。股份有限公司与有限责任公司在前面已经介绍过,这里只介绍国有独资公司。国有独资公司是指由国家授权投资的机构或国家授权的部门单独投资设立的有限责任公司,其投资者只有一个,即国家。由于只有一个股东,故不设股东会。

六、按企业间的从属关系分类

根据控制与被控制关系,企业可分为母公司与子公司,并形成企业集团;根据企业管辖与被管辖关系,企业可划分为总公司与分公司。

1. 母公司与子公司

母公司与子公司是相对而言的。母公司是指通过持有其他公司一定比例的股票或资产,从而对其拥有实际控制权的公司,所以也称为控股公司。受母公司控制、支配的公司叫子公司。母公司与子公司都具有法人资格。母公司一般是依据其掌握的子公司的控股权,通过其在子公司股东会及其董事会中的席位而产生的决策权,对子公司实施控制的。而企业集团就是以母公司为核心,通过股权纽带把多个企业联结在一起,所形成的多法人的企业群体。企业集团是由多个具有独立法人资格的企业组成的企业群体,本身并不是法人。企业集团是建立在公司法人制度基础之上的,其成员企业在法律上各自保持独立法人的地位。

母子公司的特征有：

(1)具有资金放大效应。母公司只要掌握能控制子公司的股份就可以操纵子公司的经营业务，以较少的投入控制众多企业，按照自己的经营战略发展，从而产生资金的放大效应。

(2)母子公司结构可以降低经营风险。随着母公司规模的扩大，多样化经营成为必要，在多样化经营中，将一些风险大的产品或服务交由子公司经营，可以降低经营风险。因为母公司对子公司只承担有限责任，而且当子公司有盈利时，母公司又能从子公司的盈利中获取一定的利润。

(3)母子公司结构可以有效利用资金。母公司通过购买股票等方式建立母子公司结构，可以节约资金，节省时间，腾出资金投向利润率较高的领域，从而有效利用资金。

2. 总公司与分公司

总公司与分公司也是相对而言的。由于经营管理的需要，在一个公司内部，采取设立分支机构的管理方式，其分支机构就是分公司，而负责并掌管整个企业经营、资金调度、人事安排等重大经营管理活动的总机构是总公司。分公司作为总公司所管辖的分支机构，在法律上和经济上都没有独立性，具体如下：

(1)分公司一般没有独立的公司名称和章程。

(2)分公司不具有独立的资本，不是独立核算的纳税主体。

(3)分公司对外不独立承担民事责任。

(4)经管活动的结果由公司整体承受。

我国的现行企业制度是随着改革开放，尤其是随着市场经济的建设逐步形成的。一方面，现行企业制度还不完善，还在改革与建设之中；另一方面，相当多的人对企业理论和企业制度缺乏基本的理解。加强对企业制度的研究，进一步完善我国的企业制度，是我们在今后一定时期内的一项重要任务。

第三节　公司概述

一、公司的概念

按照《中华人民共和国公司法》的规定：公司特指有限责任公司和股份有限公司。公司是企业法人，有独立的法人财产，享有法人财产权。公司以其全部财产对公司的债务承担责任。公司股东依法享有资产收益、参与重大决策和选择管理者等权利。公司从事经营活动，必须遵守法律、行政法规，遵守社会公德、商业道德，诚实守信，接受政府和社会公众的监督，承担社会责任。公司的合法权益受法律保护，不得侵犯。

二、公司的设立

设立公司，应当依法向公司登记机关申请设立登记。法律、行政法规规定设立公司必须报经批准的，应当在公司登记前依法办理批准手续。依法设立的公司，由公司登记机关发给公司营业执照。公司营业执照签发日期为公司成立日期。公司营业执照应当载明公司的名称、住所、注册资本、实收资本、经营范围、法定代表人姓名等事项。公司营业执照记载的事项发生变更时，公司应当依法办理变更登记，由公司登记机关换发营业执照。公司以其主要办事机构所在地为住所。设立公司必须依法制定公司章程。公司章程对公司、股东、董事、监事、高级管理人员具有约束力。公司的经营范围由公司章程规定，并依法登记。公司可以修改公司章程，改变经营范围，但是应当办理变更登记。公司法定代表人依照公司章程的规定，由董事长、执行董事或者经理担任，并依法登记。公司可以设立分公司。设立分公司，应当向公司登记机关申请登记，领取营业执照。分公司不具有法人资格，其民事责任由公司承担。公司可以设立子公司，子公司具有法人资格，依法独立承担民事责任。

1. 有限责任公司的设立

有限责任公司的设立，应当具备下列条件：

(1)股东符合法定人数，有限责任公司由50个以下股东出资设立。

(2)有符合公司章程规定的全体股东认缴的出资额。有限责任公司的注册资本为在公司登记机关登记的全体股东认缴的出资额。

(3)股东共同制定公司章程。有限责任公司章程应当载明公司名称和住所，公司经营范围，公司注册资本，股东的姓名或者名称，股东的出资方式、出资额和出资时间，公司的机构及其产生办法、职权、议事规则，公司法定代表人以及股东会会议认为需要规定的其他事项。股东应当在公司章程上签名、盖章。

(4)有公司名称，建立符合有限责任公司要求的组织机构。有限责任公司的组织机构包括股东会、董事会、经理、监事会等。有限责任公司股东会由全体股东组成，股东会是公司的权力机构。有限责任公司设董事会，其成员为3－13人，董事会设董事长一人，可以设副董事长。董事长、副董事长的产生办法由公司章程规定。有限责任公司可以设经理，由董事会决定聘任或者解聘。经理对董事会负责，负责公司具体的经营管理。有限责任公司设监事会，其成员不得少于3人。股东人数较少或者规模较小的有限责任公司，可以设1－2名监事，不设监事会。

(5)有公司住所。

2. 股份有限公司的设立

股份有限公司的设立，可以采取发起设立或者募集设立的方式。发起设立，是指由发起人认购公司应发行的全部股份而设立公司。募集设立，是指由发起人认购公司应发行股份的一部分，其余股份向社会公开募集或者向特定对象募集而设立公司。

设立股份有限公司，应当具备下列条件：

(1)发起人符合法定人数。设立股份有限公司，应当有 2 人以上 200 人以下为发起人，其中须有半数以上的发起人在中国境内有住所。

(2)有符合公司章程规定的全体发起人认购的股本总额或募集的实收资本总额。股份有限公司采取发起设立方式设立的，注册资本为在公司登记机关登记的全体发起人认购的股本总额。在发起人认购的股份缴足前，不得向他人募集股份。股份有限公司采取募集方式设立的，注册资本为在公司登记机关登记的实收股本总额。

(3)股份发行、筹办事项符合法律规定。以发起设立方式设立股份有限公司的，发起人应当书面认足公司章程规定其认购的股份。以募集设立方式设立股份有限公司的，发起人认购的股份不得少于公司股份总数的 35%，发起人向社会公开募集股份，必须公告招股说明书，并制作认股书。

(4)发起人制订公司章程，采用募集方式设立并经创立大会通过。发起人应当在创立大会召开 15 日前将会议日期通知各认股人或者予以公告。创立大会应有代表股份总数过半数的发起人、认股人出席，方可举行。

(5)有公司名称，建立符合股份有限公司要求的组织机构。股份有限公司股东大会由全体股东组成。股东大会是公司的权力机构。股份有限公司设董事会，其成员为 5－19 人。董事会设董事长一人，可以设副董事长。董事长和副董事长由董事会以全体董事的过半数选举产生。股份有限公司设经理，由董事会决定聘任或者解聘。股份有限公司设监事会，其成员不得少于 3 人。

(6)有公司住所。

三、公司合并、分立、增资、减资

公司合并可以采取吸收合并或者新设合并两种方式。一个公司吸收其他公司为吸收合并，被吸收的公司解散。两个以上公司合并设立一个新的公司为新设合并，合并各方解散。公司合并，应当由合并各方签订合并协议，并编制资产负债表及财产清单。

公司分立，应当编制资产负债表及财产清单。公司需要减少注册资本时，必须编制资产负债表及财产清单。有限责任公司增加注册资本时，股东认缴新增资本的出资。股份有限公司为增加注册资本发行新股时，股东认购新股。

公司合并或者分立、登记事项发生变更的，应当依法向公司登记机关办理变更登记；公司解散的，应当依法办理公司注销登记；设立新公司的，应当依法办理公司设立登记。公司增加或者减少注册资本的,应当依法向公司登记机关办理变更登记。

四、公司的解散和清算

公司基于以下原因的需要解散:公司章程规定的营业期限届满或者公司章程规定的其他解散事由出现;股东会或者股东大会决议解散;因公司合并或者分立需要解散;依法被吊销营业执照、责令关闭或者被撤销;公司经营管理发生严重困难,继续存续会使股东利益受到重大损失,通过其他途径不能解决的,持有公司全部股东表决权 10% 以上的股东,可以请求人民法院解散公司。

公司解散的,应当在解散事由出现之日起 15 日内成立清算组开始清算。有限责任公司的清算组由股东组成,股份有限公司的清算组由董事或者股东大会确定的人员组成。

清算组在清理公司财产、编制资产负债表和财产清单后,发现公司财产不足清偿债务的,应当依法向人民法院申请宣告破产。公司经人民法院裁定宣告破产后,清算组应当将清算事务移交给人民法院。

公司清算结束后,清算组应当制作清算报告,报股东会、股东大会或者人民法院确认,并报送公司登记机关,申请注销公司登记,公告公司终止。

第四节 创业概述

一、创业的概念

杰夫里·A. 蒂蒙斯(Jeffry A. Timmons)所著的创业教育领域的经典教科书《创业创造》(*New Venture Creation*)指出,创业是一种思考、推理结合运气的行为方式,它为运气带来的机会所驱动,需要在方法上全盘考虑并拥有和谐的领导能力。

科尔(Cole)把创业定义为发起、维持和发展以利润为导向的企业的有目的性的行为。

史蒂文森(Stevenson)、罗伯茨(Roberts)和格罗斯贝克(Grousbeck)提出,创业是一个人——不管是独立的还是在一个组织内部——依靠运气追踪和捕捉机会的过程,这一过程与当时控制的资源无关。

创业即创立企业,是指某个人发现某种信息、资源、机会或掌握某种技术,利用或借用相应的平台或载体,将其发现的信息、资源、机会或掌握的技术,以一定的方式,转化、创造成更多的财富、价值,并实现某种追求或目标的过程。

二、创业者的概念

在欧美学术界和企业界，创业者被定义为组织、管理一个生意或企业并承担其风险的人。中国香港创业学者张世平认为，创业者是一种主导劳动方式的领导人，是一种需要具有使命、荣誉、责任能力的人，是一种组织、运用服务、技术、器物作业的人，是一种具有思考、推理、判断的人，是一种能使人追随并在追随的过程中获得利益的人，是一种具有完全权利能力和行为能力的人。

当前，国内外学者将创业者的定义分为狭义和广义两种。狭义的创业者是指参与创业活动的核心人员。该定义避免采用领导者或组织者的概念。因为在当今的创业活动中，技术的含量越来越大，离开了核心的技术专家，很多创业都无法进行，核心的技术专家理应成为创业者。事实上，很多创业活动最早都是由拥有某项特定成果的技术专家发起的。广义的创业者是指参与创业活动的全部人员。在创业过程中，狭义的创业者将比广义的创业者承担更多的风险，也会获得更多的收益。

创业者要具备四种基本素质：心理素质、身体素质、知识素质和能力素质。

心理素质是指创业者的心理条件，包括自我意识、性格、气质、情感等心理构成要素。作为创业者，他的自我意识特征应为自信和自主；他的性格应刚强、坚持、果断和开朗；他的情感应更富有理性色彩。成功的创业者大多是不以物喜，不以己悲。

身体素质是指身体健康、体力充沛、精力旺盛、思路敏捷。现代小企业的创业与经营是艰苦而复杂的，创业者工作繁忙、时间长、压力大，如果身体不好，必然力不从心、难以承受创业重任。

创业者的知识素质对创业起着举足轻重的作用。创业者要创造性思考，要做出正确决策，必须掌握广博知识，具有一专多能的知识结构。具体来说，创业者应该具有以下几方面的知识，做到用足、用活政策，依法行事，用法律维护自己的合法权益；了解科学的经营管理知识和方法，提高管理水平；掌握与本行业本企业相关的科学技术知识，依靠科技进步增强竞争能力；具备市场经济方面的知识，如财务会计、市场营销、国际贸易、国际金融等。

创业者至少应具有如下能力：(1)创新能力，(2)分析决策能力，(3)预见能力，(4)应变能力，(5)用人能力，(6)组织协调能力，(7)社交能力，(8)激励能力。而这些能力正是本书所要介绍，需要读者在管理实践中培养的。

本章小结

1. 企业是为满足社会需要并获取盈利，实行自主经营、自负盈亏、独立核算，具有法人资格，从事商品生产和经营的基本经济单位。

2. 企业的目的包括两个方面:“满足社会需要并获得盈利”,即“顾客满意+合理利润”,它反映出企业社会与经济两方面的职能与责任。

3. 在企业的发展过程中,企业经历了个人业主制企业、合伙制企业、两合制企业、公司制企业几种企业制度的形态。

4. 现代市场经济的活力归根结底来自企业。企业是社会最具有活力的细胞,它的形式多样、情况复杂。企业有多种不同的分类方法。

复习思考题

1. 企业的本质是什么?
2. 简述我国现行法律对企业的分类及其意义。
3. 有限责任制度和无限责任制度的利弊及其作用有哪些?

案例思考

谷歌创业成功的五大关键

研究创业类命题,一定会遇到这样的问题:当今最酷最炫的创业家是谁?世界上最年轻的亿万富翁是谁?回答是谷歌小子:拉里·佩奇和谢尔盖·布林。理由如下:23岁攻读计算机博士学位,30岁身家达40亿美元;无视旧规则,挑战旧权贵,创造出全新的搜索产业、缔造全新广告系统……用一书名概括就是打造出“撬动地球的Google”。

关键1:计算机血脉相承

1994年,斯坦福大学的泰瑞教授获得美国国家自然基金几百万美元经费的支持,和同事搞了一个“斯坦福数字图书馆项目”。23岁的博士生拉里·佩奇和谢尔盖·布林就是此项目的成员。做这个项目的时候,两小子就有这样的设想:既然图书馆能用一种技术方便地从成千上万的书中找出自己感兴趣的书,那么互联网上的信息,是不是也能用类似的技术,让人们快速找到想要的信息?

谷歌小子的创业点子来自博士项目。23岁就成为最好大学最好计算机系的博士生,这不能不归结为家庭的影响,他们很早就开始了计算机的启蒙教育。

拉里与谢尔盖在上小学的时候就开始使用计算机了。拉里的父亲是第一批获得计算机本科学位的学生,早在1960年即获得密歇根大学计算机科学本科学位,5年后,他取得了这个新兴研究领域的博士学位。其母亲也有计算机科学硕士学位。

谢尔盖·布林的母亲是美国航空航天局成绩斐然的科学家,主要研究领域是计算机仿真,模拟大气和天气情况对太空旅行的影响。父亲是一名严肃的知识分子和天才数学家,研究从抽象几何学到动力系统的各种复杂的数学问题。谢尔盖出生于莫斯科,1978年谢尔盖的父亲冒着政治风险舍弃一切携全家移民美国。

《谷歌小子》引用现任谷歌公司旗下慈善机构谷奥传播总监拉里·布里连特的话说,拉里和谢尔盖的家庭背景促成了两人的理想主义,因为非常注重道德的出身,让他们“不作恶”的经营准则得以彻底贯彻,从而成就了一互联网霸主。

关键 2:风险投资及美国公司做大机制

互联网是以风险投资为基石的行业,谷歌不是第一个也不是最后一个完全由风险投资催生出的巨型公司,但迄今为止,谷歌的成功让风险投资人的积极正面作用得以最完美地体现。

风险投资成就了拉里和谢尔盖。谷歌公司未注册就得到了 10 万美元的投资,由同门师兄安迪・贝托尔斯海姆资助,谷歌创业时的车库租金及办公桌椅就是用了这笔钱。

贝托尔斯海姆的投资不光给了谷歌小子信心,也使他们在向家人和朋友融资的时候更具说服力。他们很快就弄到了大约 100 万美元,这些钱足够他们购买必需的计算机设备并迈出计划中关键的一步。

得到的认可接踵而至。正式创业第二年,谷歌小子就说服硅谷最负盛名的 KPCB 和红杉资本风险投资公司,每家各投入 1 250 万美元(以公司股权的 9%作为回报)。也就是说,公司创业不到 3 年,还没有任何盈利,就价值亿万美元。得到如此大笔的钱,花钱就是让人头疼又畅快淋漓的事了:谷歌先是搬到了更大的办公室,然后从单一的英语搜索扩展到各主要语种,比如法语、德语、俄语、意大利语,还有中文、日语、韩语。

2004 年 8 月,谷歌公开发行了它的股票,每股单价为 85 美元,融资金额近 20 亿美元,是有史以来规模最大的科技股 IPO。应引起关注的对比是:在谷歌 1998 年创立之后的 7 年里,微软股票的价值没有任何增长,而谷歌的股票价值却已超过 800 亿美元。

谷歌上市后,安迪・贝托尔斯海姆的 10 万美元变成了将近 3 亿美元。KPCB 和红杉资本公司发现自己的股票价值大约高达 30 亿美元,这可能是有史以来最高的风险投资回报。

关键 3:年轻人的激情犯罪

“创办谷歌的时候,我和谢尔盖还是斯坦福大学计算机科学专业的博士研究生,”佩奇曾在大学讲述过自己的创业故事,“我们当时还不确定自己到底想要做什么。我有一个疯狂的想法,就是要将整个网络都下载到我的计算机上。我告诉我的导师我只需要一个礼拜来完成这项工作。可是,在经过一年之后,我仅仅完成了一部分。”学生们哄堂大笑。

“所以乐观精神很重要,”他接着说,“在设定自己的目标时,你需要有一点傻劲儿。单身青年的干劲和激情很重要,但有些人把它称为激情犯罪。”

谷歌的新聘人员大部分直接来自大学或研究生院。我们知道,比尔・盖茨也曾利用这一手段建立微软。通过雇用年轻有为的毕业生,谷歌公司获得了一个强大的智力基础,雇员们将为底薪而工作,接受股票期权作为替代报酬,并有长时间工作的意愿和耐力。他们在此之前通常没有工作过,谷歌得以向其灌输公司文化。

“硅谷的肮脏秘密在于,”一位风险投资家说,“初创公司是由可以通宵工作的小单身们运转的。谷歌只雇用年轻人。”

创业是一种激情犯罪。如果需要指责,雇用年轻人为了理想没日没夜地创造,从而缔造今日之谷歌,就是激情犯罪,而这也是谷歌成功的关键之一。

关键 4:缔造全新广告系统

许多人认为,是谷歌的技术优势给公司带来了一个巨大的起步优势。“它们的 PageRank 构想,让网站发言者投票选出最受欢迎的网站。”不过,竞争对手们都一致认为,PageRank 没什么大不了的。

与流行的观点相反，谷歌搜索引擎的最初设计与其竞争对手的技术含量不相上下，关键在于他们利用技术的方式以及拒绝滥用技术的方式。《谷歌小子》作者的观点是：技术本身并不能成为一家成功的公司，商业策略才能做到这一点。

拉里和谢尔盖聪明狡诈。他们打破了常规，挑战旧的产业并四处树敌。最重要的是，他们是理想主义者，相信互联网的力量会使世界变得更加美好。关注用户，这个简单理念是拉里和谢尔盖怪癖的一部分。拉里和谢尔盖在公司网站上题为《我们的哲学》一文中列出的第1条准则：关注用户和一切后续事宜。其中，缔造全新的广告系统最具代表性，而这是利润之源。

哈尔·瓦里安于2002年担任加州大学伯克利分校商学院院长，2007年，他成为谷歌公司的首席经济学家。瓦里安的专业领域之一是预测性定价，他研究出一种能够预测广告点击的速度，并将这个速度与人们的竞拍出价比较的系统。该系统可使广告客户基于一条广告的预期点击量确定其竞价。这是一个非常重要的功能，因为广告客户只在有人点击其广告时才向谷歌支付其竞价。为了使广告客户了解该系统的更大效能，该系统允许他们看到自己的排名和其他广告客户的出价。

谷歌设计的广告系统还有另外一个奇妙之处。谷歌建立了一条反馈回路，用来优先考虑最有效的广告而不是出价最高的广告，这与只给出最高的竞标人最好的广告位置完全不同。每条广告都逐步建立起一个声望值。如果人们不点击它，它的排名就会下落，同时较低成本的广告的排名就会上升。

依靠这样全新的广告系统，谷歌成为互联网广告的垄断者、广告巨头。到2008年年底，谷歌创造了大约75%的互联网搜索广告收入，与此同时，雅虎维持在大约29%，微软仅占4%。

关键5：欲统全球的野心

有学生问过谷歌创始人这样的问题："你们认为谷歌是你们事业中最精彩的部分吗？""我想它是我们希望在今后20年中取得的成绩中最微不足道的一笔，"布林说，"但是，我想即使谷歌是我们创造出来的唯一一样东西，我也不会对自己太失望。"然而，佩奇并不这样看，"我会觉得很失望，"他说，"我们还要继续努力很多年。"

谷歌彻底改变了人们获取信息和随时了解新资讯的方式，似乎一夜之间就融入日常生活而成为生活中不可或缺的部分。我们来看看谷歌未来的业务方向，不由你不大吃一惊。

未来核心业务1：分子生物学和遗传学

数百万的基因组合再加上数量庞大的生物学和科学数据与谷歌规模宏大的数据库和惊人的计算机处理能力非常匹配。这个项目有望带来科学、医学和保健学史上的突破性进展。换句话说，有朝一日，我们有希望在谷歌上搜索自己的基因。

未来核心业务2：网络图书馆

自从在斯坦福大学获得数字图书馆倡议的资助以来，拉里和谢尔盖一直想建立一个电子图书馆。拉里和谢尔盖认为，他们的工作不亚于创立一个新的希腊化时代。"我们并不确定可以从图书搜索上赚钱"，谢尔盖说，"我们只认为，这是我们核心使命的一部分。书中存在着奇妙的信息，书中的信息远胜于我在网络上找到的信息。"

未来核心业务3：媒体业务

谷歌越来越像一家媒体公司。2006年，它以16亿美元的价格收购了世界领先的网络视频供应商YouTube。正如他们想把图书数字化，以便人们能够对其搜索，拉里和谢尔盖还想确保有一个庞大的视频内容库可供搜索。

谷歌的目标是利用互联网的浩瀚资源，“以不可想象的规模汇集小角色”。采用这一做法，谷歌无疑正在取代微软成为计算机行业的核心。微软的模式是以个人计算机为中心，而谷歌是以互联网为中心的。

未来核心业务4：谷歌电话公司

谷歌看起来很像是电信公司的竞争对手。它拥有数千英里的光纤光缆，尝试创建免费的互联网接入服务，研发了一整套手机程序，并且设计了名为安卓（Android）的免费手机操作系统。基于该系统的第一部手机，谷歌G1手机，于2008年发布。

资料来源：邱恒明：《高端阅读：谷歌创业成功的5大关键》，腾讯财经，2010年9月28日，编者有删节。

问题：

1. 结合案例分析创业成功的关键因素有哪些。
2. 创立企业需要考虑哪些因素？

第二章　企业制度与环境

学习目标

1. 了解企业制度的基本类型；
2. 掌握现代企业制度的概念、特征与内容；
3. 理解企业环境的基本类型及主要内容。

关键术语

业主制企业　合伙制企业　公司制企业　现代企业制度　外部环境　内部环境　宏观环境　微观环境

引入案例

建立和完善现代企业制度

公司治理是与公司制相伴而生的，有效的公司治理是现代企业制度建设的重点所在。我国国有企业从 20 世纪 90 年代开始公司制改革，学习借鉴当今世界企业经营管理的先进经验和成功实践，结合中国实际，积极探索，不断深入推进。在现代企业制度建设方面，借鉴国际上现代企业制度建设的通行做法，并结合中国实际适当进行了中国化改造，使中国的企业制度模式具有了中国特色。中国特色的现代企业制度，可以分成三个层次来理解。

第一个层次，坚持和加强党的领导。坚持和加强党的领导是国有企业的光荣传统，也是国有企业的根和魂。这个根和魂，下一步要继续把它做好，核心是四个坚持：

坚持党要管党，从严治党；坚持服务生产经营不偏离；坚持加强选人用人；坚持加强国有企业的基层党组织建设。

第二个层次，完善法人治理结构。2017年4月，国务院办公厅《关于进一步完善国有企业法人治理结构的指导意见》，指出国有企业的法人治理结构应该是一个“产权清晰、权责明确、政企分开、管理科学”的现代制度。在新时期完善国有企业法人治理结构，核心的任务是将党的组织和法人治理结构有机融合，使企业的各类法人主体责任到位，能够有效履行职权，真正发挥治理作用。

第三个层次，激发经营层活力。激活企业微观主体活力，激发企业的市场动能，是中国特色现代企业制度体现出市场经济特点的基层动力。对于国企来说，要通过选人用人机制市场化和激励约束机制的多样化、精准化，使全部国企都融入全球产品市场和要素市场。

资料来源：根据相关网络资料整理。

第一节　企业制度

企业制度是一个历史范畴，它随着企业的产生和发展，经历了一个从简单到复杂、从不完善到完善的过程，并由此形成了多种不同的类型。在市场经济条件下，企业制度的基本形式从资本的所有者形式来看，主要有三种，即个人业主制企业、合伙制企业和公司制企业。这三种基本形态是在市场经济数百年的发展过程中形成的，也是目前世界各国企业立法的三种主要形式。

一、个人业主制企业制度

个人业主制企业又称个人企业或个人独资企业，是指由个人出资兴办，出资人亲自经营，收入归自己所有，风险也完全由个人承担的一种企业形式。这种企业在法律上是自然人企业，不具有法人资格。

个人业主制企业是一种最简单的企业形态，它诞生于市场经济早期，有着十分悠久的历史，直到今天仍普遍存在。比如在市场经济较为发达的美国，个人业主制企业仍占企业总数的70%以上。所以即使在今天，它对经济的发展仍起着不容忽视的作用。不过，尽管个人企业在数量上占绝对多数，但其营业额相对于公司制企业来说微不足道。它在整体经济中并不占据主导或支配地位，仅是社会化大生产的一种必要的补充形式。

个人业主制企业制度的优点在于它的所有权与经营权归于一体，因此具有经营灵活、决策迅速，且有利于保守企业经营秘密的长处。但它也有着非常明显的短处：一是企业主的风险很大，要对企业的债务负无限责任。即当企业的资产不足以偿还企业的全部债务时，企业主必须以自己其他的个人财产承担偿债责任。在这种情况下，企业主的所有财产都是有风险的。一旦企业经营失败，企业主就有倾家荡产的可能。二是企业的规模有限。这种企业由于受到个人资信能力及管理能力的限制，企业规模的扩张是极其有限的，只能从事一些投资及经营规模较小的产业。三是企业的寿命有限。这种企业的存亡完全取决于企业主。如果企业主死亡或是在未转让的情况下放弃经营，企业的寿命就结束了，这就导致企业的债权人和雇员风险较大，影响企业的声誉。

由于上述特点，个人业主制企业一般只是在规模较小的零售商业、服务业、手工业、家庭农场、家庭医师、开业律师等领域中采用。

二、合伙制企业制度

合伙制企业又称合伙企业，是指由两个或两个以上个人通过签订合伙协议共同出资兴办、联合经营的一种企业。它在法律上仍是自然人企业。合伙企业既可以由部分合伙人经营，也可由全体合伙人共同经营。经营所得由全体合伙人分享，经营风险则由全体合伙人分担。

合伙制企业由于是由许多合伙人共同出资、联合经营、共担责任，因此与个体企业相比有较明显的优势，它增强了企业的筹资能力和信用能力，提高了企业的竞争力，使企业有了进一步扩大和发展的可能性。但合伙企业同样也有其局限性：一是企业的规模仍有限。尽管合伙企业由多人共同出资，但由于受合伙人数量及个人资产的限制，因此大多数合伙企业仍局限在规模较小的生产和经营领域之内。二是决策时效性差。这种企业由于合伙人都有决策权，几乎事事都需大家共同协商，意见一致时才能决策下来，造成决策时效的延误。三是企业的稳定程度有限。合伙企业是合伙人通过签订契约建立起来的。任一合伙人退出或死亡，都需重新确定合伙关系，并有可能影响企业的存续，致使企业的稳定性受到很大影响。四是投资的风险仍很大。合伙企业实行无限连带责任。在这种责任制度下，企业中的普通合伙人与个人业主一样须对企业债务负无限责任，并且在他们之间还存在一种连带的责任关系，即有的合伙人财产如不够索赔标准，则其他有能力的合伙人要代其承担偿还责任。

总的来看，合伙企业的数量要远远少于个人业主制企业和公司制企业。如在美国的全部企业形式中，它只占7%左右。但在一些资产规模较小、管理不复杂，而主合伙人个人信誉非常重要的领域中仍较为活跃，如律师事务所、会计师事务所等。

三、公司制企业制度

公司制企业又称公司，是由两人或两人以上的投资者共同出资构造起来的能够独立对自己经营的财产享有民事权利、承担民事责任的一种法人企业。它是现代企业的重要形式。公司制企业与个人业主制企业及合伙制企业之间有着重要的区别。后两者都是自然人企业，而公司制企业在法律上具有独立人格，是法人企业。

公司制企业是企业组织形式发展到高级阶段的一种企业制度形式。它在16世纪末17世纪初诞生在西欧特许贸易公司的基础上，经过几百年的发展才形成并逐步走向成熟。

公司制企业的基本特征有四个方面。

1. 公司以营利为目的，属社团法人

公司是一种企业形式，具有企业的全部特征，所以按照市场经济的要求，公司必须以营利为目的，谋求利润的最大化。传统企业，无论是个人业主制企业还是合伙制企业都是自然人企业，它们都以业主个人财产为基础营运，它们的经营活动也是建立在自然人的信誉之上，而公司则是由出资人（股东）入股组成的具有法人地位的法人团体，它以其法人财产作为营运基础，它的经营活动也是建立在法人的组织信誉之上。大陆法系还将法人分为两种：社团法人和财团法人。其中社团法人是有一定数量的、具有相同目的的成员集合建立的法人组织。它以成员作为成立的基础。财团法人则是指以实现一定目的而捐助的财产为基础设立的法人。综上所述，显然公司是以股东为组织基础设立的并以营利为目的的社团法人。

2. 公司制企业实现了股东所有权与法人财产权的分离

公司不再由所有者亲自经营自己的财产，而将其委托给公司的管理层管理。这对提高企业的经营水平非常有利。

3. 公司法人财产具有整体性、稳定性和延续性的特点

整体性是指公司的法人财产不可分割。公司是法人企业，它通过集中众多所有者的资本形成了企业法人财产。尽管这些资本的终极所有权是多元化的、高度分散的，但投资形成的法人财产却是个完整的、不可分割的整体。

稳定性是指公司法人财产不会因股东的变化而经常性地波动。根据公司法规定，股东资产一旦投资到公司形成法人财产，就不能撤资而只能转让。这样，股东的变化就不会影响公司法人财产的变化，使其保持了很强的稳定性。

同时，公司作为法人，已有了独立的生命，股东的死亡就不影响公司的存亡，只要不破产、不歇业，公司就可存续下去，公司的法人财产就不会丧失。因此，公司法人财产具有延续性的特点。

第二节 现代企业制度

一、现代企业制度的概念

1993年11月，中共十四届三中全会明确了国有企业的改革方向，即建立“产权清晰、权责明确、政企分开、管理科学”的现代企业制度。党的十七大报告提出：“深化国有企业公司制股份制改革，健全现代企业制度。”中共十九届四中全会明确提出，深化国有企业改革，完善中国特色现代企业制度。在完善基本经济制度、建立健全现代市场体系的过程中，党中央始终坚持把建立现代企业制度作为国有企业改革的方向。

现代企业制度是以企业法人制度为基础，以企业产权制度为核心，以产权清晰、权责明确、政企分开、管理科学为条件而展开的，由各项具体制度所组成的用来处理企业基本经济关系的企业软件系统。它是为适应我国国有企业制度创新的需要而提出来的特定概念，是企业制度的现代形式。公司制是现代企业制度的典型形式。

现代企业制度包括以下几层含义。

1. 现代企业制度是企业制度的现代形态

企业制度是处于发展变化之中的，现代企业制度是从原始企业制度发展而来的，是商品经济或市场经济及社会化大生产发展到一定阶段的产物。

2. 现代企业制度是由若干具体制度相互联系而构成的系统

现代企业制度不是一个孤立的制度，而是现代企业法人制度、现代企业产权制度、现代企业组织领导制度、管理制度等有机结合的统一体。

3. 产权制度是现代企业制度的核心

现代企业制度是以终极所有权与法人财产权的分离为前提的。

4. 企业法人制度是现代企业制度的基础

现代企业法人制度是企业产权的人格化。企业作为法人，有其独立的民事权利能力和民事行为能力，是独立享受民事权利和承担民事义务的主体。规范和完善的法人企业享有充分的经营自主权，并以其全部财产对其债务承担责任，而终极所有者对企业债务责任的承担仅以其出资额为限。所以，正是在现代企业法人制度的基础上，才产生了有限责任制度。我们强调建立现代企业制度，转换国有大中型企业经营机制，其实质内容之一就是在我国确立规范、完善的现代企业法人制度，使国有大中型企业成为自主经营、自负盈亏、自我约束、自我发展的市场竞争主体，使作为终极所有者的国家承担有限责任。

5. 现代企业制度以公司制为典型形式

现代公司制主要是指股份有限公司和有限责任公司。从这个意义上讲，建立现代企业制度主要是公司化。

二、现代企业制度的特征

中共十四届三中全会将现代企业制度的特征凝练为十六个字，即“产权清晰、权责明确、政企分开、管理科学”。其含义分别如下。

1. 产权清晰

企业的设立必须有明确的出资者，必须有法定的资本金。企业中的国有资产权属于国家，企业拥有包括国家在内的一切出资者投资形成的全部法人财产权。企业的法人财产是其生产的保障，企业只能在一定权限内占有和使用。财产的所有权及其增值部分都属于出资者。企业破产清算时，其剩余财产也属于出资者所有。产权关系明晰化、所有权和法人财产权的界定，既有利于保证出资者资产的保值增值，又赋予企业独立的法人地位，使其成为享有民事权利、承担民事责任的法人实体。

2. 权责明确

现代企业制度有效地实现了权责关系的辩证统一。出资者一旦投资于企业，其投资额就成为企业法人财产，企业法人财产权也随之而确定。企业以其全部法人财产依法自主经营、自负盈亏、照章纳税，同时对出资者承担资产保值增值的责任。这就解决了传统的企业制度下，企业权小责大，主管部门权大责小、权责脱节的问题，从而形成了法人权责的统一。

3. 政企分开

政企分开有两层含义。(1)政企职能分开，即政府的行政管理职能与资产管理职能分开。国有资产管理权职能仅仅是针对国有资产的，而不是针对所有社会资产。行政职能属于政府行政权力，而所有权职能是一种财产权利，两者范围不同，性质不同，遵循的法律也不一样，政府行政职能由行政法调整，而所有权职能由民法调整。(2)政企职责分开，即政府不直接干预企业的生产经营活动，而是通过宏观调控影响和引导企业的生产经营活动；企业摆脱政府行政机构附属物的地位，不再依赖政府，而是根据市场需求组织生产经营，以提高劳动生产率和经济效益为目的。企业在市场竞争中优胜劣汰，长期亏损、资不抵债的依法破产。实行政企分开后，政府与企业的关系体现为法律关系，政府依法管理企业，企业依法经营，不受政府部门直接干预。

4. 管理科学

现代企业制度确立了一套科学完整的组织管理制度。首先是通过规范的组织制度，使企业的权力机构、监督机构、决策机构和执行机构之间职责分明，相互制约。在公司制企业中，实行董事会领导下的经理负责制，所有者通过股东大会选出董事会、监事会，董事会再聘任经营者（经理或厂长），这样就形成了一套责权明确的组织体制和约束机制。其次是建立科学的企业管理制度，包括企业机构的设置、用工制度、工资制度和财务会计制度等，各部门之间相互协作，为完成企业的目标服务。通过建立这些科学的组织体制和组织管理制度，调节所有者、经营者和职工之间的关系，形成与激励相约束相结合的经营机制。

总之，现代企业制度这四个特征是一个有机整体。它们具有很强的关联性，互为因果，又互为条件。

三、现代企业制度的内容

现代企业制度是一个内涵丰富、外延广泛的概念，但从本质上讲，它就是“产权明晰、权责明确、政企分开、管理科学”的企业制度。其基本内容包括三个方面：(1)现代企业产权制度，即公司法人产权制度；(2)现代企业组织制度，即公司组织制度；(3)现代企业管理制度，即公司管理制度。

1. 现代企业产权制度

产权制度是对财产权在经济活动中表现出来的各种权能加以分解和规范的法律制度，它以产权为依托，合理有效地组合、调节各种经济主体在产权关系中的权利、责任和义务。产权制度的核心是通过对所有者和使用者的产权分割和权益界定，使产权明晰化，以实现社会资源的优化配置。所以，现代企业产权制度的实质是所有者终极所有权与企业法人财产权的分离，现代企业使法人享有独立的法人财产权。

中共十六届三中全会提出产权是所有制的核心和主要内容，现代产权制度的特征是“归属清晰、权责明确、保护严格、流转顺畅”。建立现代产权制度，有利于维护公有财产权，巩固公有制经济的主体地位；有利于保护私有财产权，促进非公有制经济发展；有利于各类资本的流动和重组，推动混合所有制经济发展；有利于增强企业和公众创业、创新的动力，形成良好的信用基础和市场秩序。这是完善基本经济制度的内在要求，是构建现代企业制度的重要基础。要依法保护各类产权，健全产权交易规则和监管制度，推动产权有序流转。

2. 现代企业组织制度

在市场经济的发展中，公司制企业已经形成了一套完整的组织制度，其基本特征是：所有者、经营者和生产者之间，通过公司的决策机构、执行机构、监督机构，形成各自独立、权责分明、相互制约的关系，并以法律和公司章程的形式加以确立和实现。

公司是由许多投资者即股东投资设立的经济组织，必须充分地反映公司股东的个体意志和利益要求。同时，公司作为法人应当具有独立的权利能力和行为能力，必须形成一种以众多股东个体意志和利益要求为基础的、独立的组织意志，以自己的名义独立开展业务活动。

公司组织制度坚持决策权、执行权和监督权三权分立的原则，由此形成了公司股东大会、董事会和监事会并存的组织框架。公司组织机构通常包括股东大会、董事会、监事会及经理人员四大部分。按其职能分别形成决策机构、监督机构和执行机构。

(1)决策机构。股东大会及其选出的董事会是公司的决策机构。股东大会是公司的最高权力机构，董事会是股东大会闭会期间的最高权力机构。

(2)监督机构。监事会是由股东大会选举产生的，监督董事会及其经理人员的活动的机构。

(3)执行机构。经理人员是董事会领导下的公司管理和执行机构。

这种组织制度既赋予经营者充分的自主权，又切实保障所有者的权益，同时还能调动生产者的积极性，因此，它是现代企业制度中不可缺少的内容之一。

3. 现代企业管理制度

管理科学是建立现代企业制度的保证。一方面，要求企业适应现代生产力发展的客观规律，按照市场经济发展的需要，积极应用现代科技成果，在管理人才、管理思想、管理组织、管理方法、管理手段等方面实现现代化，并把这几方面的现代化内容同各项管理职能有机结合，形成有效的现代化企业管理。另一方面，还要求建立和完善与现代化生产要求相适应的各项管理制度，主要包括现代企业生产制度、人事制度、财务制度、破产制度等。

上述三方面内容中，产权制度是企业制度的基础和核心，它对企业制度的其他方面具有决定性的作用；组织制度和管理制度在一定程度上又反映着企业财产权利的安排，三者共同构成了现代企业制度。

第三节 企业环境

企业的外部环境要素可以归纳为两类，一类是直接对企业生产经营活动产生影响的环境因素，如政府、股东、供应商、竞争者、顾客、公众、媒介、社区等；另一类是只能间接影响企业活动和决策的环境因素，如政治、经济、科技、社会、文化等客观环境因素。概括地讲，将企业外部对企业产生间接影响的环境称为企业的宏观环境，而将企业发展所面临的对企业产生直接影响的环境称为微观环境。其中宏观环境指的是对企业的发展具有战略性影响的环境因素，例如政治法律、社会文化等。一般在分析企业的外部环境时，通常是先分析企业的宏观环境，然后再分析微观环境，由外到内分析。

一、企业的外部宏观环境

企业的外部宏观环境也称一般环境、总体环境，是指那些造成市场机会或环境威胁的主要社会力量。它们直接或间接影响企业经营。企业的外部宏观环境主要有四个因素，分别是政治法律环境、经济环境、社会文化环境和技术环境。经济领域要素的变化显然对企业战略具有最重要的影响，但其他领域的影响也非常重要，因为每一个行业和行业中的企业都将受这些企业战略环境各个方面因素的影响。当然，某一个因素的变化对不同行业的企业的影响程度是不同的。

1. 政治法律环境

政治法律环境是指对企业经营活动具有现存的和潜在作用与影响的政治力量，同时也包括对企业经营活动加以限制和要求的法律和法规等。这些因素常常制约、影响着企业的经营行为，尤其是影响企业较长期的投资行为。

从国际方面来看，政治因素主要包括其他国家的国体与政体、关税政策、进口控制、外汇与价格控制、国有化政策以及群众利益集团的活动等。国际方面的法律因素主要涉及各国的国内法以及国际公约、条约的有关规定等。例如，美国等发达国家的经济立法，有些是为了保护竞争，有些是为了保护消费者利益，有些是为了保护社会利益，防止环境污染。我国企业若要与某个国家开展贸易活动，必须事先了解该国的政治和法律。

从国内方面来看，政治因素主要是指政府和各职能部门的各项方针和政策。它对企业的生存与发展将产生长期与深刻的影响。具体来说，政治因素包括国家和企业所在地区的政局稳定状况，执政党所要推行的基本政策以及这些政策的连续性和稳定性。这些基本政策包括产业政策、税收政策、政府订货及补贴政策等。就产业政策来说，国家确定的重点产业总是处于一种大发展的趋势。因此，处于重点行业的企业增长机会就多，发展潜力大。那些非重点发展的行业，发展速度就较缓慢，甚至停滞不前，因而处于这种行业的企业很难有所发展。另外，政府的税收政策影响企业的财务结构和投资决策，资本持有者总是愿意将资金投向那些具有较高需求且税率较低的产业部门。

一些政治因素对企业的行为有直接的影响，但一般来说，政府主要是通过制定一些法律和法规间接影响企业的活动。从国内方面来看，法律因素主要指全国人大常委会、国务院、主管部门，以及各省、市、自治区公布的法律法规所做的有关规定，其中经济法律法规的关系更为密切。经济法律法规是为调整经济活动中的法律关系，发展社会生产力服务的。它规定了企业可以做什么，不可以做什么。合法经营受到法律保护，非法交易则要受到法律制裁。目前我国的经济立法，特别是涉外经济立法还不够完备。近几年来，为适应改革开放的需要，在健全法制、加强法治方面取得了明显进步，先后制定和颁布了一大批经济法律和法规，例如《全民所有制工业企业法》《外商投资法》《专利法》《商标法》《进出口关税条例》《公司法》《企业破产法》等。

政治法律环境对企业来说是不可控的，带有强制性的约束力，只有适应这些环境的需要，使自己的行为符合国家的政治路线、政策、法令、法规的要求，企业才能生存和发展。

2. 经济环境

经济环境指的是一个企业所属的或可能会参与其中的经济体的经济特征和发展方向，包括国民经济发展的总概况、国际和国内经济形势及经济发展趋势、企业所面临的产业环境和竞争环境等。一般来讲，企业面临的经济环境可以从以下几个方面分析。

(1)考察目前国家宏观经济处于何种阶段：萧条、停滞、复苏还是增长，以及宏观经济以怎样一种周期规律变化发展。在衡量宏观经济的众多指标中，国民生产总值是最常用的指标之一，它是衡量一国或一个地区经济实力的重要指标，它的总量及增长率与工业品市场购买力及其增长率有较高的正相关关系。同时，宏观经济指标也是一国或一个地区市场潜力的反映。近年来，中国成为欧美国家竞相投资的热点，也是因为中国经济持续、稳定的高速增长所揭示的巨大的潜在市场。

(2)人均收入是与消费品购买力正相关的指标。随着收入水平的不断提高，现在市场上的数码产品以及金银首饰的购买热、旅游热、房地产和证券投资热即表明了这一趋势，这既给这些行业带来了机会，也带来了激烈竞争。

(3)一国总人口数量往往决定了一国许多行业的市场潜力，如食品、衣着、交通工具等。尽管中国的计划生育政策曾经有效地控制了人口增长，但庞大的人口基数，伴随着经济的高速增长，揭示了巨大的市场潜力和机会，而这也恰是吸引外资投资的根本动因。

(4)价格是经济环境中的一个敏感因素。

(5)对于经济基础设施的考虑也是重要的一环，它在一定程度上决定着企业运营的成本与效率。基础设施条件主要指一国或一个地区的运输条件、能源供应、通信设施以及各种商业基础设施(如各种金融机构、广告代理、分销渠道、营销中介组织)的可靠性及其效率。这在策划跨国、跨地区的经营战略时尤为重要。

(6)随着全球化的不断深入，各国之间经济相互依赖程度不断加剧。世界上相互关联的经济体出现任何不稳定，都会影响该经济体内各行业的企业，同时还会通过国际贸易波及经济体外的企业。而互联网的加速效应将使这种传递性更加迅速，影响也更加深刻。如果一国经济环境剧烈波动，则扭转经济形势需要花很大的代价，所以关注、分析和预测国际经济形势对于本企业抓住市场机遇，规避市场风险非常必要。

3. 社会文化环境

社会文化环境是指一定时期整个社会发展的一般状况，这和一个社会的态度和价值有关。态度和价值是构建社会的基石，它们通常是人口、经济、法律政策和技术条件形成和发展的动力。社会文化环境主要包括社会道德风尚、人口变动趋势、文化传统、文化教育、价值观念、社会结构等。

社会阶层通常是指在一个社会中存在的相对持久的和类似的人的组合。在一个阶层中，个人和家庭具有大致相同的价值观、生活方式、兴趣和行为规范。一般依据一个人的职业、收入来源和教育水平决定其属于哪一个社会阶层。清洁工与文艺工作者的收入或许相同，但由于职业不同，两个人的消费特点不同。划分社会阶层可以更准确地判断和测定消费者的购买意向和购买行为。

文化通常特指人类创造的精神财富，它包括文学、艺术、教育、科学等，是人们的价值观、思想、态度等的综合体。文化因素强烈地影响人们的购买决策和企业的经营行为，影响一个国家的经济和法律政策环境。如果企业能够充分了解某个国家的文化对其社会特征和社会健康的作用，就能提供更符合要求的产品和服务，提高顾客满意度。

不同的国家有着不同的文化传统，因而也有着不同的亚文化群、不同的社会习俗和道德观念，从而会影响人们的消费方式和购买偏好。企业若要通过文化因素分析市场，必须了解行为准则、社会习俗、道德态度这些文化因素并加以分析。

此外，生活方式的演变、消费者保护运动的开展等也是构成社会文化环境要素的重要组成部分。

4. 技术环境

技术环境是指目前社会技术总水平，引起革命性变化的发明，与企业生产有关的新技术、新工艺、新材料的出现及发展趋势和应用前景。它具有变化快、变化大、影响面大(超出国界)等特点。

新技术的产生能够引发社会性技术革命，创造出一批新产业，同时推动现存产业的变迁。人工智能作为新一代创新技术，其与制造业的结合不仅会带来产业结构的升级，更可能催生新的经济业态。可以预计，互联网、大数据、区块链、人工智能等新技术的运用和发展，将从根本上改变人们的工作方式，甚至改变工作的性质。

一个国家经济增长速度的高低，是受采用重大技术发明的数量与程度影响的；一个企业盈利状况也与研究与开发费用呈高相关关系。在世界汽车行业、电子通信行业中，如通用汽车公司、西门子、华为等，近年来的研究开发费用占销售额的比例都在10％以上，这是一个让中国绝大多数企业感到不可思议的比例。

随着世界科技进步的进一步加快，产品更新、产业演变的速度将越来越快，技术环境要素对企业的影响也将越来越重要。

二、企业的外部微观环境

企业外部微观环境也称任务环境，是指那些企业外部对企业生产经营活动直接产生影响的环境因素，如政府、股东、供应商、竞争者、顾客、公众、媒介、社区等。

1. 顾客环境

顾客环境包括顾客的需求量和潜在需求、购买能力、需求的变化趋势，顾客的需要和特点，顾客的爱好、购买动机和习惯等。顾客是企业服务的对象，是企业利润的来源。因而，顾客环境是企业最主要的外部微观环境。

企业的顾客可能是一个机构，如政府部门、学校、医院；或者是其他企业，如建造商、批发商或零售商；又或者是个人。企业可以通过许多方法影响它的顾客，比如可以使商品多用途化或改变顾客的要求。总之，企业取得成功的重要因素之一是顾客。没有顾客，企业就不可能生存。但是为了赢得顾客，企业就必须真正了解顾客的需求。

2. 供应商环境

每一个企业都需要从外部取得原料、能源、设备及劳工等来生产产品。因此，没有一个企业可以不与原料及劳工的供应商发生关系。供应商环境，主要是指外部向企业提供的各种资源的总和。供应商环境的主体是向企业及其竞争者提供生产经营所需资源的组织或个人。因此，供应因素包括供应资源的丰富程度，资源的质量和价格、供应渠道，供应商的规模、能力、协作关系和激励方式等。供应商环境对企业经营发展有实质性影响，如影响企业产品的质量、成本和利润等。

一个企业可以用许多方法对其资源的供应商施加影响。其中最重要的策略之一是不依赖一个供应商，而是同时依靠多个供应商。采购管理人员通常要与几个竞争的供应商打交道，即使有时候有的供应商所定的供给品价格较高，企业仍可能会接受，这样做是为了防止对某一供应商过分依赖。一个企业如果只与一个供应商交往是相当危险的。另外，如将原料的采购分散于几个供应商，则它们之间为了竞争可以给予较优惠的价格，同时也可使供应商的产品质量符合规格并能按期交货。

3. 竞争者环境

竞争者环境主要是指企业在经营与产品销售方面的竞争情况，它包括竞争对手情况，如竞争厂家数、生产总规模、竞争能力等；竞争态势，如竞争激烈程度、竞争策略和市场分割情况等；潜在竞争因素，如潜在竞争对手、产品或服务的替代者等。

关于竞争因素的分析以迈克尔·波特的理论最为著名。他指出，影响行业竞争有5种基本力量，即同行业内企业竞争力、买方砍价能力、供方砍价能力、进入者威胁力和替代者威胁力。这5种力量的综合实力决定了该行业在历史上的利润趋势，而行业内各企业间的竞争及竞争结构对于行业的竞争规律与企业战略趋势有强烈影响。因此，企业应准确分析竞争因素，制定适宜的竞争战略。

4. 渠道环境

渠道环境，又称营销中介因素，是指协助企业促销和分销其产品给最终消费者的企业的综合。渠道环境的主体由中间商、实体分配企业、营销服务机构和财务中间机构等构成，是企业进入和占领市场的关键。

5. 公众环境

公众环境是指对实现本企业目标有实际或潜在利害关系和影响力的一切团体（组织）和个人的综合。企业所面临的公众主要有政府及其职能部门、群众团体、新闻媒介、社区居民、一般公众和企业内部公众。公众环境常常影响消费者的价值观念、审美观、生活方式和道德规范，进而影响其购买动机和购买行为。因此，企业要注意对公众环境的分析与了解。

三、企业的内部环境

企业内部的各种环境因素一般可以分为三类：一是企业资源状况（人、财、物、信息、技术等）；二是企业在市场营销、财务、生产、研究与开发、人力资源以及企业文化等方面的现实表现；三是企业管理者是否在市场营销、财务管理、生产管理和研究与开发以及企业文化等方面使用了正确的方法。

1. 企业的资源

企业的资源是指被投入企业生产和运营中的资源。资金、设备、员工技能、市场关系、专利还有经理人的才能都是企业的资源。所以，单单靠企业的财务报表或者库存账单是不能完全反映企业资源的。

一种较为经典的分类方法是将企业的资源分为有形资源和无形资源。有形资源是那些能够被量化、能被看见的资源，比如生产设备、存货，或者是一个正式的生产流程报告系统等。无形资源则是不易被看见和察觉的，同时也不容易被竞争对手发现和模仿。例如和供应商之间良好的关系、管理模式、良好的声誉和强大的品牌都是无形资源。在有形资源越来越近似的竞争环境下，企业最终要靠无形资源和人力资源开展差异化的竞争，员工之间的信任关系和自身才能都对竞争优势有着不可忽视的影响，所以我们将企业的资源按有形资源、无形资源和人力资源归类。

2. 企业的能力

每一种企业资源并不能单独生产实际的生产力，真正的生产力来自各种资源的组合，而正是一种有效的资源组合构成了企业能采取某些行动的能力，这些企业的能力在战略的制定和执行以及市场竞争中起到重要的作用。尽管企业的能力是多样化和多层次的，但是市场竞争的经验使得人们更多地重视企业的“核心能力”或者“特殊能力”，因为只有这种能力的充分发挥才能在与竞争对手的较量中获得优势。

核心竞争力是能为企业带来相对于竞争对手的竞争优势的资源和能力。核心竞争力来源于企业的资源和能力，帮助企业从激烈的竞争中脱颖而出的同时反映出企业的特性。作为一种行动的能力，核心竞争力使得企业能超越竞争对手。通过核心竞争力，企业使自己的产品和服务为顾客创造出更多的价值。

值得注意的是，并不是所有的资源和能力都能成为核心竞争力的真正来源。有些资源和能力会削弱企业的竞争能力，因为这些资源和能力使得企业处在一个相对于竞争对手较弱的地位，从而阻止企业发展自己的核心竞争力。比如，如果企业没有优质的人力资源，就可能在营销和销售上无法和竞争对手抗衡，也无法主动而有效地利用企业其他的设备和资产。

3. 企业的经营管理

企业的经营管理是指企业管理者在市场营销、财务管理、生产管理和研究开发以及企业文化等方面的管理技巧和方法。这也是构成企业内部环境的重要组成部分。这部分内容正是在本书要介绍的主要内容，在后面的章节将详细予以介绍。

本章小结

1. 在市场经济条件下，企业制度的基本形式从资本的所有者形式来看，主要有三种，即个人业主制企业、合伙制企业和公司制企业。公司制企业是企业组织形式发展到高级阶段的一种企业制度形式，是市场经济下主要的企业制度形式。

2. 现代企业制度是以企业法人制度为基础，以企业产权制度为核心，以“产权清晰、权责明确、政企分开、管理科学”为条件而展开的，由各项具体制度所组成的用来处理企业基本经济关系的企业软件系统。它是为适应我国国有企业制度创新的需要而提出来的特定概念，是企业制度的现代形式。公司制是现代企业制度的典型形式。

3. 现代企业制度具有“产权清晰、权责明确、政企分开、管理科学”的特点。其主要内容包括现代产权制度、现代组织制度和现代企业管理制度。

4. 企业外部对企业间接产生影响的环境称为企业的外部宏观环境，而将企业发展所面临的对企业直接产生影响的环境称为企业的外部微观环境。

5. 企业的外部宏观环境也称一般环境、总体环境，是指那些造成市场机会或环境威胁的主要社会力量。它们直接或间接地影响企业经营。企业的外部宏观环境主要有 4 个因素，分别是政治法律环境、经济环境、社会文化环境和技术环境。

6. 企业的外部微观环境也称任务环境，是指那些企业外部对企业生产经营活动直接产生影响的环境因素，如政府、股东、供应商、竞争者、顾客、公众、媒介、社区等。

7. 企业内部的各种环境因素一般可以分为三类：一是企业资源状况（人、财、物、信息、技术等）；

二是企业在市场营销、财务、生产、研究与开发、人力资源以及企业文化等方面的现实表现；三是企业管理者是否在市场营销、财务管理、生产管理和研究与开发以及企业文化等方面使用了正确的方法。

复习思考题

1. 企业制度的发展经历了哪几种形式？各自适用的范围是什么？
2. 比较三种基本的企业制度的优缺点。
3. 公司制企业制度的主要特点是什么？它为什么成为市场经济下最主要的企业制度？
4. 如何理解现代企业制度的概念？它有哪些特征？
5. 现代企业制度的主要内容有哪些？
6. 谈谈你对我国当前国有企业改革方向与途径的看法。
7. 结合实例分析企业经营管理环境的类型。
8. 企业环境对企业经营管理会产生什么样的影响？企业应如何应对环境的变化？

案例思考

苏宁易购引进战略投资

2021年2月28日晚，苏宁易购发布公告，公司引入深国际、鲲鹏资本战略投资。根据框架协议，苏宁易购以每股人民币6.92元，合计148.17亿元的价格，将23%的股权转让给上述深圳国资旗下两家公司。原本是民营企业的苏宁，也将拥有国资背景。

根据上市公司公告，苏宁易购前十大股东的股权结构为：苏宁创始人张近东持股20.96%、淘宝（中国）软件有限公司持股19.99%、苏宁电器集团有限公司持股16.8%、苏宁控股集团有限公司持股3.98%。具体如下表：

苏宁易购股权结构

序号	股东名称	持股数（万股）	占总股本比例（%）
1	张近东	195 181.14	20.96
2	淘宝（中国）软件有限公司	186 107.69	19.99
3	苏宁电器集团有限公司	156 443.77	16.80
4	苏宁控股集团有限公司	37 078.69	3.98
5	苏宁易购集团股份有限公司回购专用证券账户	18 548.85	1.99
6	香港中央结算有限公司	18 127.34	1.95
7	李松强	17 809.11	1.91
8	金明	12 500.12	1.34

续表

序号	股东名称	持股数(万股)	占总股本比例(%)
9	陈金凤	10 352.29	1.11
10	林艺玲	8 645.02	0.93

而股权转让后，根据目前上市公告披露的信息，鲲鹏资本的持股比例为15%，深国际持股比例为8%，淘宝（中国）软件有限公司持股比例为19.99%，公司创始人张近东及其一致行动人苏宁控股集团、苏宁电器集团持股比例为21.83%。也就是说，创始人张近东虽仍为第一表决权股东，但是本次股份转让完成后，上市公司苏宁易购将处于无控股股东、无实际控制人的状态。

问题：

1. 苏宁易购股权变更反映出公司治理将会出现哪些问题？
2. 结合案例谈谈你对民营企业建立起成熟规范的现代企业制度的建议。

第三章　管理概述

学习目标

1. 了解学习管理学的意义；
2. 掌握管理的概念及作用；
3. 描述基本的管理职能及管理过程；
4. 识别管理者所扮演的角色；
5. 描述管理者应具备的技能。

关键术语

管理　管理者　计划　组织　领导　控制　管理技能

引入案例

管理大师德鲁克的管理思想

管理不仅是“企业管理”，而且是所有现代社会机构的管理，尽管管理一开始将注意力放在企业。彼得·德鲁克创建了现代管理学这门学科，围绕着人与权力、价值观、结构和方式研究这一学科，尤其是围绕着责任。管理学科是把管理当作一门真正的综合性艺术。

作为一种实践和一个思考与研究的领域，管理已经有了很长的历史，其根源几乎可以追溯到200年以前。但管理作为一个学科，其开创的年代应是1954年，彼得·德鲁克所著《管理实践》的问世，标志着管理学的诞生。彼得·德鲁克创建了管理这门学科,并精辟地阐述了管理的本质:“管理是一种实践,其本质不在于‘知’而在于‘行’;其验证不在于逻辑,而在于成果;其唯一权威就是成就。”

德鲁克对“责任”、管理人员的“责任”、员工的“责任”以及企业的“责任”谈得很多。1973年,德鲁克将自己几十年的知识经验与思考浓缩到一本书中。这本共达839页的浩瀚巨著以其简洁而浓缩的书名道出了管理学的真谛——《管理:任务、责任、实践》。据此,我们可以把管理诠释为:管理任务、承担责任、勇于实践。令人惊奇的是,在这本书中搜索“责任”这一词条时,发现该书索引中有多达36处谈到“责任”,而竟无一处谈到“权力”。“权力和职权是两回事。管理当局并没有权力,而只有责任。它需要而且必须有职权来完成其责任。但除此之外,绝不能再多要一点。”在德鲁克看来,“管理当局只有在它进行工作时才有职权(authority),而并没有什么所谓的权力(power)”。德鲁克反复强调,认真负责的员工确实会对经理人提出很高的要求,要求他们真正能胜任工作,要求他们认真地对待自己的工作,要求他们对自己的任务和成绩负起责任来。责任是一个严厉的主人。如果只对别人提出要求而并不对自己提出要求,那是没有用的,而且也是不负责任的。如果员工不能肯定自己的公司是认真的、负责的、有能力的,他们就不会为自己的工作、团队和所在单位的事务承担起责任来。

要使员工承担起责任和有所成就,必须由实现工作目标的人员同其上级一起为每一项工作制定目标。此外,确保自己的目标与整个团体的目标一致,也是所有成员的责任。必须使工作富有活力,以便员工能通过工作使自己有所成就。而员工则需要有他们承担责任而引起的要求、纪律和激励。因此,进入德鲁克管理世界的捷径就是从认识管理人员的责任、员工的责任和企业的责任开始。

资料来源:采编自德鲁克的管理著作。

第一节 管理引言

一、为什么要学习管理

进入21世纪,随着社会的进步和组织体系的完善,人们在逐步意识到管理的重要性的同时,也开始越来越多地思考管理在社会实践中所面临的新问题,管理科学在面对机遇和挑战时表现出新的可能。管理成为社会经济和个人生活的一种重要的推动力量。现在,似乎已经没有什么东西——没有什么组织和活动——可以超越管理的范围。先进的管理和先进的科学技术共同构成了推动现代社会经济发展的“两个车轮”。

为什么要学习管理?这门学科到底会对我们有什么帮助?在开始这门学科的研究之前你可能会有种种的疑问。那就让我们一起来探索一下学习管理的必要性吧!

1. 管理的普遍性

先进的科学技术和先进的管理科学是推动现代社会发展的"两个车轮",缺一不可,这一点早已为许多国家的发展经验所证明。管理的触角已经延伸到社会生活的许多方面。不论你身处哪一个国家、哪一个企业,也不论你处在组织层次的哪一个位置,管理活动总在你的身边。管理是普遍存在的,从国家的治理到企业的经营管理,甚至包括一个人对自身的管理。

人类社会前进的步伐中总是渗透着管理的灵魂。在几乎所有类型的组织中,诸如工厂、医院、餐馆、百货商店、学校以及政府机构,新的技术以及新的组织运作方式正在从根本上改变以往旧的东西。管理的思想、管理的技术也在不断发展中。

2. 管理对组织运行的影响

管理良好的组织不仅是有效率的,而且是有效果的。管理水平的提升可以降低组织运行的成本,可以培育出忠诚的客户群体,这样的组织不断地成长和繁荣,并且承担起了在社会的进步和发展中负有的责任。相反,管理不善的组织,不仅管理效率低下、顾客基础萎缩,而且营业收入下降,在竞争中处于劣势,甚至发展到难以维持生存的境地。更不要说在社会进步发展中承担社会责任的问题了。

在20世纪70年代,曾经有人对比了一个世纪以前100家最强企业与现在100家最强企业的名单,令人吃惊的是,只有不到20%的企业还出现在这个100强企业的名单中,而大部分企业已经衰落了,甚至有的早已经破产,不复存在了。究其原因,管理不善是一个很重要的因素。

可口可乐公司是全球软饮料行业中的老大,公司自成立至今已经有130多年的历史,分支机构遍布全球200多个国家。可口可乐品牌是目前世界上最知名的品牌之一。对于这样一个具有百年历史的大公司来讲,其管理方式无疑是成功的。在中国,可口可乐公司还积极投身公益事业,参与赞助"希望工程",承担起了社会责任。

3. 管理对个人的影响

在一个人的职业生涯发展过程中,你将扮演被管理者或者管理者的角色,也有可能既是被管理者同时又在管理着他人。如果你已经或即将踏上管理者的岗位,那么通过这门课程你可以获得管理的基础知识,这将有助于你成为有效的管理者。如果你还不是一名管理者,学习管理的知识对你仍然会有很大帮助。这是因为在某个组织中,即使你不是一名管理者,也有可能承担某些管理的具体职能。通过学习管理,你能够对上级的决策有更多的认识,对组织的活动有更深入的洞察。

我们经常说:"在管理好他人之前先要管理好的就是你自己",这意味着管理者要注意和加强对自身行为的管理和约束,这样才能有效地去指挥、激励你的下属。一个人也需要对自身职业生涯的发展做出合适规划、设计,一旦有了明确的目标和奋斗方向，就要努力、认真地将各项计划付诸实施，这就是所谓的针对个人的管理。

二、什么是管理

什么是管理？无论从实践还是从理论的角度来看，若要做好管理的工作，应该经常自问这样的基本问题，只有这样，才能洞其本性、见其本质，起到事半功倍的效果。

关于管理的定义，综观国内外，尽管不同学者对其解释不尽相同，但都有其合理和可取之处，他们从不同角度丰富和发展了管理的思想。了解这些关于管理的概念有助于我们认识管理的全貌。

法约尔(Fayol)认为："管理就是实行计划、组织、指挥、协调和控制。"这一定义突出了管理的职能。

福莱特(Follert)认为："管理就是通过别人来完成工作的艺术。"这一定义强调了人的作用，并且把管理认为是一种艺术。

罗宾斯(Robbins)和库尔塔(Coultar)认为："管理是同别人一起，或通过别人使活动完成得更有效的过程。"这里的过程表示管理者发挥的职能或从事的主要活动。这些职能可以概括地称为计划、组织、领导和控制。

西蒙(Simon)指出："管理就是决策。"决策是企业管理的核心，它关系到企业的兴衰荣辱、生死存亡。可以说，领导者科学理性的决策等于成功了一半。

"现代管理学之父"彼得·德鲁克认为："管理是一种实践，其本质不在于'知'而在于'行'，企业管理不是一种官僚性的行政工作，它必须是创新性的，而不是适应性的工作。"这个定义强调，管理的理论必须应用于实践，离开实践谈管理没有任何实质性意义，同时管理又是一种创新性的工作。

综合以上的观点，我们可以将管理定义为：管理是为了有效地实现组织目标，通过发挥计划、组织、领导和控制的职能分配资源、协调关系的过程。

对于这一个定义，可以进一步解释。

(1)管理在本质上是一个过程。管理就是通过各项活动开展的过程实现目标。

(2)管理的载体是组织。组织都具有三个共同的特征：每个组织都有一个明确的目标；每个组织都是人的组合；每个组织都有一种系统性的结构。

(3)管理需要借助相关的资源，协调各方面的关系。关于组织中的资源，国外有些学者将其总结为"6M"，即资金(money)、人才(man)、原材料(material)、机器设备(machine)、技术方法(method)和信息(message)。一个企业最为宝贵的资源是人力资源。在任何类型的组织中都同时存在人与人、人与物的关系，但这些关系最终都表现为人与人的关系，资源的分配、关系的协调都是以人为中心的。所以我们一直强调管理要以人为中心、以人为本。

(4)管理的职能包括计划、组织、领导和控制。这四项职能存在着时间上和逻辑上的先后关系。

(5)管理的目的是有效地实现组织目标。有效包含两层含义:有效率和有效果。效率是关于做事情的方式,即以尽可能低的成本获得尽可能高的产出;效果涉及结果,即做正确的事。目标是组织试图实现的目的与希望获得的地位,单靠个人的努力是无法实现的,这也是建立组织的原因之一。目标应当随着环境变化而变化,随组织战略变化而变化。

三、管理的职能

20世纪初,法国工业家法约尔提出,所有管理者都履行着5种管理职能:计划、组织、指挥、协调和控制。到了20世纪50年代中期,美国学者孔茨在其著作中采用了计划、组织、人员配备、领导和控制的划分方法。罗宾斯在其《管理学》中将管理职能精简为4项,在本书中我们沿用了这种划分方法。

1. 计划职能

计划职能(planning)规定了方向和任务,是对组织未来活动的一种预先筹划。

2. 组织职能

组织职能(organizing)规定了任务由谁去完成,谁向谁报告,为执行计划形成并维持合理的分工协作关系。

3. 领导职能

领导职能(leading)是指调动下属积极性、创造性,同时指挥、影响、激励和协调组织成员努力工作。

4. 控制职能

为了保证事情按既定的计划进行,必须监控组织的绩效,必须比较实际的表现与预定的目标。如果出现显著的偏差,就要使组织回到正确的轨道上来。这种监控、比较和纠偏就是控制职能(controlling)。

专栏

国外知名企业的管理绝活

现代经济已进入高速发展的时期,而经济发展主要依靠管理和技术这两个轮子。在国外,经济学家认为西方工业现代化是"三分靠技术,七分靠管理"。众多的企业通过改进管理、创新求实，成为世界知名企业。让我们一起来看看它们是如何做的吧！

1. 麦当劳：把所有经理的椅子靠背锯掉

麦当劳快餐店创始人雷·克罗克是美国社会最有影响的十大企业家之一。他不喜欢整天坐在办公室里，把大部分工作时间都用在"走动管理"上，即到所有各公司、部门，走走、看看、听听、问问。麦当劳公司曾有一段时间面临严重亏损的危机，克罗克发现其中一个重要原因是公司各职能部门的经理有严重的官僚主义，习惯躺在舒适的椅背上指手画脚，把许多宝贵时间耗费在抽烟和闲聊上。于是克罗克想出一个"奇招"，将所有的经理的椅子靠背锯掉，并立即照办。开始很多人骂克罗克是个疯子，不久大家明白了他的一番"苦心"，于是纷纷走出办公室，深入基层，开展"走动管理"，及时了解情况，现场解决问题，终于使公司扭亏转盈。

2. 惠普公司："敞开式大房间"办公室

美国惠普公司创造了一种独特的"周游式管理办法"，鼓励部门负责人深入基层，直接接触广大职工。为此目的，惠普公司的办公室布局采用美国少见的"敞开式大房间"，即全体人员都在一间敞厅中办公，各部门之间只用矮屏分隔，除少量会议室、会客室外，无论哪一级别的领导都不设单独的办公室，同时不称呼职衔，即使对董事长也直呼其名。这样有利于创造无拘束与合作的气氛。

3. 日本太阳工业公司：会议成本分析制度

日本太阳公司为提高开会效率，实行开会分析成本制度。每次开会时，总是把一个醒目的会议成本分配表贴在黑板上。成本的算法是：会议成本＝每小时平均工资的3倍×2×开会人数×会议时间（小时）。公式中平均工资之所以乘3，是因为劳动产值高于平均工资；乘2是因为参加会议要中断经常性工作，损失要以2倍计算。因此，参加会议的人越多，成本越高。有了成本分析，大家开会态度就会慎重，会议效果也十分明显。

4. 美国通用汽车公司：总裁桌上的不同颜色公文夹

美国通用汽车公司总裁莫端要求秘书给他的呈递文件放在各种颜色不同的公文夹中。红色的代表特急，绿色的要立即批阅，橙色的代表这是今天必须注意的文件，黄色的则表示必须在一周内批阅的文件，白色的表示周末须批阅，黑色的则表示是必须他签名的文件。

5. 德国MBB公司：灵活上下班制度

在德国的航空和宇航企业MBB公司，可以看到这样一种情景：上下班的时候，职工们把自己的身份卡放入电子计算器，马上就显示到当时为止该职工在本星期已经工作了多少小时。原来该公司实行了灵活上下班制度。公司对职工的劳动只考核其成果，不规定具体时间，只要在所要求的期间内按质量完成工作任务就照付薪金，并按工作质量发放奖金。由于工作时间机动灵活，职工不仅免受交通拥挤之苦，而且可以根据工作任务和本人方便，与企业共同商定上下班时间。这样，职工感到个人的权益得到尊重，因而产生责任感，提高了工作热情，同时企业也受益。

6. 通用电气公司："全员决策"管理制度

美国通用电气公司是一家集团公司，1981 年杰克·韦尔奇接任总裁后，认为公司管理太多，而领导得太少，"工人们对自己的工作比老板清楚得多，经理们最好不要横加干涉"。为此，他实行了"全员决策"制度，使那些平时没有机会互相交流的职工、中层管理人员都能出席决策讨论会。"全员决策"的开展，打击了公司中官僚主义的弊端，减少了烦琐程序。由于实行了"全员决策"及其他有效的管理制度，公司在经济不景气的情况下取得了巨大进展。他本人也被誉为全美最优秀的企业家之一。

资料来源：《国外知名企业的管理绝活》，《中国企业报》，2006 年 12 月 23 日。

第二节　管理者的角色与技能

一、管理者

孔子的学生子贱有一次奉命担任某地方的官吏。当他到任以后，却时常弹琴自娱，不管政事，可是他所管辖的地方却治理得井井有条，民兴业旺。

这使那位卸任的官吏百思不得其解，因为他每天即使起早摸黑，从早忙到晚，也没有把地方治理好。于是他请教子贱："为什么你能治理得这么好？"

子贱回答说："你只靠自己的力量去进行，所以十分辛苦；而我却是借助别人的力量完成任务。"

一个聪明的管理者，应该是子贱二世，正确地利用下属的力量，发挥团队协作精神，不仅能使团队很快成熟起来，同时，也能减轻管理者的负担。

专栏

彼得·德鲁克在《管理实践》一书中讲了一个故事：

有人问三个石匠他们正在干什么。

第一个回答："我在混口饭吃。"

第二个回答："我在做全国最好的石匠活儿。"

第三个仰望长天，目光炯炯有神地说："我在建造大教堂。"

显然，只有第三个石匠才是真正的“管理者”。并非所有在组织中工作的人都是管理者。简单地说，组织成员可以分为两种类型：操作者和管理者。操作者直接从事某项工作和任务，不具有监督其他人工作的职责。管理者是指挥别人活动的人，负责监督组织资源的使用，并使组织绩效达到组织目标的要求。

管理者按其在组织中所处的层次可分为高层管理者、中层管理者和基层管理者（见图 3—1）。高层管理者的主要任务是制定组织的总体目标和发展战略，把握组织的大政方针，对整个组织的管理负有全面责任。中层管理者的职责是贯彻高层管理者做出的决策，监督和协调基层管理者的管理工作。基层管理者也称一线管理者，主要职责是直接指挥作业人员的现场作业活动。随着管理者在组织中的晋升，他们从事更多的计划工作和更少的直接监督工作。所有管理者，无论他处于哪个层次上，都要制定决策，履行计划、组织、领导和控制职能，只是他们花在每项职能上的时间不同。

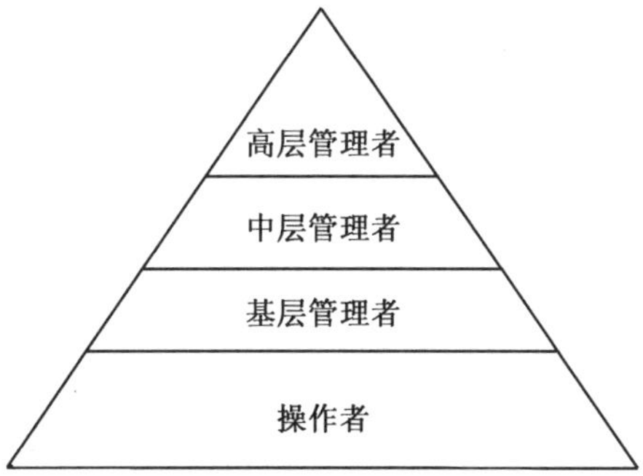

图 3—1 管理者在组织中的层次

二、管理者的角色

20 世纪 60 年代末，加拿大学者亨利·明茨伯格（Henry Mintzberg）对总经理的工作进行了一项仔细的观察和研究。研究发现，与多数非经理人员所做的工作相比，经理们工作的特点是“短暂、多样、零碎”。他们的工作会被不断打断，或者需要处理其他事，他们几乎没有时间静下心来思考，有半数的管理者活动持续的时间少于 9 分钟。在大量观察的基础上，明茨伯格提出了一个管理者究竟在做什么的分类纲要。他的结论是管理者扮演着 10 种不同的但却高度相关的角色。这 10 种角色可以从总体上分为三大类型。

1. 人际关系角色

拥有管理的正式权力的人，需要履行礼仪性和象征性的义务。

(1)代表人。这是最简单的一种角色。管理者负有在所有礼仪事务方面代表其组织的责任，如迎接来访者、签署法律文件、校长为优秀毕业生颁发毕业证书等。

（2）联络者。管理者同组织以外的管理者或其他各种类型的人交往，以便从外部获得支持和信息。

（3）领导者。涉及管理者与其下属的关系，如激励和指挥员工，并和员工一起努力工作以实现组织目标。

2. 信息角色

管理者的工作性质使他成为组织内部信息的传递中心，同时也是与组织外部信息交流渠道的重要节点。

（1）监听者。主要职责是获取信息。管理者可以通过各种渠道寻求和获取组织内部、外部信息（其中许多是即时的），以便正确把握组织状况和外部环境。

（2）传播者。管理者把从外部人员和下级那里获得的信息经过滤后传递给组织其他成员。有些是关于事实的信息，有些是解释和综合后的各种观点。

（3）发言人。管理者负责向外界和媒体发布组织有关的计划、政策、行动等信息。

3. 决策制定角色

管理要决策，并需要分配相关资源以保证决策方案的顺利实施。

（1）企业家。管理者要把握企业经营方向，寻求组织和环境中的机会，发起变革，制定战略和监督某些方案的制定实施等。

（2）冲突管理者。组织在运行过程中难免会遇到冲突和混乱，当面临重大的、意外的动乱和威胁时，管理者要负责处理紧急情况。

（3）资源分配者。管理者需要确定哪些资源用于哪些业务，包括分配人力、物质和资金等。

（4）谈判者。管理者在主要的谈判（如与工会谈判等）中要作为组织的代表。

三、管理者的技能

罗伯特·L. 卡茨（Robert L. Katz）提出了管理的“技能”说。“技能”一词，指的是一种能力，这种能力可以是后天培养的，并不一定要与生俱来；这种能力要在实际行动中得以展现，并不仅仅蕴藏于潜能之中。技能比性格特质更容易辨认，技能是展现在外部的，可以观察和评估。管理者应当具备三种基本技能：技术技能、人际技能和概念技能（见图3－2）。

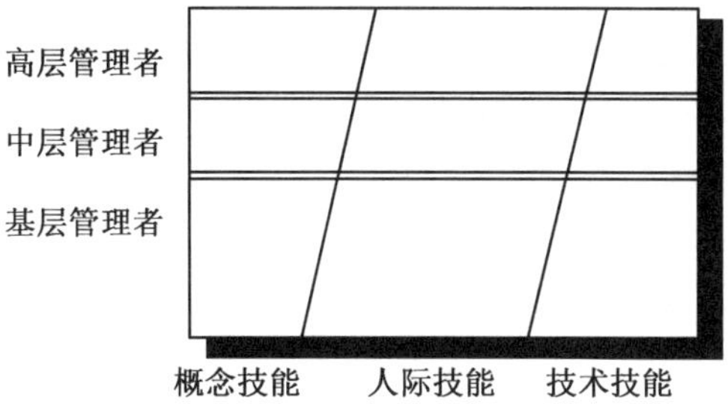

图 3—2　管理者的技能

1. 技术技能

技术技能是与特定专业领域有关的知识和能力，如医院的院长必须具备一定的医学知识。一般而言，所处的管理层次越低，对技术技能的要求越高。管理人员并不一定使自己成为某一技术领域的专家，因为他们可以借助有关专业人员解决技术性问题。但他们需要了解或初步掌握与其专业领域相关的基本技术知识，否则他们将很难与其主管的组织内的专业技术人员有效沟通和交流，从而无法具体指导其所管辖的业务范围内的各项管理工作。这也会严重影响决策的及时性和有效性。

2. 人际技能

人际技能是管理者作为团队的一员高效地开展工作，以及促使大家团结协作的能力。对于各个层次的管理者来说，人际技能都同样重要。管理者不仅要处理好与下级的关系，学会影响和激励下属；还要处理好与上级、同级之间的关系，学会如何说服领导，如何与其他部门有效合作。不论是哪一个层次的管理者都需要具备良好的人际技能。

3. 概念技能

概念技能是管理者以整体视角看待企业的能力。也就是把企业视作一个整体的全局来把握，洞察企业与环境之间相互影响复杂性的能力。随着管理职位的上升，概念技能变得越来越重要，对于高层管理管理者来讲，尤其如此。

本章小结

1. 管理是普遍存在的，从国家的治理到企业的经营管理，甚至包括一个人对自身的管理。管理水平的提升可以降低组织运行的成本，可以培育出忠诚的客户群体。管理不仅对于组织有着重要的作用，对于个人也有着同样重要的意义。

2. 管理是为了有效地实现组织目标，通过发挥计划、组织、领导和控制的职能分配资源、协调关系的过程。管理的职能包括计划职能、组织职能、领导职能和控制职能。

3. 管理者是指挥别人活动的人，负责监督组织资源的使用，并使组织绩效达到组织目标的要求。管理者按其在组织中所处的层次可分为高层管理者、中层管理者和基层管理者。

4. 管理者的角色可以划分为三大类型10种角色：(1)人际关系角色，包括代表人、联络者和领导者角色；(2)信息角色，包括监听者、传播者和发言人角色；(3)决策制定角色，包括企业家、冲突管理者、资源分配者和谈判者角色。

5. 卡茨提出了管理的"技能"说，指出管理者应当具备三种基本技能：技术技能、人际技能和概念技能。

复习思考题

1. 学习管理学有可能会给你的工作、学习、生活带来哪些帮助？
2. 你是怎样定义管理的？
3. 管理的职能有哪些，它们之间的关系是怎样的？
4. 观察你身边的管理者，看看在一天的工作当中他都扮演了哪些角色。
5. 管理者的基本技能有哪些？如果你即将或已经成为一名管理者，你认为还需要加强哪些技能。

案例思考

案例一

北京H公司的章总，工龄有30多年，在行业内也算是前辈，工作态度非常严谨认真。对公司组织的培训工作非常重视，从培训课程内容设置、培训讲师选聘、培训酒店场地签订到培训证书印制、培训现场条幅悬挂、培训期间餐饮订单等，事无巨细，从头抓到尾。尽管有专门的培训部，但他还经常亲自蹲点于培训教室现场，中间还不时打断讲师纠正讲授内容；由于公司人员排队签字，不时召唤秘书奔走往返于培训现场办理公文、处理文件。

一次，章总突然指示培训部下周举办经销商销售顾问培训班和市场经理培训班，完全脱离培训工作实施规划。培训部不得不马上开始确定培训讲师、拟制培训日程表、商谈培训教室、拟订培训通知等事项。由于某种原因，报到实际人数没有达到理想状态，章总在培训报到现场，果断指示将两个班合并为一个班，以节省开销。尽管前期已经安排妥当，培训讲师林教授也强调培训对象不同，培训内容侧重点不一样，最关键的是报到时间也不同。章总置之不理。结果经销商参训学员得知突然变更，怨声载道，全部怪罪培训部。章总竟然也在众人面前大声斥责培训部负责人，为什么培训工作做得一塌糊涂，然后命令公司其他所有部门负责人全部到场蹲点，这下更热闹了，培训工作不光章总亲自指导，各部门负责人也不时指东道西，甚至连总经理秘书也插手指挥。可想而知，一个简单的培训活动搞得乱七八糟。培训结束第二天，培训部负责人打了辞职报告。

案例二

刘全是深圳一家消费电子产品公司的策划部经理，由于工作颇有成就，深得公司领导赏识，从一线摸爬滚打到现在这个位置。他对工作要求特别严格，经常废寝忘食地全身心投入工作，甚至没有时间谈恋爱。他希望他的员工也像他一样，全心全意投入公司事务上，一心为公，敬业奉献。口头禅就是"公司事再小也是大事，个人事再大也是小事"。

他要求下属员工上班时间不得闲聊、不得接打私人电话、不得做与岗位工作无关的事情，所有时间都得用在工作上。要求下属员工养成"早到晚归"的习惯，让下属员工每天陪自己加班到晚上十一二点，即使下属员工真的无事可做，也不能随便回去。假如下属员工没有养成这种习惯，那么加薪晋职的机会就很渺茫，而且很可能被他"冷藏"，再无出头之日，要么就是莫名接到调职或解雇的通知。另外，无论什么节假日，他都会为下属员工重新规划，以满足他工作的需要，根本没有什么周末、国家法定节假日的概念。

在他的领导下，下属员工总有做不完的工作，即便有些工作没有任何意义。他的举措引起下属员工的怨言，他们抱怨自己完全没有私人空间，随时都被经理管理和监督，好像自己是被卖给了公司，身心受到严重的限制，他们快要疯掉了。一次其中一个下属在内部网站的 BBS 牵头讨论加班要给加班费、工作应该劳逸结合问题，竟然被他得知，没几天这位员工就在绩效考评中被合理规范地"处理"掉了。随后在一个深夜召开的部门会议上，下属员工终于爆发了自己的情绪，显然下属员工被尊重的需求没有得到满足，刘全的工作也因此陷入了被动，士气低落、效率下降、人员流失、管理混乱等，不久他被撤职调离。

问题：

1. 分析章总和刘全出现管理问题的原因。
2. 结合案例情境分别给章总和刘全管理建议。

第四章　管理思想

学习目标

1. 了解我国古代代表性的管理思想；
2. 掌握古典管理理论与行为管理理论的基本内容；
3. 了解管理丛林时期的各个代表理论；
4. 了解管理理论与思想发展的基本脉络；
5. 了解管理理论的新发展。

关键术语

中国古代管理思想　古典管理　行为管理　管理的丛林　全面质量管理
战略管理　学习型组织

引入案例

中西方管理哲学思想之差异

中西方管理哲学思想有着明显的表层特征区分：西方管理哲学是一种理性化的、操作化的、明确的、定量化科学式管理，而中国管理哲学则是一种整体性的、模糊性的、不确定和非优化的混沌式管理。二者的这种技术与操作层面特征区分来源于它们在管理价值观上的不同。中西方管理哲学思想的这种差异反映了二者各自不同的历史环境和文化背景，也决定了其不同的历史作用。出于这种差异，现代管理思想已经出现了人文管理和科学管理两种路线的分歧。历史和现实都已证明：中国和西方的传统文化和管理哲学都有其各自的长处与短处。

从方法论意义上，如果将西方标准化、操作化、明确化的管理定义为科学管理，那么与之相对的以伦理本位性、模糊性、完整性为其特征的中国传统管理则为人文管理。无论科学管理，还是人文管理都在各自管理目标下实现了其存在的价值。合理的思维方式和管理方式应该是科学与人文的结合。中国传统管理哲学思想作为传统文化的一部分，应对其采取平和的心态，不盲目抛弃，也不盲目弘扬，而只将其作为一种可供开发的资源，从中开发出与现实世界相适应的成果。这是我们对待传统管理文化最合理的态度。

西方管理哲学思想是建立在近代科学技术的巨大发展之上的，是自然科学向管理科学的渗透和移植。西方近代管理实践也已证明了这种以科学与技术支撑的管理思想造成了人类物质文明在近代几个世纪以过去难以想象的速度发展，证明了这种规范化、标准化倾向的管理思想是与发展的社会相适应的一种发展的管理。这种科学式管理仍在现代发展的社会中占据主导地位，但已出现了危机。从其科学基础上讲，是现代科技有了巨大发展，尤其是以混沌学的诞生为标志，表明科学观念发生了重大变化。科学从简单的决定论思维向复杂性思维发展。科学思维的这种发展趋势可认为是“从确定性到不确定性”，科学思维和科学方法从某种意义上讲在朝着模糊的、不确定性的、界限不明确的混沌迈进了一步。这使得西方的科学管理的规范性、最优化和确定性准则面临着根本性的挑战和危机。西方科学管理的危机不只表现在科技进步所引发的方法论基础的动摇上，而且还表现在其方法论特征的本质缺陷上。西方科学式管理偏重于方法意义上的发展和突破，以及侧重于操作化准则的取向，必然造成了以“人”为中心的管理精神体系的缺乏。而这种人文主义的缺乏是违背当今整个人类社会管理中所共有的人本主义理念的，这也正是西方管理本质缺陷之所在。

中西方管理哲学思想在管理价值观和管理哲学及其由此所决定的管理方法论和手段上都有着明显的差异。这种差异源于文化背景和历史发展之不同。从管理思想史的一般意义思考：中西方管理哲学思想的走向恰恰相反，西方管理思想的问题是如何在管理操作过程中配置伦理价值观念和人际（人伦）关系；而中国当代管理思想的问题则是如何在伦理价值上建立操作行为体系，如何认清操作行为的重要性。这体现了走向人类“全球管理”思想的互动。在世界意义上考察，中国古代管理思想，从 19 世纪起受到了西方管理思想的冲击，但是在 20 世纪和 21 世纪，中国古代管理思想经过具有理性分析的操作行为的西方管理思想的冲击和洗礼后，再回到本身的起点，会反过来对西方管理哲学思想造成冲击。中西方管理哲学思想将会汇合与互补，形成一种全新的、科学的管理体系，这是一个必然趋势，这个趋势一方面在西方管理哲学思想遭受危机，寻找出路的情况下显露出来，另一方面也来源于中国古代管理哲学思想所独具的深厚智慧和管理经验。

资料来源：北京大学儒商文化研究中心：《试论中西方管理哲学思想之差异》，2012年5月。

第一节 中国古代管理思想

中国是世界四大文明古国之一，悠久的古代传统文化孕育了博大精深的管理思想。在各个历史时期都涌现出许多闪烁着智慧光芒、蕴涵着丰富哲理的管理思想，并且历代都有至今看来仍有珍贵价值的管理实践。有些管理思想的提出与西方社会相比要早几百年，甚至几千年。五千年的文化给予了我们不竭的管理思想宝库，更是渗透到现代企业管理的理念与实践中。

《尚书·尧典》中记载着尧、舜、禹和皋陶关于职能分工和管理国家的事迹。《周礼》一书(公元前12至公元前11世纪)相传是周公为周朝制定的最早的一套官僚组织制度，它把周代官员分为天、地、春、夏、秋、冬六宫，以天宫职位最高。六宫共分360职，并规定了相应的级别和职位数，各有职掌，层次、职责分明。自周以后，历代朝廷封官定职，都编有详细的官职表。

春秋战国时期出现了诸子百家争鸣的繁荣景象，有儒家的孔子、孟子、荀子，墨家的墨子，道家的老子、庄子，法家的韩非子等。这一时期的许多思想给后代留下了深刻的启示，是我国古代史上光辉的一页。

1. 孔子的思想

孔子是儒家学派的代表人物，其心目中的管理最高境界是"仁"。所谓仁，孔子认为"克己复礼为仁"，即符合君君、臣臣、父父、子子的伦理规范，符合社会尊卑贵贱秩序。治理国家就是要使国家符合这个伦理规范，以严格的等级制度，稳定统治秩序，维护统治者的地位。

"为政以德"是孔子的治国思想。即用道德和礼教治理国家，实行"礼治"或"德治"，把"德"和"礼"施之于民。孔子十分重视人才在管理国家中的作用。他说："其人存，则其政举，其人亡，则其政息" "故为政在人。"对贤才的标准：一是要"学而优"，学识出众；二是善于通权达变，在内政外交方面能独立行事；三是不求全责备。孔子明确提出"君子和而不同，小人同而不和"的思想。

春秋时代，鲁国有这样一条法规：凡是鲁国人到其他国家旅行，看到有鲁国人沦为奴隶，可以先自己垫钱把他赎回，待回鲁国后到官府报销。官府用国库的钱支付赎金，并给予一定的奖励。

子贡到国外去，恰好碰到有一个鲁国人在那里做奴隶，就掏钱赎出了他。回国以后子贡既没有张扬，也没去报销所垫付的赎金。那个被赎回的人把情况讲给众人，人们都称赞子贡仗义，人格高尚。一时间，街头巷尾都把这件事当作美谈。

孔子知道了这件事，不仅没有表扬子贡，还严厉批评了他，责怪他犯了一个有违社会大道的错误，是只为小义而不顾大道。

孔子说："由于子贡没有到官府去报销赎金而被人们称赞为品格高尚，那么其他的人在国外看到鲁国人沦为奴隶，就要对是否垫钱把他赎出来产生犹豫。因为垫钱把他赎出来再去官府报销领奖，人们就会说其不仗义、不高尚；不去官府报销，自己的损失谁来补。从客观上讲，子贡的行为妨碍了更多的在国外做奴隶的鲁国人被赎买回来。"

2. 老子的思想

《老子》是道家学派最著名的经典文献，相传是周史官老聃所著，后人称他为老子。全书共 81 章，前 37 章论"道"，后 44 章论"德"，故又称《道德经》。书中既包含有科学的唯物论和辩证法，也涉及管理的思想。在老子的眼里，天下万事万物都有自己的自然属性，他主张"道法自然""无为而治"。高明的统治者理应顺从客观，尊重自然，因势利导，率理而动。

老子讲的"无为"并不是不为，"无为"是为了更好地"为"。老子还提倡"柔弱胜刚强""天下莫柔弱于水，而攻刚强者莫之能胜"，要用"柔弱"的智去战胜"刚强"的力。《老子》在世界范围内，也是地位显赫的，德国哲学家和思想家尼采对《老子》的评价是："像一个永不枯竭的井泉，满载宝藏，放下汲桶，唾手可得。"

3. 孙子的思想

孙武被后人誉为"兵家之祖"，传世之作是著名的兵书《孙子兵法》，共 13 篇。孙子认为"不战而屈人之兵"是最高的境界，即不用流血牺牲而是以谋略、以智慧战胜敌人。"上兵伐谋""攻心为上"，第一流的将帅是胜人以谋略，而不是单纯依靠攻城略地的武力，强调斗智胜于斗力。

孙武强调在军事战争中要注意环境、注意对手的变化，"兵无常势，水无常形，能因敌变而取胜者，谓之神"，所以将帅指挥战争要审时度势，因时、因地制宜，绝不可凭主观意愿行事，这也体现了权变的思想。"知彼知己，百战不殆""知天知地，胜乃不穷"，这些都是传世的经典名言。著名的军事理论家利德尔·哈特在《孙子兵法》英译本的序言中写道："《孙子兵法》是世界上最早的军事名著，其内容之博大，论述之精深，后世无出其右者。"现今，《孙子兵法》的思想被广泛应用于政治、外交、商战、体育等领域。

孙膑是孙武的后代。齐国将领田忌与齐王赛马屡战屡败。在孙膑的帮助下，田忌改用自己的下等马对齐王的上等马，败一场；再用自己的上等马、中等马分别与齐王的中等马、下等马对阵，胜两场，总比分 2∶1，田忌胜。这里面体现出了博弈的思想。

4. 北宋丁谓的"一举三得"重建皇宫方案

宋真宗时期，大臣丁谓用“一举三得”方案重建皇宫，是一次典型的系统管理实践。当时，由于皇城失火，皇宫被焚，宋真宗命丁谓重修皇宫。这是一个复杂的工程，不仅要设计施工，运输材料，还要清理废墟，任务十分艰巨。

丁谓首先在皇宫前开沟渠，然后利用开沟取出的土烧砖，再把京城附近的汴水引入沟中，使船只运送建筑材料直达工地。工程完工后，又将废弃物填入沟中，复原大街，这就很好地解决了取土烧砖、材料运输、清理废墟三个难题，使工程如期完成。工程建设的过程，同现代系统管理思想何其吻合。丁谓主持的皇宫修建工程体现了中国古人管理实践的高超智慧。

第二节　西方管理理论

一、亚当·斯密的贡献

中国早期的管理思想虽然博大精深，但西方的管理思想和实践也有着较长的历史，管理理论的系统形成也是出现在西方。在过去的几百年里，尤其是18世纪以来，管理才被系统地研究，逐渐成为一门共同的知识体系，成为一门正式的学科。

亚当·斯密(Adam Smith)是英国古典经济学的奠基人。他于1776年发表的《国富论》是他一生的代表性著作。在该书中他提出了两个重要理论：“劳动分工”和“经济人”假说。经过研究，亚当·斯密发现工业文明的秘密在于“分工”，分工是财富的根本来源。亚当·斯密精辟论述了劳动分工及其产生的巨大经济利益。劳动分工是工业经济与农业经济最大也是最初的区别点。

所谓“劳动分工”，就是将工作分解成一些单一的和重复性的作业。以制针业为例，工人生产“针”可以有两种方式：一种是工人手工生产，即工人独自完成所有工序；另一种是工厂生产，即工人分别负责部分工序，如拔丝、矫直、切段、敲针头、磨针尖、焊接等这些工序当中的一个。亚当·斯密把工人分成两组，一组进行手工生产，一组进行工厂生产。经过一段时间后再观察，发现第一组工人的平均产量是200根/人，而劳动分工后的工厂生产这一组的平均产量提高到48 000根/人，生产效率大大提高了！

劳动分工能够提高生产率，主要有三个方面的原因：(1)提高了工人的工作技巧和熟练程度；(2)节约了因变换工作而浪费的时间；(3)有利于机器的发明和应用。

劳动分工的影响是深远的，它不仅应用于生产的领域，也被应用到企业管理的领域中，如将管理划分成许多职能，形成了许多分工细致的职能部门，管理的流程更加专业化。

亚当·斯密的另一大贡献是关于“经济人”的假说。这一假说对后来管理学的研究具有重大的影响意义。在他看来，个人利益是人们从事经济活动的出发点，每一个人在决定自己行动的时候，所考虑的并不是社会的利益，而是他自身的利益。但是，人们在追求自身利益最大化的时候，会在一只“看不见的手”的指导下，实现增进社会福利的目的。这只“看不见的手”指的就是市场机制。

二、古典管理思想

19 世纪末至 20 世纪初，是古典管理理论最初形成的阶段。这一阶段管理理论侧重于从管理职能、组织方式等方面研究企业的效率问题。

古典管理理论产生的时代背景主要可以归结为几个方面：一是市场竞争激烈，生产规模和市场迅速扩大，过去单纯依靠企业主个人经验管理的方式已经行不通，需要有一套系统的管理理论和科学的管理方法；二是随着企业生产技术的进步与发展，生产工艺、流程日趋复杂化，需要科学的管理以提高生产效率和合理利用资源；三是劳资关系方面，尽管许多工人的劳动时间每周高达 60 小时以上，但工人的生产率和工资很低，资本主义社会中劳资矛盾激化，急需通过管理来缓解劳资对立的关系。

1. 科学管理理论

由于 19 世纪美国工业化的快速推进，急需科学的理论方法来指导生产，科学管理理论就在这一时期出现并发展起来了。科学管理理论的主要代表人物有：被管理界誉为“科学管理之父”的泰勒（Taylor）、专门进行动作研究的吉尔布雷斯夫妇（Frank and Lillian Gilbreth）、发明了甘特图的甘特（Gantt）等人。

泰勒 1856 年生于美国费城一个富裕的律师家庭。年少时因为眼疾辍学，后来进入一家钢铁公司做学徒工，因工作勤奋先后被提拔为车间管理员、技师、小组长、工长、设计室主任和总工程师。泰勒在业余学习的基础上获得了机械工程学士学位，后来专门从事工厂管理咨询工作。泰勒的代表著作是《科学管理原理》（1911 年）。

泰勒科学管理理论的基本观点是：科学管理的根本目的是提高工作的效率。要用科学的管理方法代替旧的经验管理，寻求完成每项工作的最佳方法，实现科学管理。管理人员和工人双方要友好合作。管理人员和工人都应把注意力从盈利分配转移到盈利的增加上来，从而使工人增加工资，业主增大利润，这一主张也被称为经济大饼原理。

依据上述观点，泰勒提出了如下的管理制度。

（1）制定科学的操作方法和工作定额。把工人的操作分解成基本动作，再对尽可能多的工人测定完成这些基本动作所需要的时间。同时还要选择最合适的工具、机器，确定最佳的操作程序，消除错误的和不必要的动作，以此得出最有效的操作方法。将完成这些基本动作的时间加总，再给出必要的休息时间和延误时间，就得到工人完成工作的标准时间,从而可以确定工人合理的日工作量,也就是工作定额。

(2)实行差别计件工资制,鼓励工人完成或超额完成工作定额。这是基于人是“经济人”的假说而提出来的。泰勒认为计时工资制的主要弊端是导致工人“磨洋工”。计件工资制虽然能够体现出工人劳动的数量,但工人担心劳动效率提高后雇主会降低工资率,这就意味着劳动强度的加大,而报酬却不一定提高。差别计件工资制是指工人的工资率随完成定额的程度而上下浮动的薪酬支付方式,有效地解决了前两种工资支付方式存在的弊端。根据差别计件工资制,对未完成定额的工人按低于正常单价的工资率计算工资,对超额完成定额的按高于正常单价的工资率计算工资(包括定额内的部分)。

(3)科学地挑选工人,并教育、培训工人,根据能力分配工作岗位。要提高劳动生产率,必须为每个岗位挑选第一流的工人。第一流的工人是指那些既有能力又有意愿做这项工作的人。

(4)实行计划职能与执行职能相分离。泰勒主张明确划分计划职能与执行职能,由专门计划部门制定标准化的操作方法、工具和定额,拟订计划并发布指示和命令,同时进行有效的控制。至于现场工人,则从事执行的职能。工人按照计划部门制定的操作方法和指示,使用标准工具从事实际作业,不得自行改变计划。

(5)例外原则。高级管理人员应把例行的一般日常事务授权给下级管理人员去做,自己只保留对例外事项的决策和监督权。这种管理控制原理以后发展成为管理上的分权化原则和事业部制的管理体制。事业部制已经成为大型企业普遍采用的典型的组织结构模式,如国外的通用电气和杜邦公司,国内的海尔、联想都是采用这种组织结构形式。

泰勒一生致力于“科学管理”,但他的做法和主张并非一开始就被人们所接受,而是引起了社会舆论的种种非议。于是,美国国会于 1912 年举行了对泰勒的管理方式的听证会,泰勒在听证会上做了精彩的证词和发言,向公众宣传了科学管理的原理及其具体的方法、技术,引起了人们对科学管理理论的关注。

2. 组织管理理论

在美国科学管理理论发展的同时,欧洲也有一些人在思考着如何管理的问题,他们关注的焦点是整个组织,着重研究管理的职能和管理的原则。这些人物包括法国的亨利·法约尔(Henri Fayol,1841—1925)和德国的马克斯·韦伯(Max Weber)等人。

法约尔大学毕业后不久就进入一家采矿冶金公司工作,成为一名采矿工程师,不久就被提升为矿井经理,后来又被提升为该公司的总经理,并一直担任总经理长达 30 年之久。在他上任之初,该公司正处于破产的边缘,当他退休时这家公司的财务状况已无懈可击。与泰勒的职业生涯发展有很大不同,法约尔长期从事高层管理工作,他对企业的管理工作有着深刻的体会和了解。法约尔 1916 年公开发表的《工业管理与一般管理》这部经典性著作，是其一生管理经验和管理思想的总结。

法约尔的理论贡献包括三个方面的内容：一是将企业的全部活动概括为六大类别，管理是其中的一类；二是把管理的职能划分为计划、组织、指挥、协调和控制；三是提出了管理工作的十四条原则。

(1)任何类型的企业都存在着六种基本活动。

①技术活动：指生产、设计和制造。

②商业活动：指采购、销售和交换。

③财务活动：指资金的筹集、使用和控制。

④会计活动：指货物盘点、成本统计和核算。

⑤安全活动：指维护设备和人身安全。

⑥管理活动：包括计划、组织、指挥、协调和控制。

(2)管理是企业六项基本活动之一，管理的具体职能是计划、组织、指挥、协调和控制。法约尔认为经营和管理是两个不同的概念，“所谓经营，就是努力确保六种固有活动的顺利运转，以便把企业拥有的资源变成最大的成果，从而实现企业目标”；而管理仅仅是包含在经营中的六种基本活动之一。并且，管理是有别于其他五种基本活动的。其他五种活动都不包含制定企业的总体经营计划、进行组织设计、指挥和激励员工发挥作用、使企业活动和员工努力方向和谐一致以及保证企业计划顺利贯彻实施等活动，而这些重要职能都属于管理的范畴。管理活动处于以上活动的核心地位，即企业本身需要管理，同样，其他五种活动也需要管理。而且，管理不仅适用于工商企业，还适用于政府、家庭中所有涉及人的管理的一切场合。

(3)管理的十四条原则。这些原则时至今日仍有重要的实践指导意义。

①劳动分工。劳动分工不仅可以提高技术工作的效率，还能提高管理工作的效率。

②权力与责任。权力是指“指挥他人的权以及促使他人服从的力”，在行使权力的同时，必须承担相应的责任，权责要对等。

③纪律。组织内部成员要遵守协议，以达到服从、专心、尽力。

④统一指挥。每个组织成员只能服从一个直接上级的领导。

⑤统一领导。目标相同的活动，只能有一个计划，一个领导。

⑥个人利益服从集体利益。个人或小集体的利益不能超越集体利益。

⑦合理报酬。报酬必须公平合理，尽可能使职工和公司双方满意。对工作成绩优良的员工要给予奖赏。

⑧集权与分权。集权的程度应根据企业的规模、性质、环境以及管理人员的个性、

道德品质、下级人员的可靠性等情况而定。

⑨等级链。等级链是“从最高级的权威者到最底层管理人员的等级系列”，它是一条权力线，用以贯彻执行统一的命令和保证信息传递的次序。

⑩秩序。秩序原则适用于原料存放、车间整洁，以及人员安排等。就人员而言，要“有职位安排每个人，每个人都安排在应安排的职位上”。

⑪平等。上级对下属要一视同仁。

⑫人员稳定。专业技巧需要时间积累，应该避免频繁地更换员工。管理人员的经常变动对企业很不利。

⑬首创精神。首创精神是创立和推行计划的动力，要大力提倡、鼓励雇员们认真思考问题和创新的精神。

⑭集体精神原则。员工的融洽、团结可以使企业产生巨大的力量，要在企业内部形成团结、和谐和协作的气氛。

三、行为管理理论

科学管理和组织管理的研究强调管理的理性和科学性，重点放在如何提升生产效率以及管理职能和管理原则上，而对“人”的因素关心较少。行为管理理论主要研究组织中人的行为因素，以达到调动人的积极性的目的。该理论的代表人物是埃尔顿·梅奥(Elton Mayo)。

1927年，梅奥应邀参加并指导了芝加哥西方电气公司霍桑工厂的试验。该厂生产电话机，设备先进，福利优越，具有良好的娱乐设施、医疗制度和养老金制度。但工人们的工作积极性仍然不高，生产效率不甚理想。经过调查，很多工人反映工厂的光线昏暗，照明条件不好。梅奥的第一个试验就是大幅改善工厂的照明设施。然而经过一段时间发现，工人的工作效率并没有显著提高。因此，这次试验的结论就是照明强度对雇员的绩效产生的影响非常小。于是，梅奥开始改变试验方法，将试验重点放在“人”的因素方面，并以此为基础开展了一系列试验。整个试验过程历时8年，到1932年结束。梅奥总结其领导的霍桑试验后认为：工作的环境虽然重要，但组织中人与人的关系更重要，人际关系的合理处置会使工作效率获得很大的改进。1933年，他出版了《工业文明中人的问题》一书，该书提出了与古典管理理论不同的新概念、新观点。

(1)工人是“社会人”，而不是“经济人”。

“经济人”的观点最先是亚当·斯密提出的。科学管理理论的研究也建立在“经济人”假说的基础之上。而梅奥的研究认为，影响人的工作积极性的因素，除物质方面外，还有社会和心理方面的。因此，不能忽视社会和心理因素对工作积极性的影响。

(2)企业中存在非正式组织。

古典管理理论只承认正式组织,并把正式组织看成是达到最高效率的唯一保证。而梅奥的试验发现,非正式组织是影响人们生产积极性的重要因素。非正式组织是组织成员在共同工作的过程中,由于具有共同的社会感情而形成的非正式团体,其作用在于维护其成员的共同利益,使之免受其内部个别成员的疏忽或外部人员的干涉所造成的损失。非正式组织中有自己的核心人物和领袖,有大家共同遵循的观念、价值标准、行为准则和道德规范等。

(3)生产率提高的关键因素是工人的共同态度,即士气。

物质奖励并非是提高工作效率的唯一刺激力。要提高生产率,就要提高职工的士气,而提高职工士气就要提高职工的满足度。管理人员应该认真分析职工的需要,适时、充分地激励工人,达到提高劳动生产率的目的。

四、管理理论的丛林

第二次世界大战后,特别是 20 世纪 50 年代至 70 年代,科学技术迅速发展,生产社会化程度日益提高,随着生产力的快速发展,管理科学也有了飞速的发展,各种管理理论犹如雨后春笋,滋生蔓延,各种理论研究的侧重点各不相同,形成了不同的派别,哈罗德·孔茨(Harold Koontz)将其称为“管理理论的丛林”,一共包含 11 个学派。主要的学派有社会系统学派、决策理论学派、数量管理学派、经验主义学派、权变理论学派等。

1. 社会系统学派

社会系统学派的代表人物是美国著名的管理学家切斯特·欧文·巴纳德(Chester Irving Barnard)。他在《经理的职能》一书中,对组织和管理理论的一系列基本问题提出了与传统组织和管理理论完全不同的观点。他将协调组织中个人与组织之间的关系作为研究的主导方向。他认为组织是一种社会系统,是一种人的相互关系的协作体系,它是社会大系统的一部分,受到社会环境各方面因素的影响,应该把各类组织都作为协作的社会系统来研究。以巴纳德为代表的社会系统学派的观点奠定了现代组织理论的基础,对管理思想的发展,特别是组织理论的发展产生了深远的影响。

2. 决策理论学派

决策理论学派的代表人物是美国卡内基-梅隆大学的西蒙教授。该学派认为决策是管理的中心,决策贯穿整个管理的过程。任何活动开始之前都要先做决策,制订计划就是决策,组织、领导和控制也都离不开决策。在决策准则上,以“有限理性”的人代替有“绝对理性”的人,用“满意原则”代替“最优原则”。由于信息本身以及人们处理信息的能力都有一定限度,西蒙还进一步研究了利用计算机建立数学模型来模拟实际问题,辅助公司管理人员决策。

3. 数量管理学派

数量管理学派也被称作管理科学学派，代表人物是美国的伯法(Buffa)等人，他们的研究拓宽了管理学的研究领域，使管理从以往定性的描述走向了定量的预测阶段。该学派以运筹学作为理论基础。第二次世界大战期间，英国为解决国防雷达的合理布局问题而产生了“运筹学”。运筹学发展了新的数学分析和计算技术，例如统计判断、线性规划、排队论、博弈论、统筹法、系统分析、模拟法等，这些成果后来运用于管理工作就产生了管理科学理论。该学派强调运用数学模型和计算机技术对管理领域中的人力、物力、财力进行系统定量的分析，并做出最优规划和决策。

4. 经验主义学派

美国的德鲁克被后人誉为是“现代管理学之父”，他是经验主义学派的主要代表人物。德鲁克1954年出版了《管理实践》一书，该书的出版标志着管理学这门学科的正式诞生。经验主义学派强调应该从企业管理的实际经验而不是从一般原理出发来研究管理学。通过总结通用汽车、通用电气、IBM、西尔斯、俄亥俄铁路公司、美国邮政管理局等优秀企业的成功经验，剖析平庸企业的失败教训，帮助企业管理者学到有用的东西，进而提升他们的管理水平。以德鲁克为代表的经验主义学派注重管理实践，强调在实践中寻求管理真谛，开创并形成了重视个案研究的传统。现今风靡全球范围的MBA和EMBA教育模式中的企业经营管理案例教学法就是来自德鲁克的经验管理学派的思想。

5. 权变理论学派

权变理论又称情境理论，该学派的代表人物是美国学者卢桑斯(Luthans)。在其出版的《管理导论：一种权变学》一书中系统地概括了权变管理理论。权变理论主要包括以下几方面内容。

(1)过去的管理理论没有把管理和环境妥善地联系起来，其管理观念和技术在理论与实践上相脱节，所以都不能使管理有效地进行。而权变理论把环境对管理的作用具体化，并使管理理论与管理实践紧密地联系起来。

(2)环境的变化与相应的管理理念和方法之间存在关系。通常情况下，环境是自变量，而管理的理念和方法是因变量。这就是说在某种环境条件下，要有效地达到目标，就要采用某种相应的管理原理、方法和技术。比如，在经济衰退时期，企业在供过于求的市场中经营，采用集权的组织结构，更适于达到组织目标；在经济繁荣时期，在供不应求的市场中经营，采用分权的组织结构可能会更好一些。

(3)环境变量与管理变量之间的函数关系就是权变关系，这是权变管理理论的核心内容。环境因素不仅包括社会、技术、经济、政治等一般外部环境和供应商、顾客、竞争者等行业环境，还包括组织结构、组织文化、决策程序、沟通控制、技术水平等内部环境。

权变理论的核心就是力图研究组织的各子系统内部和各子系统之间的相互联系，以及组织和它所处的环境之间的联系，并确定各种变数的关系类型和结构类型。它强调在管理中要根据组织所处的内外部条件随机应变，针对不同的具体条件寻求最合适的管理模式、方案或方法。由于这种理论是对不同环境、文化、制度下的各种管理现象进行比较研究而形成的，因此在 20 世纪 70 年代为美国的管理学界普遍接受。

在“管理理论的丛林”阶段涌现出了众多的管理理论，这些理论学派从不同方向、不同角度，采用不同方法研究了管理问题。这些管理理论的产生，大多是为了解决某个现实的问题。而管理实践是生动活泼的，研究、学习这些理论，有助于我们了解管理的全貌，更深刻地领会管理的要义。

专栏

中国企业向外企学什么?

WTO 前总干事穆尔先生说，中国企业的管理相当于 30 年前的日本，相当于 100 年前的英国。《中国现代化报告 2005》中说：“2002 年中国现代化的水平相当于美国 1892 年的水平。在一个只有一二十年市场经济土壤根基的国家成长起来的企业，与有着几百年市场经济土壤根基的企业相比，毋庸置疑，我们有许多差距，别人有许多宝贵的经验值得学习。中国企业完全可以在模仿、学习、消化、借鉴、改良、创新中实现‘后发优势’。”

1. 中国企业首先要学习外企的战略管理

许多中国企业往往依据主观愿望决策，缺乏长远规划和科学依据，结果是总体绩效差，而外企很注重战略管理。首先它们会很认真地做战略分析。外企进入中国后非常注重对行业市场环境、国内经济、政策环境、消费者群体开展调查研究，一般都非常谨慎，一切以市场调查数据为决策依据，它们不但自己亲自调研，而且还会委托一些权威咨询机构调研，调研工作做得很细致，投入也很大。其次是战略实施。有了长远规划后，外企并不急于求成，而是稳稳地一小步、一小步地前进。早期阶段，它们进入中国是试探性的，它们往往在中国建立代表处，或者建立合资公司。雀巢公司、安利是如此，肯德基、沃尔玛进入中国也是如此。

在本地化的策略上，外企除了在供应商本土化、生产本土化、技术研发本土化、人才与管理本土化、品牌与营销本土化方面动脑筋外，还普遍采取了以竞合替代竞争的策略。以大众汽车公司为例，为了在中国实现汽车国产化，该公司不但合资创办了上海大众和一汽大众，还先后培育出了700多家零部件配套企业。可口可乐公司通过发展本土装瓶合作厂商，几乎控制了整个中国的软饮料行业。

2. 学习外企以“法”治企的精神

欧美企业经营管理是建立在严格的规章制度和工作流程基础上的。通过建立一套“法”的体系，使工作透明，预期明朗，上下级之间沟通轻松，不用把太多的精力花在相互琢磨上。管理规则构成了外企的“法”。规则有三层含义：一个是程序，一个是制度，一个是秩序。程序是教员工做正确的事，而制度是防止员工做错事，秩序是学会排队。相比较而言，中国企业现在程序、制度、秩序的东西太少了。外企以“法”制企，其强调规则、秩序和逻辑程序，以制度体系为主体，以防范为特征的法治精神，正是中国企业所缺少的。

3. 学习外企科学管理方法

外企大多经过科学管理革命，在经营管理上已经建立了一套成熟的科学管理体系。与之相比，中国许多企业正在经历着这场革命。虽然有很多中国企业也自称和外企一样，已开始文化管理、知识管理、战略管理，但其实它们中的大多数还远没有达到科学管理的程度。

许多外企采用基于业务活动的成本核算法，成本核算相当准确，他们有人专门用秒表测量工艺各环节时间，用量具测量物料消耗，用信息化手段存贮、加工、分析信息。这些工业工程的思想、方法在西方提出并实践已有一百多年的历史了，但许多中国企业对工业工程仍然感到陌生，运用得也不多。

4. 学习外企的系统化管理

所谓系统化管理就是整体解决方案与结构化解决方案相结合。外企认为经营的成功不是靠什么“大救星”，而是要有一个健全系统，要从一盘棋的整体高度来设计布局。有了这一整体观念，再将复杂的问题分段，将同类的问题结构化、标准化处理，而管理者主要是处理例外事件。系统化管理使组织保持高度的稳定性，不会由于一个棋子的违规而全盘皆输，由于有一套系统化的游戏规则，另外一个棋子换上之后，能快速进入角色。外企人才流动频率也不低，但工作仍然井井有条。外企要求员工在位时做好工作记录、保存各种相关商业信息，离职时做好交接，一切资源都保留在企业中，所以不会因为人的流失而使资源流失。

我们耳熟能详的那些百年外企，其企业最有价值的部分其实并不是作为个体的员工，而是历经磨难、逐步成型的管理系统，以及能够不断引领市场变革的思维方法。

资料来源：卞华舵：《中国企业向外企学什么》，《培训》，2005年第5期。

五、当代管理理论阶段

进入20世纪80年代以后，管理出现了深刻的变化与全新的格局，涌现出了全面质量管理、战略管理、学习型组织、企业再造、核心竞争能力等理论。

1. 全面质量管理理论

第二次世界大战后，日本经济在短时期内迅速得以恢复并飞速发展，一个重要的原因是日本在从西方引进生产技术的同时，还注重引进和吸收全面质量管理等先进的管理技术和方法。到20世纪80年代，在电子、家电、汽车等领域，日本企业的产品质量和竞争力超过了美国。以费根鲍姆（Feigenbaum）、威廉·爱德华·戴明（William Edwards Deming）、约瑟夫·H. 朱兰（Joseph H. Juran）为代表的质量管理大师为全面质量管理的发展和完善做出了不可磨灭的贡献。他们的主要观点有以下几个方面：

（1）质量管理仅靠数理统计方法进行生产控制是不够的，还需要一系列的组织管理工作。

（2）企业的质量管理活动必须综合考虑质量、价格、交货期和服务。

（3）产品质量的产生、形成和实现的过程包括了市场调研、开发、设计、制定产品规格、制定工艺、采购、仪器仪表及设备装置、生产、工序控制、检验、测试、销售和服务等，形成一个螺旋上升的循环过程，所以质量管理必须是全过程的管理。

（4）产品质量必须同成本联系起来考虑，离开了经济性谈产品质量是没有意义的。

目前，全面质量管理的思想已经被普遍接受："全面质量管理是一个组织以质量为中心，以全员参与为基础，目的在于通过让顾客满意和本组织所有成员受益而达到长期成功的管理途径。"20世纪80年代后期到90年代，美国的一些大公司如摩托罗拉、通用电气等又进一步发展了全面质量管理的思想，提出了"六西格玛"方法。西格玛"σ"是希腊字母，在统计学上用来表示数据的分散程度，在六西格玛法中用来度量缺陷率。六西格玛质量表示质量特性的缺陷率仅为百万分之三点四。六西格玛管理是一种通过减少缺陷和差错，提高顾客满意度，增加利润的管理方法。

2. 战略管理理论

安索夫（Ansoff）《公司战略》一书的问世，成为现代企业战略管理理论的研究起点。此时人们认识到，依靠传统的计划方法制定未来的计划已经显得不合时宜。应该高瞻远瞩，审时度势，对外部环境的可能变化做出预测和判断，并在此基础上制定出企业的战略计划，谋求长远的生存和发展。

钱德勒（Chandler）在其所著的《战略与结构》一书中指出，企业的经营战略要适应环境的变化，企业的组织结构形成必须随企业的战略需求的变化而改变，并建立了著名的SWOT（strength、weakness、opportunity、threat）战略形成模型。该模型考虑了企业面临的威胁与机会(外部评价)和企业本身的优势与劣势因素(内部评价)。

1990 年哈佛大学波特教授出版的"竞争三部曲"——《竞争战略》《竞争优势》和《国家竞争优势》,将对企业战略的关注推向了一个高峰。波特认为企业在考虑竞争战略时必须将企业与所处的环境相联系,而行业是企业经营的最直接的环境,每个行业的结构又决定了企业的竞争范围,从而决定了企业潜在的利润水平。在这种思路下,战略的核心是获取竞争优势,影响竞争优势的因素有两个:一是企业所处行业的盈利能力,即行业的吸引力;二是企业在行业内的相对竞争地位。因此,企业要获得竞争优势就必须选择有吸引力的行业。这就是说,战略管理的首要任务就是选择有潜在高利润的行业。据此,波特提出了影响行业竞争的五种力量模型。这一模型说明行业的盈利能力主要取决于供应商、购买者、行业内现有企业、替代产品及潜在入侵者五种因素。企业需要考虑的第二个战略任务就是如何在已选定的行业中自我定位。企业的定位决定了其盈利能力是高于还是低于行业的平均水平。在行业不理想、平均盈利能力低的情况下,定位恰当的企业仍然可以获得较高的盈利。此时,企业可以结合具体形势,选择适当的战略,以增强或削弱其在行业内的竞争地位。低成本、差异化和目标集聚是三种基本竞争战略。

3. 学习型组织理论

进入 20 世纪 90 年代以来,知识经济的到来使信息与知识成为重要的战略资源,相应地诞生了学习型组织理论。"学习型组织"是美国麻省理工学院教授彼得·圣吉在其著作《第五项修炼——学习型组织的艺术与实务》中提炼、总结出的一套企业管理方法。学习型组织,是指具有持续不断学习、适应和变革能力的组织。彼得·圣吉认为,传统的组织模式和管理理念已经越来越不适应现代环境发展的要求,现代企业是一个系统,这个系统可以通过不断学习来提高生存和发展的能力。要使企业茁壮成长,就必须建立学习型组织,建立学习型组织的技能是进行五项修炼。

第一项修炼:自我超越。它是学习型组织的精神基础,自我超越需要不断认识自己,认识外界的变化,不断追求新的目标,并由此超越过去,超越自我,迎接未来。自我超越不仅指个人的自我超越,还包括组织的自我超越。

第二项修炼:改善心智模式。心智模式是在心中根深蒂固的,它决定我们如何看待这个世界,以及如何采取行动。如果现有的心智模式不能适应变化的要求,就必须要改变。

第三项修炼;建立共同愿景。愿景是未来愿望的景象。组织中一旦建立了共同愿景,有了全体人员共同认可的目标,就能调动成员的积极性,发挥每个人的力量。

第四项修炼:团队学习。团队的智慧总是高于个人的智慧。当团队真正在学习的时候,不仅团队能产生出色的效果,其个体成员的成长速度也比其他学习方式更快。

第五项修炼:系统思考。企业和人类的其他活动一样都是系统,都受到细微且息息相关的行为的牵连,并彼此影响着,系统思考是为了看见事物的整体。系统思考的修炼是建立学习型组织最重要的一项修炼。

学习型组织的出现不是简单地依靠各项修炼,而是五项修炼的整合(见图 4—1)。学习型组织的基本理念,不仅有助于企业的改革与发展,而且对其他组织的创新与发展也有启示。

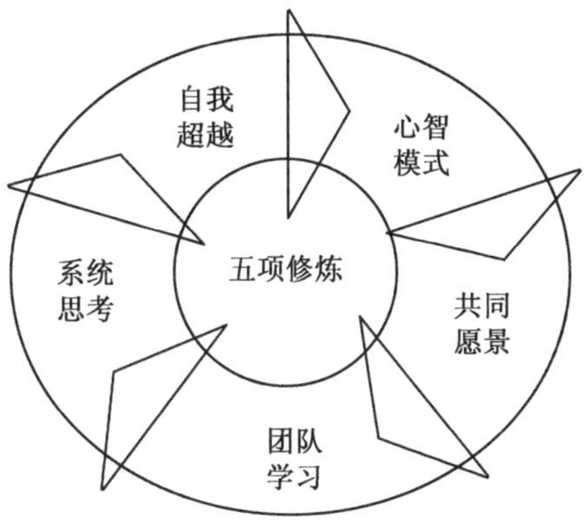

图 4—1 学习型组织与五项修炼

4. 企业再造理论

20 世纪 90 年代,迈克尔·哈默(M. Hammer)和詹姆斯·A. 钱皮(James A. Champy)合著的《再造企业——工商业革命宣言》一书,明确提出了再造理论概念,并在美国和西方发达国家中掀起了一场企业再造革命。

哈默和钱皮认为,企业再造是"为了飞越性地改善成本、质量、服务、速度等重大的现代企业的运营基准,对业务流程(business process)进行根本性重新思考并彻底改革"。这说明企业要适应新的世界竞争环境,必须摒弃已成惯例的运营模式和工作方法,要以工作流程为中心,从根本上重新思考、彻底改造企业的经营、管理及运营方式。它以一种再生的思想重新审视企业,并对传统的管理学赖以存在的基础——分工理论——提出了质疑,是管理学发展史中的一次巨大变革。作为一个新的管理理论和方法,企业再造理论仍在继续发展。

美国的得州仪器公司的半导体部门,通过业务流程的再造,集成电路的订货处理程序的周期时间减少了一半还多,提升了顾客的满意度,企业的营业收入也大大增加。我国的海尔集团,从一个亏损上百万元的集体小企业发展成为年营业额几千亿元的国际化大企业集团,这其中业务流程再造的实践功不可没。

本章小结

1. 中国是世界四大文明古国之一，有三千多年的文字记载历史。悠久的古代传统文化孕育了博大精深的管理思想。在各个历史时期都涌现出许多闪烁着智慧光芒、蕴涵着丰富哲理的管理思想，并且历代都有着至今看来仍有珍贵价值的管理实践。

2. 亚当·斯密精辟论述了劳动分工以及其产生的巨大经济利益。劳动分工是工业经济与农业经济最大也是最初的区别点。

3. 19 世纪末至 20 世纪初，是古典管理理论最初形成的阶段。这一阶段管理理论侧重于从管理职能、组织方式等方面研究企业的效率问题。古典管理理论的代表主要有科学管理理论和组织管理理论。

4. 科学管理理论的基本观点是：科学管理的根本目的是提高工作效率。要用科学的管理方法代替旧的经验管理，寻求完成每项工作的最佳方法，实现科学管理；管理人员和工人双方要友好合作。管理人员和工人都应把注意力从盈利分配转移到盈利的增加上来，从而使工人增加工资，业主增大利润。

5. 法约尔的理论贡献包括三个方面的内容：一是将企业的全部活动概括为六大类别，管理是其中的一类；二是把管理的职能划分为计划、组织、指挥、协调和控制；三是提出了管理工作的十四条原则。

6. 行为管理理论主要研究组织中人的行为因素，以达到调动人的积极性的目的。该理论的代表人物是梅奥，其理论要点主要包括：工人是“社会人”，而不是“经济人”；企业中存在非正式组织；生产率提高的关键因素是工人的共同态度，即士气。

7. 第二次世界大战后，特别是 20 世纪 50 年代至 70 年代，科学技术迅速发展，生产社会化程度日益提高，随着生产力的快速发展，管理科学也有了飞速的发展，各种管理理论犹如雨后春笋，滋生蔓延，各种理论研究的侧重点各不相同，形成了不同的派别，孔茨将其称为“管理理论的丛林”，一共包含 11 个学派。主要的学派有社会系统学派、决策理论学派、数量管理学派、经验主义学派、权变理论学派等。

8. 进入 20 世纪 80 年代以后，管理出现了深刻的变化与全新的格局，涌现出了全面质量管理、战略管理、学习型组织、企业再造、核心竞争能力等理论。

复习思考题

1. 请谈谈对我国古代管理思想的认识。
2. 亚当·斯密的贡献是什么？
3. 请谈谈古典管理学派的代表人物及其贡献。
4. 梅奥的霍桑试验得到了哪些结论？
5. “泰勒和法约尔给予我们一些明确的管理原则，而权变方法却说一切取决于当时的情境，我们倒退了 75 年，从一套明确的原则退回到一套不明确的和模糊的指导方针上去了。”你是否同意这种说法？为什么？

6.“管理理论的丛林”包含哪些理论？请谈谈你对这些理论的认识。

7. 现代管理理论有了哪些新发展？

案例思考

通用电气公司对管理的贡献

1878年，爱迪生创建了通用电气公司，一家私有的股份制公司。他利用公司筹集资金从事电灯研究。1879年，他制造出世界上第一盏白炽灯。就在这一年，通用电气公司开发出第一台将机械能量转化为电能、能够为隔壁的电灯供电的设备。从这一创新开始，通用电气公司以其创新性的理念和实施的技能而著称于世。在此后的100多年里，通用电气公司开发出创新的和实用的技术，包括第一台电动X光机和第一台电视机。这家公司还在许多机器开发中扮演着重要角色，从收音机到火车头、从家电到雷达系统，医药、制造和国防部门都受益于通用电气公司的发明，平民百姓也能够从中受益。

这些了不起的发明并不是通用电气的全部，它的另一个为人称道的贡献就是管理。从公司建立的早期，通用电气就是新的管理技术和管理实践方面的领导者。这方面的许多成果被其他公司复制应用，但是，在实施的过程中几乎没有人能够比通用电气做得更好或做出更好的发展。

通用电气公司的第一项管理创新是建立公司层次的研究实验室，它成立于1900年，到了20世纪30年代，通用电气又成为第一家设立养老金和利润分享计划的企业。这些举措旨在与劳工建立合作关系，将工会排除在外。在50年代，通用电气在全国范围内实行集权化的决策，推出了五卷本的蓝皮书，规定了经理们的每一项行动的要求。

战略管理也是由通用电气公司率先于20世纪60年代实行的，现在，战略管理已经成为多数商学院本科生的结业课程。在此期间，通用电气还与麦肯锡公司共同提出了通用电气业务评价法，这项技术可以帮助企业找出最佳的业务单元组合。在20世纪80年代和90年代，通用电气公司建立了一种有效能的企业文化，成为第一批发起六西格玛品质改进和“群策群力”项目（一种流程再造，用于减少无效工作和提高授权）的企业。

除了产品和管理创新外，通用电气还为企业管理提供了其他启发。例如，这家公司能够迅速地做出改变，完全抛弃过去的做法。公司CEO杰夫·伊梅尔特说，“绝大多数通用电气员工从历史中得到教训，但并不抱怨历史的经验。他们让自己生活在当下，放下历史的包袱。”

通用电气公司在培养领导者方面也做出了巨大努力。它有一项备受争议的政策，每年要解雇绩效位于倒数10%的员工。这项政策被人认为不近人情，但能够留下来的员工确实代表着最优秀的群体。他们在这项政策的激励下努力超越自己的战略目标。通用电气公司也确实培养出许多杰出的人才。从通用电气公司走出来的CEO包括安进（Amgen）公司（生物技术）的凯文·谢尔（Kevin Share）、SPX公司（工业综合）的克里斯·科尔内（Chrix Kearney）、直觉（Intuit）公司（软件）的史蒂文·贝内特（Steven Bennett）、霍尼韦尔公司（工业综合）的拉里·博西迪和艾伯森（Albertson's）公司（超市）的拉里·约翰逊（Larry Johnston）。

通用电气公司的增长速度也许不是最快的，市值、利润和规模也不是最大的，但它一直被认为是最好的公司之一。通用电气在2019年《财富》世界500强排行榜中，名列第48位。在福布斯

2020年全球品牌价值100强排行榜中，通用电气名列第20位。

通用电气公司对管理的贡献举世公认。它的许多做法被其他公司所模仿和采用。例如，戴尔公司每年派出15名领导人参加通用电气公司的项目培训。艾伯森超市的拉里·约翰逊对通用电气的人力资源管理极为推崇。他说“通用电气公司拥有最好的员工队伍。即使在这方面最好的其他公司也无法望其项背。正是对人的激情令通用电气公司的领导者们在人力资源管理上花费大量的时间……有了最好的员工，你就不必担心执行的问题，因为他们一定能够做到”。哈佛大学管理学院教授克里斯腾森高度评价通用电气公司：“它是世界上最好的管理学院。”

问题：

1. 过去一个多世纪中通用电气公司的各项管理实践与管理理论的发展模式一样吗？请结合西方管理思想相关理论分析解释。

2. 哪些通用电气的管理创新属于古典管理理论的范畴？哪些属于行为管理理论的范畴？

3. 如何用权变理论解释通用电气公司以往的管理变革？

第五章　计划与决策

学习目标

1. 掌握计划职能的含义与内容；
2. 了解计划的类型；
3. 了解计划与决策的关系；
4. 掌握决策的方法；
5. 理解目标管理的实质与特点。

关键术语

计划　决策　计划的类型　决策方法　目标管理

引入案例

也谈目标管理与绩效考核

管理中经常可以听到这样一个故事：

猫在主人的吩咐下到屋子里抓老鼠。它终于看到了一只老鼠，几个来回奔突，结果也没有抓到老鼠。后来老鼠一拐弯不见了。主人看到这种情景，讥笑道："大的反而抓不住小的。"猫回答说："你不知道我们两个的'跑'是完全不同的吗？我仅仅是为了一顿饭而跑，而它却是为性命而跑啊！"

故事的寓意就毋庸赘述了。

几乎每一个管理者都要面对这样的问题：如何在企业中建立一种员工能够自觉自

愿地甚至是心甘情愿地积极主动工作的机制？

几乎每一个企业管理者也同时都明白这样的道理：对员工来说，“要我做”和“我要做”是两个完全不同的概念。但是，怎样才能使员工从“要我做”变成“我要做”呢？

我们在这里说的并不是简单的人力资源开发问题，也不是简单的如何培训员工、激励员工的问题。我们似乎已经有了很多对员工培训、激励的理论和方法，有了很多人力资源开发的理论和方法。我们在这里牵涉到的是一个更加深层次的问题：我们的企业需要一种怎样的管理原则，在这种管理原则下，员工的责任心和能力能得到充分的释放？

“企业需要的是一种管理原则。这种原则将使个人的力量和责任心充分发挥出来，与此同时，为人们的注意力和努力指明共同的方向，建立起协作关系，并使个人的目标与公共的利益相互协调。”

这是德鲁克在1954年发表的《管理实践》中的话。半个多世纪过去了，现在读来，似乎更有着一种现实感。这个管理原则是什么呢？他给出了我们刚才这个问题的答案：“唯一能够承担此重任的原则是通过目标和自我控制进行管理。”

为什么这么说呢？因为目标管理“使得公共利益成为每个管理人员的目标所在。它以来自内部的更严格、更苛求、更有效的控制替代来自外部的控制。它激发起管理人员的工作积极性，不是因为有人叫他做某些事，或是说服他做某些事，而是因为他的任务的目标需要做某些事。他付诸行动，不是因为有人要他这样做，而是因为他自己决定他必须这样做——换言之，他像一个自由人那样行事”。

目标管理和自我控制是一种管理哲学。它使组织内的每个部门、每个人都设定目标，都来监控结果。如果设计得好，目标管理的过程可以让个人在组织内负起责任的同时获得个人自由。

德鲁克自己是这样谈目标管理和自我控制的：

“目标管理和自我控制可以合法地称为管理的‘哲学’。这一哲学建立在管理工作的概念上，建立在对管理人员具体的要求和管理人员所面临的障碍的分析上，建立在人类行动、人类行为和人类动机的概念上。归根结底，它适用于每个管理人员，不管他的级别和职能如何。并且，它也适用于任何一个企业，无论是大企业还是小企业。通过将目标的要求转化为个人的目标，它使企业的经营业绩得到保证。”

一个运转良好的企业依赖于有自制力的、有责任感并且能取得绩效的员工，员工的自我管理就变得更加重要。目标管理和自我控制无疑是一种管理哲学，是一种能够使企业取得预期绩效的管理原则，也是一种能够使管理者和员工都负起责任、行之有效的管理方法。

德鲁克的“目标管理”是一种真正能够称得上管理哲学的管理原则，是激励员工的原动力，是实现组织目标有效的管理方法。企业要实行目标管理，管理者首先要理解什么是德鲁克的“目标管理”。

资料来源：黄建东：《也谈目标管理与绩效考核》，博克“光华之桥”，2012 年 4 月，摘自彼得·德鲁克学院德鲁克经典分享，编者有删节。

第一节　计　划

一、计划的概念

“凡事预则立，不预则废。”这句古话强调了计划在社会生活中的重要地位。企业拥有良好的工作计划，工作效率就会大幅度提升。哈罗德·孔茨认为：“计划工作是一座桥梁，它把我们所处的此岸和将要到达的彼岸连接在一起。”计划是关于组织未来的蓝图，是对组织在未来一段时间内的目标和实现目标途径的策划与安排。计划工作给我们提供了通向未来目标的明确道路。计划作为管理的首要职能，为组织、领导和控制职能的开展提供了基础。

我们为什么要制定计划呢？这是因为计划有以下的作用。

1. 指明方向

当管理人员带领下属开展某项工作时，首先应当让组织成员明确目标是什么，接下来还要制定实现目标的可行途径，也就是计划方案。只有这样，组织成员才能协调他们的活动，互相合作，有效地开展工作。

2. 减小变化的冲击

管理大师德鲁克曾经说过：“当今世界唯一不变的就是变化。”企业在经营管理的过程中不得不应对各种各样的变化，通过制定计划可以有效地减小变化所带来的影响和冲击。在变化的环境中，计划可以促使管理者展望未来，预见变化，估计变化的冲击并制定适当的对策，将不确定性的影响降至最小。

是不是制定计划一定会改善组织绩效呢？很多研究都试图揭示计划与组织绩效的关系。经过大量的研究，人们发现了这样的一些结果：首先，正式计划通常与更高的利润、更高的资产报酬率及其他积极的财务成果相联系；其次，高质量的计划和适当的实施过程远比泛泛的计划更能导致较高的绩效；最后，在这些研究中，凡是正式计划未能导致高绩效的情况，一般都是因为环境的原因，当政府法规、工会权力和类似的环境力量限制了管理者的选择范围时，正式计划才会对组织绩效的提升贡献较小。通过上述分析我们不难发现：以“计划没有变化快”为由，从而否定计划的作用实际上是错误的。

3. 减少浪费，避免损失

企业工作计划的一项重要任务就是要使企业的各项活动都能顺利开展。预先对此进行认真的研究能够消除不必要的重复活动所带来的资源浪费,能够避免在今后的活动中由于缺乏依据而轻率判断所造成的损失。计划工作还有助于用最短的时间完成工作,减少不必要的等待时间。

4. 设立标准,利于控制

计划职能帮助我们确立了目标和计划方案,但是在执行过程中,怎么判断我们是否已经达到了所设定的目标呢?我们通过比较实际的绩效与目标,就有可能发现计划执行过程中的重大偏差,从而采取必要的纠偏措施。计划和控制是一个事物的两个方面,计划是控制的基础,控制是计划得以有效贯彻的保证。企业控制的各项标准都来自计划。如果没有既定的目标和规划作为衡量尺度,就无法确保企业的各项活动都处于受控状态。

二、计划的内容

计划的内容可以用"5W2H"来表示:

- WHAT:做什么(何事),指出了方案的内容和具体的工作任务;
- WHY:为什么做(何因),表明了计划的原因;
- WHO:谁来做(何人),确定该任务的执行部门和执行者;
- WHERE:在何地做,明确执行地点,以及从何处入手;
- WHEN:何时做,给出计划方案执行的进度表;
- HOW:如何做,指出完成任务的方法和措施;
- HOW MUCH:多少,表示程度,例如,生产多少数量,成本是多少。

专栏

"5W2H"法

我国著名教育学家陶行知曾经对"5W2H"的内容给出较高评价,认为这是指导我们工作的好老师,并做了一首诗进行了概括:

"我有几个好朋友,曾把万事指导我,你若想问真姓名,名字不同都姓何:何事、何故、何人、何如、何时、何地、何去,好像弟弟和哥哥。还有一个西洋派,姓名颠倒叫几何。若向八贤常请教,虽是笨人不会错。"

资料来源:吴诚编:《企业创新的原理和技法》,上海科学普及出版社1997年版。

三、计划的类型

根据划分标准的不同，计划可以区分为各种不同的类别(见表5－1)。

表5－1　计划的分类

分类标准	类　型
时间长短	长期计划 短期计划
影响的范围和程度	战略性计划 战术性计划
明确性	具体性计划 指导性计划
问题的重复性	程序性计划 非程序性计划

(1)根据时间的长短划分，可分为长期计划和短期计划。

长期计划描绘了组织在一段较长时期(通常为三年或五年以上)的发展蓝图，它规定在相对较长的时间段内组织以及组织的各部分从事活动应该达到什么样的状态和目标。短期计划具体规定了在相对较短的时段(如一年、半年甚至更短的时间)特别是最近的时段内所应该从事的各种活动及从事该种活动所应达到的水平。

(2)根据计划对企业经营影响范围和影响程度的不同划分，可分为战略性计划和战术性计划。

战略性计划具有长期性和整体性的特点。所谓的长期性是指战略性计划所包含的时间跨度长，一般要五年以上。所谓整体性是指战略性计划是基于组织整体而制定的，强调组织整体的协调。战术性计划是规定总体目标如何实现的细节的计划，所涉及的时间跨度比较短，覆盖的范围也较窄。战术性计划具有内容具体、明确和可操作性强的特点。战略性计划和战术性计划是相互关联的，战术性计划服务于战略性计划，是在战略性计划的指导下制定的，是战略性计划的落实。战略性计划往往是高层管理者制定的，而战术性计划往往是中层、基层管理者制定的(见图5－1)。

(3)按照计划内容的明确性程度划分，可分为指导性计划和具体性计划。

指导性计划只规定一些一般的方针，它指出重点但不把管理者限定在具体的目标或是特定的行动方案上；具体性计划具有明确规定的目标，不存在模棱两可的问题，也没有容易引起误解的问题。计划的制定一定要与环境因素联系起来，要具一定的灵活性以防意外变化，当存在较高程度的不确定性时，指导性计划就具有更大的现实意义。

(4)按照问题的重复性程度划分，可分为程序性计划和非程序性计划。

程序性计划是对例行活动所做的计划，非程序性计划是对非例行活动所做的计

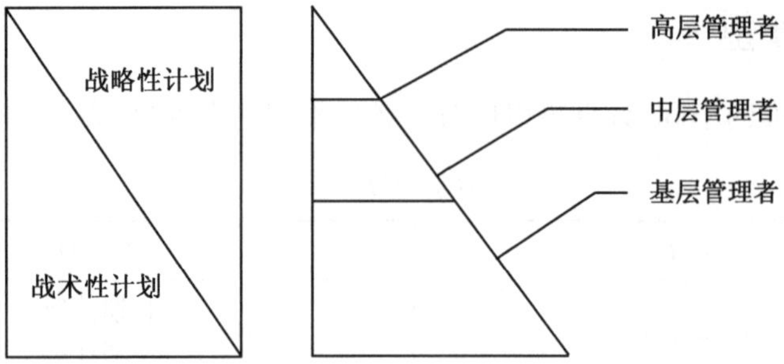

图 5—1　战略性计划、战术性计划与管理者的等级

划。例行活动是重复进行的，对于这一类问题，企业在长期的经营活动中已经形成了一套固有的解决方案，只要遵照程序办事就行了。例如车间工人的操作规程，材料的出库、入库等工作。程序化的程度越高，管理秩序、管理水平也越高，管理工作效率也越高。非例行活动不仅是不重复出现的问题，而且有可能是企业经营和管理中比较重要的事情，是不能程序化的。例如新产品的开发、企业经营战略的决策、先进设备的引进、重大的技术革新等。

第二节　决　策

一、计划与决策

组织中的每一个人都在制定决策。其实，决策的制定对管理者工作的各个方面都是十分重要的，即在计划、组织、领导和控制的过程中都渗透着决策。管理活动需要不断决策，但决策本质上并不是管理的一项职能。计划与决策是两个既相互区别又相互联系的概念。

决策是关于组织活动方向、目标的选择。在组织从事某项活动之前，必须选择活动的方向和方式。计划是对组织内部不同部门和不同成员在一定时期内行动任务的安排，规定了不同部门和成员在该时期内从事活动的具体内容和要求。

决策与计划的联系性表现在以下两个方面。

(1)决策是计划的前提，计划是决策的逻辑延续。决策为计划任务安排提供了依据，计划则为决策所选择的目标活动的实施提供了组织保证。

(2)决策与计划相互渗透。决策制定过程中，不论是对分析内部能力的优势或劣势，还是在方案选择时评价各方案的执行效果，实际上都孕育着决策的实施计划。反过来，计划的编制过程，既是决策的组织落实过程，也是决策更为详细的检查和修订过程。

决策活动广泛存在于管理活动的过程中，决策是管理者从事管理工作的基础，决策质量的高低直接影响管理的效果。要做出高质量的决策，决策主体首先要拥有足够数量的高质量的信息，其次要注意决策过程的理性化和决策方法的科学化。

二、决策的主体

西蒙认为，作为决策主体的人是“有限理性”的，也就是人的理性介于完全理性和完全非理性之间。在高度不确定和极其复杂的现实决策环境中，人的知识、想象力和计算力是有限的。决策不是一种公式化的决定，决策主体要想寻求最优的解决方案具有非常大的难度。决策遵循的是满意原则，决策时要综合研究客观因素、行动方案及其后果，并确定一套衡量准则。如果某方案符合衡量准则，并能达到预期目标，那么这一方案就是令人满意的。

三、决策的依据

决策的依据是信息。信息数量的多少和有用程度的高低会直接影响决策的水平。就数量方面来说，管理者在决策前及决策过程中应该尽可能多渠道地搜集信息。搜集信息的渠道和方式是多种多样的，可以借助信息化的形式来搜集、统计和分析信息。决策主体应该善于从大量纷繁复杂的初级信息中精选有用的信息。有用的信息具备以下特征。

(1)高质量。质量是信息的最重要特征。高质量的信息首先必须是精确的，即信息能够精确反映现状；其次，信息的含义是清楚的，不存在模棱两可；再次，信息必须是有序的，而不是杂乱无章、条理不清的；最后，信息应该通过适当的媒介传递。

(2)及时。现代管理越来越强调组织的环境适应性，这就要求组织面对环境的变化必须迅速决策。及时性的首要要求就是能够在恰当的时间提供信息，信息失去了时效性对决策来说就没有了任何意义；同时，提供的信息必须能反映当前的状况。

(3)完全。首先，信息的范围要足够广泛，以帮助管理者全面地了解问题；其次，信息的内容要有一定深度，能够在一定程度上反映出问题的根本；再次，信息必须与所要决策的问题密切相关，并不是越多越好。

四、决策的过程

决策的过程要注意理性化。理性决策包含以下几个步骤。

1. 识别决策问题

决策过程的第一步就是要尽可能精确地识别所要解决的问题。现实生活中绝大多数的问题并不是一目了然的，这就需要管理者探究。有些时候，某个管理者认为是个问题，而其他管理者则认为不是个问题，所以要避免识别问题的主观性。并且，如果管理者解决了一个完全错误的问题，即发生了方向性的错误，则实质上与没有发现正确的问题和什么都没做没有区别。

2. 明确决策目标

目标体现了决策预期要达到的结果。目标将会最终指导决策者选择合适的行动路线。要明确决策目标，首先目标的内容要清晰，除此之外还要明确目标的时间要求、总目标与各个分目标之间的关系、目标的实现要考虑成本等一些约束因素的影响，最后目标要尽可能以量化的形式清晰地表达出来。

3. 拟订备选方案

备选方案是可供选择的方案。选择的基本前提是存在多种方案，离开了多方案和对多方案的选择性，决策就失去了最基本的要件，更谈不上正确决策了。决策的选择性来源于决策环境、决策内容的多样性和人的认识的有条件性。正是由于客观事物的不同质和主观认识存在着差异，才会有对同样问题的不同判断和不同对策的可能，才会制定出不同的方案。

4. 评估备选方案

备选方案有可能是完全对立的，也可能各有千秋、互有长短。决策者需要根据预定的决策标准评估每种方案的预期成本、收益、风险或相对优势和劣势，然后要对各个方案综合排序。

5. 做出决策

决策者要想做出好的决策，就必须仔细考察全部事实，确定是否可以获取足够的信息并最终选择最好方案。

6. 实施

方案的实施是决策过程中至关重要的一步，决策方案如果不付诸实施，上述的决策步骤就丧失了意义。管理者要将决策结果清晰地传递给组织成员，并通过激发员工的工作热情来保证决策的顺利实施。

7. 监督和评估

监督和评估各层次、各岗位的决策执行情况，不仅可以检验决策质量，也能够检查决策是否得到认真执行，保证决策的落实。通过监督和评估将信息反馈给决策者，决策者就能根据反馈信息对偏差部分及时采取有效措施。就像打仗没有常胜将军一样，我们无法保证每一个决策都正确。但是，一旦确认某项决策是不妥甚至是错误的，就应该及早予以修正，对无法实现的目标重新定位，重新拟订可行方案，并评估、选择和实施。

整个决策过程如图 5－2 所示。

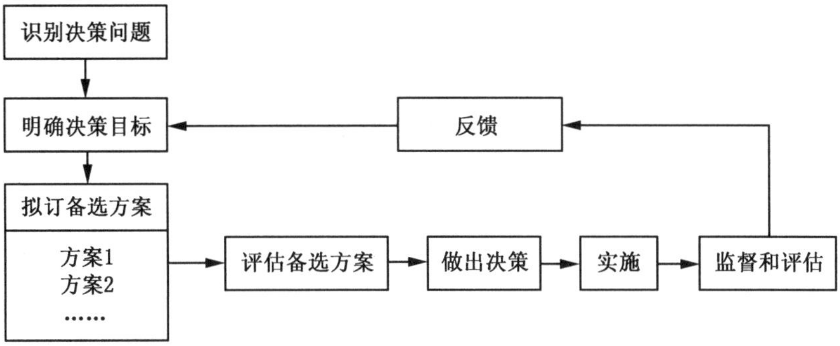

图 5—2　决策程序示意图

五、决策的方法

常见的决策方法有定性、定量两种。定量决策法一般要借助线性规划、矩阵理论、数理统计、概率论等方法进行量化分析，建立数学模型用计算机手段辅助决策。定性决策法是指在决策过程中充分发挥专家集体的智慧、能力和经验，在系统调查研究分析的基础上，根据掌握的情况与资料决策。

1. 定性决策法

常见的定性决策法有头脑风暴法、德尔菲法和经营单位组合分析法等。

(1)头脑风暴法。这是一种能够保证群体决策的创造性，提高决策质量的方法。头脑风暴法针对所要解决的问题，邀请相关人员或专家，在宽松的氛围中，敞开思路，畅所欲言地发表个人意见，充分发挥个人和集体的创造性，集思广益，进而寻求多种决策思路。实施头脑风暴法时要注意如下原则：

①敞开思路，自由发表见解。创造一种自由的气氛，激发参加者瞬间灵感的发挥。

②不相互批评，不要争论。要认真对待任何一种设想，而不管其是否适当和可行。对各种意见、方案的评判必须放到最后阶段，此前不能对别人的意见提出批评和评价。

③倡导多角度分析，鼓励提出多种不同方案。参与者不必深思熟虑，意见越多，产生好意见的可能性就越大。

④对已有的建议可以补充完善。除提出自己的意见外，鼓励参加者补充、改进和综合他人已经提出的设想。

头脑风暴法的特点是倡导创新思维。时间一般在 1—2 个小时，参与人数不必过多，一般以不超过 10 人为宜。

专栏

头脑风暴法的应用

法国某中小型私人企业生产的电器有许多竞争对手。该企业的销售负责人参加了一个关于发挥员工创造力的培训后大受启发。他决定尝试应用头脑风暴法帮助公司发明一种全新功能的电器产品，并为这一款产品取一个响亮又便于记忆的名字。

在冲破了来自公司内部的层层阻挠后，他把整个小组(约 10 人)安排到了农村一家小旅馆里，在以后的 3 天中，实行封闭式管理，以避免外部干扰。

第一天全部用来训练，通过各种训练，组内人员开始相互认识，他们相互之间的关系逐渐融洽，开始还有人感到惊讶，但很快他们都进入了角色。

第二天，他们开始了创造力激发，其中涉及了头脑风暴法及其他方法。该销售负责人将所要解决的问题传递给小组成员：一是发明一种拥有其他产品没有的新功能电器，二是为此新产品命名。

在第一、第二个问题的解决过程中，都用到了头脑风暴法。在为新产品命名这一问题的解决过程中，经过 2 个多小时的热烈讨论后，共为它取了 300 多个名字，主管则暂时将这些名字保存起来。

第三天一开始，主管便让大家根据记忆默写出昨天大家提出过的名字。在 300 多个名字中，大家记住了 20 多个。然后主管又在这 20 多个名字中筛选出了 3 个大家认为比较可行的名字。再将这些名字征求顾客意见，最终确定了一个。

结果，新产品一上市，便因为其新颖的功能和朗朗上口、让人回味的品牌名字，受到了顾客热烈的欢迎，迅速占领了大部分市场，并在竞争中击败了对手。

资料来源：杨传华编著：《如何制定工作计划》，北京大学出版社 2005 年版。

(2) 德尔菲法。德尔菲是古希腊传说中的神谕之地，城中有座阿波罗神殿可以预卜未来，借用其名，因此这种预测方法被命名为德尔菲法。此法是 20 世纪 60 年代初美国兰德公司的专家们为避免集体讨论所存在的屈从于权威或盲目服从多数的弊端而提出的一种集体决策方法，因为主要是借助专家的力量决策，在我国更习惯称为“专家决策法”。

德尔菲法本质上是一种反馈匿名函询法。德尔菲法依据一定的程序，在对所要预测的问题征得专家的意见之后，整理、归纳、统计，再匿名反馈给各专家，再次征求意见，再集中，再反馈，最后汇总成专家基本一致的看法，作为预测的结果。专家之间不得互相讨论，不发生横向联系，只能与调查人员发生联系。这种方法具有广泛的代表性，结果较为可靠。

2. 定量决策法

定量决策主要是应用运筹学、统计学等方法通过建立数学模型来模拟实际问题，寻求最优解决方案的方法。常用的模型如盈亏平衡点模型、线性规划模型、方差分析、排队模型、马尔科夫过程、博弈分析等，这些模型在数据分析和预测中得到了广泛应用，为决策者提供了重要的支持。并且由于计算机技术的引进，信息处理的能力大大增强，可以模拟更为复杂的问题。在此我们仅以风险型决策的决策树法和博弈论方法为例简单介绍。

(1)决策树法。在风险型决策中，决策者对未来可能出现何种自然状态不能确定，但其出现的概率可以大致估计出来。风险型决策常用的方法是决策树法。决策树法是指借助树形分析图，根据各种自然状态出现的概率及方案预期损益，计算与比较各方案的期望值，从而抉择最优方案的方法。现举例说明。

为生产某种新产品，现有建大厂和建小厂两个建厂方案。方案的使用期均为 10 年，根据市场预测，产品销路好的概率是 0.7，销路差的概率是 0.3。

方案一：建大厂，需投资 300 万元，建成后如果销路好，每年可获利 100 万元；如果销路差，每年将损失 20 万元。

方案二：建小厂，需投资 160 万元，小厂建成后如果产品销路好，每年可获利 40 万元，如果销路差，每年仍可获利 20 万元；建小厂试销 3 年后，若产品销路好再扩建，扩建需投资 100 万元，扩建后若产品销路好则每年的盈利可增至 90 万元。

企业应该如何决策？

图 5—3 是为解决这一问题而画的决策树。决策树由决策点、方案枝、状态结点、概率枝四个要素组成。图中的矩形节点称为决策点，A 为初始决策点，B 为 3 年后的决策点；从决策点引出的分支称为方案枝，此处有两个方案枝；方案枝末端的圆形节点称为状态点；从状态点引出的分支称为状态枝。图中还标明了相应的概率和收益值。

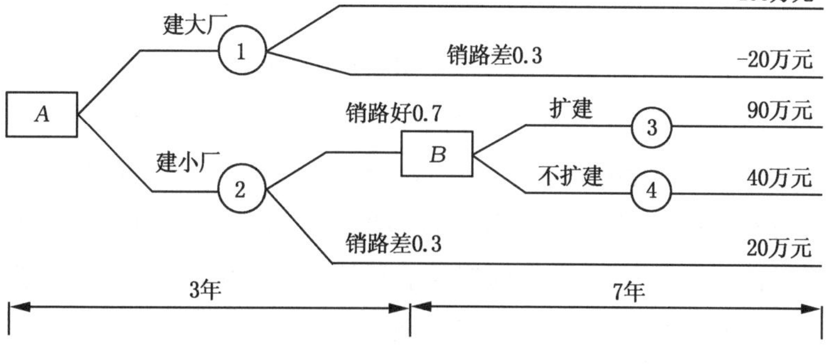

图 5—3　用决策树法解决风险型决策问题

求解的顺序是从决策树的末端开始，基本的求解步骤如下：

①先遇到决策点 B，取从该决策点出发的方案枝中的最大值，作为该决策点的值。

决策点 B 的值＝Max(90×7－100，40×7)＝530(万元)

②接下来遇到状态点，依据各状态点的概率计算期望收益。

状态点 1 的期望收益 E_1＝[0.7×100＋0.3×(－20)]×10－300＝340(万元)

状态点 2 的期望收益 E_2＝40×0.7×3＋530×0.7＋20×0.3×10－160＝355(万元)

③在决策点 A，比较两个方案枝相连的两个状态点上的期望收益。

状态点 1 的期望收益是 340 万元，状态点 2 的期望收益是 355 万元。取其中较大的作为最后采用的方案。

由此，本题的决策方案是：今年采用方案二，先建小厂；3 年后如果销路好则扩建，如果销路不好则维持原状。这种方案的最终期望收益是 355 万元。

(2)博弈论方法。在很多情况下，决策主体的行为会受到其他决策方的影响，也就是说，决策不能单顾自己一方，还要顾及对手一方，犹如两人对弈，都在互相猜测对方下面的步骤，是一个胜负问题。博弈论是研究当决策主体的行为发生直接相互作用时的决策，以及这种决策的均衡问题。

“囚徒困境”是博弈论里最经典的例子之一。两个犯罪嫌疑人(A 和 B)作案后被警察抓住，隔离审讯。警方的政策是“坦白从宽，抗拒从严”，如果两人都坦白则各判 8 年；如果一人坦白另一人不坦白，坦白的放出去，不坦白的判 10 年；如果都不坦白，则因证据不足各判 1 年(见表 5－2)。

表 5－2　　囚徒困境

A	B	
	坦白	抵赖
坦白	－8，－8	0，－10
抵赖	－10，0	－1，－1

在这个例子里，每个囚徒都有两个策略，即坦白和不坦白。给定 A 坦白的情况下，B 的最佳选择是坦白；A 不坦白，B 的最佳选择仍是坦白。因此 A 的最佳选择是坦白。反之，B 的最佳选择也是坦白。结果，两个人都选择了坦白，各判刑 8 年。如果 A 和 B 都选择抵赖，各判刑 1 年，显然比都选择坦白各判刑 8 年好得多。为什么会出现这样的结果呢？这是因为，各个局部都寻求利益的最大化，但整体利益却不是最优。囚徒困境反映了个人理性和集体理性的矛盾。

以上所举的仅是博弈论较为简单的一个理论模型，博弈论的研究成果可直接运用于现代企业的经营决策。在市场经济条件下，企业之间的竞争日益加剧，行业内的竞争逐渐表现为几个大型集团之间的直接对抗，如可口可乐公司和百事可乐公司之间的竞争、各大航空公司之间的价格竞争等，这类问题都可归结为博弈问题。企业在这种情况下的经营总体战略和一般战略决策必须在充分掌握竞争对手信息和策略的情况下进行。因此，企业运用博弈论中的决策模型做出这些问题的决策将使决策过程更加合理化。

博弈论对现代企业管理观念和方式的改变有着重要的指导意义。企业与企业之间，尤其是企业与其供应商之间，很多情况下正如上面两个囚徒所遇情形一样，没能真正实现自身的最佳利益，甚至是损人不利己。因此，寻求合理的管理模式，强化企业之间的合作，将是企业获得双赢局面的一条捷径。

第三节 目标管理

一、目标管理的概念

1954 年，彼得·德鲁克在其著作《管理实践》一书中首次提出了“目标管理与自我控制”的主张。当美国总统布什在把 2002 年度的“总统自由勋章”授予德鲁克时，提到他的三大贡献之一就是目标管理。目标管理，就是指组织中的上级和下级一起协商，根据组织使命确定一定时期内组织的总目标，由此决定上下级的责任和分目标，并把这些目标作为组织绩效考核、部门绩效考核和个人绩效考核的标准。目标管理的最大优点在于它能使人们用自我控制的管理代替受他人支配的管理，激发人们发挥最大的能力把事情做好。

根据目标管理的思想，并不是有了工作才有目标，而是相反，有了目标才能确定每个人的工作。所以“企业的使命和任务，必须转化为目标”，如果一个领域没有目标，这个领域的工作必然被忽视。因此管理者应该通过目标管理下级，当组织高层管理者确定了组织目标后，必须对其有效分解，转变成各部门以及各个人的分目标，管理者根据分目标的完成情况考核、评价和奖惩下级。企业每个管理人员和每个员工的分目标就是企业总目标对他的要求，同时每个分目标也是员工对企业总目标的贡献。只有完成每一个分目标，企业总目标才有完成的希望，而分目标又是各级领导人员考核下属人员的主要依据。实质上，目标管理是计划与控制相结合的一种管理方法。

专栏

SMART 原则

目标管理中目标的描述符合 SMART 要求，即

S：明确的（specific）

M：可衡量的（measurable）

A：能达到的（attainable）

R：相关的（relevant）

T：有期限的（time-bound）

人们在制定工作目标或者任务目标时，考虑一下目标与计划是不是 SMART 化的。只有具备 SMART 化的计划才是具有良好可实施性的，也才能指导、保证计划得以实现。

二、目标管理的特点

目标管理与传统管理方法相比有许多不同，主要表现在以下几个方面。

1. 权力责任明确

目标管理通过自上而下或自下而上层层制定目标，在企业内部建立起纵横联结的完整的目标体系，把企业中各部门、各类人员都严密地组织在目标体系之中，明确职责、划清关系，使每个员工的工作直接或间接同企业总目标联系起来，从而使员工看清个人工作目标和企业目标的关系，了解自己的工作价值，激发大家关心企业目标的热情。这样，就可以更有效地把全体员工的力量和才能集中起来，提高企业工作效率。

2. 强调职工参与

目标管理非常重视上下级之间的协商、共同讨论和意见交流。通过协商，加深对目标的了解，消除上下级之间的意见分歧，取得上下目标的统一。由于目标管理号召企业全体人员参与目标管理实施的全过程，尊重职工的个人意志和愿望，充分发挥职工的自主性，实行自我控制，因此改变了传统的自上而下摊派工作任务的做法，调动了职工的主动性、积极性和创造性。

3. 注重结果

目标管理所追求的目标就是企业和在职员工在一定时期应该达到的工作成果。工作成果对目标管理来说，既是评定目标完成程度的根据，又是绩效考核的主要依据。

管理者必须也应该意识到，真正的目标管理应该是寻求企业目标与个人目标的结

合点，而一旦找到了这样一个目标，员工就被自我激励和自我管理。

目标管理的目标体系如图 5—4 所示。

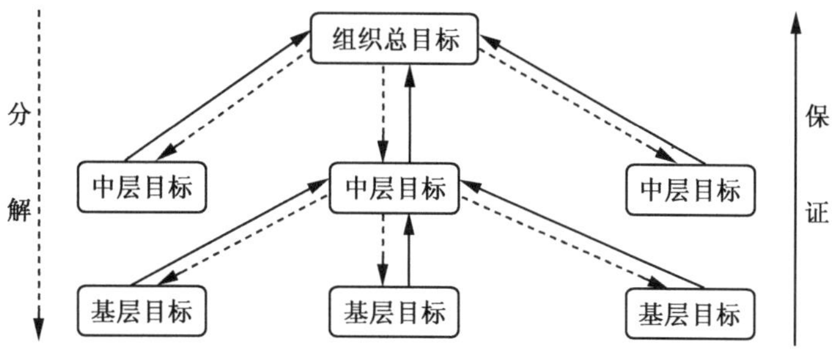

图 5—4 目标管理的目标体系

三、目标管理的实施步骤

目标管理包括四个要素：确定目标、参与决策、明确期限和绩效反馈。目标管理的实施步骤如表 5—3 所示。

表 5—3 目标管理的实施步骤

1. 制定组织的整体目标和战略
2. 在经营单位和部门之间分配主要的目标
3. 各单位的管理者和他们的上级一起设定本部门的具体目标
4. 各部门的所有成员参与设定自己的具体目标
5. 管理者与下级共同商定如何实现目标的行动计划
6. 实施行动计划
7. 定期检查实现目标的进展情况，并向有关单位和个人反馈
8. 奖励绩效，促进成功实现目标

本章小结

1. 计划工作是管理的首要职责，是成功的关键工作之一。

2. 有效的计划可以指明方向，减少变化的冲击，减少浪费，避免损失，设立标准以利于控制。

3. 长期计划描绘了组织在一段较长时期(通常为三年或五年以上)的发展蓝图，而短期计划时间期限通常是一年以内。战略性计划是基于组织整体而制定的，具有长期性和整体性的特点；战术性计划涉及的时间跨度较短，关注具体问题。指导性计划是灵活的计划，给出了一般的指导原则；具体性计划是清楚定义的计划，不存在模棱两可。程序性计划是对例行活动所做的计划；非程序性计划是非例行活动所做的计划。

4. 计划与决策是两个既相互区别又相互联系的概念。决策质量的高低直接影响管理的效果。要做出高质量的决策，首先要拥有足够数量的、高质量的信息，其次要注意决策过程的理性化和决策方法的科学化。

5. 企业决策的方法多种多样，需要根据自身的实际情况选择。要充分发挥专家集体的智慧、能力和经验。

6. 企业要善于将企业目标和员工的发展目标有效地联系起来。增加员工的责任感，充分调动员工的工作积极性。

复习思考题

1. 怎样理解计划职能的含义？计划有什么作用？

2. 计划有哪些类型？

3. 通用电气公司的前总裁杰克·韦尔奇说："与其让别人掌握你的命运，不如你自己来主宰。"在学完计划职能后，你觉得这句话有什么含义。

4. 计划与决策是什么关系？

5. 如何理解决策的含义？如何做出高质量的决策？

6. 决策的过程包含哪些步骤？每一步要注意什么问题？

7. 定性的决策方法有哪些？

8. 什么是目标管理？其特点是什么？

案例思考

腾讯：连续 27 小时的马拉松会议

在公司的决策上，腾讯形成了总办会议制度。每两周召开一次，参加者为 5 位创始人和各核心业务部门主管，人数为 10—12 人。这个人数规模一直没有被突破，一直到 2013 年，腾讯的总员工人数已超过 2 万人，总办会的参与者也不过 16 人。

总办会是腾讯最为核心的决策会议，马化腾要求所有与会者无论日常工作多么繁忙，都务必前来参加。每次会议都在上午 10:00 准时开始，一般都要延续到凌晨 2:00 到 3:00，因此是一种非常考验体力的马拉松会议。

马化腾喜欢开长会，每一个议题提出后，他都不会先表态，而是想要听到每一个人的态度和意见，所以会议往往开得很漫长。好几位与会者透露称："在总办会上，几乎所有重要的决议都是在午夜 12:00 以后才做出的，因为到那个时候，大家都太疲劳了，常常有人大喊'太困了，太困了，快点定下来吧'，然后就把一些事情定了下来。"

一个比较特殊的惯例是，腾讯的总办会没有表决制度，根据人力资源部门主管奚丹等人的记忆，"十来年里，没有一次决策是靠表决产生的"。

赛马机制:一旦做大,独立成军

在部门业务的事项上,相关责任主管的意见很受重视,“谁主管,谁提出,谁负责”。“一旦做大,独立成军”成为腾讯内部不成文的规定。这一模式无形中造就了“赛马机制”,我们将看到,后来为腾讯带来众多“意外”的创新,如QQ空间、QQ游戏乃至微信,都不是顶层规划的结果,而是来自基层业务单元的独立作业。

共识为决策前提:大权独揽,小权分散

在关系到公司整体战略的事务上,以达成共识为决策前提,若反对的人多,便会被搁置,而一旦为大多数人所赞同,反对者就可以保留自己的意见。在这一过程中,马化腾并没有被授予“一票赞同”或“一票否决”的权力,他看上去更像是一位折中者。

2005年,腾讯宣布进行第二次组织架构调整,公司的组织架构被划分为8个序列,分别由5个业务部门(企业发展系统、无线业务系统、互联网业务系统、互动娱乐业务系统、网络媒体业务系统)和3个服务支持部门(运营支持系统、平台研发系统、职能系统)组成。此次调整,意味着事业部制度的形成。各事业部以产品为单位,专案开发,分工运营,从此腾讯“一分为多”,“兄弟爬山,各自努力”。

在这个架构中有一个非常微妙的安排:腾讯所有的业务基础都来自流量,然而,在组织架构中并没有一个类似于“总参谋部”这样的机构统筹配置流量。这一职权其实被掌握在了“总办”手上。

也就是说,腾讯的组织机构类似于“大权独揽,小权分散”的模式,各事业群的负责人在业务拓展上被授予了最大的权限,但其命脉始终由最高决策层控制。

在一次内部高管会议上,马化腾说:“未来5年,腾讯最大的挑战就是执行力。市场怎么样,大家都看得见,但不一定都拿得住。通过完整的指标体系和组织架构保证压力的传导,通过严格考核和末位淘汰制留住好的人才,而所有这些,能把腾讯打造成一个不依赖个人精英,而是依靠体制化动力的成熟体系。”

资料来源:乔诺商学院编辑整理:《腾讯、华为、阿里的决策机制》,https://www.sohu.com/a/238936542_283333,登录时间:2021年5月27日。

问题:

1. 结合案例谈一下腾讯决策方式的优点和缺点。
2. 思考如何提高决策的质量。

第六章　组　织

学习目标

1. 了解组织职能、组织工作的原则；
2. 掌握组织结构设计的要求与方法；
3. 掌握组织结构的类型,以及各种类型分别适合什么样的组织；
4. 了解组织变革的原因及克服阻力的措施。

关键术语

组织　组织结构　组织设计　职能制　事业部制　矩阵制　组织变革

引入案例

穆尼和韦伯关于组织理论的对比分析

20 世纪 30 年代,当管理研究的焦点从科学管理和效率管理向以人为本的管理方向大刀阔斧地迈进的时候,一些管理学家却把目光转向了管理的组织问题。他们开始研究组织结构的有效设计和运转。这一时期组织管理领域研究的代表人物很多,有詹姆斯·D. 穆尼和艾伦·C. 赖利、L. 古里克(L. Gulick)、厄威克(L. Urwick)、R. C. 戴维斯(R. C. Davis)等人。但是穆尼和赖利却是美国最早研究组织理论的人物。他们的理论被提到了管理过程学派的地位,是继管理过程学派鼻祖亨利·法约尔之后的第二代代表人物。

穆尼的思想主要体现在他和赖利于 1939 年合写的著作《工业,前进！组织的原则及其对现代工业的意义》中。穆尼的管理思想主要体现在以下几个方面:首先就是组织和管理的关系,其次就是组织结构的设计方面。穆尼从他的管理实践经验中看出,有一种权威的力量存在于组织之中,尽管各类组织的任务不同,但是它们的本质是一样的。组织的建立和良好运行要以这些权威为基础和根本,没有这些权威的存在,组织就不可能建立起来。权威好比是组织的灵魂。组织要达到高效率,必须坚持三个原则:协调原则、梯状原则和职能原则。

穆尼对组织结构的构造和设计被认为是关于组织理论的最完备的描述之一。以后的管理学家关于组织理论的分析研究则是把他们的思想作为一种框架,加入了组织的管理中人的因素。他们从逻辑的推断层层推导出组织运行的三个基本原理,时刻不忘逻辑。这样一种科学的方法和态度对管理研究的发展是不可或缺的。他们对冲突理论的描述以及提出的解决冲突的办法,为企业和政府规避和解决冲突问题提供了具体的操作工具。

马克斯·韦伯是组织理论的集大成者,被称为"组织理论之父"。在组织理论的研究历史上,穆尼确实没有韦伯那么出名,但是两个人的理论却有很多地方不谋而合。他们的理论完全是独自建立的,由于韦伯生前的学术成果并没有使他扬名,他的理论成果在他在世的时代并没有传播到美国,穆尼的理论不可能参照韦伯的理论建立,因此对穆尼和韦伯的比较是非常有必要的。

穆尼的组织理论和韦伯的组织理论的共同之处不胜枚举。

首先,穆尼和韦伯的组织理论的基础是一致的。他们都认为组织的存在必须以某种权威为基础,没有某种形式的权威,组织不可能达到自己的目的。所不同的是,穆尼认为,组织的权威可分为两种形式:民主的权威和独裁的权威。而韦伯把组织的权威分为三种:传统型权威、魅力型权威、法理型权威。并且只有第三种权威才是理想的组织管理的基础。韦伯的三种权威理论是关于权威理论的研究最完全和最深入的。这点穆尼当然比不上。穆尼的组织理论所应用的权威应该是韦伯所述的权威类型的第三种,即法理型权威。

其次,他们都把组织效率当成组织应首要考虑的事情,而把人的因素放在组织发展的次要地位来考虑。教会、军队、政府等大规模的组织中组织的原则都是相通的。为了提高组织的效率,他们都提出了严格的组织原则。所不同的是,穆尼认为组织有三个原则:协调原则、梯状原则和职能原则。而且这三个原则是层层逻辑推进的,前一个原则是后一个原则的基础,而后一个原则是前一个原则的结果和保证。而韦伯提出了严格的官僚组织设计的四个原则:专业化分工、等级制、对法理化规则的服从、非人格化。即使在具体的原则上,他们也有相同的内容。例如,他们都坚持严格的等级制度。按照权力大小和"命令-服从"的关系,把组织划分成金字塔形的等级序列。他们的等级制度都是在组织权力的基础上形成的。这种等级摆脱了对人身的依附，其实质是专业技术和知识差异。这种自上而下的等级制度的存在对提高组织效率很重要。

再次，他们研究组织理论的方法是类似的。只是韦伯把他的研究方法做了更深入的论述。穆尼的研究方法注重的是过程分析，与自然科学的方法相类似。而韦伯关于工具理性和价值理性的论述却是韦伯组织理论中最重要的组成部分。通过对价值理性和工具理性的深入分析和论证，韦伯认为理性官僚组织推崇的是价值中立，追求的是工具理性，强调形式合理与程序正义。这和穆尼注重科学的方法，把价值因素考虑在组织设计和构建之外是相通的。自然，研究方法是相通的，导致他们的理论的缺陷也是一样的。在研究的过程中可以强调工具理性和科学性的同时，却把价值因素抛在了一边而不予考虑。这样的组织设计和构造只能使得组织变成硬邦邦的官僚机器，而没有一点人情味。现在大多数官僚体制就是在他们的组织理论的基础上建立起来的，以法律为导向，执行严格的分层管理体制，完全忽视了人的因素。这种体制引起了许多理论学家的质疑和批评，并且很多人尝试改变这种现状。但可悲和可笑的是，许多体制改来改去，始终无法跳出这种怪圈。同样关于价值理性和工具理性孰先孰后、孰优孰劣的争论一直到现在还在持续。

资料来源：王丽芳：《穆尼和韦伯组织理论的对比研究》，《时代金融》，2010 年 9 月。

第一节　设计组织结构

一、组织的概念及特征

1. 组织

组织就是为了有效地配置一个企业或者其他组织可以调配的生产要素，实现组织目标，按照一定的规则、程序，系统设置岗位和职责完成资源配置的过程。任何组织都有其既有的目标，而只有以恰当的方式配置有限的资源，才能够以有效率的方式实现目标。而组织就是实现资源有效配置的一种必不可少的重要方式。

2. 组织结构及其特征

组织结构是描述组织中具体岗位之间逻辑关系的框架性体系。为了能够准确地识别不同岗位之间的内在逻辑联系，需要从三个方面予以说明：复杂性、正规性和集权性。

复杂性是指因劳动分工而形成的岗位设置的广度和深度。组织的岗位设置越广泛，组织结构就越复杂。例如，跨国公司遍布世界的分支机构就使组织结构变得复杂起来。组织因上下级关系而形成的层次越多，组织结构就越复杂。组织结构越复杂，分工活动越难协调，组织目标就越有可能无法实现。

正规性是指组织利用规则和程序引导人员行为的程度。有些组织特别强调用规则和程序规范人员的行为，例如工业企业制定的各种工作规范和劳动纪律以约束员工，学校利用各种规章制度管理学生就是典型的正规性程度高的组织结构；相反，有些组织则主要借助员工的自觉性充分发挥主观能动性，而很少利用规章制度约束员工，例如一些研究性机构，往往只规定完成任务的具体目标，而很少过问研究人员完成任务的过程，这种组织就是典型的非正规性组织。

集权性是指决策制定权力在组织中的分布。组织中任何一个岗位都具有一定动用资源的决策权力。有些决策权力往往只会集中在整个组织结构的最高端，例如公司的收购兼并决策，公司发行股票往往必须通过公司最高权力机构股东会或股东大会表决后才能成为有效的决策，而其他决策权力则可以由最高权力机构授予下级决策。组织的高端部分拥有的决策权力越广泛，组织结构越表现出集权特征；而组织的低端部分拥有的决策权力越多，组织结构越表现出分权的特征。

二、组织设计的原则

组织要实现战略目标，就必须设计出符合战略要求的组织结构，才能够有效地利用占有的资源。为了能够充分地描述组织设计的每一个细节，必须首先从组织设计所涉及的相关概念出发，寻找组织设计的基本思路。

1. 劳动分工

劳动分工就是指为了完成组织的目标，分解组织目标，最终演变成为每个职位的目标的过程。劳动分工最终使每个职位所需要的技能得到简化，使胜任具体职位的人员供应量得到增加，使具体职位的专业化水平得以提高，劳动生产率随之提高。劳动分工不仅可以提高资源配置的效率，而且扩大了组织所需的人员供给范围。

2. 统一指挥

统一指挥是指每个下属应当而且只能向一个上级直接负责。组织中的任何一个职位只能向其上级汇报工作，否则可能存在多头领导的冲突，使具体职位的人员无所适从。因而必须明确划分职权，使每项权力只能由一位主管人员负责。

3. 职权

职权是指组织中具体管理职位所具有的发布命令和希望命令得到执行的权力。职权是将组织中所有职位变成有机整体的结合力。职权可以由组织中的上级在一定条件下向下级授权。每一个管理职位都具有特定的、内在的权力，任职者可以从该职位的等级中获得相应权力。因此，职权与组织内的具体职位相关，与担任该职位的人员个人特性无关。

职权可以根据其在组织中发挥作用的不同而分为直线职权和参谋职权。直线职权是指授予一个职位指挥其下属的权力。正是直线职权的存在,使上下级职位之间的关系变成了一条从低级到高级的指挥链。在指挥链的每个联结处,拥有直线职权的职位均有权指挥下属而无须征求他人意见。职权的大小由一个人在组织层级中所处的纵向职位决定,在纵向职位既定的情况下,一个人与组织权力中心的距离越近,其所拥有的权力越大。

直线职权强调的是对组织目标有直接贡献。尽管每个职位都对其下属拥有直线职权,但并非每个职位都是直线职位,还要看这个职位是否直接对组织目标有贡献。

4. 职责

职责是指组织中的具体职位应当完成的基本任务。它是组织赋予具体职位权力的基本目的。一个职位赋予了一定的职权,必然要求履行一定的职责。职权与职责必须对等,简称权责一致。如果将职责划分为执行职责和最终职责,则执行职责可以随相应职权向下授权,但授权人绝对不能将最终职责向下授予,而必须由该职权的相应职位保留。

5. 管理跨度

管理跨度是指一位管理者能够有效指挥下属的数量。传统理论认为,一个管理者的管理跨度不宜太大,应当保持不超过 6 人的较窄的管理跨度,这样才能够对下属保持紧密控制。但是,组织层次也是影响管理跨度的一个重要因素。随着管理者在组织中职位的提高,需要处理的问题越来越复杂,所能够处理问题的数量越来越少,因而只能保留较少的管理跨度。

6. 组织层次

组织层次是一个组织从最上级到最下级所设定的层级。一般来说,设定的组织层次越多,最上级对最下级的影响力就越弱,上下级之间的信息通道就会面临更多的噪声,从而影响信息传递的效率和效果。不仅如此,一个组织设计的管理跨度与组织层次之间呈反向变动关系:在组织的岗位既定的情况下,管理跨度越大,组织层次就越少;反之,管理跨度越小,组织层次就会越多。例如,当一个组织的总岗位数为 1 000 个、管理跨度平均为 200 时,则管理层次就是 5 层;当管理跨度的平均数为 300 时,管理层次就会减少为 4。

7. 部门化

经典管理学者们认为,组织中的活动应当经过专业化分工而组合到部门中。劳动分工创造了专家,也对劳动协调提出了更高的要求。而解决因劳动分工产生的协调问题较为有效的方法就是将专家归并到一个部门,在一个管理者指导下工作。因而部门化是解决协作的有效方式。常见的形成部门的依据包括以下几个方面。

(1)职能部门化。职能部门化是按照职能组合工作,使相似的活动变成部门行为。在现代组织中,按照职能设置组织机构已经成为一种流行的模式。无论在工业企业、金融组织,还是学校、政府,很多情况下都是按照职能来设置部门,如人事部、市场部、后勤部等。

(2)产品部门化。产品部门化是按照产品的种类设置部门。例如按照产品线设置分部,按照提供的服务设置分部,每一部门由一个产品经理组织提供同类产品。

(3)地理区域部门化。随着全球经济一体化程度的加深,国际企业涉足的地域在扩大,市场范围的扩展使大型跨国公司甚至一般公司也开始按照地理区域设置分部。

(4)过程部门化。过程部门化是指将组织中具体的事务处理过程予以分类,设立相应的部门。

第二节 典型的组织结构形式

一、典型的组织结构形式

在基本组织结构设计类型的基础上,参考影响组织结构设计的因素,可将组织结构分为以下几种类型。

1. 职能型组织结构

职能型组织结构是将组织的职能部门按照一定规则构成组织结构的主要部分。职能型组织结构的特点是采用专业化分工形成具体的职能部门,具体分担整个组织某一方面的专业职能。这些职能部门有权在职能范围内决策。职能型组织结构的优点是可以从专业化分工中获得专业优势,将同类专家集合在一起可能产生规模经济,可以减少因资源重复配置产生的浪费,同时可以减轻直接上级专业缺陷所产生的问题。但职能型组织结构也存在明显的缺点,就是职能部门有可能因为追求职能部门目标而忽视全局目标。尽管组织的整体目标取决于组织每项职能的充分发挥,但每项职能目标对组织整体目标的影响要受制于其他职能的发挥。这样就使每项职能都不可能对最终目标负全部责任,每项职能领域的成员们相互隔离,容易产生严重的信息障碍。不同职能部门之间易于强调各自的重要性而产生冲突,因此高层职位必须有效协调各个职能部门。此外,职能型组织结构因专业分工也不能培养全能型的高级经理。典型的企业职能型组织结构如图 6—1 所示。

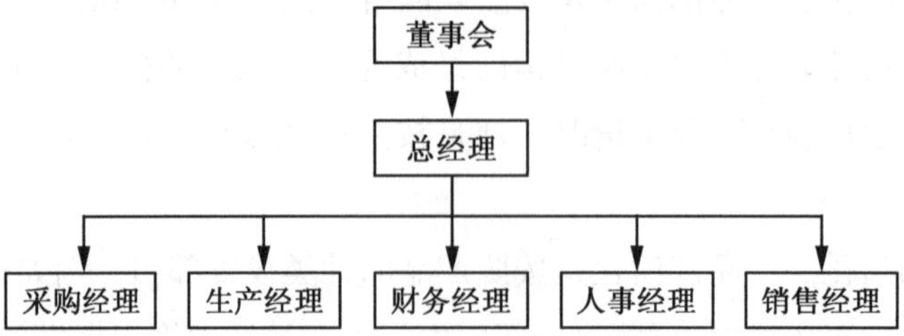

图 6—1　企业职能型组织结构

2. 事业部型组织结构

事业部型组织结构是基于相对独立的事业部构建组织结构的一种组织结构。事业部型组织结构是由通用汽车公司和杜邦公司在 20 世纪 20 年代创立的。每个事业部都有具体的目标，但每个事业部相对自治，事业部经理对事业部的业绩负全面责任，拥有充分的制定事业部运营决策的权力。组织的最高层统一领导下设的事业部，企业战略目标的制定和其他战略性决策集中在最高层，以保证事业部的经营活动与企业的整体战略性目标一致。组织的最高层还要为各个事业部提供必要的法律支持和财务支持，当然也要考核各个事业部的业绩。事业部型组织结构的特点是集中决策和分散经营，既可以保证企业总体目标的实现，也使各个事业部具有充分的自主权。事业部型组织的优点是强调结果。组织的最高层可以摆脱具体的日常管理事务，集中精力制定组织发展战略，同时也避免了过度干预事业部的具体工作，能够充分调动分部经理的积极性，提高了事业部经理经营管理的自主性和灵活性，获得了范围广泛的经营管理经验，也容易培养全能型高级经理。事业部型组织结构的缺点是由于每个分部具有很强的独立性，每个事业部具有相对独立的利益和目标，极容易造成机构的重复设置，各个事业部之间容易产生利益冲突，甚至恶性竞争，造成严重的资源浪费；由于事业部利益的相对独立，容易忽视整体利益，因此组织高层较难协调各个事业部之间的利益冲突。典型的事业部型组织结构如图 6—2、图 6—3 所示。

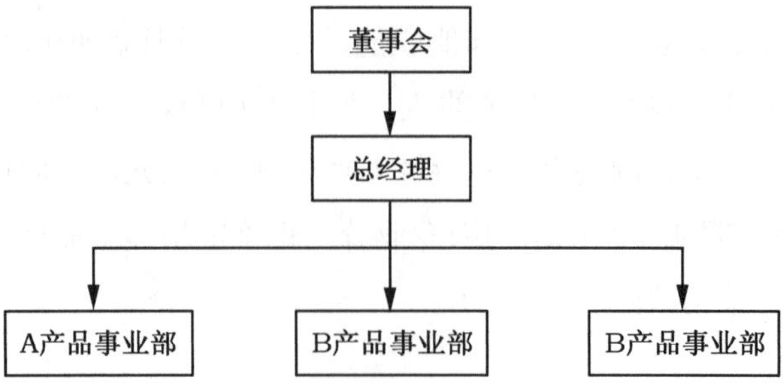

图 6—2　按产品设置的事业部型组织结构图

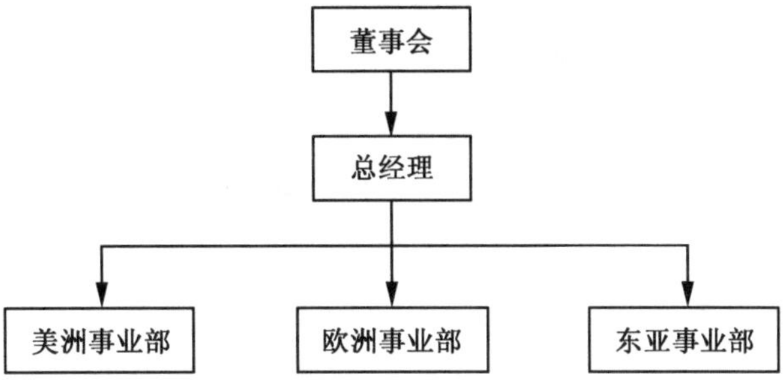

图 6—3 按市场设置的事业部型组织结构图

职能型组织结构设计和事业部型组织结构设计都是机械式组织结构的典型设计模式。

专栏

松下电器与事业部组织结构

1933 年松下电器在日本开始实行事业部制，成为当时少数几个敢于“尝新”的企业。1935 年 12 月，40 岁的松下幸之助曾这样解释自己的这种“神来之举”：“事业部制的优点是，大家都有责任意识，尽情发表个人创意，个人才智得到充分发挥。至于缺点，多少会出现独断独行的一面。”虽然表意简单，但显然早在制度设立之初，管理层就已经意识到了这种制度具有的“两面性”。事业部制带来了松下早期的高速发展，1993 年度松下电器销售额为 613.85 亿美元，居世界最大工业公司第八位，居日本第三位。

然而就在“光辉”的发展业绩的“指引”下，一个潜在的威胁却被忽略了。事业部不断扩张，当到达 200 多个事业部时，问题终于迸发出来了。有专家指出，按照管理学说法，一位管理人员最多一次可以管理 5—9 个事业部，超出此范围就是能力所不及的，可以想象在松下 200 个事业部体制中，管理层已经分化出了多少级别，这样大大放缓了决策的速度。

不仅如此，由于上情下达不畅，“内耗”已是不可避免，各事业部实行独立核算，为了扩大各自市场份额，彼此相互渗透，形成严重的事业重复等诸多弊端，而总部的作用也显得“力不从心”。当时在松下，传真机有两个事业部，家庭传真机事业部见专业传真机销路不错，便研制出专业传真机进行生产和销售，而专业传真机事业部则反向推出了家庭传真机。这还只是部分，在松下其他类别的产品中，也有很多都有两个或多个事业部在运作。

2000年6月新上任的社长中村邦夫，做了一个对松下具有革命意义的决定，宣布废除事业部制。松下电器下属的36个部门重新划分为4个业务分公司，即4个分社：AVC网络领域、家电产品领域、产业设备领域以及元器件领域。经过彻底的事业重组，把原先200多个事业部的资源支配权收归回来，交给4个分社统一控制，4个分社下辖共14个事业领域。这种制度排除了集团内部的事业重复和竞争，14个事业领域构筑出自我完结型的开发、生产、销售、服务一体化的运营体制，松下电器公司又重新焕发出了生机。

3. 矩阵型组织结构

矩阵型组织结构就是在组织设计的过程中将职能部门化和产品部门化结合在一起而形成的一种组织结构设计。职能型组织结构具有专业化优势，而事业部型组织结构更侧重于结果。但两种组织结构都有各自的缺点，而这些缺点都会影响组织战略的实现。为了克服两种组织结构的缺点，充分发挥两种组织结构的优点，可以通过设计矩阵型组织结构管理规模庞大的组织。在矩阵型组织结构中，矩阵中的人员有两个上级，分别属于职能部门的经理和分部经理。两位经理共同对一个人员享有职权。一般来说，分部经理行使技术方面的权力，而将晋升、业绩评价、薪酬和奖励等权力划分给职能经理。为了使矩阵结构有效运作，分部经理和职能经理必须经常保持沟通，协调他们对所属共同人员提出的要求。矩阵型组织结构不仅将职能专家组合在一起，充分发挥专家的专业化优势，并促进了专家在各分部之间的共享，而且能够使各分部在专家的参与下完成各自应当完成的任务。但是，矩阵型组织结构设计存在的致命缺陷就是如何协调人员的双头领导问题和权力争斗。只要分部经理与职能经理之间能够有效协调，矩阵型组织结构的存在就具有很高的经济价值。图6—4就是大学的矩阵型组织结构。

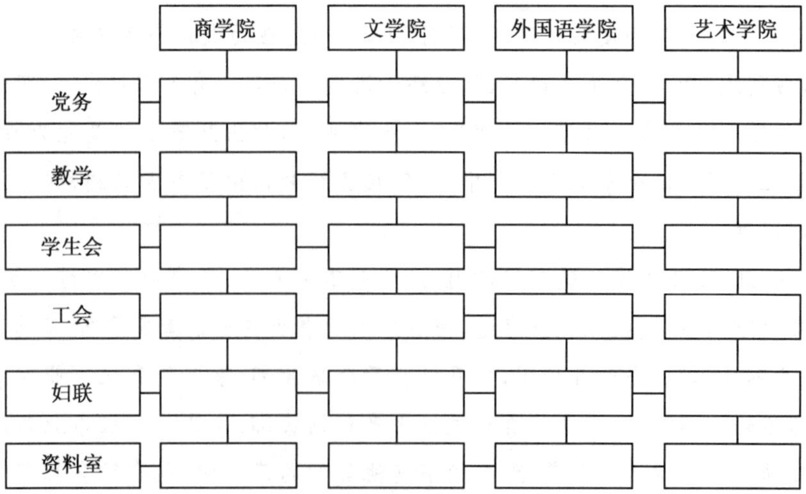

图6—4　矩阵型组织结构

4. 动态网络型组织结构

动态网络型组织结构是一种目前流行的组织设计形式，它可使管理人员面对新技术、新环境显示出极大的灵活应对性。所谓网络结构，是指通过合作关系（以合同形式）依靠其他组织执行制造、营销等经营功能的小的核心组织。

网络组织在实践中已十分普通，这主要归功于网络经济性这一概念的提出。在工业化时代，人们普遍意识到规模经济给企业组织带来的强大竞争优势。1975 年美国经济学家约翰·潘泽和罗伯特·维立格提出“范围经济”的概念，它是指企业多样化经营（扩大经营范围）带来的经济性。“规模经济性”和“范围经济性”都造成巨型企业组织的出现，这些巨型组织成为行业的巨头，垄断了市场。然而进入 20 世纪 90 年代后，市场环境的不确定性大大增强，竞争的激烈程度达到前所未有的地步，消费者需求变得多样化和个性化，这使得巨型组织无力控制环境，其规模本身已不是竞争制胜的重要力量。相反，这些庞然大物适应能力差，行动缓慢，效率低下的毛病在新环境下显得越发突出。随着信息技术的发展，工业社会开始向信息社会转变。于是管理学者们提出必须建立一个与信息社会相适应的经济模式，这就是网络经济。

网络经济强调企业之间的联合，共享资源，这样一个企业就不必拥有所有职能，它可以将一部分职能“外包”出去，只保留一些有竞争优势的职能。网络中的企业不会出现功能的重复，在很大程度上将规模经济和范围经济结合在了一起。

对于小企业来说，动态网络型组织结构是合适的选择，比较而言，小企业在资金、技术、规模上无法与大企业相抗衡；然而小企业结构简单、组织灵活，容易形成自身特有优势。将这些小企业组成网络，优势互补，单个小企业保留自身关键功能，其他功能由网络中的其他企业承担，就可以创造网络经济性。小企业同大企业的联合同样也可以起到类似的效果。

动态网络型组织结构也适用于一些大型组织。一些国际上知名的运动品牌公司本身拥有很少甚至没有制造设备，员工也就上百来人，然而每年的销售额可达数十亿美元。这些业绩的取得就是通过建立某一种网络关系，他们与产品的制造公司、销售代理商建立联系，通过后者生产经营活动实现公司需要的职能。公司可以通过收购、控股等方式实行对关键领域的控制。在菲律宾、马来西亚、韩国、中国、印度尼西亚、泰国等地区制鞋厂都有其合作伙伴。一般而言，这类组织自己独立完成研究开发工作，产品的制造和销售则直接从组织外“购买”。

动态网络型组织结构的核心只是一个小型管理机构，许多重要职能不是由本组织完成的，组织管理者的主要任务之一就是在各地寻求广泛合作和控制（见图 6—5）。

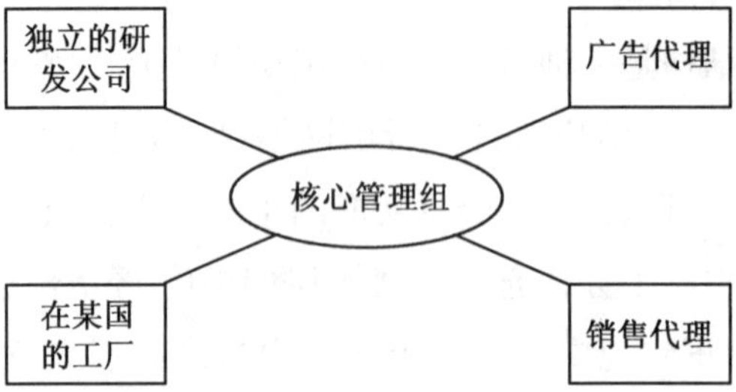

图 6—5　动态网络型组织结构

动态网络型组织结构的最大优点是获得了高度的灵活性，便于适应动态变化的环境。但是它与传统组织结构相比，缺乏对一些职能部门的有力控制(特别是制造部门)。随着信息技术在企业的广泛运用，动态网络型组织结构会逐渐显示出它其生命力。

专栏

海尔的组织结构

20 世纪 80 年代，海尔同其他企业一样，实行的是“工厂制”。集团成立后，1996 年开始实行“事业部制”，集团由总部、事业本部、事业部、分厂四层次组成，分别承担战略决策和投资中心、专业化经营发展中心、利润中心、成本中心职能。

1. 事业部——由集权向分权制转化的一种改革

事业部制是一种分权运作的形式，首创于 20 世纪 20 年代的美国通用汽车公司和杜邦公司。它是在总公司领导下设立多个事业部，各事业部有各自独立的产品和市场，实行独立核算。事业部内部在经营管理上则拥有自主性和独立性。这种组织结构形式最突出的特点是“集中决策，分散经营”，即总公司集中决策，事业部独立经营。这是在组织领导方式上由集权向分权制转化的一种改革。

海尔的事业部制，外面一般认为是学习或模仿日本的体制。实际上，它更多地学习参考了美国通用电气公司(GE)的管理体制。海尔在很多方面带有明显的 GE 痕迹。

美国 GE 的组织结构变迁经过了三个阶段：一是 20 世纪 60 年代的分权运作，促进了主业的增长和经营的多样化；二是 70 年代根据公司总财源的分配安排下属单位的战略需求，让各下属公司建立战略经营单位，使全公司扩大了规模、增加了产品的种类并使利润持续不断地增长；三是到 80 年代进入战略经营管理时期，对前两个阶段的组织模式不断修正。

张瑞敏认为这种高度分权对市场销售具有有效刺激，但又发现，这种个体户式的拼杀，会造成各事业部之间盲目竞争，竞相重复使用内外资源，有可能形成单位销售额上升而集团整体投资回报率不高的局面，不利于集团重点扶持未来有发展前途的产业。因此，海尔对分权的大小、多少有自己战略性的考虑。对“夕阳型”的产品尽可能分权，划小经营单位，让其随行就市；而对“朝阳型”的产业，如未来的数字化家电，则要集中人力和财力，做大规模，确保竞争力。

果然，GE 后来发现，公司的销售额大幅度增长了，但每股的红利并没有随着增长，与此同时，公司的投资回报率也下降了。

2. 从超事业部到“脱毛衣”

1972 年起任 GE 董事长的雷金纳德·琼斯于 1978 年再次改组了公司的体制，实行“执行部制”，也就是“超事业部制”。这种体制就是在各个事业部上再建立一些“超事业部”，来统辖和协调各事业部的活动，也就是在事业部的上面又多了一级管理。在改组后的体制中，董事长琼斯和两名副董事长组成最高领导机构执行局，专管长期战略计划，负责和政府打交道，以及研究税制等问题。执行局下面设 5 个“执行部”，每个执行部由一名副总裁负责。执行部下共设有 9 个总部（实为集团），50 个事业部，49 个战略经营单位。各事业部的日常事务，以至有关市场、产品、技术、顾客等方面的战略决策，以前都必须向公司最高领导机构报告，而现在则分别向各执行部报告。

张瑞敏说，海尔的事业本部有些像 1978 年 GE 实行的“超事业部制”，它管了不少事业部，事业部下又管了不少项目和经营单位。像 GE 的 5 个执行部归副总裁领导一样，海尔的几位副总裁也分别领导着几大事业本部，总裁只管横向的几大中心，如财务中心、规模发展中心、资产运营中心、人力资源中心和企业文化中心等。

韦尔奇接替琼斯后，对组织结构又做了大幅度的重新设计。他把组织的层级比作毛衣，当人外出穿了四件毛衣的时候，就很难感觉到外面的天气有多冷。因此，韦尔奇撤销了事业部之上的管理机构，废除了战略经营单位，使自己能够和事业部的领导人直接互动。这个新秩序的主要效果，就是赋予独立自主的事业部主管权力，特别是大幅度扩大他们在资本配置上的权力，而这是管理上最重要的功能之一。改革以前，GE 的组织就像多层的结婚蛋糕，改革后它像一个车轮，在中间有个轮轴，其外有轮轴向外延伸扩大。

3. 有序的非平衡结构

在企业的运作方式上，海尔集团采取“联合舰队”的运行机制。集团总部作为“旗舰”以“计划经济”的方式协调下属企业。下属企业在集团内部是事业本部，对外则是独立法人，独立进入市场经营，发展“市场经济”，但在企业文化、人事调配、项目投资、财务预决算、技术开发、质量认证及管理、市场网络及服务等方面须听从集团的统一协调。用海尔人人都熟悉的话说，各公司可以“各自为战”，不能“各自为政”。张瑞敏说，集团所要求的，你必须执行，有问题我来负责、我来订正。你可以提出建议，但绝不许阳奉阴违。

从本质上说，海尔的组织结构经历了从直线职能式结构到矩阵结构再到市场链结构的三次大变迁。直线职能式结构就像一个金字塔，下面是最普通的员工，最上面是厂长、总经理。它的好处就是比较容易地控制到终端。直线职能在企业小的时候，“一竿子抓到底”，反应非常快。但企业大了这样就不行了。最大的弱点就是对市场反应太慢。为了克服这一问题，海尔改用矩阵结构。横坐标是职能部门，包括计划、财务、供应、采购；纵坐标就是不同的项目。对职能部门来讲，横纵坐标相互的接点就是要抓的工作。这种组织形式在企业发展多元化的阶段可以比较迅速地动员所有的力量推进新项目。

在论述海尔组织结构的变迁时，张瑞敏再次强调了“有序的非平衡结构”：“整个组织结构的变化缘自我们组织创新的观点，就是企业要建立一个有序的非平衡结构。一个企业如果是有序的平衡结构，这个企业就是稳定的结构，是没有活力的。但如果一个企业是无序的非平衡，肯定就是混乱的。我们在建立一个新的平衡时就要打破原来的平衡，在非平衡时再建立一个平衡。就像人的衣服一样，人长大了衣服就要改，如果不改肯定要束缚这个人的成长。”

资料来源：胡泳著：《海尔中国造——跨国战略与领导之道》，海南出版社 2002 年版。

二、影响组织结构选择的主要因素

1. 组织战略

组织结构是管理者赖以实现目标的重要手段，而组织战略为组织未来发展和演化指明了方向，组织结构必须服从于组织战略。如果管理当局对组织战略做了重大调整，就需要修改组织结构，以适应和支持组织战略调整的要求。根据钱德勒的研究结果，公司战略的变化先行于并且导致组织结构的变化。简单战略只要求一种简单、松散的结构形式来执行这一战略，而此时的组织主要采用集权化的决策方式，组织的复杂性和正规化程度都很低，这种组织结构最容易适应复杂的内外部环境。根据钱德勒的建议，随着公司战略从单一产品向纵向一体化、再向多样化经营的转变，管理当局会将组织从有机式组织结构转向机械式组织结构。

2. 组织规模

组织规模对组织结构具有显著的影响作用。一般来说，大型组织倾向于比小型组织具有更高程度的专业化和横向、纵向的分化，规则、条例使用更加频繁。但组织规模对组织结构的影响强度在逐渐减弱，当组织的规模达到一定程度后，组织规模对组织结构的选择产生的影响就可以忽略不计。

3. 技术

任何组织都要借助技术将生产要素按照某种方式转化为产出。不同技术要求对人员以不同的方式配置。根据查尔斯·佩罗(Charles Perrow)的研究，提议从以下两个方面考察技术：(1)人员在工作中遇到的例外问题的数目；(2)为寻找恰当解决例外问题的有效方法所采用的探索过程的类型。

其中第一个因素称为任务可变性，第二个因素称为问题可分析性。当任务可变性中的例外情况较少时，工作就是高度常规化的。在日常活动中通常具有较少例外情况的工作，包括生产工人。当工作具有许多变化时，就会面临大量的例外情况。对于例外情况，往往没有现成的经验予以对付。问题的可分析性是对探索过程的一种评估。一个极端是，如果问题是高度确定的，则可以使用常用的逻辑和推理分析寻找问题的答案。而另外一个极端就是所面对的问题是高度不确定的，就只能采用非常规的方式分析问题、解决问题。基于上述两个变量，查尔斯·佩罗构建了一个矩阵，并提出了相应的四类技术：常规技术、工程技术、手艺技术和非常规技术(见图6—6)。

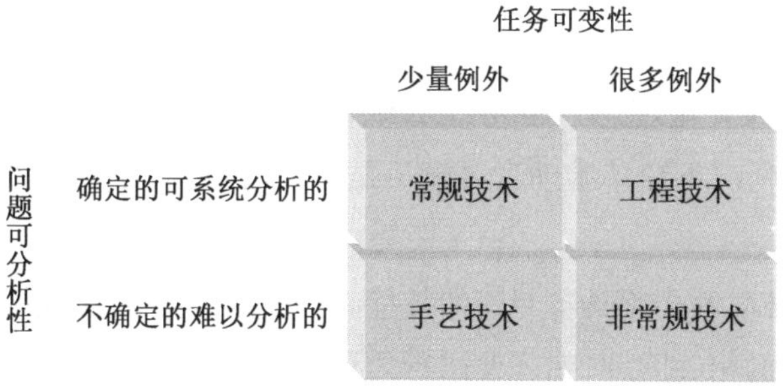

图6—6 组织中的四类技术

查尔斯·佩罗认为，如果问题可系统分析，则适宜采用常规技术和工程技术解决具体问题；如果问题只能以直觉、猜测和不能加以分析的经验处理，则需要采取手艺技术和非常规技术。为了能够有效应对具体环境，采取合适的技术类型，组织的控制和协调方法必须随之发生改变。越是常规的技术，越需要高度机械式的组织；反之，非常规的技术，要求具有更大灵活性的有机式组织结构。因而对于最常规的技术，可以通过标准化的协调和控制实现，应该采用高度正规化和集权化的组织结构。另一个极端，非常规技术要求组织设计必须是分权化、低正规化的。

4. 环境

环境也是组织结构的一个主要影响力量。机械式组织结构在稳定环境中运作最为有效,有机式组织结构与动态的、不确定的环境最匹配。每个组织为了获得竞争优势而参与技术创新,而外部环境不可能一成不变,动态性便成了组织环境的基本特征。因而对于以营利为主要目的的企业来讲,机械式组织结构设计很可能难以适应日益多变的外部环境,较多地吸收有机式组织结构设计的成分,才能增强组织的适应性。

第三节　组织变革

组织变革是指为了提高组织成效而改造现有组织的过程。这种改造涉及组织的方方面面,它将主要影响不同组织成员的职权、职责以及组织内部的信息沟通。由于新技术的不断发展,全球机会的增加以及组织精简的趋势,几乎所有现代组织都在以某种方式变革。

一、组织变革的力量

当一个组织要变革时,管理者要考虑的一个最重要问题便是,谁充当此次变革的推动者——此人来自组织内部还是组织外部。变革推动者可能是上层管理者本身,也可能是受聘的顾问(他往往是某一领域的专家);他可能实施一些较为宽泛意义的变革(如改变整个组织的文化理念),也可能实施较窄范围的变革(如设计并实施一个项目)。尽管在某些情况下变革推动者可能不是管理者,但在本章中我们将两者看作同一含义。

成功的变革推动者必须具备专门的技能,这些技能包括:决定一项变革该如何实施、解决变革带来的相关问题、熟练使用行为科学的工具适当影响员工、能准确估计有多少员工能承受此项变革等。其中,估计员工承受力是最为重要的一项技能。

一般来说,管理者应选择一位在管理各方面都有着高超技能以及丰富经验的人作为变革推动者。让一个没有足够技能及经验的人推动变革是不会取得理想效果的。

由于组织系统总是会有一个相对稳定的状态。在这个状态下,各层人员形成既定的关系及利益,组织内部的价值观也就逐渐形成,历史越长的企业,其内部文化理念、价值观越稳定,组织员工越不愿意破坏这种既定的状态。因此,变革势必会产生阻力。为了获得员工对变革的支持,管理人员必须考虑以下两个因素:(1)常见的变革阻力有哪些?(2)如何降低变革阻力?

二、组织变革的阻力

可能使员工反对变革的原因一般有五个。

1. 关心个人得失

现有稳定状态下的组织体制总是符合大多数员工利益的，一旦组织结构要变革，必定要牺牲一部分人的既得利益。这部分人反对变革的阻力最大，他们担心由此而失去现有的地位、权力、收入以及福利。在这方面老员工往往比新员工更加反对变革。

2. 不确定性

员工无法预测变革后的组织结构会给其带来什么样的结果，研究表明，这种不确定性是员工所厌恶的，他们担心有朝一日失去工作，或者不适应新的组织。

3. 认为变革不符合组织目标和最佳利益

例如，员工认为变革将导致产品质量下降，产品失去市场，他们就很有可能反对这项变革。

4. 企业文化、员工价值观的影响

企业的历史越长，它长期沉淀下来的文化、观念越深，反对变革的阻力也就越大。当变革目标与企业长久形成的文化理念和员工价值观产生冲突时，会遭到多数员工的反对。例如，一个企业长期以来一直致力于关心员工生活与健康，关注员工的成长，管理者一直将工作环境、福利水平置于较高位置。员工也一直认为他们来这个企业并非由于该企业出色的业绩，而是因为企业能给他们提供稳定、可靠的工作与保障。如果有一天董事长宣布企业实行“竞争上岗”“员工待遇与工作表现直接挂钩”等制度，相信绝大多数员工将极力反对此项改革，辞职率必将大幅上升。

5. 过去成功经验

一个曾经取得过成功的企业，往往容易陶醉于昔日的荣耀之中，并将过去的成功经验作为企业未来制胜的法宝。事实上，由于环境的急剧变化，过去的经验可能不再适用于今天的条件。然而，管理人员往往忽视这一点，坚信成功经验是万能的。德鲁克在《有效的管理者》一书中写道：“一个组织如果只保持今天的眼光、今天的优点和成就，必然会丧失对未来的适应力。因为一切事情都在变化，若维持现状，就不能在变化了的明天生存。”

三、如何应对组织变革的阻力

任何问题都要具体情况具体分析，管理人员应根据本企业的实际情况，分析本企业变革的阻力主要来自何处，再采取相应的措施降低阻力。这里我们提供六种常见的方法，以供参考。

1. 教育与沟通

教育与沟通这一措施假定，变革阻力的根源在于信息失真或者沟通不力。员工不了解全部的事实，不清楚自己未来的情况，误认为变革对自己不利，或者不符合组织的最佳利益。这些都会引起员工对变革的反对。可以采取个别会谈、小组讨论、报告会等形式帮助员工沟通,使劳资双方建立相互信任的关系。这样就消除了员工的担忧与误解,转变态度,支持变革。这种措施需要投入较多的时间与精力,特别是当变革触动到许多员工时。

2. 参与

一个人要是参与了变革的决策,他就不容易形成阻力,因此,在实施变革之前,可以考虑让持反对意见的人参与决策。然而这样做也有负面效应:一方面决策人员增多,造成意见难以统一,浪费大量时间;另一方面,持反对意见的人总是倾向于做出符合自己利益的决策,这样使决策出现偏差,甚至造成决策失误。

3. 帮助与支持

管理人员可以提供一系列支持性、便利性措施减少因员工对变革的恐惧和忧虑而产生的阻力。例如,向员工提供心理咨询,新技能、新岗位培训,提供短期带薪休假以促进他们心理调整等。这种措施的缺陷就是消耗时间,且花费较大,它往往结合其他措施进行。

4. 谈判

谈判较多地用于一些有影响力的反对者身上。方法就是以某种有价值的东西换取他对变革的支持(或不反对)。谈判相对于前几种措施而言是有一定危险的,它取决于变革的推动者为克服阻力而做出让步的程度,而且这种谈判有可能成为反对者们勒索权力的途径。

5. 强制与威胁

所谓强制,就是管理人员运用手中的合法权力直接控制自己的下属,命令其服从,如调换工作、不升职等。管理者还可以威胁使用某种强制措施要求下属员工服从安排。它们的共同优点就是容易收效,且成本不高。明显的缺点就是有损管理者的威信与形象,因此该措施是在前几项措施均不成功的前提下使用的。

6. 人事调整

人事调整是迫不得已的一种措施,即将反对者(特别是持反对意见的高层管理人员)撤职,由支持者取而代之。一些具有悠久历史的世界著名企业在战略变革时都不可避免地大幅调整人事,目的就是统一认识、减少变革阻力。

本章小结

1. 组织就是为了有效地配置一个企业或者其他组织可以调配的生产要素,实现组织目标,按照一定的规则、程序,系统设置岗位和职责完成资源配置的过程。

2. 组织结构是描述组织中具体岗位之间逻辑关系的框架性体系。组织结构具有复杂性、正规性和集权性的特征。

3. 一个组织要实现战略目标,就必须设计出符合战略要求的组织结构,才能够有效地利用占有的资源。为了能够充分地描述组织设计的每一个细节,必须首先从组织设计所涉及的相关概念出发,寻找组织设计的基本思路。这些概念主要有:劳动分工、统一指挥、职权、职责、管理跨度、组织层次和部门化。

4. 典型的组织结构形式包括职能型、事业部型、矩阵型和动态网络型。企业在对各种组织结构形式比较的基础上,通过对组织战略、组织规模和技术、环境的评估,从而选择组织结构形式。

5. 组织变革是指为了提高组织成效而改造现有组织的过程。这种改造涉及组织的方方面面,它将主要影响不同组织成员的职权、职责以及组织内部的信息沟通。为了获得员工对变革的支持,管理人员必须考虑以下两个因素:(1)常见的变革阻力有哪些?(2)如何降低变革阻力?

6. 可能使员工反对变革的原因一般有五个:(1)关心个人得失;(2)不确定性;(3)认为变革不符合组织目标和最佳利益;(4)企业文化、员工价值观的影响;(5)过去成功经验。

7. 任何问题都要具体情况具体分析,管理人员应根据本企业的实际情况,分析本企业变革的阻力主要来自何处,再采取相应的措施降低阻力。应对组织变革阻力的方法主要有:(1)教育与沟通;(2)参与;(3)帮助与支持;(4)谈判;(5)强制与威胁;(6)人事调整。

复习思考题

1. 你是如何理解组织概念的?
2. 什么是组织结构?组织结构有哪些特征?
3. 什么是组织设计?组织设计的基本原则有哪些?
4. 比较典型的组织结构形式,并分析其各自的适用范围。
5. 结合具体的组织结构形式,分析选择组织结构的影响。
6. 为什么要进行组织变革?组织变革的主要阻力和应对措施有哪些?请结合实例予以分析。
7. 有人说:“积极的变革需要稳定的基础。”请谈谈你对这个问题的理解。

案例思考

京东物流的战略转型之路

2019年4月,京东物流对外披露2018年全年亏损超过23亿元,连续12年亏损。如果再这么亏下去,京东物流融来的钱只够亏两年的。顿时,质疑、冷眼和嘲笑蜂拥而至。

在这样巨大的争议之中,京东物流经历了从电商物流到开放的供应链服务企业的转型阵痛,终于迎来了收获期。

2019年8月13日,京东对外透露,经过多年布局,京东物流目前已实现盈亏平衡。

独立之后开启转型,开放带来千亿业绩

京东集团发布的2019年第二季度财报显示,整个集团净收入为1 503亿元,其中净服务收入达到168亿元,以开放物流业务为代表的物流及其他服务收入同比增长98%,增速继续保持在90%以上,高于总收入增速。此外,2019年第二季度京东履约费用占净收入的比例为6.1%,相比一季度的6.7%大幅下降,京东物流履约能力稳步提升。

自建物流12年,独立成为子集团2年后,从经营数据可以看出,京东物流正在持续保持高增长并且已具备盈利能力,基于其高水平的产品服务能力,未来的竞争力仍会持续增强。

同样,京东物流的营收规模如果放在第三方物流(合同物流)市场中看,也具有相当的规模。

备注:京东2019年第二季度服务收入为168亿元,物流以及其他服务收入占比34%,粗略估计第二季度京东物流非自营收入是57亿元。

2019年第二季度京东物流非自营收入是近57亿元,如果结合自营收入,2019年京东物流全年的营收将达到500亿元,这个体量与顺丰2019年上半年营收相当,根据《2018年度中国物流企业50强排名》,将进入前六名。

2017年4月,京东物流宣布独立运营,组建京东物流子集团,并表示将在五年后(2022年)成为年收入规模超过1 000亿元的物流科技服务商。

宣布独立后也开启了京东物流的转型之路。随着网络布局和建设的不断完善,5年后京东物流将有望成为中国供应链解决方案和供应链科技领域的领导者。

成熟网络驱动产品完善,高质量增长迎来飞轮效应

起初京东运营体系设计核心是为减少物品流动,通过建设越来越多的仓库,使货物离消费者越来越近,货物移动的距离越来越短,速度越来越快,成本也越来越低,因此是一个正向循环,规模越大,物流越明显。

自京东对外提出基于消费变革和技术更新带来的"第四次零售革命"后,就明确要从零售走向"零售+零售基础设施服务"。在这场深层次的变革和战略转型中,京东物流作为零售基础设施服务和核心组成部分,也在从自有走向公共服务。

数据显示,2019年"6·18"期间京东冷链的B2B业务环比第一季度增长超10倍,快递航空件日均单量相比2018年"11·11"期间增长627%,B2B业务货量比2018年同期增长354%,云仓订单量同比增长13倍,"京东服务+"订单同比增长325%,成为京东物流第二季度开放业务迅速增长的重要表现。

在竞争最为激烈的快递领域,京东快递也有望成为网络快递的"黑马"。

据统计,2019年上半年CR6(顺丰、三通一达、百世)所占的市场份额已达78%。我们从CR6中各家快递企业公布的年报数据可以看到,日均单量都已经超过1 000万件。从分析来看,网络快递企业单量超过规模效益门槛(1 000万单/日左右)之后的成本递减效应就越明显,具有绝对领先优势。

但目前来看,京东快递是最有实力去冲击CR6的佼佼者。已开放的个人寄件业务,目前观察在价格和时效上都有优势,会进一步侵蚀竞争对手顺丰和EMS的商务件市场。

但即使如此,京东物流在规模上还有两个难点有待攻破:

一方面是商务件本身单量有限,达不到规模很难盈利,那就必须拿下电商快递这一块市场份额。目前来看,京东物流非自营业务量增长势头不错(包括京东POP业务以及其他电商平台业务),并且已经获得了很多中小商家的认可。

另一方面是中低端电商商家和商务件企业有着截然不同的特性:价格极度敏感,而在时效方面则可以相对放宽到 2—3 天。如何将成本优化下来，通过高性价比、高服务质量打造壁垒，扩大中低端电商的市场对京东物流而言是需要考虑的重点，毕竟网络化快递模式对于单量的规模要求很高。

在 2019 年第二季度的财报上，可以看到京东物流在成本优化方面有明显变化。数据显示，过去三年中，京东的履约成本分别为 186 亿元、259 亿元、320 亿元，在收入中占比分别为 7％、7.1％、6.9％，2019 年第二季度这一数字下降至 6.1％，达到历史最低值。

京东物流表示，四年前京东物流就开始大举进入三到六线城市，刚开始订单密度较小，因此物流成本较高，随着三到六线城市布局完善，特别是物流开放后大量外部订单进入，物流成本大幅度下降。

随着京东物流在市场上获得了更大的市场份额，在规模化和科技的作用下，成本进一步降低。另外在高品质的服务体系下，成本更低市场份额同时也会扩大，因此不断形成一个正向循环。

意味着它一旦有一天走到了一个不可被撼动的规模的时候，“飞轮效应”就会越来越明显。

未来之路：供应链服务和技术是核心优势

虽然京东自建物流的初衷是为了保障前端用户体验，但也是从一开始就确立了定位。未来，京东物流将成为科技化的供应链服务公司。

在京东集团副总裁、京东物流综合规划群负责人傅兵看来，供应链服务是京东物流的核心优势，这种优势在于能为客户提供全面的高品质、高性价比的产品，满足不同行业、不同规模的客户的多样化需求。

京东物流通过整个供应链的数字化，助力产业互联网的发展。未来通过技术手段洞察消费者行为，不仅可以优化供应链的效率，使得库存的部署和补货更加智能高效，使得商家库存水平不断下降甚至到零，而且可以将消费者行为的洞察反馈给品牌商，使得商家根据一手信息设计和生产商品，实现智能制造，实现消费和生产的真正耦合。

比如与雀巢共同建立的“联合销售预测与补货平台”，创造了一个新型的 B2B 全链路供应链协同体。在这个供应链协同体中，两家公司各自打破边界形成了一个基于数据的智能供应链体系，更快更好地响应消费者的需求。

资料来源：节选自《京东物流的战略转型之路：三年后营收有望破 1 000 亿元》，https://m.sohu.com/a/335674914_100272654，登录时间：2021 年 5 月 27 日。

问题：

1. 如果你是一个组织的领导者，将如何推进组织变革？
2. 有人说“有舍才有得”，请从组织变革角度分析组织变革的“舍”与“得”。

第七章　领　导

学习目标

1. 了解领导的相关概念和职能；
2. 了解领导者与管理者的区别；
3. 掌握领导权力的来源；
4. 掌握有关领导的理论；
5. 了解激励的作用与原则；
6. 掌握有关激励的理论；
7. 掌握沟通的作用与原则。

关键术语

领导　领导者　激励　沟通　领导理论　沟通理论

引入案例

法约尔：论组织指挥

社会组织已经建立，问题在于要怎样让这些组织发挥作用，这就是指挥的任务了。

这种任务要分配给企业的各种不同的领导人，每个领导人都承担各自单位的任务和职责。

对每个领导来讲，指挥的目的是根据企业的利益，使其单位里的所有人做出最大的贡献。

指挥艺术的高低是由人的某些品质和对管理工作的一般原则了解的多少来决定的——在大企业和小企业都是这样。指挥艺术与其他艺术一样，也有精通程度的差别。工作开展得好，达到最大生产效率的大单位便会得到公众的赞赏。

在各领域，不管是在工业、军队、政治或其他领域，大单位的指挥工作需要由才华出众的人承担。

为了便利指挥工作，在此我只提以下几项要求。担任指挥工作的领导应做到：(1)对自己的职工要有深入的了解；(2)淘汰没有工作能力的人；(3)对企业与职工之间定的协定很了解；(4)做出榜样；(5)定期检查社会组织，在检查工作中要使用一览表；(6)要把主要助手们召集起来，参加酝酿统一领导和集中力量搞好工作的会议；(7)不要在工作细节上耗费精力；(8)要使职工保持团结一致、积极工作、勇于创新和忘我工作的精神。

对以上内容，还有许多建议可以或将来可以补充。经验证明，这些建议都是有利于领导完成任务的工作方法。我们不应忘记：最好的乐器绝不能离开演奏它的艺术家。

资料来源：法约尔著，周安华等译：《工业管理与一般管理》，机械工业出版社2007年版。

第一节　领导和领导权力

领导职能的行使是有效管理的一个重要方面，并且会直接影响其他管理职能的效果。如何有效地领导是现代管理者必须掌握的一项技术。

一、领导的概念

领导是通过对他人施加影响以实现某一特定目标的过程。因此领导者必须具备三个要素：

(1)领导者必须有部下或追随者；

(2)领导者拥有影响追随者的能力或力量，这既包括由组织赋予领导者的职位和权力，也包括领导者个人所具有的影响力；

(3)领导行为具有明确的目的，可以通过影响部下实现组织的目标。

领导的实质是组织成员的追随与服从。领导者在通过对他人施加影响达到组织目标的过程中，主要发挥了指挥、协调和激励三个方面的作用。领导者在带领下属实现组织目标的过程中要把握全局、认清形势，给下属清晰地指明活动目标以及达到目标的路径；在内外部环境具有很大不确定性的情况下，领导者要善于协调组织内外部各项关系，为目标的达成扫清障碍；最后，领导者必须要能够激发员工的干劲和创造力，营造出团结、向上的和谐氛围。

二、领导者与管理者

在理想的情况下所有的管理者都应该是领导者，但现实并非如此。领导者不一定是管理者，管理者也不一定是领导者。管理者一般是被任命的，其影响力来自职位所赋予的正式权力。领导者通常被任命，也可以从群体中产生，影响力主要来自非职位权力，正是因为人们愿意追随他，才能使他成为领导者。领导的本质来源于他的个人影响力。

有些学者研究了领导者与管理者之间的差异，综合他们的研究结果我们可以看到两者之间不同之处(如表7—1所示)。

表7—1　　管理者与领导者的区别

管理者	领导者
强调的是效率	强调的是结果
接受现状	强调未来的发展
注重系统	注重人
强调控制	培养信任
运用制度	强调价值观和理念
注重短期目标	强调长远发展方向
强调方法	强调方向
接受现状	不断向现状挑战
要求员工顺从标准	鼓励员工变革
运用职位权力	运用个人魅力
避免不确定性	勇于冒险

“管理者把事情做正确，领导者做正确的事情”(managers do things right，leaders do the right thing)，这是领导者与管理者最大的差别。做正确的事，就是制定好一个组织的发展方向，强调的是做事的出发点；把事做正确，则是强调对决策结果的严格执行，执行中把握好方向和市场的规律，要求创造性地开展工作，注重的是过程和结果。

三、领导权力的来源

权力本质上是一种影响力，是影响他人行为的能力。权力可以来源于一个人在组织中的职位，即职位权力，也可以建立在个人的个性特征基础之上，即个人权力。

职位权力包括合法权力、奖赏权力和强制权力，是领导者所处的职位赋予的法定权力。任何人只要处在某一职位上，就能获得这种权力。这种权力带有很大的强制性，下级是不得不服从的，但这种服从可能会带有表面性和暂时性的特点。如果完全依赖这种权力来管理，很有可能就会失效，职位权力应该作为最后的手段。如果上级常常被迫使用这种权力，很可能就是目标不明确，或是人才匮乏的表现。

个人权力包括专家权力和感召权力。与领导者所处的职位无关，是由于领导者自身的某些特殊条件才具有的，如一个人的特殊知识或个性特征。个人权力不随职位的变化而变化，也不具有强制性。下属会心甘情愿地追随具备优秀个人权力的领导者，是因为他们尊重、倾慕或信奉领导者的思想观点。

领导者权力的来源如表 7—2 所示。

表 7—2　　领导者权力的来源

权力来源	示　例
奖赏权力	对表现优异的员工加薪或口头赞美
强制权力	警告某个员工，若不停止出卖公司内部信息，就会告诉他的上级
合法权力	将某个员工调往海外就职
感召权力	某位员工非常出色，同事们都在向他学习
专家权力	在重大项目的评估会上让某个工程师参加，因为他在此项工作领域中很有经验

组织中的各级领导者只有正确地理解领导权力的来源，精心地营造和运用这些权力，才能真正成为有效的领导者。在一个组织中，没有追随者，就不会有领导者。组织目标的达成，需要各级人员的共同努力。不仅领导者要成为有效的领导者，追随者也要成为有效的追随者。有效的追随者服从上级指挥，能兼顾各方，独立思考并取得成功，具有勇敢、诚实、可靠、精力充沛，并勇于承担责任的特征。我们发现孙悟空的身上闪烁着历久弥新的个性和魅力。在花果山占山为王的孙悟空精力充沛、意志坚决、行动果敢、干劲十足、愈挫愈勇，具有强大的号召力和影响力，是一个天生的创业者和卓越的领导者。而在去西天取经的路上，他又表现出了有效追随者的优秀特质，目标明确、行动迅速、无惧困难，总是能够找到解决问题的方法。

第二节　领导理论

关于领导理论的研究，已经有了相当丰硕的成果。总体来说，领导理论可以归纳为三个大类：第一类是研究领导者应当具有哪些人格特质，称为领导特质理论；第二类则试图根据个体的行为倾向解释领导，称为领导行为理论；第三类运用权变模型弥补了先前理论的不足，并将各种领导理论的研究成果综合在一起，称为领导权变理论。这种领导理论认为，针对不同的情境，需要选择不同的领导方式，所以这种理论又称为领导情境理论。

一、领导特质理论

领导特质理论作为最早盛行的领导理论，特别强调领导者本身的特质，这些品质使他们超越一般人并最终成为领导者。

传统领导特质理论认为领导者的特性是天生的，生而不具有领导特性的人就不能当领导。根据这种理论，恺撒、贞德、拿破仑都是与生俱来的领导者，他们生下来就具有一系列促使他们成为伟大领袖的个人素质。在早期众多的理论和假说中，比较著名的是亨利的特质理论。亨利在 1949 年提出成功领导者应具有的十二点特质（见表 7—3）。

表 7—3　　成功领导者应具有的特质

1. 成就欲强烈	7. 自信心强
2. 敢于承担责任	8. 极力避免失败，不断驱使自己前进
3. 尊重上级	9. 讲求实际，注重现在
4. 组织能力强	10. 亲近上级，疏远下级
5. 决断力强	11. 独立生活
6. 思维敏捷	12. 忠诚组织

有关领导特质研究的新思路认为，领导是一种动态的过程，应该用发展的眼光分析领导特质。成功领导者的许多特质是在实践中习得、形成和发展的。领导特质不是与生俱来的，可以通过培训和锻炼加以造就。这其中最有代表性的就是魅力型领导理论。罗宾斯在总结他人理论的基础上给出了有领袖魅力的领导者与无领袖魅力的领导者的关键区别点（见表 7—4）。

表 7—4　　领袖魅力型领导者的特征

1. 自信：对自己的判断和能力有充分的信心
2. 远见：有理想的目标，认为未来定会比现状更美好
3. 清楚表达目标的能力：能够明确地陈述目标，以使其他人都能明白；能够清晰地表达目标，表明了对下属需要的了解，然后使之成为一种激励的力量
4. 对目标的坚定信念：具有强烈的奉献精神，愿意从事高冒险性的工作，承受高代价，为了实现目标能够自我牺牲

续表

5. 不循规蹈矩的行为:领导者的行为往往具有新颖、反传统、反规范的特点;当获得成功时,这些行为令下属们惊讶而崇敬
6. 变革的代言人:是激进变革的代言人而不是传统观念的卫道士
7. 环境敏感性:能够对变革的环境约束和资源进行切实可行的评估

有关研究表明,有领袖魅力的领导者与下属的高绩效、高满意度之间有着显著的相关性。为有领袖魅力的领导者工作的员工,会因为受到激励而付出更多的工作努力,而且由于他们喜爱自己的领导,也表现出更高的满意度。

二、领导行为理论

领导行为理论认为,领导者的个人品质并不是唯一决定领导行为是否有效的因素。领导行为可以观察和描述,其研究结果更加具有客观性和准确性。领导行为理论集中研究了两个方面的内容:一是领导者具备什么样的领导行为,二是什么样的领导风格才能提高领导绩效。

1. 俄亥俄州州立大学的研究

美国俄亥俄州州立大学的弗莱希曼(Fleishman)和他的同事们确立了领导行为研究的两个最基本的考察维度:结构维度(initiation of structure)和关怀维度(initiation of consideration)。

结构维度代表为达到组织目标,领导者界定和建构自己与下属的角色的倾向程度。它包括组织、工作关系和工作目标等行为。高结构维度的领导者向小组成员分派具体工作,要求员工保持一定的绩效标准,并强调工作的最后期限。

关怀维度代表领导者信任和尊重下属的程度。高关怀维度的领导表现出对下属的生活、健康、地位和满意度十分关心,并愿意帮助下属解决个人问题,友善并平易近人,公平对待每一个下属。

在这两个维度的基础上区分出了四种领导方式:高关怀、低结构;高关怀、高结构;低关怀、低结构;低关怀、高结构(见图 7—1)。该研究发现,结构维度和关怀维度都高的领导者往往比其他三种类型的领导者更能使下属取得高工作绩效和高满意度。此外,研究还发现,领导者的直接主管评估其绩效的等级与高关怀维度呈负相关。

2. 管理方格论

20 世纪 60 年代中期,美国得克萨斯大学的管理学者罗伯特·布莱克和简·默顿设计了管理方格图,从“对人的关心”和“对生产的关心”这两个维度出发评估领导者的绩效。横坐标表示领导者对生产的关心程度,纵坐标表示领导者对人的关心程度,各分成 9 等,从而生成了 81 种不同的领导类型。在评价领导者时,可根据其对生产和员

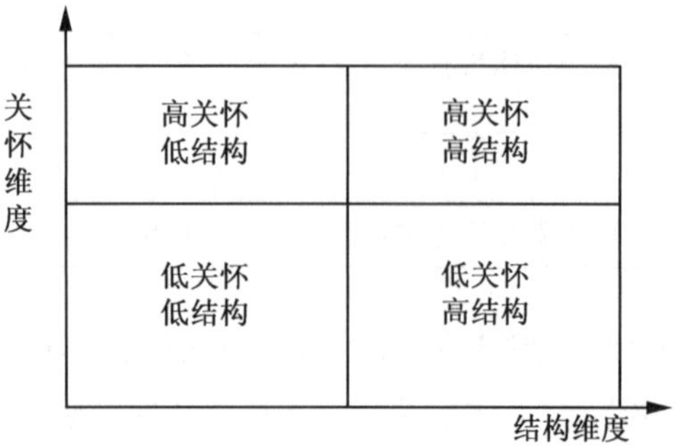

图 7—1　俄亥俄州州立大学的研究

工的关心程度在图上寻找交叉点，即他的领导行为类型。布莱克和默顿主要阐述了最具有代表性的五种类型(见图 7—2)。

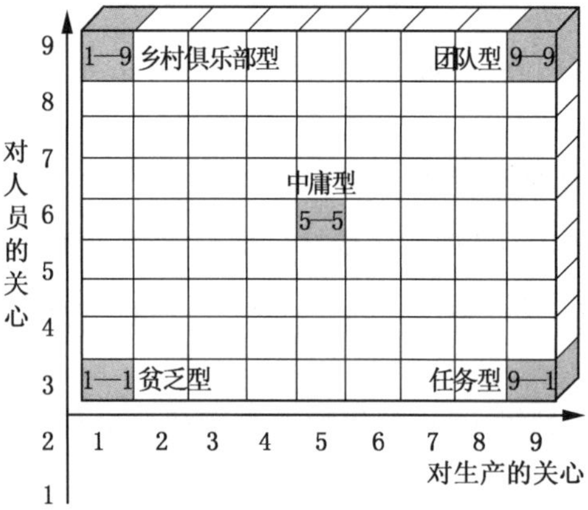

图 7—2　管理方格理论

(1)贫乏型领导(1—1 式)：领导者对工作绩效和人员的关心都很少，付出最小的努力完成工作。

(2)乡村俱乐部型领导(1—9 式)：只注重支持和关怀下属的发展和士气，而不关心任务和效率。

(3)任务型领导(9—1 式)：只注重任务效果而不重视下属的发展和士气。

(4)中庸型领导(5—5 式)：维持足够的任务效率和令人满意的士气。

(5)团队型领导(9—9 式)：通过协调和综合工作相关活动而提高任务效率与工作士气。

大多数研究者认为团队型(9—9 式)领导模式是最理想、最有效的风格，其次是 9—1 式，再次是 5—5 式、1—9 式，1—1 式最差。团队型模式将“对生产的关心”和“对人的关心”两方面结合起来，使组织的目标和个人的需要相结合，从而形成患难与共的命运共同体的关系。领导者应该客观分析各种情况，把自己的领导方式改造为团队型管理，以求得极高的效率。管理方格论并未对如何培养管理者提供答案，只是为领导风格的概念化提供了框架，并且也没有实质性的证据支持在所有情境下，9－9 式风格都是最有效的。

3. 第四种领导体制

另一种影响较大的领导行为理论是利克特的“第四种领导体制”。利克特指出，在所有的管理工作中，对人的领导是最重要的中心工作，其他工作都取决于这一点。因此，他提出了领导方式和风格有四种类型：专权独裁型、温和命令型、协商型和参与型，称为“四种领导体制”。利克特认为只有第四种“参与型领导体制”才是效率最高的，因为它注重人际关系，领导者以人为中心，本质上民主。

三、领导权变理论

随着领导行为研究的不断深入，人们越来越关心领导行为风格和被领导者的特征、管理环境等因素的影响，由此产生了领导权变理论，也被称为领导情境理论。领导权变理论认为，不存在普遍适用的领导特性和领导行为，有效的领导者要根据所处的情境改变自己的领导行为和领导方式。比较成熟的领导权变理论有弗雷德·菲德勒(Fred Fiedler)的权变理论、保罗·赫西(Paul Hersey)与肯尼思·布兰查德(Kenneth Blanchard)的领导生命周期理论与罗伯特·豪斯(Robert House)的路径目标理论。

1. 菲德勒权变理论

菲德勒的领导权变理论的基本观点是：领导者的行为方式及有效性高度依赖于所处的环境，并不存在一种普遍适用的“最好的”或“不好的”领导方式，领导是一个动态过程，领导者的有效行为应随着下属的特点和环境的变化而变化，即

$$S=F(L,F,E)$$

其中，S 代表领导方式，L 代表领导者特征，F 代表追随者特征，E 代表环境。

领导方式是领导者特征、追随者特征和环境的函数。领导者特征主要指领导的个人品质、价值观和工作经历。追随者特征主要指追随者的个人品质、价值观和工作能力等。环境主要指工作特征、组织特征、社会状况、文化、心理因素等。

菲德勒将权变理论具体化为三个方面：

(1)上下级关系，指领导者和下级的关系，包括领导者是否受到下属的尊敬和信任，是否对下属具有吸引力；

(2)任务结构，指工作任务是否明确，是否进行了详细的规划和程序化；

(3)职位权力，指领导者的职位能够提供足够的权力活动权威，并获得上级和整个组织的有力支持。

根据菲德勒的观点，领导行为与领导者的个性是相联系的，所以领导者的风格是稳定不变的。任何领导形态均可能有效，其有效性完全取决于是否适应所处的环境。提高领导者有效性途径之一是改变领导者，以适应环境。当领导环境最有利和最不利时，要选择任务型领导；领导环境一般时，要选择人际关系型领导。

2. 领导生命周期理论

领导生命周期理论由美国管理学者保罗·赫西和肯尼斯·布兰查德提出。该理论把下属成熟度作为关键的情景因素，认为依据下属的成熟度水平选择正确的领导方式，决定着领导者的成功。成熟度是个体对自己的直接行为负责任的能力和意愿。它包括工作成熟度(job maturity)和心理成熟度(psychological maturity)。工作成熟度是下属完成任务时具有的相关技能和技术知识水平。心理成熟度是下属的自信心和自尊心。高成熟度的下属既有能力又有信心做好某件工作。

领导生命周期理论提出了任务行为和关系行为两种领导维度，组合出了四种具体的领导方式。

(1)命令式：当被领导者的成熟度低时，应该采取命令式的高任务、低关系的领导形态。领导工作要强调有计划、有布置、有监督、有检查；否则，被领导者将感到领导不力，不知所措，无所适从。这对于新职工、知识水平较低、业务能力较差的职工和基层尤为重要。

(2)说服式：当被领导者成熟度初步成熟时，采取任务行为、关系行为并重的说服式领导形态较为适宜。这时，布置工作不仅要说明干什么，还要说明为什么这样干，以理服人，不搞盲从。

(3)参与式：当被领导者更趋成熟时，领导者的任务行为要减少、放松，关系行为要加强，采取参与式。领导者要向被领导者沟通信息，交流感情，吸收下级参与领导，提供情况和建议，改善关系，增强信任感。

(4)授权式：当被领导者成熟度很高，水平很高，工作熟悉，技术熟练时，领导者应采取低任务、低关系的授权式领导，提出任务后，放手让下级去干，充分发挥下级的主观能动性；在下级需要时，可以帮助和支持。否则，过多的关心和支持反而会引起下级的反感，认为上级不放手、不信任，从而挫伤积极性，造成猜疑，影响工作成效。

领导生命周期理论认为正确的领导风格必须根据下属的成熟水平确定。如果下属拒绝领导者，无论领导思想多么正确，计划多么周密，只能是领导者自己在努力，组织目标难以变成现实(见图 7—3)。

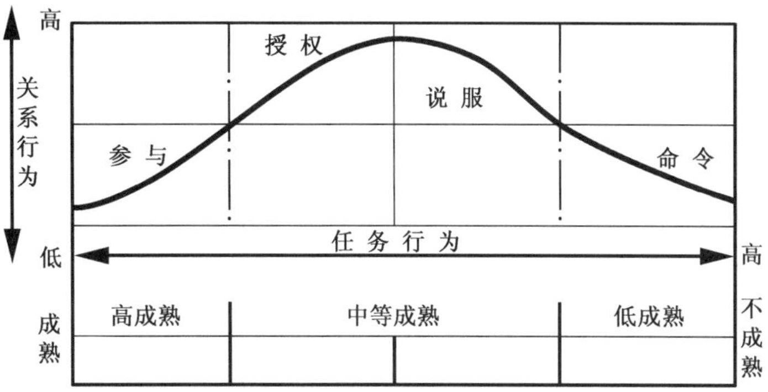

图 7—3 领导生命周期理论

3. 路径-目标理论

加拿大多伦多大学罗伯特·豪斯教授提出的路径-目标理论，也是比较有影响的领导权变理论。"路径-目标"即有效领导者能够通过明确指明实现工作目标的方式来帮助下属，并为他们清除各种障碍和危险，以确保各自的目标与群体或组织的总体目标一致。豪斯提出了指导型、支持型、参与型和成就导向型四种领导风格，并认为领导者是灵活的，同一领导者可以根据不同的情景表现出任何一种领导风格。

四、西方最新的领导理论

在西方最新的领导理论中，史蒂文·克尔和杰米耶提出的领导替代理论引人注目。该理论将环境分量分为两组：替代因素和抵消因素。替代因素是指下属、任务和组织中可能替代领导发挥作用的因素，抵消因素则是指下属、任务和组织中阻碍领导发挥作用或使领导行为无效的因素。该理论认为在一定条件下，替代因素和抵消因素使领导的作用大大削弱或替代。如组织的结构和制度、员工的经验和自觉性、员工的自尊和自立、工作群体的团结协作等，这些因素会使领导行为变得多余和不重要，从而起到替代领导的作用；而如果下属对领导的激励毫无兴趣，便会导致领导行为没有任何意义，从而起到抵消领导的作用。

查理·曼茨和亨利·西姆提出的自我领导和超级领导理论是一种更有效的领导替代品。自我领导是指员工应用自我观察的行为技巧、自我设定目标、暗示管理、自我回报、自我批评等自我激励、自我导向的方式使自己实现工作目标，它是一个注重发挥员工自我影响力的过程。自我领导是在超级领导的支持下成长起来的，超级领导能积极释放下属的能力，将自我领导视为组织文化的基本部分。该理论认为对下属的所有控制最终要靠下属的自我影响起作用。无论控制从何而来，其效果都依赖这些控制在多大程度上能被下属接受和转化。

专栏

不同于管理者的领导者

通用电气前总裁杰克·韦尔奇在任职期间，曾大声呼吁："别再沉溺于管理了，赶紧领导吧。"如果说10年前我们还不明白这句话的含义，那么今天我们重温这句警世之言，多少应该能感到其中的分量和教益。在国内外市场已经竞争到白热化、众多中国企业已经进入成熟期并准备向海外市场发展之时，迅速全面地提升企业高层的综合领导素质和能力，就变得尤为重要。

那么，一个卓越的领导者与一个管理者在领导品质上有哪些重大区别呢？《领导力》的作者库泽斯和波斯纳在过去的20年中分三个不同阶段对7 500人调查后发现，尽管经历不同、行业不同、专业不同，卓越的领导人身上有着四项突出的共有素质。

1. 真诚待人

真诚是领导者区别于管理者的一个最为重要的特征。一个管理者可能为了完成任务而采用不同的方式，有时甚至可以不择手段，但对一个领导者来讲，真诚是一种美德，是一种原则，更是获得追随者的一种能力。本田宗一郎曾说："有人鼓吹为国家、为企业而死，莫忘公司之恩等，该让说这些话的家伙去死！我绝不要求员工'为公司干活'，我要他们'为自己的幸福打拼'。员工不必要为企业而牺牲自己，而要为自己的幸福努力，工作才会有效率。"本田的真挚、坦诚和魅力，吸引了一大批追随者去实现他们的终生梦想。

2. 远见卓识

领导者区别于管理者的第二个重要品质就是前瞻性。一个管理者的重要职责是组织、秩序、履行和落实；而一个优秀的领导者需要视野和眼光，一种对未来趋向的把握，一种辨别企业方向的特殊技能，一种看到事务本质的能力，一种可以在变化无穷的环境中做出战略选择的决策力。远见卓识并不是先知先觉，而是在公司面临危机之时镇定地、扎实地指明公司的发展方向，确定公司的未来战略目标。华为总裁任正非在过去的几年中，深深意识到中国企业国际化的重要性，提出了著名的"靴子"论，聘请各国专家到华为，为公司的国际化战略出谋划策，在公司范围内认真、踏实地研究海外经营的战略和跨国文化理念，运用了"农村包围城市"的国际化发展战略。

3. 胜任其职

早在公元前4世纪，苏格拉底就讲过："职业素养和专业能力是承担领导者职责的先决条件。"有能力的领导者可以吸引、影响大批的追随者。能力主要是指领导者过去的成功业绩，以及早年的经验和做事的能力。在现代管理中，领导者要有专业技能、人际沟通和事务分析三方面的综合能力，这种能力随着领导者职位的不同而不断发生变化，并区别于一般管理者的能力。在日趋复杂的组织中，领导者的人际交流能力、激发他人热情的能力、组织团队共同进步学习的能力，都是卓越的领导者所不能缺乏的。

4. 鼓舞人心

与冷静理性的管理者不同，卓越的领导者通常表现出火一般的热情和激情。他们往往充满活力，对未来充满梦想和信念。伟大的领导者在组织遇到困境时，能够看到希望、看到前途，充满信心地扭转乾坤。面临挑战，他们不会因为惧怕而踌躇不前。他们的热情和乐观上进的情绪，能够深深感染周围的每一个人。面临日本、美国、德国的压力和中国的崛起以及亚洲金融危机的威胁，三星总裁李健熙发挥了个人魅力和鼓舞人心的领导风格，在三星内部掀起了一次具有历史意义的全方位变革。

优秀的管理者不等于卓越的领导者。企业有其生命周期，在企业初创期，领导力是成功的关键；随着企业业务和盈利模式逐步成型，专业化的管理流程需要稳定的组织和管理能力，但企业和行业的未来是不确定的，当企业面对变动的环境时，特别需要拥有领导力的领导者。而如何同时寻找到管理者和领导者，并摸索出一套有效的机制确定好两者的权力分配，则是企业最重要的课题之一。

资料来源：杨壮：《不同于管理者的领导者》，《商务周刊》，2005 年第 3 期。

第三节　激励原理

古语云："军无财，士不来；军无赏，士不往。"日本经济友好协会曾调查第一至第三产业大中小型企业的激励情况，结果表明：在引发干劲的因素中，工资仅仅排在第八位；而在打消干劲的因素中，工资则排在首位。这种情况是说，工资高并不能引发干劲，而工资低则肯定降低干劲。在工资与干劲之间并不是简单的函数关系。如何建立有效的激励机制，充分调动员工团队的工作积极性和创造性，成为管理者们经常思考的一个问题。

一、激励的概念

1. 激励的概念

激励(motivation)，含有激发动机、鼓励行为、形成动力的意义。激励这个概念用于管理，是指激发员工的工作动机，也就是用各种有效的方法调动员工的积极性和创造性，使员工努力去完成组织的任务，实现组织的目标。人的动机多起源于人的需求欲望,一种没有得到满足的需求是激发动机的起点,也是引起行为的关键。人的需求是多种多样、无穷无尽的,所以激励的过程也是循环往复、持续不断的。当人的一种需求得到满足之后,新的需求将会反馈到下一个激励循环过程中去。

2. 激励的作用

对一个组织来说,有效的激励可以起到以下作用。

(1)吸引优秀人才。那些竞争力强、实力雄厚的企业,通过各种优惠政策、丰厚的福利待遇、快捷的晋升途径吸引企业需要的人才。

(2)开发员工潜能。研究发现,充分的激励可以将员工能力的发挥从30%左右提高到80%-90%,两种情况之间近60%的差距就是有效激励的结果。激励可以促进员工充分地发挥其才能和智慧,如果把激励制度对员工创造性、革新精神和主动提高自身素质的意愿的影响也考虑进去,激励对工作绩效的影响就更大了。

(3)留住优秀人才。德鲁克认为,每一个组织都需要三个方面的绩效:直接的成果、价值的实现和未来的人力发展。缺少任何一方面的绩效,组织注定非垮不可。因此,每一位管理者都必须在这三个方面均有贡献。在三方面的贡献中,对"未来的人力发展"的贡献就是来自激励工作。

(4)营造良性竞争环境。激励制度含有一种竞争精神,它的运行能够创造出一种良性的竞争环境,进而形成良性的竞争机制。在具有竞争性的环境中,组织成员会受到环境的压力,这种压力将转变为员工努力工作的动力。正如麦格雷戈所说:"个人与个人之间的竞争,才是激励的主要来源之一。"

3. 激励的原则

(1)目标结合原则。在激励机制中,设置目标是一个关键环节。目标设置必须同时体现组织目标和员工需要的要求。

(2)物质激励和精神激励相结合的原则。物质激励是基础,精神激励是根本。应在两者结合的基础上,逐步过渡到以精神激励为主。

(3)引导性原则。激励措施只有转化为被激励者的自觉意愿,才能取得激励效果。因此,引导性原则是激励过程的内在要求。

(4)合理性原则。激励的合理性原则包括两层含义:其一,激励的措施要适度,要根据所实现目标本身的价值大小确定适当的激励量;其二,奖惩要公平。

(5)明确性原则。明确性原则包括三层含义:第一,明确,即激励的目标和实现目标的方式必须明确;第二,公开,特别是遇到奖金分配等员工关注的焦点问题时尤为重要;第三,直观,实施物质和精神奖励时需要直观地表达它们的指标,总结和授予奖励和惩罚的方式。

(6)时效性原则。要把握激励的时机,"雪中送炭"和"雨后送伞"的效果是不一样的。激励越及时，越有利于将人们的激情推向高潮，使其创造力连续有效地发挥出来。

(7)正强化与负强化相结合的原则。所谓正强化，就是奖励符合组织目标的行为，以进一步加强这些行为，从而有利于实现组织目标；所谓负强化，就是惩罚员工违背组织目的的行为，以使这些行为削弱甚至消失。正负强化都是必要而有效的，不仅作用于当事人，而且会间接地影响周围其他人。

(8)按需激励原则。激励的起点是满足员工的需要，但员工的需要因人而异、因时而异，并且只有满足最迫切需要的措施，其效价才最高，其激励强度才最大。因此，领导者必须深入调查研究，不断了解员工需要层次和需要结构的变化趋势，有针对性地采取激励措施，才能收到实效。

二、激励理论

激励理论主要研究动机激发的因素、机制与途径等问题。这些理论大致可划分为两类。

1. 内容型激励理论。从激励过程的起点，即人的需要出发，探讨是什么因素引起、维持，并且指引某种行为去实现目标。主要包括：马斯洛的“需要层次理论”、赫茨伯格的“双因素理论”、麦克利兰的“成就需要激励理论”等。

2. 过程型激励理论。从人的动机的产生到行为反应这一过程中，研究有哪些重要因素对人的动机与行为发生作用。主要包括：弗鲁姆的“期望理论”、波特和劳勒的“期望模式”、亚当斯的“公平理论”等。

我们在此仅选取有代表性的理论做简要介绍。

1. 需要层次理论

马斯洛在1943年出版的《人类激励理论》一书中，首次提出了需要层次理论，认为人类有五个层次的需要，这五种需要呈梯形分布(见图7—4)。

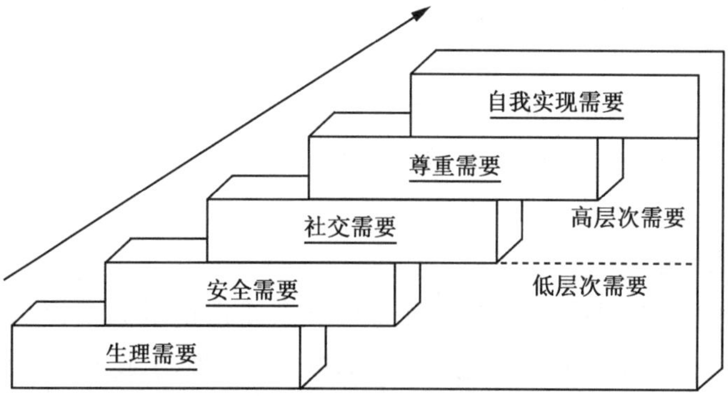

图7—4　需要层次理论

(1)生理需要。这是人类维持自身生存的最基本要求,包括饥、渴、衣、住、性等方面的要求。如果这些需要得不到满足,人类的生存就成了问题。

(2)安全需要。这是人类要求保障自身安全,不受丧失工作、财物威胁等方面的需要。

(3)社交需要。这一层次的需要包括两个方面的内容。一是友爱的需要,即人人都需要伙伴之间、同事之间的关系融洽或保持友谊和忠诚;人人都希望得到爱情,希望爱别人,也渴望接受别人的爱。二是归属的需要,即人都有一种归属于一个群体的感情,希望成为群体中的一员,并相互关系和照顾。

(4)尊重需要。分为内部尊重和外部尊重。内部尊重包括自尊、自主和成就感;外部尊重是指一个人希望有地位、有威信,受到别人的尊重。尊重需要得到满足,能使人对自己充满信心,对社会满腔热情,体验到自己活着的用处和价值。

(5)自我实现需要。这是最高层次的需要。它是指人能最大限度地发挥潜能,实现自我理想和抱负的欲望。这种需要突出表现为工作胜任感、成就感和对理想的不断追求。这一层次的需要是无止境的。

后来,马斯洛在五种需要的基础上又补充了求知的需要和求美的需要。

五种需要按照阶梯次序由低到高逐级递升,但次序不是完全固定的,可以变化,也有例外的情况。

一般来说,某一层次的需要相对满足了,就会向高一层次发展,追求更高一层次的需要就成为驱使行为的动力。相应地,获得满足的需要就不再起到激励作用。

五种需要可以分为两个层次。生理需要、安全需要属于低层次的需要;而社交需要、尊重需要和自我实现需要是高层次需要。同一时期,一个人可能有几种需要,但每一时期总有一种需要占支配地位,对行为起决定作用。任何一种需要都不会因为更高层次需要的发展而消失。各层次的需要相互依赖和重叠,高层次的需要发展后,低层次的需要仍然存在,只是对行为影响的程度大大减小了。

一个国家多数人的需要层次结构,同这个国家的经济发展水平、科技发展水平、文化和人民受教育的程度直接相关。在不发达国家,生理需要和安全需要占主导的人数比例较大,而高层次需要占主导的人数比例较小。在同一国家的不同时期,人们的需要层次会随着生产水平的变化而变化。

2. 双因素理论

激励-保健因素理论是由美国行为科学家弗雷德里克·赫茨伯格(Fredrick Herzberg)提出的,又称双因素理论。赫茨伯格研究发现,引起人们不满意的因素往往是一些工作外在的因素,大多与工作条件和环境有关;能给人们带来满意的因素通常都是工作内在的因素,由工作本身所决定。

保健因素是那些与人们的不满情绪有关的因素，如管理政策与制度、监督系统、工作条件、人际关系、薪金、福利待遇、职务地位、工作安全等。保健因素处理不好会引发不满情绪的产生；处理得好，可以预防或消除这种不满。但这类因素并不能起到激励的作用，只能维持现状，所以又称为“维持因素”。

激励因素是那些与人们的满意情绪有关的因素，如工作成就感、工作挑战性、工作中得到的认可与赞美、工作的发展前途、个人成才与晋升的机会等。激励因素处理得好，能够带来满意情绪；处理不当，只是没有满意情绪，而不会导致不满。

传统理论认为，满意的对立面是不满意，而根据双因素理论，满意的对立面是没有满意，不满意的对立面是没有不满意。在实际工作中，要调动和维持员工的积极性，首先要注意保健因素，以防止不满情绪的产生。但更重要的是要利用激励因素激发员工的工作热情，创造奋发向上的氛围，以增加员工的工作满意感(见图 7—5)。

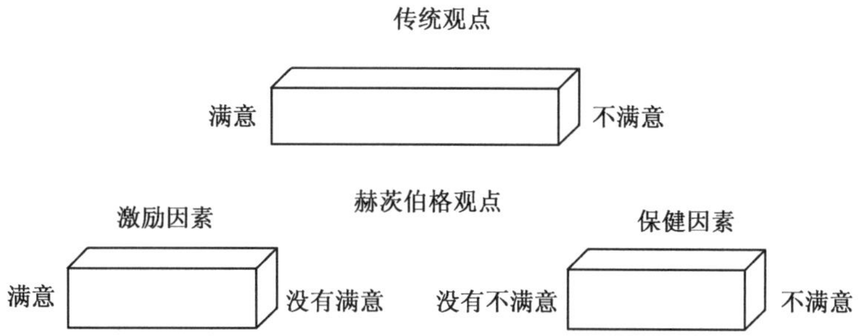

图 7—5 双因素理论

3. 期望理论

期望理论主要由美国心理学家维克托·弗洛姆(Victor Vroom)提出。期望理论认为，只有当人们预期到某一行为能给个人带来有吸引力的结果时，才会采取特定的行动。根据这一理论，员工对待工作的态度取决于如图 7—6 所示的三种关系判断。

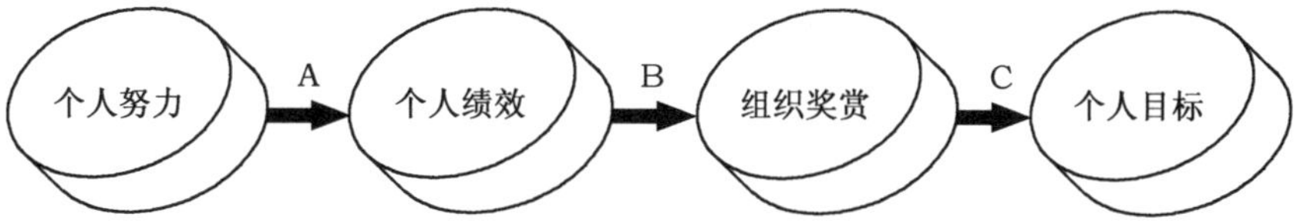

图 7—6 期望理论

A：努力-绩效关系。员工感觉到通过一定程度的努力而达到工作绩效的可能性。

B：绩效-奖励关系。员工对于达到一定工作绩效后即可获得理想的奖赏结果的信任程度。

C：奖励-个人目标关系。如果工作完成，员工所获得的潜在结果或奖赏对他的重要性程度。

在这三种关系的基础上，员工在工作中的积极性或努力程度是效价和期望值的乘积，即：

$$M=V\times E$$

其中，M 表示激励力，V 表示效价，E 表示期望值。

激励力是激励作用的大小。效价是工作及其结果能够带来满足程度的评价。期望值是指采取某种行动实现目标的可能性大小。根据期望理论，组织管理要想收到预期的激励效果，就要使激励手段的效价和激励对象获得满足的期望值都同时足够高。

4. 公平理论

公平理论又称社会比较理论，它是由美国行为科学家亚当斯（Adams）提出的。公平理论的基本观点是：当一个人做出了成绩并取得了报酬以后，他不仅关心自己所得报酬的绝对量，而且关心自己所得报酬的相对量。因此，他要进行种种比较确定自己所获报酬是否合理，比较的结果将直接影响今后工作的积极性。

(1)横向比较。员工将自己获得的“报酬”（包括金钱、工作安排以及获得的赏识等）与自己的“投入”（包括教育程度、所做努力、用于工作的时间、精力和其他无形损耗等）的比值与组织内其他人做社会比较，只有相等时，他才认为公平，如下式所示：

$$O_p/I_p=O_c/I_c$$

其中，O_p 表示自己对所获报酬的感觉；O_c 表示自己对他人所获报酬的感觉，I_p 表示自己对个人所做投入的感觉，I_c 表示自己对他人所做投入的感觉。

当 $O_p/I_p=O_c/I_c$ 时，员工觉得报酬是公平的，会保持工作的积极性和努力程度。

当 $O_p/I_p>O_c/I_c$ 时，说明员工得到了较高的报酬或付出的努力较少。出现了这种情况，一般来说，员工不会主动要求减少报酬，会在工作中自觉地增加付出。但久而久之，他会重新估计自己的技术和工作情况，当感觉确实应当得到那么高的待遇，产量便又会回到过去的水平了。

当 $O_p/I_p<O_c/I_c$ 时，员工会对组织的激励措施感到不公平，因而可能会要求增加报酬，或自动减少付出以达到心理上的平衡，甚至有可能会离职。

(2)纵向比较。员工将自己目前投入的努力与目前所获得报酬的比值，同自己过去投入的努力与过去所获报酬的比值比较。只有相等时他才认为公平，如下式所示：

$$O_p/I_p=O_h/I_h$$

其中，O_p 表示自己对现在所获报酬的感觉，O_h 表示自己对过去所获报酬的感觉；I_p 表示自己对个人现在投入的感觉，I_h 表示自己对个人过去投入的感觉。

当 $O_p/I_p=O_h/I_h$ 时，员工认为激励措施基本公平，积极性和努力程度可能会保持不变。

当 $O_p/I_p > O_h/I_h$ 时，一般来说，员工不会觉得所获报酬过高，因为他可能会认为自己的能力和经验有了进一步的提高，其工作积极性不会因此而提高多少。

当 $O_p/I_p < O_h/I_h$ 时，他觉得很不公平，工作积极性会下降，除非管理者给他增加报酬。

调查和试验的结果表明，不公平感的产生，绝大多数是由于比较后认为自己目前的报酬过低而产生的；在少数情况下，也会由于经过比较，认为自己的报酬过高而产生。公平理论提出的基本观点是客观存在的，但公平本身却是一个相当复杂的问题，这是因为公平或不公平的感觉与个人的主观判断有关，与个人所持的公平标准有关，与绩效的评定和评定人也有关。

第四节 沟 通

一、沟通的含义

企业的成功离不开沟通，沃尔玛公司的领导者曾说过："如果你必须将沃尔玛管理体制浓缩成一种思想，那可能就是沟通。因为它是我们成功的真正关键之一。"哈佛大学管理学教授考特在其著名的经典文章《企业经理人究竟在做什么?》中曾经详细描述企业经理人的日常活动。而令人意想不到的是，他所调查的经理人一天中花时间最多的活动就是沟通：从清晨到夜晚，从会议室中的讨论，到走廊里的闲聊；从电话中的询问，到电子邮件的回复；从与自己上级和同事对公事的商议，到对下属的问寒问暖；经理人无时无刻不在与各种人用各种不同的方法沟通。而正是这种沟通，维系着企业政策制定与执行的关系，维系着企业中各个齿轮之间和谐的正常运行，维系着企业中人与人之间的各种联系，维系着企业与员工的命运一体。

沟通是信息从发送者到接收者的传递过程。信息沟通由三个方面组成：一是发送者送出的信息应该完整而准确，二是接收者必须理解这一信息，三是接收者必须愿意以恰当的形式将信息传递的意图付诸行动。各项管理工作的开展要借助于沟通，组织内若没有沟通，就不可能实现协调合作，就无法实现共同的愿景。

万里长城的修筑，主要目的是防御敌人的进犯，因而及时传递信息、掌握敌情是十分重要的，其信息传播技术、方法都令人叹服。长城上的烽火台就起着"信息源"的作用，白日以烟、夜晚以火作为传递信息的媒介。明代规定，来敌百人左右，一烟一炮示之；五百人二烟二炮；千人以上，三烟三炮；五千人以上五烟五炮。这种信息传递，既定性(敌人来犯)，又定量(来敌人数)，烟炮配合，光声并举，相互核对，几小时之内就能把军情准确地传递至千里之外的指挥机关。

二、沟通的类型

根据沟通的功能、方式、渠道和方向的不同，可以把沟通分为不同的类型。从沟通的功能看，可以分为工具沟通和情感沟通；从沟通的方式上看，可以分为口头沟通和书面沟通；从沟通的渠道看，可以分为正式沟通和非正式沟通；从沟通的方向看，可以分为下行沟通、上行沟通和横向沟通。此外，根据沟通是否存在反馈，又可以把它分为单向沟通和双向沟通。不同类型的管理系统对沟通方式的要求是不同的，管理者应当根据自己所处系统的性质、规模和活动内容，采用经济高效的沟通方式。

1. 正式沟通与非正式沟通

(1)正式沟通是指在组织系统内，依据一定的组织原则传递与交流信息。如组织与组织之间的公函来往，组织内部的文件传达、召开会议，上下级之间定期的情报交换等。

正式沟通的优点是：沟通效果好、比较严肃、约束力强、易于保密，可以使信息沟通保持权威性。

其缺点是：由于依靠组织系统层层的传递，因此较为刻板，沟通速度慢。重要的信息和文件的传达、组织的决策等，一般都采取这种方式。

(2)非正式沟通指的是正式沟通渠道以外的信息交流和传递，它不受组织监督，自由选择沟通渠道。例如团体成员私下交换看法，朋友聚会，传播谣言和小道消息等。非正式沟通是正式沟通的有机补充。在许多组织中，决策时利用的情报大部分是由非正式信息系统传递的。同正式沟通相比，非正式沟通往往能更灵活迅速地适应事态的变化，省略许多烦琐的程序；并且常常能提供大量的通过正式沟通渠道难以获得的信息。

非正式沟通的优点是：沟通形式灵活，直接明了、速度很快，容易及时了解到正式沟通难以提供的“内幕新闻”。

其缺点主要是：难以控制，传递的信息不确切，易于失真、曲解，甚至可能导致小集团、小圈子，影响人心稳定和团体的凝聚力。

2. 上行沟通、下行沟通和横向沟通

(1)上行沟通主要是指团体成员和基层管理人员通过一定的渠道与管理决策层交流信息。它有两种表达形式：一是层层传递，即依据一定的组织原则和组织程序逐级向上反映；二是越级反映，指的是减少中间层次，让决策者和团体成员直接对话。

上行沟通的优点是：员工可以直接把自己的意见向领导反映，获得一定程度的心理满足；管理者也可以利用这种方式了解企业的经营状况，与下属形成良好的关系，提高管理水平。

上行沟通的缺点是：在沟通过程中，下属因级别不同造成心理距离，形成一些心理障碍；害怕受打击报复，不愿反映意见。同时，向上沟通常常效率不佳。经过层层过滤，导致信息曲解，出现适得其反的结局。

(2)下行沟通。管理者通过下行沟通的方式传送各种指令及政策给组织的下层，其中的信息一般包括：①有关工作的指示；②工作内容的描述；③员工应该遵循的政策、程序、规章等；④有关员工绩效的反馈；⑤希望员工自愿参加的各种活动。

下行沟通的优点是：使下级主管部门和团体成员及时了解组织的目标和领导意图，增加员工对所在团体的向心力与归属感；协调组织内部各个层次的活动，加强组织原则和纪律性，使组织机器正常地运转下去。

下行沟通的缺点是：如果这种渠道使用过多，就会在下属中造成高高在上、独裁专横的印象，使下属产生心理抵触情绪，影响团体的士气。此外，由于来自最高决策层的信息需要经过层层传递，效率不高，甚至有可能出现信息曲解、失真的情况。

(3)横向沟通是在组织系统中层次相当的个人及团体之间传递和交流信息。横向沟通可以采取正式沟通的形式，也可以采取非正式沟通的形式。通常是以后一种方式居多，尤其是在正式的或事先拟定的信息沟通计划难以实现时，非正式沟通往往是一种极为有效的补救方式。

横向沟通具有很多优点：第一，它可以使办事程序简化，节省时间，提高工作效率；第二，它可以使企业各个部门之间相互了解，有助于培养整体观念和团队精神；第三，它可以增加员工之间的互谅互让，增进友谊，提高工作兴趣，改善工作态度。

其缺点主要是：头绪过多，信息量大，易于造成混乱；此外，横向沟通尤其是个体之间的沟通也可能成为职工发牢骚、传播小道消息的一条途径，降低工作士气。

专栏

IBM 的沟通通道

IBM 的文化中特别强调双向沟通(two ways communication)。通过建立四条沟通通道，消除了单向的命令和员工无处申诉的情况。

第一条通道是与高层管理人员面谈(executive interview)。这个高层经理的职位通常会比你的直属经理的职位高，这种面谈是保密的，由员工自由选择。面谈的内容可以包括个人对问题的倾向意见和自己所关心的问题，最终你反映的情况会交由有关部门处理。

第二条通道是员工意见调查(employee opinion survey)。这条路径直接面对你的收入问题，而且这条通道会定期开通。IBM 通过向员工征询了解员工对公司管理阶层、福利待遇等方面有价值的意见，使之协助公司营造一个更加完善的工作环境。

第三条通道是直言不讳（speak up）。这是一条直通通道，可以使一个普通员工在毫不牵涉其直属经理的情况下，获得高层领导甚至总裁对你关心问题的答复。没有经过员工同意，“speak up”的员工身份只有“speak up”的协调员一个人知道，所以不必担心畅所欲言的风险。

第四条通道是申诉（open door），IBM 称其为“门户开放”政策。IBM 总裁甚至经常反向执行“open door”，直接跑到下属的办公室问某件事干得怎么样了。IBM 用“open door”向各事业单位主管、公司的人事经理、总经理或任何总部代表申述，并且申述会得到上级的调查和执行。

资料来源：刘兴阳主编：《聆听智慧》，中国人民大学出版社 2006 年版。

三、改进沟通

改进沟通，提升沟通的效率和效果的方式主要有以下几种。

1. 营造诚信和公平的企业环境

诚信和公平的企业环境是有效沟通的前提和基础。没有了诚信，人们就失去了真实；没有了公平，人们就失去了动力和信心。有了诚信和公平的环境，企业员工才可以畅所欲言，及时提出问题、解决问题，采纳合理化建议并实施，激发员工的工作热情，提高工作积极性和效率。

2. 建立多向沟通的组织和制度保障

组织要建立下属与领导、部门与部门之间多向沟通的渠道，并使它成为一种制度，并使员工及时了解沟通的结果。企业还要采取有效的措施在企业中广开言路。

3. 减少沟通层次

当信息经过多层传送以后，其失真的可能性就会增大，到了传递的终点，信息的内容甚至已经与开始时大相径庭。因此，管理者在与员工沟通时，应当尽量减少沟通的层次。越是高层的管理者，越要注意与员工直接沟通。

4. 管理者要注重与下属的沟通

优秀的管理者必备的技能之一就是高效沟通的技巧。作为一个管理者，要善于与上级领导沟通，同时更要重视与下属的密切沟通。如果管理者注重与下属的沟通，建立了良好的沟通关系，下属就会“知无不言，言无不尽”，把一些问题解决在不经意间。管理者和下属的主动沟通，不仅有利于工作的开展、绩效的提升和企业的发展，也有利于员工的职业发展，实现与员工的双赢。

5. 鼓励员工主动与管理者沟通

组织要采取多方面的措施，加强员工的主动沟通意识。管理者可能缺少与员工主动沟通的精神，忽视员工所遇到的具体问题。如果员工有了主动与领导沟通的意识，就可以弥补管理者因工作繁忙或其他原因忽视的沟通，了解没有具体参与执行的工作中的问题。

本章小结

1. 领导是通过对他人施加影响以实现某一特定目标的过程。因此领导者必须具备三个要素：领导者必须有部下或追随者、领导者拥有影响追随者的能力或力量、领导行为具有明确的目的。领导的实质是组织成员的追随与服从。

2. 领导者不一定是管理者，管理者也不一定是领导者。管理者一般是被任命的，其影响力来自职位所赋予的正式权力。领导者通常被任命，也可以从群体中产生，影响力主要来自非职位权力，正是因为人们愿意追随他，才能使他成为领导者。领导的本质来源于他的个人影响力。

3. 权力可以来源于一个人在组织中的职位，即职位权力，也可以建立在个人的个性特征基础之上，即个人权力。领导者的权力主要来源于奖赏权力、强制权力、合法权力、感召权力和专家权力五个方面。

4. 领导理论可以归纳为三个大类：第一类是研究领导者应当具有哪些人格特质，称为领导特质理论；第二类则试图根据个体的行为倾向解释领导，称为领导行为理论；第三类运用权变模型弥补了先前理论的不足，并将各种领导理论的研究成果综合在一起，称为领导权变理论。

5. 激励是指激发员工的工作动机，也就是用各种有效的方法调动员工的积极性和创造性，使员工努力完成组织的任务，实现组织的目标。

6. 激励的理论主要有内容型激励理论和过程型激励理论。其中著名的激励理论有需求层次理论、双因素理论、期望理论和公平理论等。

7. 沟通是信息从发送者到接收者的传递过程。信息沟通由三个方面组成：一是发送者送出的信息应该完整而准确，二是接收者必须理解这一信息，三是接收者必须愿意以恰当的形式将信息传递的意图付诸行动。

8. 根据沟通的功能、方式、渠道和方向的不同，可以把沟通分为不同的类型。从沟通的功能看，可以分为工具沟通和情感沟通；从沟通的方式上看，可以分为口头沟通和书面沟通；从沟通的渠道看，可以分为正式沟通和非正式沟通；从沟通的方向看，可以分为下行沟通、上行沟通和横向沟通。

9. 改进沟通，提升沟通的效率和效果的方式主要有：营造诚信和公平的企业环境，建立多向沟通的组织和制度保障，减少沟通层次，管理者要注重与下属的沟通，鼓励员工主动与管理者沟通。

复习思考题

1. 领导的本质和作用是什么？如何发挥这种作用？

2. 什么是权力？领导者的权力来源是什么？发挥领导者的影响力为什么不能单纯依靠职权？如何正确地使用这些权力？

3. 领导和管理有什么不同？

4. 领导行为的理论模式有几种类型？各类理论的特点是什么？

5. 从所学的领导方式及其理论中，你得到哪些启示？

6. 什么是激励？激励要注意哪些原则？

7. 关于激励的理论有哪些？你怎么认识这些理论？

8. 松下幸之助有句名言："企业管理过去是沟通，现在是沟通，未来还是沟通。"你是怎么理解这句话的？

案例思考

FP公司的人才激励机制

FP公司是一家专门为飞利浦、惠普等大型电子制造商生产各种半导体、电子元器件之高性能包装材料的美资纳斯达克上市公司，有员工2 000多人。该公司主要从以下几个方面激励人才。

一、较完善的薪酬福利制度

一是用拉开档次的方法将同样的总工资水平制造出最高工资，并且高报酬者是不断变化的，建立了与责任相对应的利益分配机制，"责权利"对等，激励和约束同步。经营者和各级管理者的收入与企业的经济效益挂钩，职工收入与工程质量和数量挂钩。重实绩、重贡献，工资待遇向优秀人才和关键岗位倾斜。经批准可以高薪聘用个别拔尖人才，实行一流人才、一流业绩、一流报酬。打破了分配中的"大锅饭"，让一部分有能力的经营者、技术尖子和优秀业务员先富起来，通过他们的先富，带动单位的发展，实现广大职工的共同富裕。二是员工的薪资高于或大致相当于同行业平均水平。三是对合理化建议和技术革新者提供报酬(使这一部分收入占员工收入的相当比例)。该企业的价值观是：劳动、知识、企业家和资本共同创造了公司的全部价值。企业家的劳动体现的是企业家的管理能力和承担风险的能力。分配和奖励的形式有：机会、职权、工资、奖金、红利、福利以及其他人事待遇。分配形式的确定依据："工资"是职能工资制；"奖金"的提取与利润挂钩，其分配是根据贡献与责任；"退休金"依工作态度；"医疗保险"按贡献大小。分配政策一般以劳动为依据，在个人之间拉开档次，反对平均主义。

二、实行人才"动态管理"，引入竞争机制

建立了能者上、庸者下，以人为本、用人唯才的用人机制，使提升的职工产生强烈的成就感和责任感，其他职工树立更远大的进取目标，更使原有的干部产生危机感，从而激发全体干部职工的积极性和创造性。

在动态管理机制运行中，破除了传统观念，大胆启用优秀人才，另一方面还注重保持了适度的下岗率。首先，人才是事业成败的关键，要彻底打破论资排辈，构造全新的人才晋升渠道。大胆启用年轻人，营造人才脱颖而出的新机制，对有发展前途的年轻人才，要定向培训和培养，破格提拔，为他们提供一个能充分发挥自己优势的空间，做到人尽其才、才尽其用。其次，该企业还实行了"末位淘汰制"。建立了劳动用工置换机制，通过竞争上岗、下岗培训、二次竞岗，形成螺旋式提高队伍素质的用工、培训和再就业方式，逐步增加高素质的在岗职工。所有干部岗位在全部职工中公开竞聘，一经聘用，到岗任职，落实待遇。不称职者下岗培训，再上岗后仍不能胜任者，易岗易薪，降职使用或解聘免职，空余岗位再行招聘。这样就形成了竞争淘汰机制，增强了职工的危机感，从而促进干部职工学习业务、提高素质的积极性。

在动态管理中还在一些岗位实行了换岗制。比如一些日常管理工作，通常分工较细，且多是事务性的工作，不具备太大的挑战性，而长期在一个岗位工作，容易使职工产生懈怠心理，影响职工积极性的正常发挥，但是如果在职工熟悉原工作之后，给他另换一个新岗位，面对新的工作、较为生疏的任务，任何人都会有一种精神一振的感觉，从而以充盈的斗志迎接挑战。这样既可以提高职工的才干，使之一专多能，又可充分调动职工的积极性，使企业充满生机和活力，可谓一举两得。

三、运用工作激励，对人才进行优化组合，让人尽其才

首先运用工作激励，尽量把员工放在他所适合的位置上，并在可能的条件下轮换一下工作以增加员工的新奇感，从而赋予工作以更大的挑战性，培养员工对工作的热情和积极性；其次运用了参与激励，通过参与，形成员工对企业的归属感、认同感，可以进一步满足自尊和自我实现的需要。该企业职工参与企业决策和企业管理的渠道有许多，其中，职工通过电子邮件提建议，通过总经理信箱和股东大会参与企业重大决策较为普遍。该企业还采用了工作轮换方式，内部公开招募制度，让专业人员接受多方面的锻炼，培养跨专业解决问题的能力，并发现最适合自己发展的工作岗位。另外，引入了职务设计技术，为重要的人才设计相关的具体工作任务，以"扬其长、避其短"，提高了专业人员的工作满意程度，充分发挥了他们的作用。

四、员工持股计划

员工持股计划可以激励员工努力工作，吸引人才，提高企业的竞争力。同时是"金手铐"，起到留人的作用。另外，管理阶层还把握住了企业创新的原动力，采取国际上通行的技术入股等措施，通过公平的分配体制，实现个人利益与企业利益的高度一致，使员工感觉到：有创造力就有回报。分配关系理顺了，员工才会把精力集中在工作上，发挥创造性和主动性，真正实现个人与企业的共同发展。员工持股向有才能和责任心的人倾斜，以利形成中坚力量。

五、精神方面的激励

精神方面的激励是指那些给员工提供的不能以量化的货币形式表现的各种奖励价值。比如，对工作的满意度、为完成工作而提供的各种顺手的工具（比如好的电脑）、培训的机会、提高个人名望的机会、相互配合的工作环境，以及公司对个人的表彰、谢意等。该公司不只是以高薪留人，薪水很重要，但不是最重要的。该公司的理念是公司的成功要与员工一起分享。该公司吸引和留住人才主要靠公司高速发展给每个人提供的广阔平台以及公司给每个人公正、公平的机会，尊重理解和关心企业职工，以激发职工的上进心和积极性，激发职工的主人翁责任感和事业心，增强职工对企业的感情和归属感。有较高学历的人一般更注重自我价值的实现，也包括物质利益方面的，但他们更看重的是精神方面的满足，例如工作环境、工作兴趣、工作条件等，这是因为他们在基本需求能够得到保障的基础上而追求精神层次的满足，在这方面，公司采取了较为宽松的政策，为工程师和职员都配备了较好的电脑等办公设备和办公条件。

该企业还采取了企业文化激励等诸多精神方面的激励：

1. 体现对员工人格的真正尊重：企业把"以人为本"的理念落实到了各项具体工作中，切实体现出对员工保持不变的尊重，赢得了员工对企业的忠诚。

在该公司，对人的尊重主要通过"肯定个人尊严"理念与活动体现出来。公司把人的尊严定义为：实质性的工作；了解成功的条件；有充分的培训并能胜任工作；在公司有明确的个人前途；及时中肯的反馈；无偏见的工作环境。每个季度主管会与员工单独会谈，探讨以上几个方面，在双方取得共识后，员工会将自己对以上几个方面的个人评价输入一个电子系统中供公司汇总并存档。在谈话中发现的问题将通过正式的渠道解决。

2. 强调以人为本，重视沟通与协调工作：该企业树立了"以人为本"和"人高于一切"的价值观。这种价值观认为雇员是公司最为重要的资产，他们值得信赖，应当受到尊重，能参与与工作有关的决策，会因为受到鼓励而不断成长，以及希望实现他们自己的最大潜力。企业创造出一种以民主为特征的环境机制，强调沟通与协调，避免由于内部竞争导致的人才内耗。因此，企业在谋求决策的科学性的过程中，更重要的是求得员工对决策的理解，定期和员工评价与探讨事业，吸收他们的意见和建议，建立上下畅通的言路，雇员们有各种方便的渠道表达他们对某些事情的关注和看法，并能够很容易地得到与他们利益有关的一些问题的答案。定期调查和回馈，设立确保所有雇员在不满和处罚事件上得到公平对待的"超级"不满处理程序。

3. 创造以创新为特征的宽松的企业氛围：一方面，该企业采用了以支持和协调为主的领导方式，给予员工自由发挥的空间，允许员工自主决定完成任务的方式。管理人员的任务在于为员工设置明确而稳定的工作目标，至于采用何种方式实现这一目标，则应由员工自己决定。另一方面为其提供其创新活动所需要的资源，包括资金、物质上的支持，以及对人力资源的调用。员工在解决问题方面所拥有的自主权有效地激发了他们的内在动机，使他们产生对企业的归属感，并使他们最大限度地利用所掌握的专业知识、技术和创造性思维的能力。

六、员工的培养教育

从马斯洛的"需求层次理论"中我们知道，当劳动者的收入水平达到一定程度时，需要的层次会随之提高。在物质利益基本满足的今天，与物质奖励相比，大家更愿意选择参加以适量培训的形式作为应得的奖励，提高自身的含金量，以求在未来的竞争中占有一席之地。可以说，培训已成为最大的奖励。基于此，该公司将培训本身作为现代企业中激励职工积极向上的一种必要手段。给职工"充电"的机会，会使他们感觉企业对自己的发展是很重视的，而且在企业培训机会的分配上，必须本着"公平竞争，择优培训"的原则，使真正有能力、有潜能的人获得应有的培训机会。另一方面，根据培训的效果对参加培训的人员进行物质、精神或晋升激励。在企业中参加培训的人往往都希望尽早将所学的知识、技能运用到实际工作中，企业适时为他们提供施展才能的条件和环境，使他们能发挥所长，则是对他们最大的激励。在该企业中人们已达成这样一种共识："你是一个人，必须为自己的生活负责。你若愿意贡献心力于公司的成长、进步，公司也会增加你成长、进步的机会。"为不畏竞争的人提供最好的训练和发展的资源，提供个人的专业成长机会，这是该公司实行的可行性心理契约。该企业为职工提供了不断学习、训练的机会，又为其创造发展提供了所必需的资源，能使其施展才能实现自身价值，这种环境有较大的吸引力，换来了队伍的稳定和忠诚。

问题：

1. 结合案例分析，激励的方式有哪些？
2. 应用主要激励理论，评价该公司的激励方式。

第八章　控　制

学习目标

1. 了解控制的含义与作用；
2. 理解计划与控制的关系；
3. 描述控制的过程；
4. 了解控制的类型与方法；
5. 掌握有效控制的关键点。

关键术语

控制　控制过程　控制类型　预算控制　标杆管理　有效控制

引入案例

苹果公司的控制

1976年，技术专家史蒂夫·沃兹尼亚克和销售天才史蒂夫·乔布斯与罗·韦恩创立了苹果计算机公司，很快该公司就取得了非凡的成功。但是，成功没能持续很久，部分原因是IBM个人计算机的问世。在20世纪80年代早期，一些观察家们认为，苹果计算机公司需要更加严格的控制和更为专业化的管理方法。百事可乐公司的约翰·斯科利被请到苹果公司来做指导。

为控制公司，斯科利采用了降低成本的方法改善盈利状况，并与此同时增加了研究和开发费用以便使公司能保持技术上的领先地位。可后来，斯科利却受到指责，说他研究和开发费用投入不够,广告费用投入过多。为减少重复环节,降低损益平衡点及部门间的摩擦,苹果公司进行了重组。为提高效益和效率,苹果公司引入了新的汇报程序。此外,在控制库存方面也做了大量的工作,而库存问题又往往是个人计算机公司面对的主要问题。这些措施,连同苹果公司将 Macintosh 引入 IBM 占主导的商务公司这样一个成功的战略以及桌面印刷的普及,使苹果公司 1986 年财政年度的收入增加了150%多。

第一节 控制概述

一、控制的概念

计划制定出来以后,就要组织实施。由于主客观等多方面的原因,计划在实施过程中常常会出现偏差,如外部环境的变化、制定计划时对内部条件的估计不足,或者由于任务执行者的主观因素等都会引起计划执行时发生偏差。为了保证计划目标的实现,必须实施控制。

控制就是检查工作是否按既定的计划、标准和方法进行,发现偏差,分析原因,纠正,以确保组织目标的实现。一个有效的控制系统既可检验各项工作是否按预定计划进行,检验计划的正确性和合理性,又可以根据客观环境的变化调整行动或计划,以保证组织目标的实现。

二、控制的作用

为什么管理的职能中包含控制呢?这是因为尽管计划可以制定出来,组织结构可以适应组织发展战略和环境的要求,员工的工作热情可以激发出来,但这些仍然无法确保所有的行动会按照计划执行,也无法保证原先既定的目标能够实现。控制是管理四大职能环节中的最后一环,也是极其重要的一环。控制的作用主要有以下几个方面:

(1)控制能保证计划目标的实现,这是控制的最根本作用;

(2)控制可以使复杂的组织活动协调一致、有序地运作,以增强组织活动的有效性;

(3)控制可以补充与完善期初制定的计划与目标,以有效减轻环境的不确定性对组织活动的影响;

(4)控制可以实时纠正,避免和减少管理失误造成的损失。

三、计划与控制

计划确定了组织的目标,制定了实现目标的措施。从计划的角度讲,这些措施是对计划执行过程的规范和约束,以保证计划目标的实现。但从控制的角度看,计划中的措施又是控制的手段和方式,同样也是为了保证计划目标的实现。实际上,一切有效的控制方法同时也是计划方法或计划本身,如预算、程序,它们既是控制方法,同时也是计划。

1. 计划是控制的前提,控制是计划实现的保证

计划为控制提供了依据和标准,没有这些依据和标准,控制就不可能进行。控制对计划的保证作用,是因为控制工作要经常地将计划实施的结果与计划目标比较,发现问题,分析原因,并改进,使生产经营活动始终运行在计划所规定的轨道上,保证了计划目标的实现。

2. 控制为制定新一轮计划提供了依据

在多数情况下,控制工作是一个管理过程的终结,又是一个新的管理过程的开始。控制中发现的问题和产生的原因,在制定下一轮计划时,是必须考虑的因素,从而使新一轮计划更加符合实际。

计划与控制的上述关系,表明了计划与控制是不可分离的两个职能,哈罗德·孔茨把计划工作和控制工作看成是一把剪刀的两片刃,没有任何一刃,剪刀就没有用了。

第二节　控制的过程与类型

一、控制的过程

控制的过程包括制定控制标准、衡量绩效、比较、纠正偏差四个步骤(见图 8—1)。

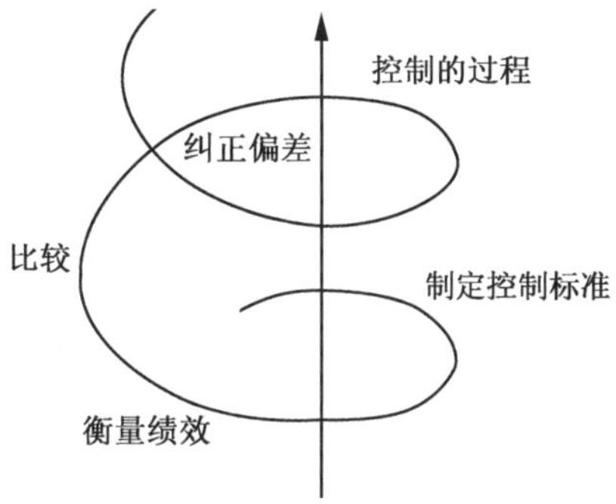

图 8—1　控制的过程

1. 制定控制标准

执行控制职能,第一步是订立明确、科学的标准,以便确定控制的目标和依据。标准就是评定成效的尺度。控制标准是那些从计划中甄选出来的、对工作绩效的衡量具有重

要意义的关键点。从计划中选择关键控制点的能力是一种艺术，有效的控制取决于这种能力。控制标准的类型有很多，可以是定量的，也可以是定性的。在理想的情况下，控制标准应当是数字化和定量化的，以保证控制的准确性。经常使用的控制标准的类型包括以下几种：

(1)实物标准。实物标准是非货币形式的衡量标准，如使用原材料、雇用劳动力、生产产品或提供服务的数量等。

(2)价值量标准。这是常用的一类标准，包括资金标准、收益率标准、成本标准等。

(3)时间标准。如各种工作的时间定额，完成任务的限期等。

(4)定性标准。如企业的经营方向等。

在实际应用中控制标准的选用应当与控制对象的特点结合起来，不同的组织、不同的计划、不同的控制环节，控制的标准也应当有所不同。

2. 衡量绩效

确定了标准以后，为了确定实际工作的绩效究竟如何，管理者首先需要收集必要的信息，考虑衡量什么和如何衡量。衡量什么是比如何衡量更关键的一个问题。如果错误地选择了标准，将会造成不良的后果。

管理者可以通过多种渠道与方式获得信息。如通过大众媒体获取，通过市场交易获取，在与人沟通过程中获取，还可以在组织活动的过程中获取，如上级传达的文件、下级递交的报告、生产经营的数据等。当前"走动式管理"被越来越多的企业纳入常态的管理机制。通过"走动式管理"，管理者到达工作现场，直接与一线员工交流，不仅可以获得最及时、深入的第一手资料，了解工作的最新进展，还能提高解决问题的效率。

许多工作或活动是可以定量化表达的。当一种衡量成绩的指标不能用定量方式表达时，管理者应该寻求主观的衡量方法。当然，主观方法具有很大的局限性，但这总比什么标准都没有要好，比没有控制机制要好。以难以度量为借口来避免衡量重要活动是不可取的。任何建立在主观标准上的分析和决策都存在局限性。

3. 比较

将预定的控制标准与实际绩效比较后，如果存在偏差，就要分析偏差产生的原因。特别要注意偏差的大小和方向。在某些活动中，偏差是在所难免的。因此，确定可以接受的偏差范围是很重要的。如果偏差显著超过了这一范围，就要制定纠正偏差的方案，以便采取下一步的行动。

4. 纠正偏差

采用必要的措施纠正偏差是控制过程的关键。如果偏差是由于实际绩效没有达到预定标准而产生的，管理者就要采取纠正行动。这些纠正行动的具体方式可以是管理策略、组织结构上的调整，也可以是人事上的调整。

管理者在采取纠正行动之前，首先要决定是应该采取立即纠正行动还是彻底纠正行动。所谓立即纠正行动是指立即将出现问题的工作矫正到正确的轨道上；而彻底纠正行动则首先要弄清工作中的偏差是如何产生的，为什么会产生，然后再从产生偏差的地方开始纠正行动。事实上，许多管理者常常以没有时间为借口而不采取彻底纠正行动，并因此而满足于不断救火式的立即纠正行动。实际上，作为一个有效的管理者，认真分析偏差并花一些时间永久性地纠正实际工作绩效与标准之间的偏差是非常有益的。

工作中的偏差也有可能来自不现实的标准，也就是说，标准定得太高或太低。在这种情况下，管理者需要注意的是标准，而不是工作绩效。但要注意的是，当执行者没有达到设定的标准而责备标准时，如果你认为标准是现实的，就应该坚持，向员工或经理解释你的观点，并保证将来的工作会得到改进，然后采取一些必要的行动使期望变为现实。

设定控制标准、衡量绩效、与标准比较、寻找偏差并分析原因，然后制定计划纠正，纠正的结果将可以改进下一次的工作绩效。控制的过程就是这样一个循环往复、绩效不断提升的过程。

二、控制的类型

预算控制管理中的控制手段可以在行动开始之前、行动之中或结束之后进行。第一种称为前馈控制，第二种称为同期控制，第三种称为反馈控制(见图 8—2)。

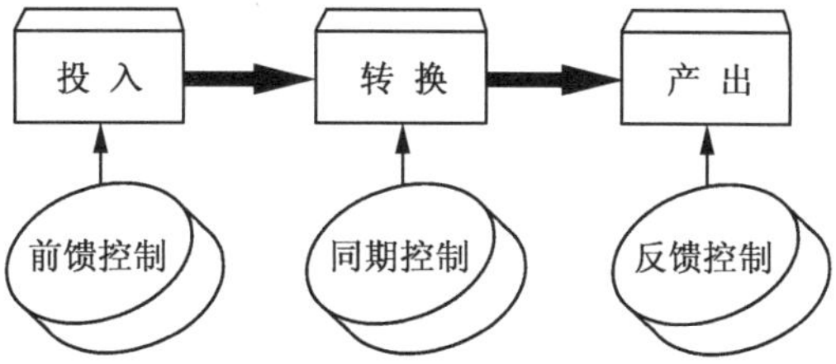

图 8—2　控制的类型

1. 前馈控制

前馈控制是在企业生产经营活动开始之前的控制。前馈控制旨在获取有关未来的信息，依此反复认真地预测，以便提前采取适当的处理措施预防问题的发生。

例如企业给供应商提供严格的说明，以防范质量问题；在企业的生产安全管理中宣传“安全第一，预防为主”的思想，其中“预防为主”所包含的精神实质就是前馈控制；模拟训练假想事故，以提高相关人员判断事故、处理事故的能力等。

前馈控制的目的是防止问题的产生而不是当问题出现时再补救，“预防比治疗要好”。这种类型的控制需要及时、准确的信息，但是这些往往难以实现，由此，我们还可以借助其他的控制方法。

2. 同期控制

同期控制，也称现场控制或过程控制，是指企业经营过程开始后，在投入转换成产出的过程中指导和监督活动中的人和事。主管人员通过深入现场来亲自监督检查、指导和控制下属的活动。通过现场控制可以：(1)向下级指示恰当的工作方法和工作过程；(2)监督下级的工作以保证计划目标的实现；(3)发现偏差超过一定的限度时，立即采取纠正措施。

典型的同期控制有生产制造活动的生产进度控制，每日情况的统计报表，每日对住院病人开展临床检查等。

3. 反馈控制

反馈控制，也称事后控制，是指在一个时期的生产经营活动已经结束以后，总结本期的资源利用状况及其结果。例如，顾客对产品的反应可以用于在未来采取正确行动。由于这种控制是在经营过程结束以后进行的，有些类似于“亡羊补牢”，因此，不论其分析如何中肯，结论如何正确，都已无法改变已经存在的事实。结果控制的主要作用，甚至可以说是唯一的作用，是通过总结过去的经验和教训，为未来计划的制定和活动的安排提供借鉴。

反馈控制并非最好的控制，但它目前仍被广泛地使用着。目前，在组织中应用最广泛的反馈控制方法有如下四种：财务报告分析、标准成本分析、质量控制分析、工作人员绩效评估。其中，最重要、最困难的是“工作人员绩效评估”。

第三节　控制的方法

管理实践中运用的控制方法多种多样，我们仅对常用的预算控制方法和最新的、有代表性的标杆管理做简单介绍。

一、预算

预算是数字化的计划，用数字表示预测的结果。编制预算有助于改进计划工作，更能有效地确定目标和拟定标准，所以预算是计划的一个重要组成部分。但同时预算又是常用的控制手段之一，使用预算有助于改进和协调控制工作。

预算的种类有很多，一般来说主要包括以下几个方面。

1. 收支预算

收支预算是以货币表示的收支计划。收支预算提供了企业在未来某段时期的经营状况的说明。收入是一方，例如销售收入、利息收入等；支出是另一方，例如材料费用、人工费用、管理费用等。

2. 现金预算

现金预算是预测企业未来生产、经营活动中现金的流入和流出，通常由财务部门编制。编制初步的现金预算后，就可以了解企业在一定时期内现金需求量，财务主管人员就可以预先安排和筹措，以满足资金的需求。现金预算的内容主要包括现金收入、现金支出、现金余额和现金筹集。为了有计划地安排和筹措资金，现金预算的编制期应越短越好，如按季度、按月编制现金预算等。

3. 投资预算

由于投资项目具有风险性且需要较长时间才能还本，因此对这部分资金的投入一定要慎重。投资预算主要包括对厂房、设备等生产设施的投资，新产品、新工艺的研发投资，人力资源素质与能力提升的投资，开发新客户，拓展新市场的投资等。

4. 资产负债表预算

资产负债表预算用来预测将来某一特定时间点的资产、负债和所有者权益的情况。其编制是以会计期间开始日期的资产负债表为基础，然后根据期间各项预算的有关资料进行必要调整而形成的。由于其他各种预算都是资产负债表项目变化的资料依据，因此，资产负债表可以验证所有其他预算的准确性。

预算作为一种有效的控制方法，其优点很明显：各项工作成果都转化为数字，非常明确，便于绩效的衡量；预算的编制、执行与控制紧密结合在一起，为各项活动确立了财务标准。但是预算也存在一些问题，如预算只能用于可以计量的业务活动方面；预算往往过细、过死，缺乏弹性等。只有充分认识预算的局限性，才能有效利用这种控制手段，并辅之以其他控制方法。

二、标杆管理

施乐公司的罗伯特·开普先生是标杆管理的先驱和最著名的倡导者。20 世纪 70 年代末，一直保持世界复印机市场垄断地位的施乐公司遇到了全方位挑战，市场份额从 82%直线下降到了 35%。面对竞争，施乐最先发起并带动了美国公司向日本企业学习的运动，开展标杆管理，很快收到了成效，把失去的市场份额重新夺了回来。有研究表明，美国世界 500 强企业中有近 95%的企业在日常管理活动中应用了标杆管理，其中包括 AT&T、福特、IBM 等。

标杆管理是企业将自己的产品、服务、生产流程与管理模式等同行业内或行业外的领袖型企业做比较，借鉴与学习先进经验，改善自身不足，从而提高竞争力，追赶或超越标杆企业的一种良性循环的管理方法。通过学习，企业重新思考和改进经营管理实践，创造自己的最佳实践模式，这实际上是模仿、学习和创新的过程。

不同的行业或企业应用标杆管理方法具有各自的特点，其过程也有所不同，但基本思路大致一样。实施标杆管理的大致有以下几个过程。

1. 规划阶段

规划阶段的主要工作包括成立标杆管理小组、确定标杆管理的内容，同时选择标杆管理的“基准”企业，建立企业竞争力评价指标体系，并收集相关的情报信息。

2. 数据搜集及分析阶段

通过数据搜集及分析阶段的工作，寻找企业标杆管理项目与“基准”目标之间的差距，提出企业标杆管理所要达到的目标以及未来工作的标准。具体工作包括搜集数据、数据处理及情报分析。

3. 实践阶段

标杆管理实践阶段的工作包括制定计划、实施计划和监控及调整计划。

4. 提升阶段

企业通过实施某一标杆管理项目在一定的时期及范围内提高了竞争力，取得了竞争优势，但并不意味着企业标杆管理工作的彻底结束。一方面，企业应及时总结经验、吸取教训；另一方面，企业应针对环境的新变化或新的管理需求，持续开展标杆管理活动，确保对“最佳实践”的跟踪。提升阶段的工作通常包括总结经验和再标杆两项。这个阶段的工作有利于企业保持持续的竞争优势，施乐公司就是一个典型的例子。施乐公司在对日本企业开展了标杆管理后，并没有停滞不前，而是开始了对其他竞争对手、一流企业的标杆管理，并受益匪浅。

在应用标杆管理中需要注意的是：第一，标杆的对象一定要能够提供值得借鉴的做法，并且是世界一流做法的领袖企业；第二，战略不同的企业，选用的标杆也不同。

专栏

美孚公司与标杆管理

“速度—微笑—安抚”的金三角标杆管理，让美孚加油站的平均年收入得到10%的回报。2000年，埃克森美孚公司全年销售额为2 320亿美元，位居全球500强第一位。人均产值为193万美元，约为中国石化的50倍。而让美孚公司取得如此骄人业绩的关键，在于其实施的标杆管理。1992年，美孚石油还只是一个每年有670亿美元收入的公司，但一个调查让公司决定对它的服务进行变革。当时美孚公司询问了服务站的4 000名顾客什么对他们是重要的，结果得到了一个令人震惊的数据：仅有20%

的被调查者认为价格是最重要的。其余的 80%想要三件同样的东西：一是快捷的服务，二是能提供帮助的友好员工，三是对他们的消费忠诚予以一些认可。

速度小组找到了潘斯克公司(Penske)，它在 Indy 500(印地 500 汽车大赛)比赛中以快捷方便的加油站服务而闻名。在电视转播"印地 500 汽车大赛"时，观众目睹这样的景象：赛车风驰电掣般冲进加油站，潘斯克公司加油员一拥而上，眨眼间赛车加满油绝尘而去。速度小组仔细观察了潘斯克公司加油员如何为通过快速通道的赛车加油：这个团队身着统一的制服，分工细致，配合默契。速度小组还了解到，它的成功部分归于电子头套耳机的使用，它使每个小组成员能及时地与同事联系。

微笑小组考察了丽嘉-卡尔顿宾馆(该酒店号称全美最温馨的酒店，那里的服务人员总保持招牌般的甜蜜微笑，因此，获得了不寻常的顾客满意度)的各个服务环节，以找出该饭店是如何获得不寻常的顾客满意度的。结果发现卡尔顿的员工都深深地铭记：自己的使命就是照顾客人，使客人舒适。微笑小组认为，美孚同样可以通过各种培训，建立员工导向的价值观，实现自己的目标。

安抚小组到"家得宝"去查明该店为何有如此多的回头客。他们了解到：公司中最重要的人是直接与客户打交道的人。这意味着企业要把时间和精力投入到如何招聘和训练员工上。安抚小组的调查改变了公司的观念，使领导者认为自己的角色就是支持一线员工，让他们把出色的服务和微笑传递给客户，传递到公司以外。

美孚提炼了他们的研究结果，并形成了新的加油站概念："友好服务"。美孚在佛罗里达的 80 个服务站开展了这一试验。"友好服务"与其传统的服务模式大不相同。希望得到全方位服务的顾客，一到加油站，迎接他的是服务员真诚的微笑与问候。所有服务员都穿着整洁的制服，打着领带，配有电子头套耳机，以便能及时地将顾客的需求传递到便利店的出纳那里。希望得到快速服务的顾客可以开进站外的特设通道中，只需要几分钟，就可以完成洗车和收费的全部流程。美孚公司由总部人员和一线人员组成的实施团队，花了 9 个月的时间构建和测试维持友好服务的系统。"友好服务"的初期回报是令人振奋的，加油站的平均年收入增长了 10%。几年之后，"友好服务"便扩展到公司所有的 8 000 个服务站。

三、有效控制

如果控制使用得当，无疑将有助于主管人员掌握非预期的因素。有效的控制系统具有一些相同的特性，尽管这些特性在不同情况下的重要性程度不尽相同，但我们可以总结出一些共性的方面。

1. 适时控制

适时控制是指控制系统应该及时提供信息，迅速做出管理上的反应。如果反应过于迟缓，修正措施将毫无价值。

时滞现象是反馈控制一个难以克服的困难。正像前文提到的，虽然检查实施结果，并将结果同标准比较，找出偏差，可能不会花费很多时间。但分析偏差原因，提出纠正偏差的具体方法也许旷日持久，当真正采取这些办法纠正偏差时，实际情况可能已经有了很大变化。

如何解决这种问题？较好的办法是建立企业经营状况的预警系统。我们可以为需要控制的对象建立一条警报线，反映经营状况的数据一旦超过这个警戒，预警系统就会发出警报，提醒人们采取必要的措施防止偏差的产生和扩大。

2. 适度控制

适度控制是指控制的范围、程度和频度要恰到好处。控制的最根本目的是为了提高组织机能，实现既定目标。不管管理者采取什么样的控制，它必须与涉及的工作相适合并且是经济的，切不可过度控制、本末倒置。

对适度控制的要求体现在两方面：一方面，过多的控制会扼杀组织中成员的积极性、主动性和创造性，会抑制他们的首创精神，从而影响个人能力的发展和工作热情的提高，最终影响企业的效率；另一方面，控制不足将不能使组织活动有序地进行，不能保证各部门活动进度和比例的协调，造成资源的浪费。此外，过少的控制还可能使组织中的个人无视组织的要求，我行我素，甚至利用在组织中的便利地位谋求个人利益，从而导致组织的涣散和崩溃。

3. 客观控制

控制系统必须是精确的，这道理似乎是显而易见的，然而，在现实生活中，许多管理人员的决策往往是基于不精确的信息。销售人员在估计销量时说些模棱两可的话，以迎合主管上司的看法；生产车间的管理人员为了达到上级制定的目标隐瞒生产成本的上升；一些管理者为了得到领导的青睐而虚报成绩。这些都给管理人员的正确决策带来了负面影响。

要客观地控制，第一要尽量建立客观的计量方法，即尽量把绩效用定量的方法记录并评价，把定性的内容具体化。第二是管理人员必须谨慎适当地解释所获得的信息。数字的客观性不能代表一切，管理人员在做决策时还应看到数字背后的真正含义。如销售每月提高销量多少，上层管理部门对这类报告显然会感到高兴，但是，在销量提高的背后，也许是销售商擅自提供了折扣，或对产品的功效做了不切实际的保证，或答应较早的交货期等。第三是管理人员要从组织目标的角度观察问题，避免个人偏见和成见。

4. 弹性控制

在复杂的环境中，有效的控制系统应该是原则性和灵活性的统一。企业应当善于在弹性和控制之间找到一个平衡点。很多初创期的企业管理的弹性很大，经常容易失控；而有些企业则处处强调控制，造成管理僵化。有些几十年甚至上百年的老牌企业还非常具有活力，并且还有非常严谨的管理风格，就是在弹性和控制之间找到了很好的平衡。

弹性的管理和控制已经普遍存在于现代企业中。弹性组织、弹性预算、弹性投资决策、弹性工作制、弹性工资以及弹性绩效等，已经成为一个企业生存发展所必须具备的素质。

本章小结

1. 控制就是检查工作是否按既定的计划、标准和方法进行，发现偏差，分析原因，纠正，以确保组织目标的实现。

2. 计划与控制是不可分离的两个职能。计划是控制的前提，控制是计划实现的保证；控制为制定新一轮计划提供了依据。

3. 控制的过程包括制定控制标准、衡量绩效、比较、纠正偏差四个步骤。

4. 控制有三种类型：前馈控制是以未来作导向的控制，是用来防止预期问题的产生；同期控制是一种发生在一项活动进行之中的控制；反馈控制是发生在活动结束之后的一种控制。

5. 预算是数字化的计划，用数字表示预测的结果。

6. 标杆管理是企业与行业内或行业外的领袖型企业做比较，借鉴与学习先进经验，改善自身不足，从而提高竞争力，追赶或超越标杆企业的一种良性循环的管理方法。

7. 有效控制要注意适时控制、适度控制、客观控制和弹性控制。

复习思考题

1. 谈谈你对控制职能的理解。
2. 如何看待计划与控制的关系？
3. 谈谈控制的过程。
4. 简述控制的类型。
5. 何谓预算控制？预算控制的方法有哪些？
6. 何谓标杆管理？如何用这种方法控制？
7. 有效的控制要注意哪些问题？

案例思考

百安居——节俭的精细化哲学

节俭从来就不是个大问题，但却需要大本领才能做得彻底、做得不留遗憾。特别是对于当今零售行业来说，利润微薄的同时还要快速扩张，不实行低成本运营就难以生存，可谓成本决定存亡。

百安居(B&Q)，隶属于世界500强企业之一、拥有30多年历史的大型国际装饰建材零售集团——英国翠丰集团，从1999年进入中国内地，至今已开设了23家分店。中国公司2004年的营业额约为32亿元人民币，利润达7 000万元人民币，如此财大气粗的公司却将节俭发展为一种生存哲学，在日常的运营中阐释着什么叫"细者为王"。

客户不会为你的奢侈埋单

北京四季青桥百安居一楼卖场，偏僻的西南角摆了张小桌子，来访者在有些破旧的登记簿上签字后，通过狭窄的楼道，华北区的百安居总部就借居在此，与明亮宽敞的卖场相比，办公区显得寒碜。

华北区总经理办公室照样简陋，一张能容6人的会议桌，毫无档次可言的普通灰白色文件柜。没有老板桌，总经理文东坐的椅子(用"凳子"这个词也可以)和普通员工一样，连扶手都没有，就这几件物品，办公室已不宽裕了。

总经理手中的签字笔只要1.5元，由行政部门按不高于公司的指导价统一采购——这听上去有些令人惊叹。而他们选用廉价笔的理由是，既然都能写字，为什么要用贵的呢?

这就是百安居的节俭哲学：企业的所有支出，都是建立在可以给客户提供更多价值的基础之上。换句话说，企业所有的投入都应该为客户服务，以为客户提供更多的让渡价值为本。

于是有没有老板桌不成为问题，选择廉价笔也理所当然！对于那些对客户没有直接价值的支持部门进行照明控制，以及对空调温度的控制同样如此。因为客户不会为你的奢侈埋单！

正是这种节约的意识，百安居的营运费用占销售额的百分比远低于同行。以百安居北京金四季店为例，京城另一家营业面积同样为2万平方米的建材超市，销售额只有金四季的1/2，营运费用却比金四季店多出1倍。

价值分析的全球坐标

价值分析的要义就是从客户的角度评估企业的所有支出，百安居的数据库不会让客户多花一分冤枉钱，这就是最好的选择。

通过多年来在全球范围内的经营活动，百安居随时注意收集各地数据，并据此形成各种费用在不同情况下的不同标准，它包括核心城市、二类城市；单层店、二层店等不同参考体系。而且在已有的控制体系中，当标准同实际实施情况比较时，任何有助于降低成本的差异都能够被用来作为及时更正的依据。

以百安居营运成本中的人事成本为例，他们对人事的成本控制，控制的是总量，特别是员工数量，而对员工的个人收入不加限制，简单地说，人力配置项目与人均利润息息相关。

2万多平方米的卖场，只有230多名员工，平均100平方米配置1名。顾客所看到的店员由三部分人组成，固定员工、供应商派过来的促销员、配送和收银中的部分小时工，在衣着的颜色和标识上会有区别。

此外，临时工占员工总数的20%—30%，目前主要只在部分配送和收银工作中使用。人员配置的调整，首先主要从部门、全店、全国人力效率(每小时的销售额)的对比为主来考虑，其次再考虑商店的具体情况(如卖场形状、面积、现货比例等)。人员的配置主要包括与销售相关的部门以及支持部门。

在此后的运营过程中，会根据实际情况继续调整人员配置，如对销售相关的部门员工配置，他们会设置以各部门为纵向坐标，“标准配置、实际配置、建议配置、销售达成、员工效率”等项为横向坐标的表格分析汇总(商店部门员工效率=部门销售实际/部门人时；前后台部门员工效率=商店销售实际/部门人时)。而对防损、物业、行政、团购等支持部门，主要采取定岗编制，调整原因则以事实描述为主。

精细化管理的立体行动

有了价值分析，有了全球数据库对比，有了标准，唯一难的就是如何确保实施。一个人节俭比较容易，而要让6 000多名员工，在超过300 000平方米的营业区内将节俭发展成一种组织行为，则难上加难。但百安居做到了！

没有数字衡量，就无从谈及节俭和控制。

对于一些直接的、显性的成本项目，“每一项费用都有年度预算和月度计划，财务预算是一项制度，每一笔支出都要有据可依，执行情况会与考核挂钩。”卫哲说。

“员工工资、电费、电工安全鞋、推车修理费……”5月的营运报表上记录着137类费用单项。其中，可控费用(人事、水电、包装、耗材等)84项，不可控费用(固定资产折旧、店租金、利息、开办费摊销)53项。尽管单店日销售额曾突破千万元，营运费用仍被细化到几乎不能再细化的地步，有的甚至单月费用不及100元。

每个月、每个季度、每一年都会由财务汇总后发到管理者的手中，超支和异常的数据会用红色特别标识，管理者会对报告中的红色部分相当留意，在会议中，相关部门需要对超支的部分做出解释。

预算只能对金额可以量化的部分进行明确的控制，但是如何实施，以及那些难以量化的部分怎么降低成本呢？百安居的标准操作规范(SOP)，将如何节俭用制度固化下来取得了良好的效果。

一套成型的操作流程和控制手册在百安居被使用，该手册从电能、水、印刷用品、劳保用品、电话、办公用品、设备和商店易耗品8个方面提出控制成本的方法。比如将用电的节俭规定到了以分钟为单位，如用电时间控制点从7:00到23:30，依据营业、配送、春夏秋冬季和当地的日照情况划分为18个时间段，相隔最长的7个小时，相隔最短的仅有2分钟。

“我们希望所有员工不要混淆‘抠门’与‘成本控制’的关系，原则上，‘要花该花的钱，少花甚至不花不该花的钱’，我们要讲究花钱的效益。”《营运控制手册》的前言部分如此写道。而且“降低损耗，人人有责”的口号随处可见。这种文化的灌输从新员工入职培训时就已经开始，并且常常在每天晨会中不断灌输、强化。

资料来源：《百安居——节俭的精细化哲学》，《中国商业评论》。

问题：

1. 结合案例分析控制的重要作用。
2. 百安居是如何进行有效控制的？

第九章　企业文化

学习目标

1. 了解企业文化产生的理论背景和社会背景；
2. 掌握企业文化的内涵、功能及结构；
3. 了解美国文化与日本文化的特点；
4. 掌握美国企业文化和日本企业文化的内容；
5. 了解企业文化创新的原因和过程；
6. 理解企业文化发展的趋势。

关键术语

企业文化　跨文化管理　企业文化创新

引入案例

谷歌的企业文化

好的文化一定要能够发挥人才的潜能，而扼杀创造力的第一杀手就是束缚。为了让员工舒心、把爱好变成创造力，谷歌做了几件激发创造力的举措，即谷歌的“四化”。

1. 办公环境亲人化

谷歌办公楼随处散落着健身设施、按摩椅、台球桌、帐篷等有趣的东西。整个办公空间采用了不同的色调搭配，明亮鲜活。这些都让人感到轻松自在。除此之外，每名新员工都会得到100美元，用于装饰办公室，可以在自己的办公室中“恣意妄为”。这才叫“我的地盘我做主”，好的办公环境就是要激发人的效能，只有让人感到舒适，才会产生更好的创意和想法。

2. 人员自由流动化

从创立之初，谷歌就规定管理层不能限制员工在公司内部自由流动，员工可以自由到一个新的部门做自己喜欢的事情。“一个想法有人支持就可以去做”，这种宽松的政策和环境使得Gmail、谷歌地图等深受用户好评的产品诞生成为可能。

3. 20%时间私有化

谷歌允许每位工程师拥有20%的自由支配时间。这也是谷歌深以为傲的地方。这是他们公认的一个谷歌小秘诀。谷歌的企业文化是鼓励创新，即使每项工程都要有计划、有组织地实施，公司还是决定留给每位工程师20%的私有时间，让他们做自己认为更重要的事情。许多好项目都源自这20%的时间。

4. 内部沟通扁平化

谷歌公司人人平等，管理职位更多是强调服务，工程师们受到更多尊敬。每个人距离总裁的级别可能不超过3级，人人不仅可公平享受办公空间，更具备零距离接触高层反馈意见的机会。每逢周五，谷歌的两位创始人以及首席执行官都会与员工们共进午餐，以满足员工提出的种种“非分”要求。一般情况下，两位创始人都会满足员工们的过分要求。

可见，谷歌的文化光芒是人性，充分尊重人性，道法自然，结果自然是会吸引和留住更多人才，创造出顶尖的技术，持续通过伟大的商业模式获得最高价值收益，持续成为互联网世界最有价值的品牌。

第一节 企业文化的形成与发展

企业文化理论是继承各派管理学说的优秀成果，并结合历史条件产生和发展起来的。因而它的形成和发展有着深厚的理论基础和社会背景。

一、企业文化形成的理论背景

企业文化理论是在经历了古典管理理论、行为科学理论以及“管理理论丛林”阶段的基础上形成和发展起来的。

古典管理理论的代表是泰勒的科学管理理论、法约尔的一般管理理论和韦伯的行政组织理论。古典管理理论满足了当时社会经济以及企业管理的需要，因而大大推动了企业管理的发展。但其也有许多的局限。其中最大的问题是在管理中忽视了“人”

的因素，把人当作“经济人”，忽视了员工的其他需要，因而员工成了机器的附属物。

行为科学理论，最早被称为人际关系学说。其创始人是梅奥。梅奥通过他有名的“霍桑试验”提出了著名的“社会人”的假设，将企业管理理论的研究重点从企业内的“非人”因素，转到了对“人”的关注，从而开创了管理理论研究的新局面。梅奥还发现了正式组织中存在大量的非正式组织，以及非正式组织对企业员工行为的影响。在梅奥的人际关系学说以后，还产生了麦格雷戈对人性假设的X、Y理论，马斯洛的需要层次理论，赫茨伯格的双因素理论，弗鲁姆的期望理论，斯金纳的强化理论，以及关于领导方式理论和关于群体行为与心理的理论等。行为科学理论将研究触及组织中的“人”，这是一个进步。

1961年，美国著名管理学家哈罗德·孔茨将当时管理理论流派纷争的局面概括为“管理理论丛林”。被孔茨列入其“管理理论丛林”的管理流派大概有11个：经验学派、管理过程学派、人际关系学派、组织行为学派、社会技术系统学派、决策理论学派、社会系统学派、系统学派、管理科学学派、权变学派和经理角色学派。各个管理理论流派虽然极大地推动了管理理论的研究，但也有一些局限，如每个流派都从不同角度研究管理的一般原理和规律，存在片面性。

企业文化理论正是在打破“管理理论丛林”的混乱的基础上，顺应经济全球化和跨国公司发展的要求，应运而生。

二、企业文化形成的社会背景

企业文化理论大概是在20世纪80年代初形成的。它在这个时候产生不是偶然，而是存在历史的必然性。

1. 世界大国经济关系的变化

第二次世界大战以后，特别是20世纪七八十年代，美国经济衰落而日本经济迅速崛起。国家经济关系的变化归根到底是企业竞争力的变化。这种变化促使人们思考美国企业管理的“理性”模式。因而，转而追求“非理性”的文化管理，就是逻辑的必然。

2. 企业结构的变化

企业结构的变化主要是由于科技的迅猛发展和经济全球化的深入，特别是跨国公司的迅速发展带来的。科技的发展使企业中人员结构发生变化。这使企业开始运用统一的最高目标、共同的价值观和行为准则等文化管理工具，协调和控制人员的行为。

经济全球化的发展，特别是跨国公司的发展使得人们发现在一国行之有效的管理模式，到了另一国却行不通。原因就在于不同国家在价值观念、行为规范、经济发展水平等方面的差异。特别是日本在这方面的做法给了人们很大的启示。

3. 社会观念的变化

社会观念的变化主要表现在以下几个方面：工作观念的变化，即不再把金钱当作工作的第一动力，自我表现和迎接挑战越来越多地成为员工的需要；自主意识不断增强；不断追求变革和创新；平等意识增强；渴望更多的感情交流和沟通等。

三、企业文化的形成过程

最早发现管理中文化的问题及价值的是美国哈佛大学教授巴纳德，其在 1938 年出版的《经理的职能》一书中，第一次论述了总经理作为一个企业共有价值观缔造者和管理者的职能。其后，德鲁克、伯恩斯等人也分别在其著作中对企业管理中的文化因素做了论述。但这些没有引起人们的重视。到了 20 世纪七八十年代，美国企业界和理论界在面对日本企业的挑战下，才意识到企业中的文化管理问题。

企业文化理论的形成经历了三个阶段：美国管理界的觉醒、日美企业管理的比较研究和美国优秀企业的企业文化的挖掘。

1. 美国管理界的觉醒

美国管理界的觉醒首先要归功于美国企业的衰落和日本企业的崛起的现实对比。1979 年出版的美国哈佛大学教授傅高义的《日本第一——对美国的启示》一书中，通过对日本终身雇用制、年功序列工资制、授权、职工培训、企业精神、良好的人际关系和高昂的士气的介绍，得出日本企业优秀的秘密：第一，日本企业给予员工的自尊心和依赖感，带来了员工的高度忠诚；第二，日本企业对本民族优秀文化的继承和发扬，以及对外国经验和技术的借鉴。随后大量的学者将视角转向了对日本企业的研究，推动了企业文化研究的发展。

2. 日美企业管理的比较研究

日美企业管理的比较研究的代表著作有：威廉·大内于 1981 年出版的《Z 理论——美国企业如何迎接日本的挑战》与帕斯卡和阿索斯的《日本企业管理艺术》。

Z 理论把典型的美国管理方式称为 A 管理模式，典型的日本管理方式称为 J 模式。在对比分析这两种管理模式的基础上，提出了符合美国国情，又吸收了日本企业管理优秀成分的 Z 理论。呼吁美国企业家在美国企业内部开展以价值观为核心的企业文化变革。

《日本企业管理艺术》在分析了日本的管理模式后指出："企业管理的现实并不是独立的，它是由社会和文化决定的。"作者利用系统的观点和方法，从企业整体出发，研究了企业管理各要素及其关系，提出了著名的 7S 模型，即战略（strategy）、结构（structure）、制度（system）、人员（staff）、技能（skills）、作风（style）、共同的价值观（shared value）。其中企业共同的价值观是核心，统领其他要素。美国企业的竞争疲软主要是因为美国企业过于重视战略、结构、制度，而忽视了其他"软"因素的作用。

3. 美国优秀企业的企业文化的挖掘

这时期美国管理界开始挖掘和总结本土优秀企业的企业文化，其中的代表著作有《公司文化》《追求卓越》和《美国企业精神》。

《公司文化》一书的作者在调查研究的基础上提出："杰出而成功的企业大多有强有力的企业文化。"并把企业文化的构成要素概括为五个方面：企业环境、价值观、英雄人物、仪式和典礼、文化网络。企业领导的主要职责就是识别、诊断和思考本企业的企业文化。

《追求卓越》的作者在详细调查研究基础上发现成功的企业都是靠优秀的企业文化统领企业的发展，并得出了优秀企业的八个方面的特征：贵在行动、接近顾客、自主创新、以人促产、倡导价值观、不离本行、精兵简政和宽严并济。

《美国企业精神》的作者提出了企业文化的八项基本价值观，即目标、共识、卓越、整体、绩效、实证、亲密、正直。作者还制定了改变现有企业文化的两套战略：一是文化的确认，即每个企业都必须为自己的员工和股东制定一份企业文化的发展计划；二是影响力的确认，即正确掌握未来影响企业文化的内外力量。

除此以外，还有《赢得优势》《公司文化管理》《创新和企业家精神》《国际企业的文化环境》等有关企业文化的代表著作。

第二节 企业文化的含义

一、企业文化的内涵

关于企业文化的定义，众说纷纭。国内外有一百多个定义，这里仅列举几个。

黑尔·利格尔(Hell Leigel)等人在1992年提出了一个较为直截了当的定义：企业文化是企业成员共有的哲学、意识形态、价值观、信仰、假定、期望、态度和道德规范。

特雷斯·E.迪尔和阿伦·A.肯尼迪认为企业文化是："价值观、英雄人物、习俗仪式、文化网络和企业环境。"

清华大学魏杰教授认为："所谓企业文化，就是指导和约束企业整体行为以及员工行为的价值理念。"

中国台湾宏碁公司的施振荣先生认为："企业文化是员工的共同价值观。"

国内学者刘光明认为："企业文化是一种从事经济活动的组织之中形成的组织文化。它所包含的价值观念、行为准则等意识形态和物质形态均为该组织成员所共同认可。"

综上所述，企业文化是指企业在市场竞争的实践中逐步形成的为全体员工所认同和遵守的、带有本企业特色的价值观念、经营准则、经营作风、企业精神、道德规范、发展目标的总和。

二、企业文化的功能

1. 导向功能

企业文化明确了企业的价值观，清晰表明哪些是企业所倡导和遵循的，并以此指导和引领员工的行为。

2. 凝聚功能

通过理念、制度和行为层的文化传播，尤其是通过“英雄人物”的示范作用，承认每个员工的贡献，使员工产生归属感。

3. 激励功能

员工的归属感和有高度价值的目标感，成为员工的内在激励因素。这种来自价值认同和高度归属的激励，其作用远远超过物质方面的激励效果。

4. 约束功能

核心价值观指导员工的行为、规范员工的行为，同时约束员工的行为。

5. 辐射功能

企业文化通过不同媒介传播，向外具有辐射功能，起到营销和传播品牌的功能。

必须围绕这五大基本功能建设企业文化。优秀的企业文化要像空气一样弥散在企业之中，从这个意义上说，企业文化不是看到的或听到的，而是闻到的。

三、企业文化的结构

研究企业文化的结构是把企业文化作为一种独特的文化现象来探讨，可以从物质层、行为层和精神层等层面深入剖析企业文化。

1. 企业物质文化

企业物质文化是由企业员工创造的产品和各种物质设施等构成的器物文化，它是一种以物质为形态的表层企业文化，是企业行为文化和企业精神文化的显现和外化的结晶。企业物质文化包括：

(1)企业环境。企业环境是企业文化的一种外在象征，它体现了企业文化的个性特点。我们所说的企业环境一般包括工作环境和生活环境两个部分。

①工作环境。优化企业工作环境，为劳动者提供良好的劳动氛围，这是企业重视人的情绪、人的需求、人的激励的体现。

②生活环境。企业的生活环境包括企业员工的居住、休息、娱乐等客观条件和服务设施，企业员工本身及其子女的学习条件。

(2)企业器物。企业器物包括企业产品、企业生产资料、文化实物等方面的内容，其核心内容是企业产品。产品通常被理解为人们应用生产工具而创造出来的具有使用价值的物品。它包含两个方面的含义：产品以市场为存在前提，产品的存在价值体现出企业精神。

(3)企业标识。企业标识是企业文化的可视象征之一，是体现企业文化个性化的标识，它主要包括企业名称、企业象征物等方面的内容。

2. 企业行为文化

企业行为文化是企业员工只在生产经营、人际关系中产生的活动文化，它是以人的行为为形态的中层企业文化，以动态形式作为其存在形式。企业行为文化包括：

(1)企业目标。企业目标是以企业经营目标形式表达的一种企业观念形态的文化。企业目标作为一种意念、一种符号、一种信号传达给企业人，引导企业人的行为。

(2)企业制度。制度是一种行为规范，它是任何一个社会及组织团体正常运转所必不可少的因素之一。它是为了达到某种目的，维持某种秩序而人为制定的程序化、标准化的行为模式和运行方式。企业制度的基本功能如下：

①企业制度具有企业价值观导向的功能；

②企业制度是实现企业目标的保障；

③企业制度是调节企业内人际关系的基本准则；

④企业制度是组织企业生产经营、规范企业行为的基本程序和方法；

⑤企业制度是企业的基本存在和功能发挥的实际依据。

(3)企业民主。企业民主是企业政治文化问题。它作为企业文化的一个组成部分，包括职工的民主意识、民主权利、民主义务等几个方面。企业民主的核心是一种“以人为本”的价值观和行为规范。它有利于确定企业职工的主人翁地位，改善干群关系，提高企业在市场竞争中的应变能力。

(4)企业文化活动。企业文化活动是为了发挥德、智、体、美、育教化功能而培育发展起来的各项活动。它具有功能性、开发性和社会性的特点，主要有四种类型：文体娱乐性活动、福利性活动、技术性活动、思想性活动。

(5)企业人际关系。人际关系是人们在社会生活中发生的交往关系，包括两个方面的内容：人际关系不等于人与人关系的总和，人际关系体现的是一种双方的互动行为。企业人际关系的基本形式有两种：一是企业中领导与被领导者的上下级关系，这是一种纵向关系；二是同事之间的相互关系，这是一种横向关系。

3. 企业精神文化

企业精神文化，是企业在生产经营中形成的一种企业意识和文化观念，它是一种意识形态上的深层企业文化。我们可以从三个方面来理解：由企业的精神力量形成的一种文化优势，由企业的文化心理积淀的一种群体意识，企业文化中的核心文化。企业精神文化包括：

(1)企业哲学，即企业的经营哲学，是对企业全部行为的一种根本指导。企业哲学的根本问题是企业中人与物、人与经济规律的关系问题。

(2)企业价值观。西方学术界公认价值观是企业文化的核心，而日本学术界对“价值观”一词的使用并不普遍，他们用企业哲学思想代替企业价值观。他们认为，指导我们有意识、有目的地选择某种行为实现物质产品和精神产品的满足的思想体系，就构成了企业的价值观。

(3)企业精神。企业精神是现代意识与企业个性结合的一种群体意识。“现代意识”是现代社会意识、市场意识、质量意识、信念意识、效益意识、文明意识、道德意识等汇集而成的一种综合意识。“企业个性”包括企业的价值观念、发展目标、服务方针和经营特色等基本性质。

(4)企业道德。企业道德是调整企业之间、员工之间关系的行为规范的总和。它是一种内在的价值观念，是一种企业意识。一方面，企业道德是企业经营管理理论与实践相结合的一种必然产物；另一方面，从企业经营管理活动特点来看，企业道德又是人们在实践中求生存、求发展的主体性的强烈表现。企业道德的一般本质是一种企业意识，而它的特殊本质则表现在它区别于其他企业意识的内在特质上。

专栏

沙因论组织文化的内容

人们思考问题时，总需要一定的假设。但要注意的是，假设分为两种：一种假设是对问题边界的确定；另一种假设是解释问题的逻辑前提。沙因在组织文化研究中所说的假设，属于后一种。这种假设来自经验和知识。相比而言，有些假设比较肤浅，却是必需的，因为不弄清表层假设，就不能充分理解深层假设；如果缺乏对深层假设的理解，就不能真正把握组织文化。沙因将这些假设分为不同类型和范围。关于文化的基本假设，包括以下五方面内容。

1. 人类与自然的关系

人类对自然究竟是征服，还是协调，或者是顺从，构成组织文化的基础。不同的企业，在对自然的关系上假设是不一样的。企业不需要对环境中的每一因素都一视同仁，需要特别关注对塑造企业的世界观具有关键性作用的因素。企业能否兴旺发达，全仰仗于它与环境之间的关系基本假设是否正确，自身和环境能否在发展中保持协调。企业的“适应性竞争循环”是保持企业“健康”的关键。它必须增强以下几个方面的能力：(1)能获得正确的信息；(2)能把信息传递到企业中正确的地点；(3)能在战略、目标和方法上进行必要的改革；(4)能正确地衡量成果。

2. 现实和真理的本质

文化的一个重要组成部分是对什么是“现实”，以及如何发现或判断现实事物的一系列假设，即“实然”与“应然”的判断。这些假设对团体成员怎样采取行动，如何筛选适用的信息、什么时候决定是否采取行动，以及行动要干什么等问题有决定作用。

“现实”包括以下三方面：(1)外界自然的现实，即那些在经验上由目标或“科学的”检验可以决定的事物(有些文化中，精神世界也被看作客观事实)。(2)社会的现实，即那些团体成员能达成一致共识，但不能客观检验的事实，比如某种政治主张，某项社会决策。(3)个人的现实，即一个人从自身活动中学到的、对他具有绝对真实性的事物(但别人不一定认可其真实性)。

判定现实就是一种社会学习，对可以检验的自然现实，通常由科学规律认定；而对不可检验的社会现实，就需要社会性定义认定。在真理问题上，每一种文化都创造了有关事件本质的假设。在以科学为基础的社会中，人们会倾向于寻找客观标准；如果没有客观标准，通常会通过辩论和争议确认。有的文化(如美国)倾向于采用实用主义的经验标准，有的文化(如欧洲)倾向于采用伦理主义的道德标准或者哲学标准。

现实与时空相关。在对时间的假设上，不同文化对时间有着一维或多维的差别，有着时段长度的差别。例如，一个企业中不同亚文化群体，往往在“准时”问题上各持己见；销售部门认为误时的，生产部门可能认为是准时的。农业社会以日出日落计算的时辰，同工业社会以分秒计算的工时，假设完全不一样。在对空间的假设上，也有类似的差别。一般来说，人与人的距离可以分为亲密距离(15—50 厘米)、私人距离(近 50—120 厘米、远 120—200 厘米)、社交距离(近 1.2—2 米、远 2—3.5 米)、公众距离(近 3.5—7.5 米、远 7.5 米以上)。这涉及组织的空间安排。不同文化中，在空间假设上也有差别，很有可能张三认为是表达友好的距离，而李四会感到侵犯和不适。

3. 人性的本质

在每一种文化中，都有对“人性”的假定，以及对个人与团体关系的假定。在西方，有以麦格雷戈为代表的 X 理论和 Y 理论两种影响广泛的人性假设，马斯洛提出的自我实现假设，还有沙因提出的复杂人性假设。组织必须在人性假设上达成共识，否则就无法形成管理体系。例如，中国传统的治国方略，就因性善还是性恶而形成了不同的走向。

4. 人类活动的本质

文化涉及对行为方式的不同假设，这些假设反映了个人和团体对环境的基本关系。这些关系分为三种类型：一种是“行动导向型”，强调工作，强调效率，强调权力作用，即查尔斯·汉迪在《管理诸神》中指出的雅典娜和宙斯类型；另一种是“存在导向型”，强调人类对自然的顺从，奉行无为而治，即汉迪指出的狄俄尼索斯（酒神）类型；第三种介于两者之间，称为“适应存在型”，强调人的自我发展、自我实现和发挥个人潜能，实现人与自然的协调，即汉迪指出的阿波罗类型。

沙因认为，在人类活动的假设中，还要注意对工作、家庭、个人之间关系的态度。他提出，这方面也有三种假设：一是认为工作第一；二是认为家庭第一；三是认为自我利益第一。

5. 人际关系的本质

每一种文化都有关于自己与他人相互联系的方式假设，以保证团体的安定和舒适。没有人际关系的共识，就无法形成团体秩序和共同目标，就会堕入威廉·戈尔丁（William Golding，1911—1993 年，1983 年获诺贝尔文学奖）的小说《蝇王》那种境况（这篇小说描写了一群儿童因战争疏散到一个荒岛上，因为缺乏文化上的共识尤其是缺乏人际关系的共识，造成群体分裂和争斗，最后几乎毁灭）。

第三节　跨文化管理

随着经济全球化和跨国公司在全球的发展，诸多不同国籍、民族的成员聚集于同一家企业共同工作，文化的冲突无疑会导致企业文化管理的错综复杂。

荷兰学者霍夫斯泰用三个因素解释文化差异：一是人们个性发挥程度；二是尊重权威的程度；三是喜欢还是厌恶变化无常的程度。国内学者张仁德等从信任度的差异、价值观的差异和文化理论的差异划分文化的类型，并把文化差异归纳为民族差异、历史差异、环境差异和意识形态差异四个方面。

一、日美企业文化的差异

因为企业文化的产生主要缘于日美企业的比较研究，所以，我们首先分析日美企业文化的差异。

1. 美国文化精神及美国企业文化

美国文化主要表现在以下几个方面：第一，个人主义精神，强调以个人为本位的人权、民主、自由平等、博爱等个人权利，强调个人成就和个性至上的精神；第二，创新精神；第三，勤奋工作和冒险精神；第四，物质追求与实用主义；第五，道德关心和人道主义；第六，民族主义和爱国主义。

企业文化具有鲜明的民族文化特征，美国企业文化也不例外。美国企业文化的特征主要表现在以下几个方面。

第一，以人为中心的价值追求。美国企业在20世纪七八十年代认识到人是企业发展的根本，所以在企业的组织管理中突出强调对人的关怀、尊重、信任，以及激发员工的责任感和使命感。克服传统的单打独斗意识，强调集团意识，即企业与员工的一体精神。美国惠普公司是以人为核心的成功企业的一个范例。早在20世纪40年代，该公司就提出他们不成为“雇用人以解雇人的公司”。在70年代的经济危机中他们没有解雇一名员工，而是自公司最高领导至全体雇员，每人减薪20%。该公司对人的信任还表现在取消了使用上下班计时钟监督职工的做法，让职工自由进入实验室，甚至将库房里的零件带回家，这样，公司上下都“献身于共同的事业，他们的立场、态度和方法都达到了很高的和谐一致”。

第二，管理体制的开放性。建立一种开放型的管理体制，更多运用人与人之间的默契合作纠正硬化的行政协调措施，这样，以创新行为代替繁杂分析。在强调管理体制开放的观念中，可能最富革命性的创举是提倡内部企业竞争，以内部竞争补充内部行政协调，提高企业效率。

第三，强调顾客至上、树立企业形象。首先，成功的美国公司都尊重顾客，甚至不厌其烦地跟顾客建立了长久的联系；其次，做到对顾客充分负责，否定了过去产品“只要卖掉就是成功”的理念；再次，树立生产质量精益求精的精神。

2. 日本文化及日本企业文化

日本文化的特征主要表现在两个方面。

第一，民族的单一性与社会结构的同质性。日本民族在漫长的历史中，保持了较为稳定的社会结构。80%以上的人世世代代生活在同质社会中，继承了日本社会传统的“集团走向性”。同种语言与文字，使其思考带有较强的共同性；通过强调集团主义与业绩主义相结合的献身价值和对纪律的高度重视又为组织目标的实现提供了保证。

第二，“文化滞后型”与兼容并蓄性。日本的农业诞生于公元1世纪，其社会经济文化比中国落后了几个世纪，这时日本呈现出“文化滞后型”状态。“滞后型文化”可以朝着截然相反的两个方向发展。一个是封闭守旧，停步不前，抵制先进文化，从而文化更加落后；另一个是发扬文化革新精神，兼容并蓄地输入外来文化改造自身。日本选择了后者。公元7世纪进行的“大化改新”运动，缔造出一个融合大唐文化的日本封建文化体。19世纪的“明治维新”运动缔造出融合了欧美文化的日本式资本主义文化体。第二次世界大战结束后，日本在美国占领的情况下实行了一系列的改革，从而为20世纪60年代以后实现经济腾飞创造了良好的条件。

日本企业文化的主要内容包括以下几个方面。

第一,“和”的观念。“和”被运用到日本企业管理范畴。其内涵是指爱人、仁慈、和谐、互助、团结、合作、忍让,它是日本企业成为高效能团队的精神主导和联系纽带。它最初渊源于中国儒家伦理的“仁、礼、义”。日本企业文化中的“和、信、诚”,使得人们注重共同活动中与他人合作,追求与他人的和谐相处,并时刻约束自己。在日本人看来,一个团体或企业界如果失败,多半是由于缺乏“和”的精神。理想的工作环境,能充分发挥人的潜能,使得人找到人生的归宿,达到幸福的境界。“和”的观念在很大程度上制约和引导着日本企业的经营哲学。日本企业实行的自主管理和全员管理、集体决策和共同负责、人与人之间的上下沟通,乃至于情同手足,这些都与“和”的观念密不可分。

第二,终身雇佣制。终身雇佣制于第二次世界大战后在日本全面推广,目前已作为一种制度沿用下来,尽管这种制度不是由国家法律规定的,但终身雇佣制贯穿于日本员工的生活与工作之中。日本的年轻人一旦进到一家大公司,就把自己的一生交给了这家公司。这样,公司成了员工的第二家庭或大家庭。既然企业成了员工的大家庭,那么情感的纽带、道义和责任的要求都使得企业不会轻易辞退员工。而且社会也给辞退员工的企业以一种文化的压力,使得这类企业形象不佳,经营难以成功。终身雇佣制的作用主要在于:首先,它可以解除员工失业的后顾之忧,促使他们对工作采取从长计议和一往无前的态度,有利于提高生产率;其次,有利于培养员工的集体主义精神;再次,企业可以有计划、有步骤地培训企业员工,而不必像西方公司那样时时担心员工成为“熟手”后将“跳槽”而去;最后,迫使企业不断改善企业管理水平,以解决随技术的进步而导致的人力过剩的问题。随着技术进步和市场的瞬息万变,这一制度受到越来越多的挑战和考验。

第三,年功序列工资制。这种工资制是依据职工的学历、工龄、能力、效率等确定职工工资的工资制度。

第四,推行企业工会制度。日本企业工会组织形式分为两种:一是以企业为单位成立的工会,工人一进工厂就自动加入工会成为会员,而科长以上的管理人员不是工会成员;二是按工种和行业组成的工会,这种工会占工会总数的比重很小。在欧美企业,企业工会多是在行业范围内组织,不同企业的工人可以与工会串通联系、协调行动,工会的力量比日本企业工会大,可以起到抑制资方滥用权力,联合劳动者为争取自身利益与资方对抗的作用。而日本企业工会多封堵在一个企业里,力量有限,但它们容易与资方达成各种协议。因此,日本企业推行工会制度,以缓解劳资关系的紧张。日本企业工会的作用主要表现在:与资方商议职工福利、工资待遇、生产条件等问题,维护工会会员的利益,同时积极参与企业管理的各项活动,协助资方贯彻完成各项生产任务。

二、跨文化管理的着手点

跨文化管理必须在了解不同文化的基础上，根据相异文化的特点实行企业的跨文化管理。企业实行跨文化管理可以从以下几个方面入手。

1. 造就融合文化的人力资源队伍

一是母体经营管理者的选派。企业海外业务的发展不仅取决于母公司外派人员的技术能力，还取决于其能否了解和适应当地文化。因此，在选派外驻人员时要注意几点：(1)人员的选择与准备，应该考虑那些有跨文化背景和条件并有跨文化经历和经验的管理者；(2)加强文化训练，这包括特定文化与语言训练、文化休克与调整技巧的训练等；三是实行海外监督，即适时监督、调试外驻人员的文化适应能力。

二是海外子公司雇员的招聘。海外子公司管理人员应具备以下特质：(1)在品德上应具有社会责任感；(2)在素质上应具备较高学历和外语水平，以及良好的心理素质；三是在能力上要善于人际交往和沟通，并能快速决策和创造性完成任务。

三是培养融合的人力资源。融合文化的人力资源队伍应具备以下特点：(1)融合文化的能力；(2)对突变文化环境的应变能力，东道国经济社会的突变会给企业的海外业务带来极大影响，跨文化的人力资源应具有在异国文化变化时的快速反应能力；(3)决策和决断能力，这取决于母公司的授权，但环境的变化使得越来越多的跨国公司意识到基层公司的决策能力对企业发展的重要性，并开始给予海外子公司更多的权限；四是信息和媒介作用，即海外分支机构应能够依据当地的国情搜集和筛选信息，并将信息反馈到母公司，以利决策。

2. 在企业中加强跨文化管理

一是与员工建立战略伙伴关系。这种战略伙伴关系会使员工有归属感，增强企业和职业意识。

二是发挥公关部门的助手和参谋作用。即公关部门不仅要注重外部关系的协调，还要搞好内部协调，了解员工和各部门文化冲突的问题和原因，以及提出解决方案。同时，还要关注企业制度中的跨文化管理问题。

三是加强文化的整合。即企业应加强文化的整合，确立跨文化管理的认同职能，以促进企业文化的渗透，建立共同的价值观。

四是开展跨文化管理培训。培训可使员工掌握不同的文化背景，掌握与不同文化的人打交道的技巧，改变一些文化偏见。

五是加强对管理人员的评估。即全面、多维度地科学评估管理人员从个性特征、心理素质、知识结构、能力技巧到行为习惯等方面的表现。

六是加强沟通和反馈以及管理角色的互换。跨文化管理问题的产生和出现，不仅由于不同文化的存在，还缘于管理活动中的沟通和反馈不畅。因此，了解一些跨文化的沟通技巧是必需的。其中，管理角色的互换是一个办法。通过这种互换，可以帮助管理人员了解不同岗位和管理角色对员工的要求，以此增进沟通，增加信任。

3. 加强跨文化管理的组织与协调

这主要是指根据企业跨国经营的成长和发展，要适时调整企业跨国经营的组织。一般来说，企业的跨国经营会经历以下几个阶段：一是出口阶段，即在营销部门下设出口部门，负责出口业务；二是自主公司阶段，即公司设立专门分管海外业务的子公司，对其实行独立核算和考核；三是国际业务部，即在母公司国内增设一个“国际业务部”，其设有与总部各职能部门基本对口的职能部门，由国际经营管理专家和其他人员组成，通常由一名副总领导，并向总经理报告；四是全球联合机构，即从全球战略的高度决定公司的业务发展，这时海外业务与国内业务被统一起来，一般来说有全球职能型结构、全球区域结构、全球产品结构以及混合结构；五是全球矩阵结构。

第四节　企业文化创新

一、企业文化创新的因素

企业文化要随着企业的不断发展而不断进步。企业经营活动中的许多因素都可以成为企业文化创新的动力，其中主要的因素有三个。

1. 企业家管理水平的提高

企业家不是一个人的概念，它是企业经营活动中最具能动性的因素。一个企业的企业文化固然受传统文化、区域习俗的影响，但一个个性鲜明的企业，其企业文化通常都会打上企业家个性的烙印。如张瑞敏之于海尔、任正非之于华为等。企业家管理水平的提高和经营理念的变化是最能促使一个企业实现企业文化创新的。综观世界著名的企业，其企业文化每次变革和创新的背后都有企业家的全力推动。作为企业的灵魂，企业家要善于不断发现和总结企业管理的经验，有意识地推动企业文化的创新。

2. 职工素质的提高

企业文化建设的最终结果是要将企业文化的内核转化为职工的内在意识和自觉行动。职工的素质成为企业塑造其文化的重要影响。这个结论早在行为科学理论关于人性的假设中就已得到认识。随着企业职工素质的变化，企业文化理应创新。

3. 企业资本重组

企业文化的变革和创新往往发生在企业资源重组之时。通过企业资本的重组实现企业的变革和发展，其文化的重组和融合也在其中，而且成为企业重组的重中之重。

尤其是企业在跨国经营的过程中,更是如此。任何企业的国际并购,最难的也是最容易失败的就是两个企业的企业文化的融合。当进行资本重组的两个企业都是强势企业时,企业文化的融合比资本的融合更困难。

另外一些情景,往往也是企业意识到企业文化变革和创新的原因:经营无方;无力招架激烈的竞争;发展速度太快,以至于与市场的需求脱节;经营目标不能如期实现;客户们怨声载道等。

二、企业文化创新的过程

企业文化的创新不外乎两种形式:一是渐进的、内生的、温和的改良式的创新;二是快速的、外来的、革命式的创新。埃德加·沙因在其《企业文化生存指南》中提出了以下的创新程序。

1. 明确改革的原因

尽管正如上文所讲,企业文化的创新和变革的原因很多。企业家、职工和企业资本重组等都是企业文化创新的重要原因。但从实践来看,很多企业都是到了经营出现了严重问题和生存受到了挑战,才会发生真正的文化创新。

2. 构建理想的未来

变革企业文化不仅是放弃旧的文化,更重要的是选择新的思维方式和工作方法。对变革企业文化的企业来说,应该将新的企业文化要求、新的规范逐项阐述清楚,并在这个过程中发挥职工的参与精神,全力打造一个让职工欢迎的新的企业文化。

3. 分析当前的形势

首先让员工回顾一下企业文化的三个层面:表象、人们普遍奉行的观念以及基本的文化理念。然后逐项剖析,找出其中能够帮助人们解决经营中存在的问题和妨碍人们工作的因素。

4. 确定摆脱困境、实现理想的具体步骤

这要求企业必须将企业文化变革的每一项内容分列,并制定出具体的行动计划,以利于指导员工的行动。

5. 实施创新

这需要对员工提供培训,并大幅度调整制度以及采取其他措施。其中企业高层的参与和全力推动是至关重要的。

三、21 世纪企业文化的发展趋势

新经济时代,企业文化出现以下六种发展趋势。

1. 企业文化要适应“结盟取胜、双赢模式”新战略发展的要求

“协作竞争、结盟取胜、双赢模式”是美国著名的麦肯锡咨询公司提出的21世纪企业发展的新战略。这是一种适应新经济需要的网络型的战略，其特点是优势企业抱成一团，目的是为了把竞争对手挤垮，或者使对手实力受创。虽然其权责关系是宽约束，但从本质上讲，它是企业界组织制度和经营机制的一种创新。自20世纪80年代以来，这种战略从形式到内容都发生了巨大变化，结盟、兼并、接管的事例层出不穷。这使企业必须面临重组后企业文化的融合问题。只有做到取长补短、扬优避劣、达成共识，形成“结盟取胜、双赢模式”型的企业文化，企业才更具生命力、凝聚力和竞争力。要做到这一点，必须注意以下两个方面：首先，要遵循从实际出发的原则，根据联合兼并企业的不同情况区别对待；其次，双方都应注意克服排斥对方的自大心理，加强相互的了解与交流，吸纳对方文化的精华，发展成为经过融合后更为优秀的企业文化。

2. 企业文化要注重学习氛围的培养

20世纪末最成功的企业是学习型组织。随着知识经济的到来，企业组织形式向扁平式的灵活方向发展，随着其管理的核心发展成为发挥人的主观能动性，以实现从线性思维到系统思维和创造性思维的转变，对个人及企业的知识水平提出了更高的要求。彼得·圣吉在《第五项修炼》中强调“系统思维和创造性思维根源于知识及知识的灵活运用和潜能及智慧的开发”。可见，学习对组织的持续发展至关重要，新经济环境下最成功的企业仍然会是学习型组织，学习型组织在企业文化建设中将进一步受到关注。但是要注意学习过程中的个人和团体的搭配问题。个人及团体都不断学习及搭配良好，会对企业产生一股强大的发展动力，从而推动企业的迅猛发展。

3. 企业文化要实现与生态文化的有机结合

生态文化是一种新型的管理理论，它包括生态环境、生态伦理和生态道德，是人对解决人与自然关系问题的思想观点和心理的总和。生态文化属于生态科学，主要研究人与自然的关系，体现的是生态精神。而企业文化则属于管理科学，主要研究人与人的关系，体现的是人文精神，但是本质上二者都属于一种发展观，都强调科学精神，都是观念形态文化、心理文化，而且都以文化为引导手段，以持续发展为目标，并且企业文化发展的诸多方面，需要以生态文化来与之相结合。这是因为：第一，大部分企业在企业文化建设过程中重视了人的价值，却忽视了对周边环境的影响，为环境的恶化及末端治理付出了沉重的代价；第二，现代消费群更青睐绿色产品，企业也想通过“绿色浪潮”提高产品的生态含量；第三，企业要实现可持续发展，“生态化”是其必由之路，生态文化融入企业文化后不仅可扩大企业文化的外延，而且有利于企业树立良好形象。

4. 企业文化将更注重于树立良好的企业形象

企业形象直接与企业的兴衰、优劣相联系，企业知名度与美誉度的有机结合构成了企业在公众中的形象。良好的知名度与美誉度，是企业一笔巨大的无形资产，如果声誉卓著，企业就能招揽到更多的优秀人才和顾客，能吸引到更多的投资，能得到周围邻里的支持和帮助。21世纪，企业竞争除了人才与科技的竞争以外，还有比较重要的一点就是，谁最先发现消费空档，并以良好的形象占据消费者之心，谁就能占据市场，不断提高经营效益。

5. 企业文化更注重企业精神与企业价值观的人格化

价值观是企业文化的核心。企业要努力培育“生死与共”的价值观，使企业全体员工增强主人翁意识，能与企业同呼吸、同成长、同发展、共生死，做到企业精神与企业价值观的人格化，实现“人企合一”。海尔的文化建设是中国企业文化建设的典范。海尔集团极具远见，公司对职工的工作给予不断鼓励，使他们对工作经常保持新鲜度，责任感在无形中就得到了加强。

6. 企业文化将从商业氛围中升华出来，更注重于人

商业化管理的本质特征是以物为中心，以全面追求利润最大化为目标，而忽视人的因素，在管理上着迷于铁的纪律、绝对服从和至高无上的权威。这里，劳资之间变成了纯粹的雇佣与被雇佣关系。企业文化绝对不是片面地发掘职工的体力资源，更重要的是发掘职工的智力资源，更注重于人的因素。况且，企业文化理论的本质特征是倡导以人为中心的人本管理哲学，反对“见物不见人”的理性管理思想，主张将培育进步的企业文化和发挥人的主体作用作为企业管理的主导环节。所以，企业不能再受商业化的束缚，在企业文化建设中，要把精力投向人，大力加强“人”的建设。

本章小结

1. 企业文化是现代企业管理活动的重要内容。企业文化的产生是在古典管理理论、行为科学理论和“管理丛林理论”的基础上发展起来的，也是经济全球化和科技发展的结果。

2. 国内外学者对企业文化定义众说纷纭，但基本上包括以下几个内容：价值观念、经营准则、经营作风、企业精神、道德规范、发展目标等。研究企业文化就是要理解企业文化在企业经营过程中的功能和作用，即导向功能、凝聚功能、激励功能、约束功能、辐射功能。企业文化的结构主要是指从三个层面——物质文化、行为文化和精神文化——上理解企业文化。

3. 跨文化管理是随着跨国公司在全球的发展提出的一个新的企业文化管理课题。要注意研究不同民族的文化内涵和对企业文化的影响。美国文化主要表现在以下几个方面：第一，个人主义精神；第二，创新精神；第三，勤奋工作和冒险精神；第四，物质追求与实用主义；第五，道德关心和人道主义；第六，民族主义和爱国主义。美国企业文化的特征主要表现在以下几个方面：第一，以人为中心的价值追求；第二，管理体制的开放性；第三，强调顾客至上、树立企业形象。

4. 日本文化的特征主要表现在以下几个方面：第一，民族的单一性与社会结构的同质性；第二，“文化滞后型”与兼容并蓄性。日本企业文化的主要内容包括以下几个方面：第一，“和”的观念；第二，终身雇佣制；第三，年功序列工资制；第四，推行企业工会制度。

5. 跨文化管理应从以下几个方面入手：第一，造就融合文化的人力资源队伍；第二，在企业中加强跨文化管理；第三，加强跨文化管理的组织与协调。

6. 随着企业的发展，企业文化也要不断创新。要认识企业文化创新和变革的因素和原因，把握企业文化创新的过程。

复习思考题

1. 企业文化产生的背景有哪些？
2. 如何理解企业文化的内涵及结构？
3. 日美企业文化的特点及内容是什么？对我国企业的文化建设有何指导意义？
4. 阐述企业文化创新的趋势。

案例思考

华为的“精神纲领”——文化管人管住魂

深圳华为技术有限公司成立于1988年，是由员工持股的高科技民营企业。经过17年的艰苦创业，华为建立了良好的组织体系和技术网络，市场覆盖全国，不仅成为中国电信市场的主要供应商之一，而且成功地进入全球电信市场。

在发展过程中，华为一直坚持以“爱祖国、爱人民、爱公司”为主导的企业文化，发展民族通信产业。华为人深知，文化资源生生不息，在企业物质资源十分有限的情况下，只有靠文化资源、靠精神和文化的力量，才能战胜困难，获得发展。华为人认为，企业文化离不开民族文化与政治文化，中国的政治文化就是社会主义文化。华为把中国共产党的纲领分解为可操作的标准来约束和激励企业中高层管理者，以中高层管理者的行为带动全体员工的进步。华为管理层在号召员工向雷锋、焦裕禄学习的同时，又奉行决不让“雷锋”吃亏的原则，即坚持以物质文明巩固精神文明，以精神文明促进物质文明来形成千百个“雷锋”成长的政策。华为把实现先辈的繁荣梦想、民族振兴的希望、时代的革新精神，作为华为人义不容辞的责任，铸造华为人的品格，并坚持宏伟抱负的牵引原则、实事求是的科学原则和艰苦奋斗的工作原则，使政治文化、经济文化、民族文化与企业文化融为一体。

华为人坚持“为祖国昌盛、为民族振兴、为家庭幸福”而努力奋斗的双重利益驱动原则。现代高科技的发展，决定了必须坚持集体奋斗，不做自私的人，才能结成一个团结的集体。同样，没有促成自己体面生活的物质欲望，没有以劳动来实现欲望的理想，就会因循守旧、故步自封，进而滋生懒惰。因此，华为提倡“欲望驱动、正派手段”，使群体形成蓬勃向上、励精图治的风尚。

而团结协作、集体奋斗则又是华为企业文化之魂。华为人认为，成功是集体努力的结果，失败是集体的责任，不应将成绩归于个人，也不应把失败视为个人的责任，所以一切都应由集体来共担。在华为，除了工作上的差异外，高层领导不设专车，吃饭、看病同员工一样排队，付同样的费用。在工作和生活中，上下平等，不平等的部分则用工资形式体现。“自强不息、荣辱与共，胜则举杯同庆，败则拼死相救”的团结协作精神，在华为得到充分的体现。

1995年，华为总裁任正非慷慨激昂地写下了华为的“精神纲领”：“秉承毛泽东搞‘两弹一星’的气魄和决心，响应党中央科教兴国的伟大号召，跟随五中全会跨世纪的宏伟规划，在改革开放的基础上，独立自主、自力更生地建立和发展华为产品体系。学习老一辈革命家、专家团结一致、艰苦奋斗、奋发图强的精神，努力赶上和超过世界先进水平，以充分满足用户的最高需求。用建立在国家文化基础上的企业文化，黏合全体员工，集体奋斗，为伟大祖国的繁荣昌盛、为中华民族的振兴、为自己和家人的幸福而不懈努力。”

但是，“纲领”的精神，华为员工是否都能深刻领会呢？1995 年 9 月，华为公司发起了“华为兴亡，我的责任”的企业文化大讨论。原因是干部员工也常把“企业文化”这个词挂在嘴上，但到底企业文化是什么，谁也说不清。于是，华为组织了几次企业文化辩论会。辩论结束他们才发现，原来总裁任正非赞同的观点往往与多数人不同。比如，有创业者提出“有福同享、有难同当”的观点，就被任正非批为“封建意识”，不少干部员工都很困惑。于是，从 1996 年初开始，华为开展了《华为基本法》的起草活动。

《华为基本法》总结、升华了华为成功的管理经验，确定华为二次创业的观念、战略、方针和基本政策，构筑公司未来发展的宏伟架构。华为人依照国际标准建设公司管理系统，不遗余力地开发与利用人力资源，强化内部管理，致力于制度创新，优化公司形象，极力拓展市场，最终建立起具有华为特色的企业文化。

资料来源：闵聃、牛雄鹰：《华为的“精神纲领”——文化管人管住魂》，致信网，2006 年 4 月 26 日。

问题：

从案例中，我们可以借鉴华为企业文化建设的哪些经验？

第十章　企业战略

学习目标

1. 了解战略管理的基本概念和原理；
2. 了解战略管理的基本理论体系；
3. 掌握战略管理的基本过程；
4. 理解企业战略的不同层次及其主要战略类型。

关键术语

战略　战略管理　战略管理要素　战略管理过程　公司层战略
业务层战略　职能层战略　竞争战略　战略态势

引入案例

华为志做万物互联的管道

互联网、移动互联网逐渐渗透到日常生活的各个领域，越来越多的产业、设备“入网”“联网”，手机、汽车、智能可穿戴设备、机器人、智能家居甚至是我们所用的牙刷，都会和人类的活动建立连接，未来的工作生活越来越离不开连接。

这样的连接，在身边已经真实发生着。例如在国内交付用户的特斯拉就跟联通合作，后者为 Model S 提供 3G 网络的连接。

华为预计到 2025 年，全球将有 80 亿智能手机用户并将有 1 000 亿终端通过网络相互连接。未来的十年，将是信息与通信技术（Information and Communications

Technology,ICT)深度融入人们生活和各行各业的十年。在信息与通信技术融合的趋势下,信息社会的数字化重构给信息与通信技术行业带来重大发展机遇,数字世界与物理世界会融合,一个大数据流量时代汹涌而来。

面对即将到来的大数据流量时代,华为选择定位管道,将管道作为核心战略。数据流量(音频、视频、大数据、云计算)是水,华为做的是运水的管道。信息流流过的地方就是聚焦的方向。管道是华为的核心战略,是华为的航道,华为所有的业务都沿着管道战略展开。

具体来看,在运营商BG业务层面,华为将从卖硬件变成打造移动互联网平台,整合资源为运营商提供服务。微信等OTT应用对传统运营商的语音、短信等业务造成极大冲击,作为运营商长期的合作伙伴,华为将从卖硬件变成打造移动互联网平台,云服务平台,通过整合全球的内容、应用、开发资源,与运营商一起,基于该平台为用户提供服务。

作为产品提供商,华为将打造差异化的产品,跟合作伙伴一起完成销售服务。这样的策略为华为带来了丰厚的效益。华为2013年财年实现销售收入2 390亿元人民币,净利润为210亿元人民币,其中运营商网络业务实现销售收入1 665亿元人民币,同比增长4%;企业业务销售收入达152亿元人民币,同比增长约32.4%。

相比于华为的高速增长,爱立信的经营状况就不是那么好看。爱立信2014年第一季度财报显示,其第一季度净销售额475亿瑞典克朗,同比下降9%,环比下降29%。

华为的管道定位凸显其在运营商市场的位置,管道能够协助运营商建立无论是移动互联网还是宽带互联网的一个网络,这是华为经营的重点,所以华为会在各个场合强调其管道作用。

在互联网和移动互联网大潮的驱动下,华为选择做管道,为这次浪潮提供渠道,这样的战略能获得怎样的成绩,还需要继续观察。

第一节　企业战略概述

一、战略管理的内涵

1. 战略

"战略"一词,原为军事用语。顾名思义,战略就是作战的谋略。

《辞海》中对战略一词的定义是:"军事名词。对战争全局的筹划和指挥。它依据敌对双方的军事、政治、经济、地理等因素,照顾战争全局的各方面,规定军事力量的准备和运用。”

《中国大百科全书·军事卷》诠释“战略”一词说:“战略是指导战争全局的方略。即战争指导者为达成战争的政治目的,依据战争规律所制定和采取的准备和实施战争的方针、政策和方法。”

在英语中,战略一词为“strategy”,它来源于希腊语的“stratagia”,也是一个与军事有关的词。《韦氏新国际英语大词典》(第三版)定义“战略”一词为“军事指挥官克敌制胜的科学与艺术”。而《简明不列颠百科全书》则称战略是“在战争中利用军事手段达到战争目的的科学和艺术”。

2. 企业战略

随着人类社会实践的发展,战略一词后来被人们广泛地应用于军事之外的领域,人们又逐渐赋予战略一词以新的含义,因此,将战略思想运用于企业的经营管理之中,就产生了企业战略这一概念。

3. 战略管理

战略管理(strategy management)一词最初是由美国企业家兼学者安索夫在其1976年出版的《从战略计划走向战略管理》一书中提出的,安索夫在1979年又专门写了《战略管理论》一书。安索夫认为,企业战略管理是指将企业日常业务决策同长期计划决策相结合而形成的一系列经营管理业务。而美国学者斯坦纳在其1982年出版的《管理政策与战略》一书中则认为,企业战略管理是确立企业使命,根据企业外部环境和内部经营要素设定企业组织目标,保证目标的正确落实,并使企业使命最终得以实现的一个动态过程。此后,其他许多战略研究学者与实业家也提出了不同的见解,下面是迄今为止几种影响力比较大的见解。

(1)企业战略管理是决定企业长期表现的一系列重大管理决策和行动,包括战略的制定、实施、评价和控制。

(2)企业战略管理是企业制定长期战略和贯彻这种战略的活动。

(3)企业战略管理是企业在处理自身与环境关系过程中实现其宗旨的管理过程。

概括起来,各学者的主张可以归纳为两种类型,即广义的战略管理和狭义的战略管理。广义的战略管理是指运用战略管理整个企业,其主要代表是安索夫。狭义的战略管理是指管理企业战略的制定、实施、评价(控制和修正)。狭义的战略管理将整个战略管理的过程分解成三个阶段:战略形成、战略实施和战略评价。这三个阶段相互制约、相互影响、相互作用,正确地处理好这三个阶段的关系将有助于提升战略管理效率。其主要代表是斯坦纳。目前,狭义战略管理的学者占主流。

二、战略管理的要素

战略管理一般由四种要素构成，即产品与市场范围、增长向量、竞争优势和协同作用。安索夫认为这四种要素可以产生合力，成为企业共同经营的主线。有了这条经营主线，企业内外的人员就可以充分了解企业经营的方向和产生作用的力量，从而扬长避短、发挥优势。

1. 产品与市场范围

产品与市场范围说明企业属于什么特定行业和领域，企业所处行业中产品与市场的地位是否占有优势。为了清楚地表达企业的共同经营主线，产品与市场的范围常常需要分行业描述。因为大行业的定义往往过宽，其产品、使命和技术涉及很多方面，经营的内容过于广泛，用它来说明企业的产品与市场范围，企业共同经营的主线仍不明确。分行业是指大行业内具有相同特征的产品、市场、使命和技术的小行业，如饮料行业中的果汁饮料分行业、机械行业中的机床分行业等。

2. 增长向量

增长向量又称为成长方向，它说明企业从现有产品与市场结合向未来产品与市场组合移动的方向，即企业经营行动的方向，而不涉及企业目前产品与市场的态势。下面通过表10－1来说明增长向量。

(1)市场渗透是通过目前的产品与市场的市场份额增长达到企业成长目的。

(2)市场开发是为企业产品寻找新的消费群，使产品承担新的使命，以此作为企业成长的方向。

(3)产品开发是创造新的产品，以逐步替代现有产品，从而保持企业成长的态势。

(4)多种经营则独具特色，对于企业来讲，它的产品与使命都是新的。换言之，企业步入了一个新的经营领域。

表10－1　　　　企业增长向量矩阵

使命	产　品	
	现有产品	新产品
现有使命	市场渗透	产品开发
新使命	市场开发	多种经营

在前三种选择中，其共同经营主线是明晰和清楚的，或是开发新的市场营销技能，或是开发新产品和新技术，或是两者同时进行。但是在多种经营中，共同经营主线就显得不够清楚了。

应该看到，增长向量指出了企业在一个行业里的方向，而且指出企业计划跨越行业界线的方向，以这种方式描述共同的经营主线是对以产品与市场范围来描述主线的一种补充。

3. 竞争优势

竞争优势说明了企业所寻求的、表明企业某一产品与市场组合的特殊属性，凭借这种属性可以给企业带来强有力的竞争地位。一个企业要获得竞争优势，或寻求兼并，谋求在新行业或原行业中获得重要地位；或者设置并保持防止竞争对手进入的障碍和壁垒；或者进行产品技术开发，产生具有突破性的产品，以替代旧产品。图10－1列示了美国战略学家迈克尔·波特（Michael Porter）的竞争优势实证研究成果。

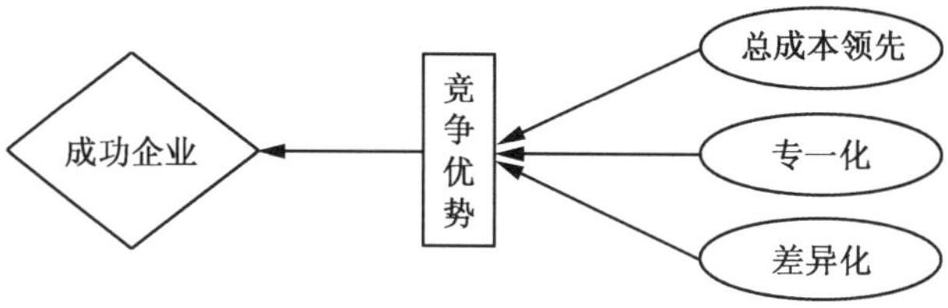

图10－1　竞争优势模型

上述三种要素描述了企业在外部环境里的产品与市场道路，而第四种要素则是从企业内部的协调考虑的。

4. 协同作用

协同作用指明了一种联合作用的效果，协同作用涉及企业与其新产品和市场项目相配合所需要的特征。在管理文献中，协同作用常常被描述为“1＋1＞2”的效果，这意味着企业内各经营单位联合起来所产生的效益要大于各个经营单位各自努力所创造的效益总和。

安索夫又进一步将协同作用划分为：销售协同作用，即企业各种产品使用共同的销售渠道、仓库等；运行协同作用，即企业内分摊间接费用，分享共同的经验曲线；管理协同作用，即在一个经营单位里运用另一个单位的管理经验与专门技能。当然，如果协同作用使用不当，就会产生负的协同作用，即所谓的内耗，导致“1＋1＜2”的结果。

协同作用是衡量企业新产品与市场项目的一种变量。如果企业的共同经营主线是进攻型的，该项目则应运用于企业最重要的要素，如销售网络、技术等；如果经营主线是防御型的，该新项目则要提供企业所缺少的关键要素。同时，协同作用在选择多种经营战略上也是一个关键的变量，它可以使各种经营形成一种内在的凝聚力。

共同经营除了上述意义外，还有更深层的含义，即企业应如何考虑寻求获利能力。

在四个构成要素中，产品与市场范围指出寻求获利能力的范围；增长向量指出这种范围扩展的方向；竞争优势指出企业最佳机会的特征；而协同作用则挖掘企业总体获利能力的潜力，提高企业获得成功的能力。这四个要素相辅相成、互不排斥，共同构成了企业战略管理的内核。图 10—2 描述了企业战略管理四个构成要素间的关系。

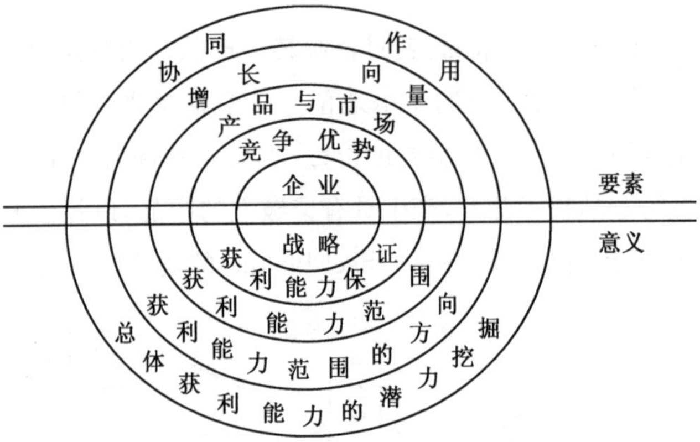

图 10—2　企业战略四要素的关系

专栏

波特与三大战略

在竞争这块丰沃的领域中，我投下了 20 余年的研究光阴。尽管经济学家的训练使我谨守经济理性原则，但是我的志趣是掌握企业与产业的复杂性，并找出更先进的理论供产业界活用。我的目标是发展出一个严谨而实用、能够理解竞争的理论架构，并作为跨越理论与实务间鸿沟的桥梁。

——迈克尔 · 波特

“竞争”是企业成败的核心，它决定了企业的创新、文化凝聚力、执行效率等与企业整体表现息息相关的各种活动；“竞争战略”则是要使企业在最基本的战场（产业）上找出有利的竞争位置。因此，竞争战略的目的就在于：针对产业竞争的决定因素建立起能获利、持久的竞争位置。

——迈克尔 · 波特

迈克尔 · 波特系哈佛商学院终身教授，因在“竞争战略”研究领域内的卓越贡献而被尊为“竞争战略之父”，与彼得 · 德鲁克、格林斯潘名列“20 世纪对全球经济影响力最大的 50 位人物”前 3 名。迈克尔 · 波特是世界公认的竞争战略方面的第一权威。他毕业于普林斯顿大学，后获哈佛大学经济学博士学位，并获得斯德哥尔摩大学商学院等 7 所著名大学的荣誉博士学位。2000 年 12 月，迈克尔 · 波特获得哈佛大学最高荣誉的“大学教授”(University Professor)资格,成为该校第 4 位得到这份“镇校之宝”殊荣的教授。

作为最受推崇的商学大师之一,波特博士撰写过 17 本书及 70 多篇文章。他提出的“竞争五力模型”“三种竞争战略”在全球被广为接受和实践,其竞争战略课程是哈佛商学院的必修课之一。波特在《竞争战略》一书中明确地提出了三种通用战略。波特认为,在与五种竞争力量的抗争中,蕴涵着三类成功型战略思想,这三种思路是:总成本领先战略;差异化战略;专一化战略。波特认为,这些战略类型的最终目标是使企业在产业竞争中高人一筹。

第二节　战略管理过程

追求竞争力既是战略管理的核心,也是设计应用战略管理过程的核心。为了获取超额利润所需的资源,也为了最大限度地满足相关利益者,公司相互之间不得不展开竞争。通过战略管理过程各个部分的有效运用,公司可以找出发展方向以及获取所期望的战略竞争力和超额利润的方法。动态的战略管理过程可以分为战略形成、战略执行、战略控制和战略修正四个阶段,每一个阶段又各自包括若干不同的步骤。图 10—3 列示了动态的战略管理过程模型。

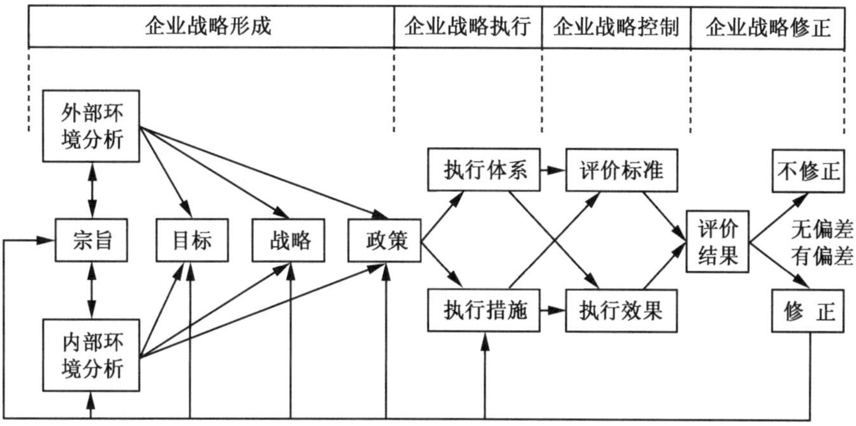

图 10—3　企业战略管理过程模型

一、企业战略的形成

战略管理过程要求公司研究外部环境和内部环境以找出市场的机遇和挑战,并决定如何利用核心竞争力获得预期战略收益。利用这一知识，公司形成了它的战略意图，从而运用公司资源、能力和核心竞争力赢得全球竞争的胜利。在战略意图之上，战略使命用书面的形式说明了公司打算利用其资源、能力和竞争力生产的产品和进入的市场。

1. 企业的内外部环境分析

企业的外部环境要素可以归纳为两类，一类是直接对企业生产经营活动产生影响的环境因素，如政府、股东、供应商、竞争者、顾客、公众、媒介、社区等；另一类是只能间接地影响企业活动和决策的环境因素，如政治、经济、科技、社会文化等客观环境因素。企业高层管理者进行外部环境分析的目的是：(1)了解有哪些因素会对企业的未来活动产生影响；(2)认清这些影响的性质，积极的影响因素称为机会，它是对企业有利的，消极的影响因素称为威胁，它对企业是不利的；(3)对这些不同性质影响因素采取对策。

企业内部的各种环境因素，一般可以分为三类，一是企业资源状况(人、财、物、信息、技术等)；二是企业在市场营销、财务、生产、研究与开发、人事以及企业文化等方面的现实表现；三是企业管理者是否在市场营销、财务管理、生产管理和研究与开发以及企业文化等方面使用了正确的方法。企业的内部环境因素分析的目的是：(1)了解哪些因素会对企业未来活动产生影响；(2)认清这些影响的性质，支持性的因素是企业的优势，妨碍性的因素是企业的劣势；(3)针对企业各种不同性质的内部环境因素采取对策。

SWOT 分析法是将企业外部环境的机会(O)与威胁(T)，内部条件(S)与劣势(W)同列在一张十字形图标中加以对照，可一目了然，又可以从内外环境条件的相互联系中做出更深入的分析评价。SWOT 分析法是一种最常用的企业内外部环境条件战略因素的综合分析方法。

SWOT 矩阵能帮助企业的经理们识别和制定四种战略：SO 战略(优势-机会战略)、WO 战略(劣势-机会战略)、ST 战略(优势-威胁战略)和 WT 战略(弱势-威胁战略)。规划企业 SWOT 分析的最难之处就在于要将外部环境和内部资源结合起来分析，这不仅需要扎实的理论功底和丰富的经验，还需要战略的直觉判断而没有固定模式可以遵循。

SO 战略以一个企业的内部优势利用外部机会。所有的经理都想自己的组织能运用内部的资源优势充分利用外部的趋势和其他环境要素。而大多企业都想运用 WO、ST 或者 WT 战略让组织进入一个良好的战略位置，以便实施 SO 战略。当一个企业发现了自己的劣势时，就会竭尽全力克服弱点甚至把弱点转化为优势。当一个企业面临外部环境威胁时，就会尽力规避威胁让自己专注于外部机会。

WO 战略的意图在于利用外部机会来改善内部的劣势。有时关键的外部机会是存在的，但是企业内部的劣势妨碍了它去利用这些机会。比如当市场对于汽车液压控制技术的需求大大提升时，某个汽车制造商却缺乏这方面技术，使得企业不能抓住这个外部机会。企业就可以通过WO战略来获得这项关键技术，比如购买这项技术的专利或者与有该技术的公司结为战略联盟。当然，该汽车制造商也可以大量招聘会使用这项技术的工程师和技术工人，这同样也是WO战略的体现。

ST战略是运用企业的优势规避或者减少外部威胁的冲击。比如芯片设计的盗版问题常常困扰着IT行业。在这样的行业环境威胁下，著名的英特尔公司就常常运用它优秀的法律部门和律师团队针对芯片设计上的专利盗版问题进行大量的诉讼，保护英特尔在芯片设计上的领先地位。

WT战略则是一种防御性战略，用来规避外部威胁和内部劣势带来的不利影响。如果一个企业面临很多的外部威胁和内部劣势，就的确处于一个极为不稳定的位置。实际上，很多这样的企业就要竭力求生、兼并、紧缩、破产和清算。

2. 确定企业的愿景

愿景是全体人员为之奋斗的目标，它必须是前瞻性、挑战性的，又必须是宏伟的，就是说它具有艰苦性，又具备可操作性，也是激励人心的。

企业的愿景包括两个部分，一个是企业的核心信仰(core ideology)，一个是未来景象(envisioned future)。前者包括企业的核心价值观和核心使命，用于规定企业的基本价值观念和存在原因，是企业长期不变的因素。后者是企业未来10—30年里努力实现的宏大远景目标和对它的鲜活描述。它们是企业去创造，并需要重大变革和进步才能获得的东西。

3. 树立企业的宗旨

企业的宗旨又称企业的使命，是指企业存在的理由和目的。确定企业的宗旨，就是根据企业内外部环境分析，判断企业应该从事什么业务，它的顾客是谁，它要向自己的顾客提供什么样的产品和服务。简而言之，确定了企业的宗旨，就确定了企业应该从事哪一行业。企业的宗旨可以反映一个企业的经营观念。

例如，一家家具公司的宗旨表述为："我们是一家向一切愿意购买的顾客出售家具的公司。"而另一家家具公司的宗旨则表述为："我们是以合理的价格为希望有一个舒适的家庭室内环境的顾客提供周到服务的公司，我们提供的不仅是家具产品，我们还提供令顾客幸福和舒适的服务。"这两个企业的经营观念大相径庭，前者仍然属于生产型观念，以企业为中心；而后者则属于营销型观念，以顾客为中心开展生产经营。

确定企业的宗旨是企业战略管理过程最重要、同时也是最困难的工作。一般来说，企业宗旨的表述必须把企业的性质、特点和目的描述清楚，既不能把企业宗旨界定过窄，也不能把企业宗旨界定过宽。过窄的企业宗旨会限制企业的行动，使企业不能灵活地适应外界环境的变化；过宽的企业宗旨则因包罗万象而使企业无所适从，实现不了指导企业经营管理的目的。

一个恰当的企业宗旨定义，为企业战略的制定和实施提供了明确的指导方针，使企业既不至于在面临多种发展机会与方向时无所适从，也不至于在复杂的环境中迷失方向。一般来说，企业不应当四面出击，同时朝许多不同的方向发展。对于一个优秀的企业家来说，必须在深刻认识企业的现状和需要的基础上，在分析环境的机会和风险基础上，通过确定企业的宗旨，明确自己应该做什么，不应该做什么，以及在什么时候转向新的发展方向。

一个企业的宗旨是指向外部而不是指向内部的，换言之，企业的宗旨必须定位于企业的外部。因为顾客是企业生存的基础，一个企业只有为自己的产品和服务找到足够的顾客，才能够生存下去。因此，企业必须根据它所服务的顾客和顾客的需要确定自己的宗旨。

4. 设置企业的战略目标

企业的战略目标就是企业在遵循自己的宗旨时所要达到的长期的特定地位，它可以看作企业活动在一定时期所要得到的结果。企业宗旨为企业高层管理者选择要达到的战略目标提供了方向和范围。

一般来说，企业的战略目标与企业的一系列外部和内部因素相关。从企业的外部因素看，企业战略目标与企业在总体环境中的位置、形象、商誉相联系；从企业内部因素看，企业战略目标与企业追求的经营管理成果即市场份额、增长速度、盈利水平、现金流量、投资收益、竞争能力、经营方向、多种经营的程度等一系列指标相联系。

战略目标的确定是企业战略规划中至关重要的一步，只有明确战略目标，企业才能根据现实目标的需要，合理地分配企业的各种资源，正确地安排企业经营活动的优先顺序和时间表，恰当地指明任务和职责。不确定企业的战略目标，企业的宗旨就可能成为一纸空文。

在确定企业的战略目标时，要注意四个方面的问题。

(1)一个战略目标应该有明确的、特定的主题，不应该是模糊不清、过于抽象的。如“我们的战略目标就是要使本企业成为一家更有进取心的企业”。这个战略目标就十分不明确。

(2)目标应该是可以测量的，只要有可能，战略目标就应该用定量指标描述。

(3)目标的设定要有一个实现目标的明确期限。

(4)目标应该是积极进取的，具有挑战性，同时又具有现实性和可操作性。

5. 制定企业的战略

企业战略是为实现企业的宗旨和目标服务的，它是指导企业经营管理的综合性蓝图，是从企业发展全局出发而做出的较长时期的总体性的谋划和行动纲领。它涉及企业发展中带有全局性、长远性和根本性的问题。企业战略必须解决企业始终面临的四个基本问题。

(1)面对条件变化带来的威胁，企业应当做出什么样的反应，以利用新的机会，减少外界条件变化带来的不良影响。

(2)在不同的业务、不同的部门、不同的行动之间，企业应当如何分配自己的资源。也就是说，当企业的资源有限时，企业必须把自己的有限资源分配给哪些方面。

(3)在企业从事的行业中，企业应当如何与每一个同行企业竞争。如怎样打入市场，怎样争取顾客，应当突出顾客的哪些需要诉求，用什么样的技术向市场提供产品等。

(4)为了贯彻实现总体战略，企业应当在每一项业务范围内管理好主要的职能部门，以使企业内部的每一个单位都能为企业战略的实施而努力。

6. 制定企业的政策

企业战略的全部含义需要由企业的政策来做进一步的阐述和说明。战略解决的是企业发展的基本方向、主要步骤和事关全局的重大项目等问题，而政策则是指导人们实施战略的细则。制定了政策，企业战略的全部含义就显而易懂了，而且政策渗透进企业的具体经营管理活动之中，它有助于建立一种规范的、可预测的行动方式。政策能够保证企业的所有单位在同一基础规则下运作，它同时也有助于促进企业各单位之间的相互联系与协调。

为了实现自己的战略，每一个企业都需要在生产经营中以一系列的政策指导产品的开发、设计、生产、定价、销售和顾客服务。

企业政策的制定受许多因素的影响。

(1)政府的管制。如正当竞争法规、劳工法规、产品标准、会计惯例、工资标准、环境保护等。

(2)竞争对手行为。竞争对手的政策也会对一个企业的政策产生影响，特别是在人事政策方面，诸如雇员工资、职工利益以及工作条件等。

(3)社会风俗和文化。

(4)企业传统。例如一个企业历史上一直是稳健型经营企业，其政策制定必然会受到影响。

(5)环境变动。当一个企业内外部环境发生改变时，政策也需要被重新估价。

二、企业战略的执行

1. 企业战略执行的任务

企业战略的执行是借助于中间计划、行动方案、预算和一定的程序，实现企业战略和政策的行动过程。一般认为，战略的执行是一项行政性的管理工作，是在企业最高管理层的监督和指导下，由企业的中下层管理人员组织执行的。然而，作为企业的最高行政领导，一个企业的总经理必须对企业战略的执行承担全部的责任。在企业战略执行的过程中，一个企业家有四项重要的任务：

(1)确认实施所选择的战略对行政管理的要求，探明企业战略的执行过程中将产生的问题。

(2)协调企业战略与企业的内部组织行为，使之相互适应。

(3)推进战略执行过程。

(4)监督战略执行过程。

企业家要完成战略领导工作，需要将企业的内部结构和经营活动与企业战略相适应。这种适应反映在以下几个方面：

(1)战略与企业组织结构相适应。

(2)战略与企业的技术能力相适应。

(3)战略与企业的资源分配相适应。

(4)战略与企业的组织激励系统相适应。

(5)战略与企业的内部政策和工作程序相适应。

(6)战略与企业员工的价值观念相适应。

(7)战略与企业的预算和计划方案相适应。

2. 企业战略执行的内容

企业战略的执行过程包括中间计划、制订方案、编制预算、确定工作程序等内容。

(1)中间计划。它是介于长期战略与行动方案之间的计划。从时间上说，它一般在1—3年。从内容上说，它包括了比行动方案更全面的内容。对于一个3年期的企业战略，中间计划就是年度计划了。

(2)制订方案。行动方案是完成某一次性计划的活动和步骤的陈述。例如，一个企业选择了产品开发战略，就需要在战略执行过程中为开发新产品制订行动方案。

(3)编制预算。预算是企业在一定时期内的财务收支预计。从企业战略管理的角度，预算是为了管理和计划控制的目的，确定每一项战略活动方案的详细成本。预算是实现企业战略目标的财务保证。

(4)确定工作程序。程序是规定完成某一特殊行动或任务的步骤和方法。这些活动是实现企业战略目标所必需的，因而程序必须在时间、人、财、物等方面满足战略目标的要求。为了制定最佳的工作程序，可以借助计算机和计划评审法、关键路径法、线性规划、动态规划、目标规划等一系列科学管理方法。

三、企业战略的控制

战略控制就是将经过信息反馈回来的实际战略实施成效与预定战略目标比较，检测二者的偏离程度，并采取有效措施纠正，以完成战略目标。

战略控制之所以必要，是因为在战略执行过程中会出现以下问题：

(1)产生与战略形成要求不符的行动。这一般是因为个人的认识、能力、掌握信息的局限性，以及个人目标和企业目标上的不一致造成的。

(2)战略计划的局部或整体不符合企业的内外部状况。这一般是由于原来战略计划制订得不当或环境发展与原来的预测不同所造成的。

战略控制是企业高层战略活动的控制，所以它不同于管理层、业务层等中下层的控制。企业战略控制具有以下特点：

(1)企业战略控制是面向整个企业系统的。

(2)企业战略控制的标准是依据企业总体目标，而不是战略规划本身的目标，因为战略规划必须服从企业总体目标，它本身也需要控制。

(3)战略控制既要保持战略规划的稳定性，又要注意战略的灵活性。

战略控制包括以下三种要素。

1. 确定评价标准

战略评价标准是用以衡量战略执行效果好坏的指标体系，包括定性指标和定量指标两大类。

在定性评价标准方面，国外提出了以下六种标准：

(1)战略内部各部分内容具有统一性。

(2)战略与环境保持平衡性。

(3)战略执行中注重评估其风险性。

(4)战略在时间上保持相对稳定性。

(5)战略与资源保持匹配性。

(6)战略在客观上保持可行性和可操作性。

在定量评价标准方面，可用以下项目制定出具体指标：劳动生产率、经济效益、产品质量、新产品开发、物质消耗、市场占有率、产量、产值、资金利税率、销售利润率、利润、成本费用等。

企业战略的各项定量标准，不仅应与本行业的有关资料相比较，特别是要与竞争对手的有关资料比较，还要与国外同行业领先者的资料对比才能确定。

2. 实际工作成果

实际工作成果是战略执行过程中实际达到目标程度的综合反映。要想掌握准确成果资料和数据，就必须建立管理信息系统，并运用科学的控制方法和控制系统。控制方法和控制系统必须满足以下要求：

(1)它们必须是节约的。

(2)它们必须是有实际意义的。

(3)它们必须能适时地提供信息。

(4)它们必须能测量出经济活动的真实特性。

(5)它们应能够提供经济发展趋势的定性信息。

(6)它们提供的信息要简单明了。

3. 评价工作成绩

用取得的实际成果与预定的目标比较，可能出现以下情况：

(1)超过预定的目标，这种情况称为正偏差，如果是稳定、协调发展的结果，就是好结果。

(2)与预定目标基本上相等，偏差甚微，这也属于好的结果。

(3)没有达到预定目标，存在明显的负偏差，这是不好的结果。

在存在负偏差的情况下应及时采取有效措施调整，必须针对其产生的深层原因而非表层原因采取纠正措施，才能真正达到战略控制的目的。

四、企业战略的修正

战略修正是在战略执行过程中产生的实际结果与预定目标有明显差距时对战略方案的修改。如果战略执行成效与预期战略目标无差别，则不需要修正战略。

1. 修正战略的原因

(1)战略长期稳定性与战略环境的多变性之间发生矛盾，如果不修正战略方案，就会严重地脱离实际，从而带来不良的后果。

(2)战略方案的制定带有主观想象的成分，加之科学技术发展水平的限制使得对未来的预测不够准确，在战略执行中其可靠程度可能会日益降低，不得不修正战略。

(3)在战略执行过程中，产生了明显的失误，带来了巨大的风险，迫使企业修正战略。与此相反的情况是，由于指挥得力，措施得当，善于捕捉机会，而提前完成了阶段性战略目标，也要修正战略。

(4)战略制定本身就是不符合客观发展规律，甚至是错误的，经过一段执行后，发现制定的战略失误，也必须修正。

造成战略修正的具体原因很多，这里不一一列举。总之，战略修正既是由客观因素所决定的，又是由主观因素所决定的。战略修正是更好地实现战略的一个重要程序。

2. 战略修正的种类

战略修正视其修正的范围大小可以分为三类。

(1)局部性修正。就是按照影响战略的因素局部性修改战略，而不涉及战略方向的变化。

(2)职能战略修正。这属于子战略的修正，由于影响战略的因素涉及范围较大一些，职能战略修正程度也比较大，需要认真研究分析，才能修正。

(3)总体战略修正。这是涉及全局的长期基本方向的修改，不可轻举妄动，如需要变动大方向，必须有充分的数据与论证，才能修正。

3. 战略修正的程序

一般来说，可以按照战略规划的程序修正战略。为了简化修正的手续，可以分以下几种情况进行。

(1)局部性的修正。由于这种修正不影响整体战略，可以由执行单位修正，报综合部门备案。

(2)职能性战略的修正。可由职能部门提出修正方案，报综合部门审定后，经主管领导批准后执行。

(3)总体战略的修正。由综合部门提出修正方案充分的数据，经领导集团讨论后，报主管部门批准后执行。

4. 战略的滚动修正

战略是企业发展的一套总体设想，是一种主观对客观的预测，随着客观条件的不断变化，就会出现主客观的偏差，需要随时修正，这种修正不是一时的，而是每年都需要进行的，因此，战略的滚动修正就成为客观的必然要求。战略滚动一般都是时间跨度很大的滚动，大约在 3 年以上。由于滚动中总有 4 年是在重复修正与不断准备中，因此能使战略更接近于客观实际，实现的可能性更大。

第三节　企业战略类型

对于一个企业来说，战略管理可以包括三个层次：公司层战略管理、业务层战略管理、职能层战略管理(见图 10—4)。

表 10—2 比较了公司层战略、业务层战略和职能层战略三个战略层次的特点。

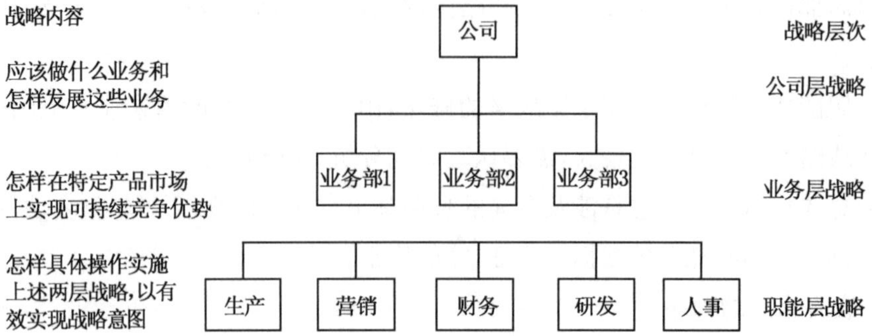

图 10—4 战略管理层次

表 10—2 三个层次战略的比较

特　点	战略层次		
	公司层	业务层	职能层
性质	观念型	中间型	执行型
明确程度	抽象	中间	确切
可衡量程度	以判断评价为主	半定量化	通常可定量
频率	定期或不定期	定期或不定期	定期
时期	长期	中期	短期
所起作用	开创性	中等	改善增补性
与现状的差距	大	中	小
承担的风险	较大	中等	较小
盈利潜力	大	中	小
代价	较大	中等	较小
灵活性	大	中	小
资源	部分具备	部分具备	基本具备
协调要求	高	中等	低

制定公司层战略是企业高层管理者的主要职责,制定业务层战略是企业业务部领导层的主要职责。除此之外,这三个层次战略的制定与实施过程实际上是各级管理者充分协商、密切配合的结果。可见,公司层战略、业务层战略和职能层战略一起构成企业的战略体系。在一个企业内部,企业战略的各个层次之间相互联系、相互配合,每一个战略层次都构成了其他战略层次赖以发挥作用的环境,任何一个战略层次的失误都会导致企业战略无法达到预期目的。

当企业战略的各个部分与层次相互配合、密切协调时,就能增加企业的凝聚力,也就能有效贯彻实施企业战略。职能层战略与业务层战略的协调一致能够增强业务部战略的力量。同样,协同业务部战略的各个要素,集中各职能部门专家和员工的建设性意见，也能够极大地改善和强化公司战略。因此，将战略的不同部分和层次之间的关系看作是将企业的不同活动从观念和行为上统一起来的黏合剂，看作是使战略有效地发挥的合力，对于有效地实施战略管理十分有益。

一、公司层战略

1. 公司层战略的概念

公司层战略是企业整体的战略总纲，是企业最高管理层指导和控制企业一切行为的最高行动纲领。现代企业体系是由大型企业、中型企业和小型企业组成的，尽管小型企业在数量上占据整个企业体系的绝大多数，但小型企业从性质上讲只是企业发展过程中的一个初始形态，它必然要向中型企业和大型企业方向发展和过渡。因此，现代企业的稳定形态、典型形式应该是大中型企业。一般而言，大中型企业是由一些相对独立的业务组成的集合体，这些相对独立的业务组成的集合体在西方被称为战略经营单位（strategic business units，SBU）。

2. 公司层战略的内容

公司层战略研究的对象就是一个由一些相对独立的业务组合而成的企业整体。公司层战略的主要内容包括企业战略决策的一系列最基本的因素，是企业存在的基本逻辑关系或基本原因。概括来讲，公司层战略强调两个方面的问题。

一是我们应该做什么业务？即确定企业的性质和宗旨，确定企业活动的范围和重点。这些因素不仅决定着企业的经营状况，而且能决定企业在外部市场环境中的地位，因而是企业生存和发展的根本问题。企业所服务的消费者群体的类型、消费者满足需要的程度、企业采用的技术类型、企业向市场提供的产品类型以及这些方面的发展趋势，结合起来就确定了企业活动的范围和重点。这些因素也成为企业的市场地位、利用市场机会和应付市场威胁的能力的检测器。

二是我们怎样发展这些业务？在企业各种不同的活动中，应当如何决定资源分配的先后次序？企业内部哪一项业务应当得到这些资源？各应得到多少？以及怎样最大限度地利用好这些资源？对于企业来说，合理地配置资源是至关重要的。因为一方面资源投入不同业务领域效益不大相同，另一方面企业内部各个部门往往都在相互争夺有限资源。企业高层管理者的一个重要任务，就是以最有利于提高企业整体绩效为前提，根据企业内部资源的潜力可能性，权衡每一项业务活动对企业内部资源的需要，按照轻重缓急合理地配置资源。

从企业战略管理的角度来看，公司层战略的侧重点表现在以下三个方面。

(1)企业使命的确定。即企业最适合从事哪些业务领域，为哪些消费者服务，企业向何种经营领域发展。

(2)战略经营单位的划分及战略经营单位的发展规划。如开发新业务的时机与方式,现有企业放弃、维持或扩展的安排,以及这种调整的深度和速度。

(3)关键的战略经营单位的战略目标。

3. 企业的竞争战略

对企业而言,来自行业内外的任何一种竞争力量都是一种挑战与威胁。企业要在市场上确立并维持自己的市场地位,并要应付各种竞争力量,就必须在分析研究每一种力量的来源及其作用方式的基础上,制定相应的对策,抵御这些竞争力量或影响这些竞争力量,使其对企业有利。这正是确定竞争战略的关键与目的所在,也是企业发挥和提高其市场竞争力的起点。迈克尔·波特将影响企业竞争的因素,或称其为影响某一行业竞争状态的基本力量,归纳为五个方面,即行业内现有企业间的竞争、潜在的参加竞争者、替代产品生产者、购买者、企业供应者(竞争的五种力量模型如图 10—5 所示)。

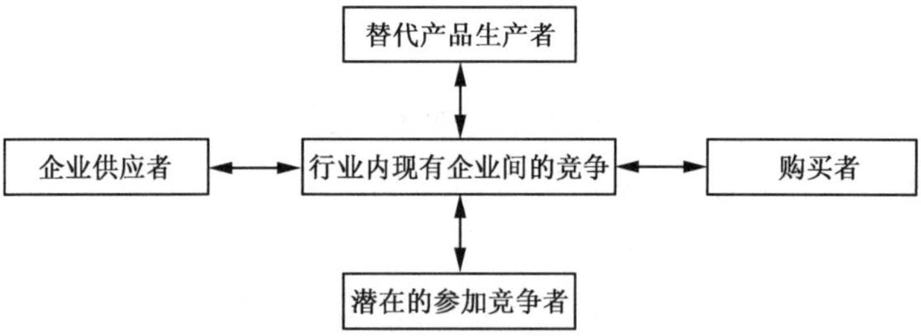

图 10—5　竞争的五种力量模型

根据波特的理论,各种战略使企业获得竞争优势的三个基点是:总成本领先战略、差异化战略和集中一点战略。

(1)总成本领先战略。总成本领先战略在 20 世纪 70 年代由于经验曲线概念的流行而得到日益普遍的应用,即通过一系列针对本战略的具体政策在产业中赢得总成本领先。总成本领先要求积极地建立起达到有效规模的生产设施,在经验基础上全力以赴降低成本,抓紧成本与管理费用的控制,以及最大限度地减少研究开发、服务、推销、广告等方面的成本费用。为了达到这些目标,有必要在管理方面对成本控制给予高度重视。尽管质量、服务以及其他方面也不容忽视,但贯穿于整个战略中的主题是使成本低于竞争对手。

(2)差异化战略。差异化战略是将公司提供的产品或服务标新立异,形成一些在全产业范围内具有独特性的东西。实现差异化战略可以有许多方式:设计或品牌形象、技术特点、外观特点、客户服务、经销网络及其他方面的独特性。最理想的情况是公司使自己在几个方面都标新立异。当然,差异化战略并不意味着公司可以忽略成本，但此时低成本不是公司的首要战略目标。

(3)专一化战略。专一化战略是主攻某个特定的顾客群，某产品系列的一个细分区段或某一个地区市场。正如差异化战略一样，专一化战略可以具有许多形式。虽然低成本与产品差异化都是要在全产业范围内实现其目标，专一化的整体却是围绕着很好地为某一特定目标服务这一中心建立的，它所制定的每一项职能性方针都要考虑这一目标。这一战略的前提是：公司能够以更高的效率、更好的效果为某一狭窄的战略对象服务，从而在更广阔范围内超过竞争对手。结果是，公司或者通过较好满足特定对象的需要实现了差异化，或者在为这一对象服务时实现了低成本，或者两者兼得。

二、业务层战略

1. 业务层战略的概念

业务层战略是在总体性的公司层战略指导下，经营管理某一个特定的战略经营单位的战略计划，是公司层战略之下的子战略。它的重点是要改进一个战略经营单位在其所从事的行业中，或某一特定的细分市场中所提供的产品和服务的竞争地位。业务层战略涉及这个企业在其所从事的某一个行业经营领域中扮演什么样的角色，以及在战略经营单位里如何有效地利用好分配的资源。

2. 业务层战略的内容

在实行事业部制的大中型企业中，业务层战略通常是由业务部在公司层战略指导下负责制定的。因为，企业的最高管理层往往将业务部视为企业内部具有高度自主权的战略经营单位。在企业总体目标和总体战略的范围内，可以允许各业务部发展自己的经营战略，可以允许它们对本业务部范围内产品与服务的生产、销售、成本控制、销售利润率等不同方面有比较自由的安排处置权。对于一个从事单项经营的小型企业，或没有实行业务部制度的中型企业来说，其公司战略和业务层战略往往是合二为一的。

从企业外部看，业务层战略的目的是为了使企业在某一个特定的经营领域取得较好的成果——努力寻求建立什么样的竞争优势，应当关注如何有效地满足消费者群体需要，应当怎样使自己的产品区别于竞争者的产品，如何通过竞争吸引顾客以实现企业的市场定位，以及怎样使业务部的经营活动与本行业的发展趋势、社会变革和经济形势相适应。

从企业内部看，为了对那些影响企业竞争成败的市场因素的变化做出正确的反应，需要协调和统筹安排企业经营中的生产、财务、研究与开发、营销、人事等业务活动。业务层战略可以直接指导这些经营活动的组织和实施。从企业战略的角度看，企业内部的关键因素是应当明确从哪些方面提高企业的竞争能力，以及如何提高企业的竞争能力。如果在创新、生产和市场销售这些方面能够确实做得不错，做到与众不同，就能建立起企业的竞争优势，从而获得经营的成功。

综合起来，战略管理意义上的业务层战略侧重点在于：(1)如何贯彻企业使命。(2)业务发展的机会与威胁分析。(3)业务发展的内在条件分析。(4)业务发展的总体目标和要求。(5)确定业务层战略的战略重点、战略阶段和主要战略措施。

公司层战略与业务层战略的根本不同，在于公司层战略要统筹规划多个战略业务的选择、发展、维持或放弃，而业务层战略只具体规划本业务部从事的某一战略业务。业务层战略要在公司层战略的指导和要求下进行。

3. 战略态势选择

所谓战略态势，就是在目前的战略起点上，决定企业的各战略经营单位在战略规划期限内的资源分配和业务拓展的发展方向，一般可分为稳定型战略、增长型战略、紧缩型战略和混合型战略四种。

(1)稳定型战略。稳定型战略是指在企业的内外部环境约束下，企业准备在战略规划期限内使企业的资源分配和经营状况基本保持在目前状态和水平上的战略。企业采取稳定型战略也就意味着企业经营方向及经营产品在其经营领域内所达到的产销规模和市场地位都大致不变或以较小的幅度增长或减少。

采取稳定型战略的企业，一般处在市场需求及行业结构稳定或者较少动荡的外部环境中，因而企业所面临的竞争挑战和发展机会都相对较少。但是，有些企业在市场需求以较大幅度增长或是外部环境提供了较多发展机遇的情况下也会采用稳定型战略。这些企业一般来说是由于资源状况不足使其难以抓住新的发展机会，而不得不采用相对保守的稳定型战略态势。

(2)增长型战略。增长型战略是一种使企业在现有的战略基础上向更高一级目标发展的战略。它以发展作为自己的核心内容，引导企业不断地开发新产品、开拓新市场，采用新的生产方式和管理方式，以便扩大企业的产销规模，提高竞争地位，增强企业的竞争实力。增长型战略是一种比较流行、使用较多的战略态势。

在实践中，增长型战略有许多种不同类型，主要有集中型增长战略、一体化战略和多样化战略。

集中型增长战略主要集中于单一产品或服务的增长，是指以快于以往的增长速度增加企业目前的产品或服务的销售额、利润和市场份额等，它比较适合那些对企业的产品或服务的需求正在增长的场合。

一体化战略是指企业充分利用自己在产品、技术、市场上的优势，根据物资流动的方向，使企业不断地向深度和广度发展的一种战略，它有利于深化专业分工协作，提高资源的利用深度和综合利用效率。又可细分为前向一体化、后向一体化和水平一体化三种战略。

根据现有业务领域和将来的业务领域之间的关联程度，可以把多样化战略分为横向多样化、纵向多样化、复合多样化三种战略。横向多样化是以现有的产品市场为中心，向水平方向扩展业务领域，也称为水平多样化或专业多样化。纵向多样化是指虽然与现有的产品、市场领域有些关系，但是通过开发完全异质的产品、市场使业务领域多样化。复合多样化是一种增加与企业目前的产品或服务显著不同的新产品或服务的增长战略，即企业所开拓的新事业与原有的产品、市场相关性不大，所需要的技术、经营方法、销售渠道必须重新取得。

(3)紧缩型战略。紧缩型战略是指企业从目前的战略经营领域和基础水平收缩和撤退，且偏离战略起点较大的一种经营战略。与稳定型战略和增长型战略相比，紧缩型战略是一种消极的发展战略。企业实行紧缩型战略一般只是短期性的，其主要目的是避开环境的威胁和迅速地实行自身资源的最优配置向其他产业转移。可以说，紧缩型战略是一种以退为进的战略态势。

采取紧缩型战略的企业可能出于各种不同的动机。从这些不同的动机来看，有三种类型的紧缩型战略：适应型紧缩战略、失败型紧缩战略、调整型紧缩战略。

适应型紧缩战略是企业为了适应外部环境而采取的一种战略。这种外部环境包括经济衰退、产业进入衰退期、对企业产品或服务的需求减小等种类。在这些情况下，企业可以采取适应型紧缩战略来渡过危机、以求发展。

失败型紧缩战略是指由于企业经营失误造成企业竞争地位虚弱、经营状况恶化，只有采用紧缩战略才能最大限度地减小损失，保存企业实力。失败型紧缩战略的适用条件是企业出现重大的内部问题，如产品滞销、财务状况恶化、投资已明显无法收回等情况。

调整型紧缩战略的动机则既不是经济衰退，也不是经营失误，而是为了谋求更好的发展机会，使有限的资源分配到更有效的使用场合。因而，调整型紧缩战略的适用条件是企业存在一个回报更高的资源配置点。为此，需要比较的是企业目前的业务单位和实行紧缩战略后资源投入的业务单位。在存在较为明显的回报差距的情况下，可以考虑采用调整型紧缩战略。

(4)混合型战略。所谓混合型战略是其他三种战略态势的一种组合，其中组成该混合战略的各战略态势称为子战略。从混合型战略的特点来看，一般是较大型的企业采用较多，因为大型企业相对来说拥有较多的战略经营单位，这些经营单位很可能分布在完全不同的行业和产业群之中，它们所面临的外界环境、所需要的资源条件不完全相同。

三、职能层战略

1. 职能层战略的概念

职能层战略是为贯彻、实施和支持公司层战略与业务层战略，而在企业特定的职能管理领域制定的战略。企业职能层战略的重点是提高企业资源的利用效率，使企业资源的利用效率最大化。在企业既定的战略条件下，企业各层次职能部门根据职能层战略采取行动，集中各部门的潜能，支持和改进公司战略的实施，保证企业战略目标的实现。与公司层战略及业务层战略相比，企业职能层战略更为详细、具体，更具可操作性。它是由一系列详细的方案和计划构成的，涉及企业经营管理的所有领域，包括财务、生产、销售、研究与开发、公共关系、采购、储运、人事等各部门。职能层战略实际上是公司层战略、业务层战略与实际达成预期战略目标之间的一座桥梁，如果能够充分地发挥各职能部门的作用，加强各职能部门的合作与协调，顺利地开展各项职能活动，特别是那些对战略的实施至关重要的职能活动，就能有效地促进公司层战略、业务层战略实施成功。

2. 职能层战略的内容

职能层战略一般可分为营销战略、人事战略、财务战略、生产战略、研究与开发战略、公关战略等，从战略管理的角度而言，职能层战略的侧重点在于以下几个方面。

(1)如何贯彻事业发展的总体目标。

(2)职能目标的论证及其细分化。如发展目标(规模、生产能力等)，主导产品和品种目标，质量目标，技术进步目标，市场目标(市场占有率及其增长率)，职工素质目标，管理现代化目标，效益目标(利润率及竞争能力综合指数)。

(3)确定职能战略的战略重点、战略阶段和主要战略措施。

(4)战略实施中的风险分析和应变能力分析。

本章小结

1. 企业战略管理是决定企业长期表现的一系列重大管理决策和行动，包括战略的制定、实施、评价和控制，是企业制定长期战略和贯彻这种战略的活动，是企业在处理自身与环境关系过程中实现其宗旨的管理过程。

2. 战略管理一般由四种要素构成，即产品与市场范围、增长向量、竞争优势和协同作用。这四种要素可以产生合力，成为企业共同经营的主线。

3. 为了获取超额利润所需的资源，也为了最大限度满足相关利益者的需要，公司相互之间不得不展开竞争。通过战略管理过程各个部分的有效运用，公司可以找出发展方向和获取所期望的战略竞争力和超额利润的方法。动态的战略管理过程可以分为战略形成、战略执行、战略控制和战略修正四个阶段，每一个阶段又各自包括若干不同的步骤。

4. 对于一个企业来说，战略管理可以包括三个层次：公司层战略管理、业务层战略管理、职能层战略管理。

5. 公司层战略是企业整体的战略总纲，是企业最高管理层指导和控制企业的一切行为的最高行动纲领。公司战略的主要内容包括企业战略决策的一系列最基本的因素，是企业存在的基本逻辑关系或基本原因。

6. 业务层战略是在总体性的公司层战略指导下，经营管理某一个特定的战略经营单位的战略计划，是公司层战略之下的子战略。它的重点是要改进一个战略经营单位在其所从事的行业中，或某一特定的细分市场中所提供的产品和服务的竞争地位。

7. 职能层战略是为贯彻、实施和支持公司层战略与业务层战略，而在企业特定的职能管理领域制定的战略。企业职能层战略的重点是提高企业资源的利用效率，使企业资源的利用效率最大化。

复习思考题

1. 如何理解企业战略的概念？
2. 战略管理的基本要素有哪些？
3. 简述企业战略管理形成的过程。
4. 结合实例分析企业战略的层次。
5. 公司层战略的主要内容有哪些？
6. 基本的竞争战略有哪些？
7. 如何选择战略态势？
8. 企业主要有哪些职能层战略？

案例思考

百胜餐饮的中国战略

百胜餐饮集团(Yum Brands)又斩获了一个强劲增长的季度。百胜发布的第四季度财报显示，营收和净利均打破预期。中国和其他新兴市场助推了第四季度的业绩增长，并帮助百胜股票在盘后交易中止跌反弹。

第四季度，百胜净利增长 29.9%，达到 3.56 亿美元。这家肯德基(KFC)、必胜客(Pizza Hut)和塔可钟(Taco Bell)的控股公司每股盈利 75 美分，较华尔街一致预期高出 1 美分。

销售额增长 15.4%至 41.1 亿美元，高于分析师 40.4 亿美元的预期。其中很大一部分受到百胜中国业务的推动。百胜中国分部的同店销售额增长 21%，营业利润达到 2.1 亿美元。2011 年全年，该公司在中国开设的新店多达 656 家。

百胜国际业务——除美国本土和中国市场——的同店销售额上升仅 3%，但营业利润飙升 13%至 2.07 亿美元。百胜在美国本土的业务表现最弱，同店销售额鲜有上升(增长 1%)，营业利润为 1.91 亿美元(增长 10%)。餐厅成本飙涨 17%，至 30.4 亿美元。

百胜餐饮集团董事长兼 CEO 大卫·诺瓦克(David Novak)突出强调了中国业务的重要性,但指出“百胜的成长明显和中国以及其他很多地区的业务密不可分”。诺瓦克表示:百胜国际部(Yum Restaurants International)新增 905 家店面,其中 622 家位于高增长的新兴市场。我们在印度、俄罗斯和非洲市场占据起步优势,在这些地方,全系统销售收入以两位数的增长率强劲增长。这一年,百胜国际部的全系统销售收入增长 13%,其中新店面全系统销售收入增长 7%。新兴市场贡献了百胜国际部近 50%的营业利润。

百胜不是这一财季唯一一家报告强劲业绩的快餐零售商。其强大的竞争对手麦当劳最近发布的财报显示,其仍然威力不减,哪怕是在欧洲。偏重饮料供应的星巴克也显示了超预期的增长,并也从中国市场汲取了极大的力量。

资料来源:《百胜集团的中国战略》,环球企业家网,2012 年 2 月。

问题:

1. 百胜集团的中国战略是什么?其战略依据是什么?
2. 结合案例分析企业如何形成自己的核心竞争优势。

第十一章　营销管理

学习目标

1. 了解市场营销的理论框架和发展线索；
2. 掌握市场营销中的基本概念；
3. 理解市场营销中的基本原理。

关键术语

市场　市场营销　营销管理　市场营销观念　消费者市场　组织市场
市场细分　目标市场　市场定位　营销组合　产品策略　价格策略
渠道策略　促销策略

引入案例

苹果手机的营销策略

在当下，一个成功而又具有时代代表性的成功营销案例非属“苹果”不可，iPhone、iPad 就像明星一样被追逐，像宗教一样被崇拜，成为营销界的一个传奇，为什么苹果迷会有这样的冲动心理和行为呢？

产品是一方面，另一方面，苹果公司的营销策略也很给力。在这个品牌制胜的时代，要在众多优秀的品牌中脱颖而出，仅靠功能特性已经远远不够，要赋予品牌更多人性化的因素，才能产生更大的吸引力。乔布斯靠的不是一种技术导向。

它的成功是基于对人性的了解，把握人的欲望和对需求的细节，从而一路把人性营销做到了极致。

1. 未曾营销先造势

往往越是未知的东西即将到来,人们便越是想迫切地知道真相。"好奇害死猫"说的就是这种人的天性,而企业利用好人们这种围观和看热闹的心态,就能让你即使用低成本也能做好宣传。

在苹果迷们盼望苹果手机面世的长达一年多时间里,网上讨论不断,甚至有人自称搞到了苹果手机的设计方案。但直到发布当日,人们最终看到 iPhone 的真实面目,几乎所有人都猜中了它叫 iPhone,但几乎所有人都没有猜中它的造型,更为它的各种性能惊叹。

那种患得患失的心境和探求未知结果的神秘感,是产品推广和品牌宣传中最有价值的营销工具。在充斥着商业宣传的世界里,造声势的目标就是要确保营销的产品成为人们谈论的话题,更重要的是,确保这种谈论本身是有效的。

苹果公司会将其产品宣传成标志时代意义的物品,将其先进的技术创新吹嘘得天花乱坠,让顾客如痴如醉渴望得到,但最终你会发现买回家的就是一部手机或者是一部带"智能"的手机。

2. 饥饿式营销

苹果的产品如此受欢迎,很大程度上来源于其对市场供应的控制,也就是使市场处于某种相对的"饥饿"状态,这有利于保持其产品价格的稳定性和对产品升级的控制权。iPhone 的销售显然是这种策略的代表。

自上市以来,不管市场对这款产品的呼声多高,苹果公司始终坚持限量供应。不少人或许是因为买不到,而想买一部试试。有人甚至花很大的代价得到了自己并不了解的东西,他就会满足于得到的喜悦,有时候甚至闹不清自己想要的究竟是什么,而苹果的饥饿营销则正好利用了人们这种赶潮流、追时尚的心理。

它高高吊起人们的胃口,却不急于满足。不满足引来更多关注,限量版比大路货更让人追逐。因为不容易拥有,便会更显得珍贵,更加不同。这种强势的营销风格和它的产品一样,让人又爱又恨,欲罢不能。

3. 体验营销——让用户享受不一样的神秘感受

苹果公司每推出一款新产品的推介会,都会选择充满神秘色彩的剧场,通过幕剧的形式宣传产品,激起人们强烈的好奇心。

4. 打造苹果文化,培养疯狂的苹果粉丝

顾客并不希望被奉承迎合,有时候极力地讨好反而使其无所适从,倒不如吊足胃口来激发他们的兴趣。现代营销主张:"只要客户需要,要多少有多少。"而人性营销则是故意控制供应量,不让顾客很容易就得到满足:"你想要吗? 没货,下次再来试试吧。"

苹果很多产品在其推出前后都会有大量的短缺现象。这种造成市场饥饿感的手法，它运用得炉火纯青。认同我价值的人，就是我的消费者，请跟着我走。

苹果的营销已经用精神和价值观来号召和统领消费者了，超越了纯粹的产品层面，这正是品牌营销追求的至高境界。苹果真正不同的是，别人向消费者灌输，乔布斯是吸引，“愿者上钩”。

5. 口碑营销——让手机从通信工具变成时代玩具

有哪个手机品牌像明星一样被追逐？恐怕只有苹果。“苹果迷”们追逐苹果的各种产品，常常忘我地向周围的人炫耀自己的爱机，亲自演示，交流使用心得，炫耀爱机的个性配件，甚至走到哪里都捧着个苹果笔记本。即使是索尼、戴尔这些响当当的一流品牌，其用户的热情也无法与“苹果迷”的疯狂相比。

6. 人性营销的极致

乔布斯的哲学是“做正确的事”，这个正确，不是技术，不是设计，不是美学，而是“人性”。有个故事很好地诠释了人性的重要性。有国王让两个工匠比赛雕刻老鼠，第一个工匠雕刻得栩栩如生，第二个工匠雕刻的老鼠不是很像。当国王准备宣布第一个工匠获胜时，第二个工匠提议让猫来鉴别谁雕刻的老鼠好，结果猫喜欢第二个工匠雕刻的，因为他是用鱼骨雕刻的。

其实人生更何况不是如此，那些成功的人并不一定是技术做得最好的人，而往往是最了解“猫”的需求的人。因为只有靠逻辑做事才能更符合事物本身的规律。企业的最终目的，是满足客户的需求。

只有贴近于猫的心态，用猫(客户)的视角去观察什么样的老鼠(产品)是它最喜欢的，用猫的行为方式营销这只“老鼠”，才能让客户第一时间喜欢上这只“老鼠”。这正是人性营销的精髓，而乔布斯正是把人性营销发挥到了极致。

作为一个高端产品，应该是消费者身份地位的体现，就如古诗所云“千呼万唤始出来，犹抱琵琶半遮面”之美，此美不是任何人都能轻易触摸的朦胧美。越是未知的东西即将到来，就越是想迫切地知道真相，未知产生畸高的期望值，这是一种巨大的营销势能，是营销者求之不得的。

俗品牌卖物性，颠“疯”品牌卖人性；做品牌，凸显产品功能、宣传性价比往往是企业的首选，认为这样更能促成消费。但是，如果成就让人追逐的苹果式的巅“疯”品牌，必须体现人性特质，并将这种特质发挥到极致，成为消费者高高举起的符号。

第一节　营销管理概述

一、市场与市场营销

1. 市场

在日常生活中我们习惯将市场看作是买卖的场所，如集市、商场、商品批发市场等。这是一个时空的市场概念。经济学家认为市场是一个商品经济的范畴，是供求关系，是商品交换关系的总和，是通过交换反映出来的人与人之间的关系。管理学家则侧重从具体的交换活动及其运行规律认识市场。在他们看来，市场是供需双方在共同认可的一定条件下交换商品或劳务的活动。营销学家菲利普·科特勒(Philip Kotler)指出："市场由一切具有特定欲望和需求并且愿意和能够以交换来满足这些需求的潜在顾客所组成。"

可见，人们可以从不同角度界定市场。市场营销中的市场，是商品经济中生产者与消费者之间实现产品(服务)价值，满足需求的交换关系、交换条件和交换过程。

市场规模的大小取决于具有需要、拥有供交换的资源，并且愿意用这些资源交换来满足欲望的消费者数量。用公式表示为：

市场＝消费者人口＋购买欲望＋有货币支付能力的购买力

站在经营者角度，人们常常把卖方称为行业，而将买方称为市场。

2. 市场营销

按照科特勒教授的定义，市场营销是个人和群体通过创造并同他人交换产品和价值以满足需求和欲望的一种社会和管理过程。

根据这一定义，可以将市场营销概念具体归纳为下列要点：

(1)市场营销的最终目标是"满足需求和欲望"。

(2)"交换"是市场营销的核心，交换过程是一个主动、积极寻找机会，满足双方需求和欲望的社会过程和管理过程。

(3)交换过程能否顺利进行，取决于营销者创造的产品和价值满足顾客需求的程度和交换过程管理的水平。

二、营销管理

1. 市场营销管理

市场营销管理是指企业为实现其目标，创造、建立并保持与目标市场之间的互利交换关系而进行的分析、计划、执行与控制的过程。

2. 市场营销管理的任务

市场营销管理的基本任务，就是为达到企业目标，通过营销调研、计划、执行与控制，管理目标市场的需求水平、时机和构成。换言之，营销管理的实质是需求管理。在营销计划与执行中，管理者必须对目标市场、市场定位、产品开发、定价、分销渠道、信息沟通与促销，做出系统决策，以保证营销管理任务的实现。

企业市场营销管理的任务会随着目标市场的不同需求状况而有所不同。企业通常都会对目标市场设定一个预期交易水平，即“预期的需求水平”。然而，期望往往与现实不一致:实际需求水平可能低于或高于期望。营销者必须善于应付各种不同的需求状况，调整相应的营销管理任务。

下面是八种典型的不同需求状况及其相应的营销管理任务。

(1)负需求。指绝大多数人不喜欢、甚至花费一定代价也要回避某种产品(如高胆固醇食品等)的需求状况。对于负需求市场，营销管理的任务是“改变市场营销”，即分析市场为什么不喜欢这种产品，通过重新设计产品，降低价格和更积极促销的营销方案，改变市场的信念和态度，将负需求转变为正需求。

(2)无需求。指目标市场对产品毫无兴趣或漠不关心的需求状况。如对某些陌生的新产品，与消费者传统观念、习惯相抵触的产品，被认为无价值的废旧物资等。面对无需求市场，营销管理的任务是设法把产品的好处和人的自然需要、兴趣联系起来。

(3)潜伏需求。指现有产品或劳务尚不能满足的、隐而不现的需求状况。如人们对无害香烟、节能汽车和癌症特效药品的需求。在潜伏需求情况下，营销管理的任务就是致力于市场调研和新产品开发，有效地满足这些需求。

(4)下降需求。指市场对一个或几个产品的需求呈下降趋势的情况。营销管理者要分析需求衰退的原因，决定能否通过开辟新的目标市场、改变产品特色，或采用更有效的促销手段重新刺激需求，扭转其下降趋势。

(5)不规则需求。指市场对某些产品(服务)的需求在不同季节、不同日期，甚至一天的不同钟点呈现出很大波动的状况。如对旅游宾馆、公园、公共汽车、博物馆等服务需求，就是不规则需求。市场营销管理的任务就是通过灵活定价、大力促销及其他刺激手段改变需求的时间模式，努力使供需在时间上协调一致。

(6)充分需求。指某种产品或服务的需求水平和时间与预期相一致的需求状况。这时，营销管理的任务是密切注视消费者偏好的变化和竞争状况，经常测量顾客满意程度，不断提高产品质量，设法保持现有的需求水平。

(7)过量需求。指某产品(服务)的市场需求超过企业所能供给或愿意供给水平的需求状况。在过量需求的情况下，营销管理的任务是实施“低营销”，即通过提高价格、合理分销产品、减少服务和促销等手段，暂时或永久地降低市场需求水平。

(8)有害需求。指市场对某些有害物品或服务如烟、酒、毒品、色情电影和书刊等的需求。对此类需求，营销管理的任务是“反市场营销”，宣传其危害性，劝说消费者放弃这种爱好和需求。对烟、酒等商品，大幅度提高价格，以减少购买机会；而对毒品、色情电影和书刊，则应杜绝生产经营，采取适当措施来消灭需求。

三、市场营销观念

有五种可供选择的观念指导企业市场营销活动，它们分别是生产观念、产品观念、推销观念、市场营销观念和社会营销观念。

1. 生产观念

生产观念(production concept)是一种最古老的营销管理观念。生产观念认为，消费者总是喜爱那些可以随处买到、价格低廉的产品，企业应当集中精力提高生产效率和扩大分销范围，增加产量，降低成本。以生产观念指导营销管理活动的企业，称为生产导向企业。其典型口号是：“我们生产什么，就卖什么。”

生产观念在西方盛行于19世纪末20世纪初。当时，资本主义国家处于工业化初期，市场需求旺盛，整个社会产品供应能力则相对不足。企业只要提高产量、降低成本，便可获得丰厚利润。因此，企业的中心问题是扩大生产物美价廉的产品，而不必过多关注市场需求差异。在这种情况下，生产观念为众多企业所接受。

生产观念是一种重生产、轻市场的观念。在物资紧缺的年代也许能“创造辉煌”，但随着生产的发展、供求形势的变化，这种观念必然使企业陷入困境。如福特汽车公司在其T型车长足发展，并宣称“不管顾客需要什么颜色的汽车，我只有一种黑色的”之后不久，便陷入困境，几乎破产。

2. 产品观念

产品观念(product concept)认为，消费者最喜欢高质量、多功能和具有某些特色的产品。因此，企业管理的中心是致力于生产优质产品，并不断精益求精。

持产品观念的公司假设购买者欣赏精心制作的产品，相信他们能鉴别产品的质量和功能，并愿意出较高价格购买质量上乘的产品。这些公司的经理人员常迷恋自己的产品，而不太关注市场是否欢迎。他们在设计产品时只依赖工程技术人员而极少让消费者介入。

产品观念和生产观念几乎在同一时期流行。与生产观念一样，也是典型的“以产定销”观念。由于过分重视产品而忽视顾客需求，这两种观念最终将导致“营销近视症”。如铁路行业以为顾客需要火车而非运输，忽略了航空、公共汽车、卡车以及管道运输的日益增长的竞争。计算尺制造商以为工程人员需要计算尺而非计算能力，忽视了袖珍计算器的挑战。只致力于大量生产或精工制造、改进产品，而忽视市场需要，其最终结果是产品被市场冷落，经营者陷入困境甚至破产。

3. 推销观念

推销观念(selling concept)(或销售观念)认为，消费者通常有一种购买惰性或抗衡心理，若听其自然，消费者就不会大量购买本企业的产品，因而营销管理的中心是积极推销和大力促销。执行推销观念的企业，称为推销导向企业。其口号是："我们卖什么，就让人们买什么。"

推销观念盛行于20世纪三四十年代。这一时期，由于科技进步，科学管理和大规模生产的推广，商品产量迅速增加，整个社会已经由商品不足进入商品过剩，卖主之间的市场竞争日益激烈。1929年爆发的资本主义世界空前严重的经济危机，前后历时五年，堆积如山的货物卖不出去，许多工商企业纷纷倒闭，市场极度萧条。这种现实使许多企业家认识到，企业不能只集中力量发展生产，即使有物美价廉的产品，也必须保证这些产品能被人购买，企业才能生存和发展。

在推销观念指导下，企业相信产品是"卖出去的"，而不是"被买去的"。他们致力于产品的推广和广告活动，以求说服甚至强制消费者购买。他们收罗了大批推销专家，做大量广告宣传，夸大产品的"好处"，对消费者进行无孔不入的促销信息"轰炸"，迫使人们购买。

与前两种观念一样，推销观念也是建立在以企业为中心，"以产定销"，而不是满足消费者真正需要的基础上的。

4. 市场营销观念

市场营销观念(marketing concept)认为，企业的一切计划与策略应以消费者为中心，正确确定目标市场的需要与欲望，比竞争者更有效地提供目标市场所需要的满足。

市场营销观念形成于20世纪50年代。第二次世界大战后，随着第三次科学技术革命的兴起，西方各国企业更加重视研究和开发，产品技术不断创新，新产品竞相上市。大量军工企业转向民用品生产，使社会产品供应量迅速增加，许多产品供过于求，市场竞争进一步激化。同时，西方各国政府相继推行高福利、高工资、高消费政策，社会经济环境出现快速变化。消费者有较多的可支配收入以满足其需求与愿望，进而实现企业的利润目标。但往往出现这样的现象，即在满足个人需求时，与社会公众的利益发生矛盾，企业的营销努力可能不自觉地造成社会的损失。市场营销观念虽也强调消费者的利益，但它认为谋求消费者的利益必须符合企业的利润目标，当二者发生冲突时，保障企业的利润要放在第一位。因为利润才是资本主义企业生产的根本目的。

5. 社会营销观念

社会营销观念(social marketing concept)以实现消费者满意以及消费者和社会公众的长期福利，作为企业的根本目的与责任。理想的市场营销决策应同时考虑消费者的需求与愿望、消费者和社会的长远利益、企业的营销效益。

专栏

市场营销观念是如何发展的?

西方市场营销理论的发展,经历了几种观念。这里以运动鞋(胶鞋)为例说明生产观念、销售观念、市场营销观念。

在运动鞋问世后,西方消费者认为它比布鞋、草鞋更为耐用、舒服,因而需求量很大。运动鞋生产者不需要做特别的宣传,只需保持产品的品质,大量生产、降低成本及价格,销量自然大增,利润也继而增加。在此期间,生产观念是可以作为生产者的营销观念的。由于生产运动鞋的利润丰厚,于是许多生产者走进了这个市场,以致供应增加,产品销售发生困难,生产者不得不改变其管理生意的方式,而实行销售观念,加强推销活动,以维持自己的产品销量及竞争力。此类推销活动,如宣传组织推销队伍,加强与零售商及批发商的联络,改良包装等,基本上所推销的仍然是厂方以往生产的产品,可能设计款式有了改良,但仍然未能满足顾客的需求。

随着西方社会的进步,人民生活水平的提高,消费者的要求也提高了。这时,如果只采用销售观念,只是大量推广,而不在产品及整个管理上去改变,以满足消费者的要求,是起不了多大作用的。

西方厂商了解到这一点后,便采用市场营销观念,从满足消费者的心理及实际需求出发,分析研究消费者,发现消费者对运动鞋有下列要求:(1)舒适耐用;(2)容易清洁;(3)款式新颖而可以表现活力;(4)价格合理;(5)品质优良。基于这些要求,运动鞋生产者就决定对产品"改朝换代",重新塑造新一代运动鞋,并重定市场策略。

1. 鞋型的设计,鞋底前身较薄,后身较厚;鞋履的弯度依照一般脚型而变曲,以求舒适。

2. 鞋面尼龙布,皮合成软胶,耐用而易清洁;有些还在鞋面上加上气孔,以疏脚气。

3. 颜色上各求悦目,以表现活力;除主色外,更配上一些简单的图案,各求精美。

4. 定价方面,配合市场上各层次的需要,依据不同款式而定不同的价格;高价格也有,适合大众需要的价格也有。

5. 分销方面则增设分销网及分销店,使顾客易于购买。

6. 用多种宣传媒介做宣传,并以著名的运动员或赞助大型的体育活动或球队作号召,以增强消费者的信心,并对高质量起间接的保证作用。

这一类经营计划是按照市场营销观念而制定的，效果当然比用销售观念只注重推销要好。所以现时在高消费率的市场如日本、美国、加拿大、欧洲等地区，多是新一代运动鞋的天下。老一代的运动鞋渐被淘汰，只是在一些消费率比较低的市场仍有可为。

四、市场营销的历史与现状

1. 市场营销的产生与发展

市场营销学产生于20世纪初的美国，后来传到欧洲、日本和其他国家，并在实践中不断完善和发展。作为一门学科，它的形成阶段在1900—1930年。这一时期的市场营销学，其内容局限于流通领域，真正的市场营销观念尚未形成。然而，将市场营销从企业生产活动中分离出来做专门研究，无疑是一个创举。

从20世纪30年代开始，主要资本主义国家的市场明显呈现供过于求的态势。这时，企业界广泛关心的首要问题已经不是扩大生产和降低成本，而是如何把产品销售出去。为了争夺市场，解决产品实现问题，企业家开始重视市场调查，提出了“创造需求”的口号，以致力于扩大销路并在实践中积累丰富的资料和经验。与此同时，市场营销学科研究大规模展开。到第二次世界大战结束，市场营销学得到长足发展，并在企业经营实践中广泛应用。但在这一阶段，它的研究主要集中在销售推广方面，应用范围基本上仍局限于商品流通领域。

第二次世界大战后，市场营销学从概念到内容都发生了深刻的变化，确立了以消费者为中心而不是以生产者为中心的观念问题。这一新概念导致市场营销学基本指导思想的变化，在西方被称为市场营销学的一次“革命”。第二次世界大战后的七十多年来，市场营销方面的论著如云，理论不断创新。营销学逐步建立起以“满足需求”“顾客满意”为核心内容的框架和体系，不仅在工商企业，而且在事业单位和行政机构都得到广泛运用。

2. 市场营销在我国的发展

20世纪三四十年代，市场营销学在中国曾有一轮传播。现存最早的教材，是丁馨伯编译的《市场学》，由复旦大学于1933年出版。当时一些大学的商学院开设了市场学课程。教师主要是欧美留学归来的学者。

中华人民共和国成立后，从50年代到70年代末，由于西方的外部封锁和国内实行高度集中的计划经济体制，市场和商品经济在理论上遭到否定，在实践中没有基础，缺乏需要，市场营销学的研究在中国内地基本中断。在这段时间里，中国内地学术界对国外迅速发展的市场营销学知之甚少。

党的十一届三中全会后，中国确定了实施以经济建设为中心，对外开放、对内搞活的方针。经济学界努力为商品生产恢复名誉，改革开放的实践则不断冲击着旧体制，逐步明晰了以市场为导向，建立社会主义市场经济体制的改革目标，为我国重新引进和研究市场营销学创造了良好条件。

1978—1983年，是市场营销学再次被引进中国的启蒙阶段。1984—1994年，是市场营销学在中国广为传播的时期。1995年以后，是市场营销理论研究与应用深入拓展时期。

第二节　市场营销分析

一、营销环境分析

市场营销环境是存在于企业营销部门外部的不可控制的因素和力量，这些因素和力量是影响企业营销活动及其目标实现的外部条件。

营销环境包括微观环境和宏观环境两个方面。微观营销环境又称直接营销环境或作业环境，是指直接影响与制约企业的营销活动，多半与企业有或多或少的经济联系，直接影响企业营销能力的各种参与者，包括企业本身、市场营销渠道企业、顾客、竞争者以及社会公众；宏观营销环境又称间接营销环境，一般以微观环境为媒介影响和制约企业的营销活动，在特定的场合，也可直接影响企业的营销活动，包括人口、经济、政治法律、科学技术、社会文化及自然地理等因素。

微观环境因素与宏观环境因素共同构成多因素、多层次、多变的企业市场营销环境的综合体。

企业的微观营销环境包括企业本身、市场营销渠道企业、顾客、竞争者和社会公众。营销活动能否成功，除营销部门本身的因素外，还要受这些因素的直接影响。

宏观营销环境指对企业营销活动造成市场机会和环境威胁的主要社会力量，包括人口、经济、自然、技术、政治、法律、文化等因素。

市场营销环境通过对企业构成威胁或提供机会而影响营销活动。

环境威胁是指环境中不利于企业营销的因素及其发展趋势，对企业形成挑战，对企业的市场地位构成威胁。而市场机会是指由环境变化造成的对企业营销活动富有吸引力和利益空间的领域。

二、市场调研与预测

1. 市场调研

市场营销信息是指经过加工整理，被市场营销者接受，对其完成市场营销任务有使用价值的情报、资料和消息。企业为了适应市场环境的变化，打开产品的销路，取得良好的经济效益，越来越重视市场信息的作用。

市场调研就是运用科学的方法，有目的、有计划，系统地收集、整理和分析研究有关市场营销方面的信息，提出解决问题的建议，供营销管理人员了解营销环境，发现机会与问题，作为市场预测和营销决策的依据。

市场调研可根据不同的标准，划分为不同的类型。如按调研时间可分为一次性调研、定期性调研、经常性调研、临时性调研；按调研目的可分为探索性调研、描述性调研、因果性调研。

(1)探索性调研。探索性调研是为掌握和理解调研者所面临的调研问题的特征和与之相关的各种变量所做的调研。探索性调研是对所研究课题的初步考察，大致了解一下情况。它的作用在于发现问题的端倪，而不在于揭露问题的本质。

(2)描述性调研。描述性调研是准确地定量描述调研课题所关注的各种事物的状态、规模、特点和过程，实现对变量值的测量，它回答现象“是什么”的问题。它的作用在于说明事物的表现，一般不涉及事物的本质及影响事物变化的内在原因。

(3)因果性调研。因果性调研是旨在确定事物的因果关系的调研。它先对事物变化的原因或事物间的因果联系提出尝试性说明。从这一假设出发，通过调查取得经验性数据，系统地检验假设。它回答的是“为什么”的问题。

2. 市场预测

所谓市场预测，就是运用科学的方法，调查研究影响市场供求变化的诸因素，分析和预见其发展趋势，掌握市场供求变化的规律，为市场营销决策提供可靠依据。市场预测是市场调查的发展与延续，是市场分析研究的结果。

市场预测是为了掌握现实及潜在市场需求量的发展变化。企业为使自己的产品最大限度地适应市场的需要，不仅要运用市场营销原理定性分析市场需求，开展市场营销环境分析，消费者市场、组织市场及其购买行为分析等，而且必须运用科学的方法，从量的角度分析研究市场，估计目前和未来市场需求、企业需求规模的大小。

三、消费者市场及购买行为分析

按顾客购买目的或用途的不同，市场可分为组织市场和消费者市场两大类。组织市场是指以某种组织为购买单位的购买者构成的市场，购买目的是为了生产、销售、维持组织运作或履行组织职能。消费者市场是个人或家庭为了生活消费而购买产品和服务的市场。生活消费是产品和服务流通的终点，因而消费者市场也称最终产品市场。

1. 消费者市场的特点

从交易的商品看，由于它是供人们最终消费的产品，而购买者是个人或家庭，因而更多地受到消费者个人(如文化修养、欣赏习惯、收入水平等方面)的影响；产品的花色多样、品种复杂，产品的生命周期短，商品的专业技术性不强，替代品较多，因而商品的价格需求弹性较大。

从交易的规模和方式看，消费品市场购买者众多，市场分散，成交次数频繁，但交易数量小。因此绝大部分商品都是通过中间商销售产品，以方便消费者购买。

从购买行为看，消费者的购买行为具有很大程度的可诱导性。消费品市场的购买者大多缺乏相应的商品知识和市场知识，其购买行为属非专业性购买，他们对产品的选择受广告、宣传的影响较大，易冲动。

从市场动态看，由于消费者的需求复杂，供求矛盾频繁，加之随着城乡交往、地区间的往来日益频繁，旅游事业的发展，国际交往的增多，人口的流动性越来越大，购买力的流动性也随之加强。

2. 消费者购买行为的影响因素

消费者生活在纷繁复杂的社会之中，购买行为必然会受到诸多因素的影响。要透彻地把握消费者购买行为，有效地开展市场营销活动，必须分析影响消费者购买行为的有关因素。影响消费者行为的因素主要有：文化因素、社会因素、个人因素、心理因素。其中文化因素、社会因素属于外在因素，而个人因素、心理因素属于内在因素。

3. 消费者购买角色

消费者在购买活动中可能扮演下列五种角色中的一种或几种。

(1)发起者：第一个提议或想到购买某种产品的人。

(2)影响者：有形或无形地影响最后购买决策的人。

(3)决定者：最后决定整个购买意向的人。比如买不买、买什么、买多少、怎么买、何时与何地买等。

(4)购买者：实际执行购买决策的人。

(5)使用者：实际使用和消费商品的人。

消费者以个人为单位购买时，五种角色可能同时由一人担任；以家庭为购买单位时，五种角色往往由家庭不同成员分别担任。

4. 消费者购买过程

不同购买类型反映了消费者购买决策过程的差异性或特殊性，但是消费者的购买过程也有其共同性或一般性。西方营销学者对消费者购买决策的一般过程做了深入研究，提出若干模式，采用较多的是五阶段模式(见图11—1)。

图11—1 消费者购买决策过程五阶段模式

四、组织市场及购买行为分析

1. 组织市场的类型

组织市场包括生产者市场、中间商市场、非营利组织市场和政府市场。

(1)生产者市场,指购买产品或服务用于制造其他产品或服务,然后销售或租赁给他人以获取利润的单位和个人。组成生产者市场的主要产业有:工业、农业、林业、渔业、采矿业、建筑业、运输业、通信业、公共事业、金融业、保险业和服务业等。

(2)中间商市场,也称转卖者市场,指购买产品用于转售或租赁以获取利润的单位和个人,包括批发商和零售商。

(3)非营利组织,泛指具有稳定的组织形式和固定的成员,不属于政府机构和私人企业而独立运作,发挥特定社会功能,不以获取利润为目的,而以推进社会公益为宗旨的事业单位与民间团体。非营利组织市场是指为了维持正常运作和履行职能而购买产品和服务的各类非营利组织所构成的市场。

(4)政府市场,是指为了执行政府职能而购买或租用产品的各级政府部门。政府是特殊的非营利组织。政府通过税收、财政预算掌握了相当部分的国民收入,形成了潜力极大的政府采购市场。

2. 组织市场的特点

(1)购买者少。组织市场营销人员比消费者市场营销人员接触的顾客要少得多。

(2)购买数量大。组织市场的顾客每次购买数量都比较大,供需双方关系密切,购买者的地理位置相对集中。

(3)派生需求。组织市场的顾客购买商品或服务是为了给自己的服务对象提供所需的商品或服务。需求弹性小,组织市场对产品和服务的需求总量受价格变动的影响小。需求波动大。

(4)专业人员采购。影响购买的人多,销售访问多。

(5)直接采购。组织市场的购买者往往向供应方直接采购,而不经过中间商环节,价格昂贵或技术复杂的项目更是如此。

(6)互惠购买。组织市场的购买者经常选择那些也从他们那里购物的供应商。

(7)租赁业务。组织市场往往通过租赁方式取得所需产品。

3. 生产者购买的类型

生产者购买类型主要有三种:直接重购、修正重购和新购。

(1)直接重购,指生产者用户的采购部门按照过去的订货目录和基本要求继续向原先的供应商购买产品。直接重购的产品主要是原材料、零配件和劳保用品等,当库存量低于规定水平时,就要续购。

(2)修正重购，指生产者用户希望修改产品规格、价格、其他条件或者供应商的情况。

(3)新购，指生产者用户初次购买某种产品或服务。新购往往面临着采购风险大、决策参与的人较多的情况。

4. 影响生产者购买的因素

一般来说，影响生产者用户购买决策的主要因素可分为四大类：环境因素、组织因素、人际因素和个人因素(见表11—1)。

表11—1　影响生产者购买的因素

环境因素	组织因素	人际因素	个人因素
● 需求水平 ● 经济前景 ● 资金成本 ● 技术发展 ● 政治与法律制度 ● 竞争态势	● 目标 ● 政策 ● 程序 ● 组织结构 ● 制度	● 职权 ● 地位 ● 态度 ● 说服力	● 年龄 ● 收入 ● 教育 ● 工作职位 ● 个性 ● 风险态度

第三节　市场营销战略

所谓STP战略，指的是市场营销战略分析中三个连续的过程：市场细分(segmenting)、目标市场(targeting)和市场定位(positioning)。通过STP过程，企业把市场区分成若干细分市场，选择其中的一个或几个细分市场作为目标市场，为每个细分市场定制产品开发和营销方案，并将自身可以给每一个目标市场带来的关键特征和利益清晰地传达给顾客。

一、市场细分

1. 市场细分的概念

市场细分的概念是美国市场学家温德尔·R. 史密斯(Wendell R. Smith)于20世纪50年代中期提出来的。所谓市场细分，就是营销者通过市场调研，依据消费者或用户的需要与欲望、购买行为和购买习惯等方面的明显差异性，把某一产品的市场整体划分为若干个买主群的过程。在这里，每一个买主群就是一个细分市场，亦称“子市场”或“亚市场”；每一个细分市场都是由具有类似需求倾向的买主构成的群体。因此，分属不同细分市场的买主对同一产品的需要与欲望存在明显差别，而属同一细分市场的买主的需要与欲望则极为相似。

2. 有效细分的标准

一般而言,成功、有效的市场细分应遵循以下几项基本原则。

(1)可衡量性。指细分的市场是可以识别和衡量的,细分出来的市场不仅范围明确,而且能大致判断其容量大小。即用来细分市场大小和购买力的特性程度应该是能够测定的。

(2)足量性。即细分市场的规模大到足够获利的程度。一个细分市场应该是值得为之设计一套营销规划方案的尽可能大的同质群体。

(3)可接近性。即能有效地到达细分市场并为之服务的程度。

(4)差异性。即细分市场在观念上能够被区别,并且对不同的营销组合因素和方案有不同的反应。

(5)行动可能性。即为吸引和服务于细分市场而系统地提出有效计划的可行程序。一方面,有关产品的信息能够通过一定媒体顺利传递给该市场的大多数消费者;另一方面,企业在一定时期内有可能将产品通过一定的分销渠道运送到该市场。

3. 市场细分的变量

由于居住地区、气候、年龄、性别、收入、家庭状况、生活习惯等因素的影响,因此不同的消费者群都会有不同的需求与动机。而这些不同的需求与动机,也即所谓的"细分变量"正是细分消费者市场的标准。

细分消费者市场常用的细分变量主要有两大部分:一部分是根据消费者特征细分市场,这部分细分变量主要包括地理细分、人文细分和心理细分等;另一部分是通过顾客对产品的反应细分市场,这部分细分变量主要包括行为细分等。

许多用来细分消费者市场的变量,同样可以用来细分企业市场,企业购买者同样可以按地理因素、追求的利益和使用率等细分,但通过前面的章节我们已经知道企业市场与消费者市场表现出了明显的不同特征,因而需要使用另外一些新的变量。细分企业市场的变量主要有人文变量、经营变量和购买特征变量等。

二、目标市场

1. 目标市场的概念

目标市场是企业的产品和服务的销售对象,即企业准备以其产品和服务进入的市场。一旦企业确定了市场细分机会,就必须依次评价各种细分市场和决定为多少个细分市场服务。在评估各种不同的细分市场时,企业必须考虑两个因素:细分市场结构的吸引力、公司的目标和资源。

2. 目标市场模式

公司针对不同的细分市场评估后,可以考虑五种目标市场模式。

(1)密集单一市场。即企业将全部资源集中于某一产品为某一市场服务的目标市场模式。企业通过密集营销,更加了解该细分市场的需要,可在该细分市场建立巩固的市场地位。

(2)有选择的专门化。即企业选择若干个细分市场,其中每个细分市场都有吸引力并符合企业的要求,企业将其资源分散在这些不同的细分市场,为各市场相应的顾客提供产品或服务。

(3)产品专门化。即企业将全部精力和资源集中于同一产品,为不同的顾客提供同一类产品。

(4)市场专门化。即企业将全部精力和资源集中于某个顾客群,专门为该顾客群的各种需要提供不同的产品和服务。

(5)完全覆盖市场。即企业用各种产品满足各种顾客群体的需求,即以全面的产品或服务全面进入市场。只有大公司才有足够的实力有可能采用完全覆盖市场模式。

五种目标市场模式见图 11－2。

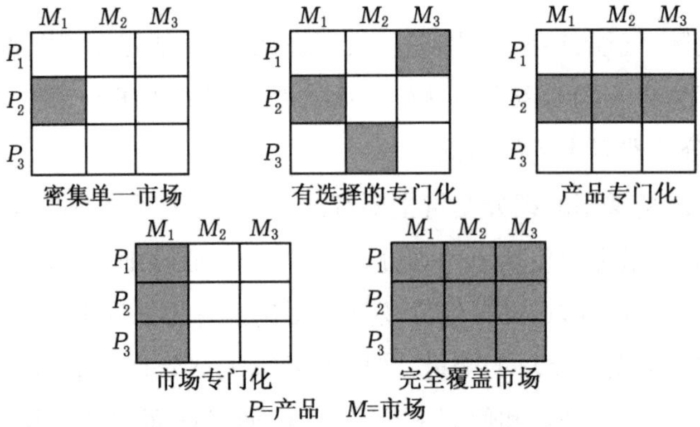

图 11－2　目标市场选择的五种模式

三、市场定位

1. 市场定位的概念

市场定位是 20 世纪 70 年代由美国学者阿尔·赖斯提出的一个重要的营销学概念。定位就是一种设计企业的供应品和形象,从而使其能在目标顾客心中占有一个独特位置的行动。企业根据竞争者在市场上所处的位置,针对消费者或用户对本企业所能提供的产品或服务的某种特征或属性的重视程度,强有力地塑造出本企业与众不同的、给人鲜明印象的个性或形象,并把这种形象生动地传递给顾客,从而使本企业在市场上确定适当的位置。定位的最后结果是成功地创立了一个以市场为重点的价值建议，它简单明了地阐述了为什么目标市场会购买该产品。

2. 市场定位战略

一个竞争者可以选择以下三种定位战略中的一种：(1)在顾客心目中加强和提高自己现在的定位。(2)寻找一个未被占领的领地。(3)在顾客心目中对竞争者反定位或重新定位。

3. 差异化战略

市场定位通过为自己的产品创立鲜明的特色或个性，从而塑造出独特的市场形象来实现。定位的任务是向目标市场传播企业或品牌的核心观念，简化我们对实体的看法。定位之后，差异化编织了一张差异网来体现这个实体。

所谓差异化，就是增加一系列有意义、有价值的差异，从而将企业的产品或服务与竞争者区分开来。

四、市场营销投资组合规划

如何把有限的人力、物力尤其是财力等资源，合理分配给现状、前景不同的各个战略经营单位，是企业最高层和总体战略必须考虑的主要内容之一。企业必须对各个战略经营单位及其业务状况进行评估和分类，确认它们的前景和发展潜力，从而决定投资结构。

在规划投资组合方面，市场增长率/市场占有率矩阵应用最为广泛。市场增长率/市场占有率矩阵是美国波士顿咨询公司(Boston Consulting)提出的一种模式，因而也称波士顿矩阵图(见图 11—3)。

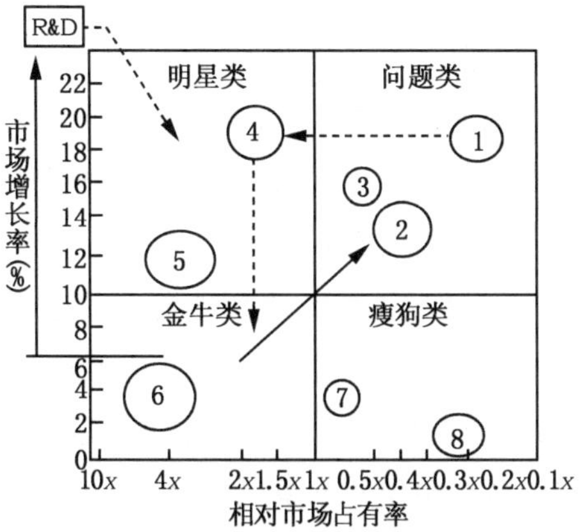

图 11—3 投资组合矩阵

市场增长率指企业一定时期销售业绩增长的百分比，市场占有率指企业在市场需求中所占的份额，相对市场占有率则是将企业的市场占有率和最大的竞争对手相比。

这些指标反映了企业的经营状况和对市场的控制程度。

在矩阵中，纵坐标代表市场增长率，可以年为单位。增长率高低可依具体情况确定。假设以10%为分界，高于10%为高增长率，低于10%为低增长率。横坐标为相对市场占有率，表示各经营单位与其最大竞争者之间在市场占有率方面的相对差异。某个经营单位的相对市场占有率为0.4，说明它的市场占有率为其最大竞争者的40%；相对市场占有率为2.0，说明比最大竞争者的市场占有率多一倍，自己才是市场上的“大头”。相对市场占有率比绝对市场占有率更能说明竞争情况。假定以1.0为分界线，可分为高、低两类市场占有率。矩阵中，圆圈代表企业所有的战略经营单位，圆圈的位置表示各单位在市场增长率及相对占有率方面的现状，圆圈的面积表示各单位销售额的大小。该矩阵有四个象限。一个企业所有的战略经营单位或业务，可以分为四种类型。

(1)“问题类”，即增长率较高、市场占有率较低的经营单位或业务。大多数的经营单位，进入市场最初都处于这种状况。这一类经营单位需要较多资源投入，用以追赶最大竞争者和适应迅速增长的市场、行业，但是它们又往往前程未卜，难以确定远景。企业必须考虑是继续增加投入还是维持现状，或减少投入，甚至精简、淘汰。

(2)“明星类”。“问题”单位如果经营成功，随着市场占有率的不断提高，会发展成为“明星类”业务。一般来说，这种单位仍然需要大量投入资源，以保证它们的发展能够跟上市场扩张的步伐，击退竞争者，因此短期内未必能给企业带来可观的收益，但它们是未来的“财源”。

(3)“金牛类”。随着市场增长的速度减缓，降到企业认为的低增长率，如图11－3所示的10%以下，但仍然据有较高的相对市场占有率，便成为“金牛类”业务。市场增长率降低，不再需要大量资源的投入，又由于相对市场占有率较高，这些经营单位可以产生较高收益，用于支援企业的其他经营单位，如“问题类”“明星类”以及“瘦狗类”业务。

(4)“瘦狗类”。指市场增长率和相对市场占有率都较低的经营单位。它们也还能为企业提供一些收益，但盈利甚少或有亏损，一般难以再度成为“财源”。

对各个战略经营单位分类以后，企业要评估自己的业务组合是否恰当。一般来说，一方面，市场占有率越高，经营单位的盈利能力就越强，利润水平一般与市场占有率同向增长；另一方面，市场增长率越高，经营单位所需的资源也越多，因为它们要继续发展和巩固市场。同时，各个单位所处境况也会变化。最初的“问题类”可能就是未来的“明星类”，“瘦狗类”经营得法，也未必不能转变为“问题类”或“金牛类”。企业在规划总体战略时，既要看到现状，又要分析前景，善于将目前的矩阵(即战略现状)与未来的矩阵(即战略追求)比较，思考需要采取的主要战略措施，并依据资源有效分配的原则，决定各个单位未来应当扮演的角色，从整体角度考虑投入的适当比例和合理数量,形成合适的投资和业务结构。企业可采取的战略措施主要有以下几种。

(1)发展。这是指以提高经营单位的相对市场占有率为目标,甚至不惜牺牲短期利益。比如"问题类"业务,为使其尽快成为"明星类"而增加资源的投入。

(2)保持。这是指维持经营单位的相对市场占有率。比如"金牛类",尤其是较大的"金牛类",以此为目标,使它们提供更多收益。

(3)收割。这是指以获取短期效益为目标,不多考虑长期效益。比如较弱小的"金牛类"业务,因其很快要由成熟期进入衰退期,前景黯淡,企业又需要较多的收益。此外,收割战略也可用于"问题类"及"瘦狗类"。

(4)放弃。这是指目标是清理、撤销某些经营单位,减轻负担,以便把有限的资源用于效益较高的业务。这种战略尤其适合于没有前途或妨碍企业盈利的经营单位。

五、竞争战略

1. 竞争分析的步骤

竞争分析主要有以下几个步骤。

(1)识别竞争者。企业实际的和潜在的竞争者的范围是广泛的,企业更可能被新出现的对手或新技术,而非当前的竞争者所打败。企业可以从行业和市场的角度识别竞争者。

(2)分析竞争者。一旦企业确定了首要竞争者,就必须辨别竞争者的特点,分析它们的战略、目标、优势与劣势,以及它们的反应模式。

(3)设计竞争情报系统。为了更有效地针对竞争者采取对策,企业需要设计一个竞争情报系统。选择要攻击或回避的竞争者,并对其有效分类,之后着手收集其信息资料,并估计与分析其实力和战略,最后再将竞争对手的关键信息送到有关决策者手上。

(4)竞争战略决策。可以进一步根据企业在目标市场所处的地位,把自己分为领导者、挑战者、追随者或补缺者。不同市场地位的企业根据其不同的市场定位采取不同的竞争战略。

(5)平衡顾客导向和竞争者导向。只面向竞争而忽略了顾客的重要性对企业来说同样是危险的事情。虽然竞争导向相当重要,但企业不应当将重点过分集中于竞争者身上,企业需要在竞争者和顾客之间找到一种好的平衡。

2. 市场领导者战略

大多数行业都有一个公认的市场领导者。所谓市场领导者,就是在相关产品的市场上占有最大市场份额的企业。它通常在价格、新产品引进、分销覆盖和促销强度上对其他公司起着领导作用。它具有品牌忠诚度、渠道和经验等方面的市场优势。

事实上市场领导者除非拥有合法的独占市场的特权，否则它的经营并不轻松，它必须时刻警惕以保持其市场领导者的地位。

为了继续保持市场第一位的优势，市场领导者需要：首先，必须找到扩大总需求的办法；其次，必须通过好的防御和进攻行动保护其现有的市场份额；再次，即使是在市场规模不变的情况下，也可以努力进一步扩大其市场份额。

具体而言，市场领导者的战略主要有以下几种。

(1)扩大总市场战略。总的来说，领导者应该寻找其产品的新用户，开辟产品新用途，不断采用市场渗透、市场开发、地理扩展、增加使用量等办法扩大市场。

(2)保护市场份额战略。在努力扩大总市场规模的同时，处于统治地位的公司还必须时刻注意保护自己现有的业务不受竞争对手的侵犯。领导者应拒绝满足现状，并应成为本行业新产品创意、顾客服务、分销效益和成本降低方面的先驱。

行之有效的办法是实施防御战略，防御战略的目标就是要减少受到攻击的可能性，将攻击的目标引到威胁较小的地带，并设法减弱进攻强度。具体而言，领导企业可以采用六种防御战略。

①阵地防御：最好的防御是进攻自我的勇气，主动挑战自我。阵地防御包括建立强大的品牌威力，使其坚不可摧。

②侧翼防御：建立某些辅助性防御阵地，必要时作为反击阵地。

③以攻为守：或者称为先发制人的防御，这是比较积极的防御策略。市场主导者要时刻准备组织针对竞争者的强大营销攻势，在竞争对手向企业发动进攻前，先向竞争对手进攻。

④防守反击：即反击式防御，大多数市场领导者受到攻击后，它必须向对方做出反击，可以是正面反击进攻者的矛头，也可以是向进攻者侧翼包抄。

⑤运动防御：市场主导者将范围扩展到新的领域，将来这些领域可能成为防守和进攻的中心。扩展到这些新领域的方法是市场拓展和市场多样化。

⑥收缩防御：或者称为战略撤退。一些大的企业有时认识到它们已经不再能防守所有领域，最好的行动是放弃较弱的领域或力量，把优势重新分配到较强的领域。

(3)扩大市场份额。市场领导者也可以通过进一步增加它们的市场份额而提高利润率。有许多市场份额上的一个百分点就价值几千万美元。当然提高市场份额的成本有时会超过其收入的价值，同时也需要考虑到引起反垄断的可能性。

3. 市场挑战者战略

在行业中占有第二、第三和以后位次的企业可以称为居次者或追随者。居次者可以采取两种战略：一种是作为市场挑战者，攻击市场领导者和其他竞争者，以夺取更多的市场份额；另一种是作为市场追随者，参与竞争，但不扰乱市场局面。

作为市场挑战者，首先需要确定战略目标和挑战对象：攻击市场主导者、攻击与自己实力相当者、攻击地方性小企业。然后需要选择一个总的进攻战略。可以有以下五种可能的进攻。

(1)正面进攻。找到竞争对手的主要弱点，强势进攻。攻击者可针对对手的产品、广告、价格等发起攻击。

(2)侧翼进攻。集中兵力进攻对手的弱点，其主要原则是以强胜弱。

(3)包围进攻。全方位大规模地，通过多方面的"闪电"进攻，深入敌人的领域。

(4)迂回进攻。最间接的进攻战略，它意味着绕过敌方并攻击较容易进入的市场，以扩大自己的资源基础。推行这种战略有三种方式：多样化经营无关联产品、进入新的地区市场以求多样化发展、引入新技术以取代现有产品。

(5)游击进攻。规模较小、力量较弱企业发起小型的、间断的进攻，其目的是骚扰对方以使其士气低落，并最终获得永久的据点。具体的方法如有选择地减价、密集的促销等。

4. 市场跟随者战略

大多数企业喜欢追随而不是向市场领导者挑战。它们常常仿效市场领导者，为购买者提供相似的供应品，从而使其市场份额显出高稳定性。

一个市场追随者必须知道如何保持现有的顾客和如何争取有新顾客参加的一个令人满意的市场份额。每个追随者要努力给它的目标市场带来特色和优势，必须保持其低制造成本和高产品质量及服务，以防止挑战者的攻击。因而追随者必须确定一条不会引起竞争性报复的成长路线。具体来说其战略主要有四类。

(1)仿制者：仿制者复制领导者的产品和包装，在黑市上销售或卖给名誉不好的经销商。其战略为紧密跟随战略。

(2)紧跟者：紧跟者模仿领导者的产品、名字和包装，但稍有区别。其战略为距离跟随战略。

(3)模仿者：模仿者在某些事情上仿效领导者，但在包装、广告、价格等方面有所不同。领导者并不注意模仿者，模仿者也不进攻领导者。其战略为选择跟随战略。

(4)改变者：改变者接受领先的产品，并改革它们。改变者可以选择销售给其他不同市场。然后，许多改变者成长为将来的挑战者。其战略为创新超越战略。

5. 市场补缺者战略

另一种在市场上做追随者的方法是成为在一小块市场上的领导者或补缺者。精心服务于市场的某些细小部分，而不与主要企业竞争，只是通过专业化经营占据有利的市场位置。小企业经常避免与大企业竞争，它们的目标是小市场或大企业不感兴趣的市场。

补缺者有三个任务:创造补缺市场、扩展补缺市场和保卫补缺市场。市场补缺的主要风险是市场补缺可能会枯竭或受到攻击。在补缺中的关键概念是专业化。具体而言,补缺者的专业化方案可以有:(1)最终用户专业化;(2)顾客规模专业化;(3)地理区域专业化;(4)产品或产品线专业化;(5)服务项目专业化;(6)特定顾客专业化;(7)质量价格专业化;(8)分销渠道专业化;(9)垂直层面专业化;(10)客户订单专业化。

由于补缺者往往是弱小者,因此企业必须连续不断地创造新的补缺市场,应该坚持"补缺观念"而不只是补缺一个市场。这就是多种补缺比单一补缺受欢迎的原因,在两个或更多的补缺基点发展实力后,企业就增加了生存机会。

第四节 市场营销策略

一、市场营销组合

市场营销组合,是指企业为满足实施市场营销战略的需要,综合运用各种可控制的营销策略和手段,组合成一个系统化的整体,以达到企业市场营销战略目标,从而使企业获得最佳效益。它是企业制定市场营销战略的基础,是应付市场竞争的有力手段,是合理分配企业营销资源的依据,因而必须做好组合工作。

影响市场营销活动的因素可分为两大类:一类是企业不可控制的环境因素;另一类是企业可控制的营销因素,这类因素很多,美国学者尤金·麦卡锡(Jerome McCarthy)把它概括为四大因素,即产品(product)、价格(price)、销售渠道(place)、促销(promotion),简称"4Ps"。市场营销组合具有可控性,与外部环境的适应性、层次性、动态性、整体性等特点。

二、产品策略

产品策略的内容很多,包括产品整体概念、产品组合策略、产品生命周期策略、新产品策略、品牌和包装策略。

1. 产品整体概念

现代市场营销学对产品的理解是一种广义的概念,它是指凡能提供给市场,以引起人们注意、获取、使用或消费,从而满足人们某种需要或欲望的物质,包括产品实体、无形服务、地点、组织及意识等。广义的产品,也称为整体产品概念,它由五个基本层次组成:核心产品、形式产品、期望产品、附加产品、潜在产品(见图 11—4)。

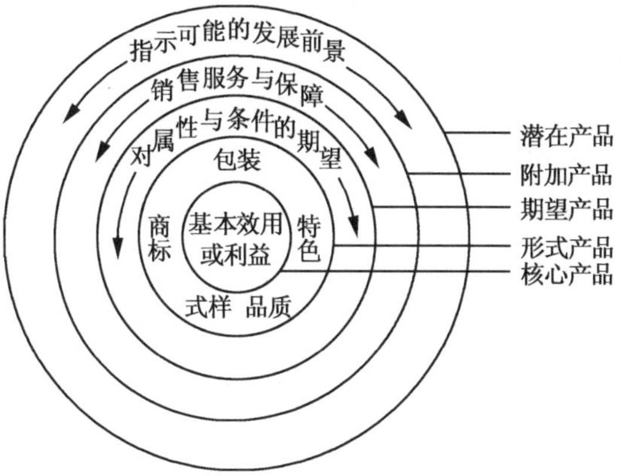

图 11—4 产品整体概念

(1)核心产品。核心产品是指企业向顾客提供的最基本的效用和利益。消费者或用户购买某种产品,并非仅仅是为了购买某一物质实体,而是为了满足某种特定的需求。例如,人们购买电冰箱,并不是为了买到装有压缩机、冷藏室、开关按键的大铁箱,而是为了通过电冰箱的制冷功能,使食物保鲜,为提高人们的生活水平和质量服务。可见,产品能否满足顾客的需要,关键在于其能否提供顾客所追求的基本效用和利益。核心产品是整个产品概念中最重要、最基本的层次。

(2)形式产品。形式产品是指核心产品借以实现的外在形式,也就是产品的外观部分,它较之核心产品具有更广泛的内容。形式产品由质量、式样、品牌、包装及特征组成。

(3)期望产品。期望产品是指购买者在购买该产品时期望得到的与产品密切相关的一整套属性和条件。例如,旅馆的客人期望得到清洁的床位、洗浴香波、浴巾、衣帽间的服务等。因为大多数旅馆均能满足旅客这些一般的期望,所以旅客在选择档次大致相同的旅馆时,一般不是选择哪家旅馆提供期望产品,而是根据哪家旅馆就近和方便而定。

(4)附加产品。附加产品是指人们在购买形式产品时所能得到的附加利益的总和。它包括提供信贷、免费运送、售后服务、设备安装以及提供各种保证等。企业要满足消费者的某种需求,就应提供与满足该项需求有关的一切服务。美国市场营销专家李维特曾指出,现代企业竞争并不在于各公司能生产什么,而在于它们能为其产品增加些什么内容。企业只有向顾客提供更多的实际利益,更好地满足其对附加利益的需求,才能在竞争中取胜。

(5)潜在产品。潜在产品是指现有产品包括所有附加产品在内的、可能发展成为未来最终产品潜在状态的产品。潜在产品指出了现有产品可能的演变趋势和前景。

如彩色电视机可发展为录放影机、电脑终端机等。

2. 产品组合策略

产品组合也称产品搭配，是指一个企业提供给市场的全部产品线和产品项目的组合，即企业的经营范围和经营结构。

产品线，是指互相关联或相似的一组产品，即产品大类。产品线的划分可依据产品功能上的相似性、消费上的连带性、供给顾客群的相同性、分销渠道的一致性，或同属一个价格档次等。每条产品线内又包括若干产品项目。

产品项目，是指产品大类中各种不同品种、规格、质量和价格等的特定产品。这样从市场营销角度出发引出的概念，既适用于生产企业，又适用于商业企业。如对食品企业，可分为酒产品大类、糕点产品大类。同样，在每种产品大类(产品线)中又可分为不同的产品项目。如纺织产品可分为纯棉布、腈纶布、涤纶布、丙纶布等，在纯棉布中又可按品位的不同分为一级品、二级品等，并分别制定不同的价格。所有这些大类和项目按一定比例搭配，就形成企业的产品组合。

产品组合包括四个衡量变量：宽度、长度、深度和关联度。

产品组合的宽度，即一个企业生产经营的产品大类有多少，拥有多少条产品线，多者为宽，少者为窄。

产品组合的长度，即指产品组合中产品项目的总数。如以产品项目总数除以产品线数目即可得到产品线的平均长度。

产品组合的深度，即指产品项目中每一品牌所含不同花色、规格、质量的产品数目的多少，如××牌牙膏有三种规格和两种配方，其深度就是6(3×2)。

产品组合的关联度，即指各条产品线在最终用途、生产条件、分配渠道或其他方面相互关联的程度。例如，某家用电器公司拥有电视机、电冰箱、洗衣机等多条产品线，但每条产品线都是家电用品，这一产品组合就有较强的一致性。相反，实行混合式多元化经营的公司，其各类产品线间的关联度就比较小，或毫无关联度。

3. 产品生命周期

一种产品在市场上的销售和获利能力，随时间推移而发生与生命历程相类似的变化，也经历着孕育、诞生、成长、成熟和衰老的过程。所谓产品生命周期，是指新产品研制成功后，从投入市场开始直到被市场淘汰为止所经历的时间过程。

产品生命周期是以销售额和企业获得的利润额的变化衡量的。从新产品投入市场开始到产品在市场上消失为止，一般经历四个阶段，即导入期、成长期、成熟期和衰退期。典型产品的销售历史可描绘成一条S形曲线(见图11—5)。

(1)在导入阶段，产品初进入市场，销售量增长缓慢，因为产品导入市场需要支付巨额费用，以致这个阶段无利润或亏损。

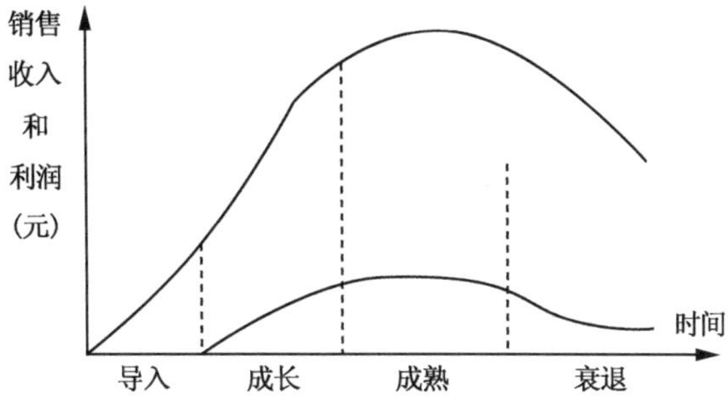

图 11－5 典型产品生命周期曲线

(2)在成长阶段,产品被市场接受,销售额和利润迅速增加。

(3)在成熟阶段,产品已被大多数的潜在购买者所接受,销售额增长缓慢;为了对抗竞争,维持产品地位,营销费用日益增加,利润稳定或下降。

(4)在衰退阶段,销售额下降趋势增强,利润不断下降。

产品生命周期各阶段的划分没有固定的时间标准,要标明各阶段的起点和终点更困难。通常可把销售增长率或下降率的显著变化作为区分点,有的以逐年实际销售量的百分率变动的正态分布为基础,来划分产品生命周期的各阶段,其轨迹基本上与S形曲线相符。

4. 产品生命周期策略

(1)导入期营销策略。企业为了尽快打开市场局面,将产品成功地导入市场,导入期应采取的基本策略是:积极搜集市场对新产品的反应,甚至不惜采取赠送、试用、折扣等方式搜集用户意见,争取尽快改进产品并定型。同时要搞好市场试销,大力促销,千方百计地打开销路。具体来说,在推出一种新产品时,营销部门可为价格、促销和产品质量等各个变量分别设立高或低两种水平。

当只考虑价格和促销时,营销部门可以采取以下四种策略。

①快速撇取策略。这一策略是以高价格和高促销水平的方式推出新产品。高促销即大量开展广告宣传等促销活动,从而可以达到迅速提高产品知名度,迅速占领市场的目的。采用高价格是为了在每单位销售量中尽可能获得更多的毛利,从而可以迅速收回投资,开创企业经营的新局面。

②缓慢撇取策略。这一策略是以高价格和低促销水平的方式推出新产品。推行高价格是为了尽可能多地获得每单位销售量的毛利;而推行低水平促销是为了降低营销费用。两者结合可能在市场上撇取大量利润。

③快速渗透策略。这种策略是以低价格和高促销水平的方式推出新产品。这一策略期望能给企业带来最快的市场渗透和最高的市场占有率。

④缓慢渗透策略。这种策略是以低价格和低促销水平的方式推出新产品。低价格将促进市场迅速接受该产品;低促销是为了节约营销费用,保证企业在以低价销售时获得必要的利润。

(2)成长期产品策略。产品成功地导入市场,并具备了迅速增长的能力,一般来说,在一定时期内可在市场上占统治地位。在该阶段销售量迅速上升,竞争开始激烈,价格维持不变或略有下降,利润迅速增长,并可能达到生命周期的最高点。

成长期是产品在整个生命周期的决定性阶段,企业的基本策略是:稳定产品质量,精心维持产品声誉,加速扩大生产能力;组织好销售工作,保证充分供应,绝不能使产品在市场上脱销,严防竞争者仿制或替代产品乘虚而入。可以适时采取以下行动。

①改进产品质量,增加花色和式样,在创名牌上下功夫。

②积极寻找并打入新市场。如从导入期以高收入阶层为目标市场转入以中收入阶层为新目标市场。

③进一步发展产品销售网点和代理机构,随时注意开发新的分销渠道和分销机会,扩大产品的分销面。

④调整促销策略,促销目标从产品知名度的建立转移到说服消费者接受和购买产品上。

⑤选择适当时机降低价格,以便吸引要求低价供应的另一层次价格敏感的购买者。

(3)成熟期产品策略。一个产品的销售增长率达到某一点后将放慢步伐,出现相对稳定的时期,这时产品进入成熟期。成熟期的持续时间要长于前两个阶段,是产品主要销售和获利的阶段,但也给营销管理者带来了最难应付的挑战。

在产品成熟阶段,许多企业都在千方百计地努力延长成熟期的时间,如降低成本、倾销、加强广告宣传和用户服务等。但是,“创业容易守业难”,消极地防御老化的产品,不可能达到既要赚钱,又要保持市场占有率的目的。因此,在这一阶段营销人员应系统地考虑市场、产品和营销组合改进等主动进攻的策略。

①市场改进策略。具体来说可以采用扩大品牌使用人数和提高当前品牌使用者对该品牌的年使用率。扩大品牌使用人数,通常可采取三种办法:第一,转变非使用人,即通过努力说服使非使用人转变为该类产品的使用人;第二,进入新的细分市场,即通过市场细分寻找并打入新的目标市场;第三,争取竞争者的顾客,即通过某种办法吸引竞争者的顾客试用或采用该品牌产品。提高当前品牌使用者对该品牌的年使用率,亦可采取三种策略:第一,增加使用次数,即努力使顾客更频繁地使用该产品;第二,增加每个场合的使用量,即努力使用户在每次使用时增加该产品的使用量;第三,开发该产品的各种新用途,并使人们相信它有更多用途。

②产品改进策略。就是通过改进现行产品的特性，以吸引新用户或增加现用户使用量的策略。具体可采用以下几种形式：第一，品质改进，即增加产品某些使用价值和功能，如耐用性、可靠性、速度、口味等；第二，特点改进，即增加产品的新特点（如尺寸、重量、材料、添加物、附件等），扩大产品的多功能性、安全性或便利性；第三，式样改进，即提高产品的外形美或使产品的外形多样化，增加产品的选择性，适应消费者丰富多彩的需求。

③营销组合改进策略。企业在改进产品的同时，还应努力改进营销组合的一个或几个要素，刺激销售。如价格、分销、广告、人员推销、营业推广、服务等都可以适当地改进。

（4）衰退期的产品策略。产品进入衰退期，销售量每况愈下；消费者已在期待新产品的出现或已转向；有些竞争者已退出市场，留下来的企业可能会减少产品附带的服务；企业经常调低价格，处理存货；不仅利润下降，而且有损于企业的声誉。因此，对企业来说，继续经营衰退期产品，大多得不偿失。然而，往往有一些企业由于感情因素或短视，没有在适当时机淘汰这类疲软产品，这会延误寻找换代产品的工作，使产品组合失去平衡，延长了“昨天产品”就缩短了“明天产品”，压低了目前的获利能力，并削弱了企业在未来的根基。

企业在处理衰退期产品时，面临着许多任务和决策。

①辨认衰退期产品。确认产品是否进入衰退阶段，要认真调查商情，注意可能存在的一些假象。有时因经济、市场环境好转或因修订原有不正确的经营计划，可以在局部使产品复苏；有时由于众多竞争者的退出，导致个别停留在原市场上的企业发现一种“逆反”转机。企业要认真调查与分析，正确判断产品是否进入衰退期。

②确定衰退期产品的策略。产品进入衰退期后，许多企业纷纷退出市场，但有的企业仍留在市场，这时可采取的策略有：第一，连续策略，就是连续沿用过去同样的市场、渠道、价格和促销活动，使产品自行衰退，直至自动结束；第二，集中策略，就是将原来投入的资源集中于一些最有利的细分市场和分销渠道，缩短经营战线；第三，榨取策略，即大幅度地降低营销费用，以增加眼前利润，这样做也就加速了产品的衰退进程。

③放弃决策。当企业决定放弃衰退产品时，它面临着进一步的决策：第一，必须决定是把产品出售或转让给别人还是完全抛弃；第二，必须决定是迅速还是缓慢地放弃该产品；第三，必须决定为从前的顾客保留多少零部件的库存和维修服务；第四，必须决定是否该做广告以通知顾客。

表 11—2 列出了产品生命周期的特征和战略。

表 11—2　　产品生命周期特征和战略

		导入期	成长期	成熟期	衰退期
特征	销售	销售量低	销售量剧增	销售量最大	销售量衰退
	成本	人均顾客成本高	人均顾客成本一般	人均顾客成本低	人均顾客成本低
	利润	亏本	利润增长	利润高	利润下降
	顾客	创新者	早期接受者	中间主要一族	落后者
	竞争者	很少	增多	数量稳定、开始下降	数量下降
	营销目标	创建产品知名度和试用	市场份额达到最大	保护市场份额的同时使利润最大	减少开支，挤了品牌剩余价值
战略	产品	提供基本产品	提供产品扩展、服务、担保	品牌和型号多样化	逐渐减少衰退产品
	价格	用成本加成法	制定能渗透市场的价格	定价和竞争者抗衡或战胜他们	降价
	销售	选择性销售	密集性销售	更密集性销售	有选择地减少无利润销售点
	广告	在早期接受者和经销商中建立产品知名度	在大量市场建立产品知名度和激发兴趣	强调品牌差异和利益	降低到维持住绝对忠诚者所需要的程度
	促销	加强促销、引诱试用	利用重度消费者的需要，减少促销	为鼓励转换品牌加强促销	降低到最低水平

资料来源：菲利普·科特勒著：《科特勒市场营销教程》，华夏出版社 2000 年版。

5. 新产品开发过程

新产品开发过程可以分为八个阶段：寻求创意、筛选创意、产品概念形成与试验、初拟营销规划、市场分析、新产品研制、市场试销和正式进入市场（见图 11—6）。

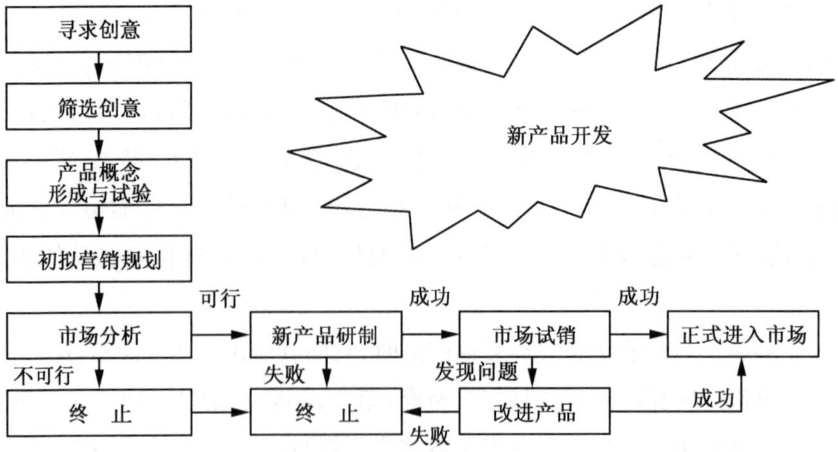

图 11—6　新产品开发阶段

6. 品牌与商标

品牌(band)是一个名称、术语、标记、符号、图案,或者是这些因素的组合,它可用来识别产品的制造商和销售商。它是卖方做出的不断为买方提供一系列产品特点、利益和服务的允诺。由于消费者视品牌为产品的一个重要组成部分,因此建立品牌能够增加产品的价值。品牌是一个集合概念,它由品牌名称、品牌标志和品牌角色组成。

商标,人们通常称为商品的牌子。商标的确定概念应该是商品的标记。这种标记通常是用文字、图形或二者兼备来表示的。它是商品的生产者或经营者用以标明自己所生产和经营的商品,与其他同种商品有所区别的标记。从这个意义上讲,商标又是表示商品质量和商品来源的标志。

7. 包装

包装是商品生产的继续,商品只有经过包装才能进入流通领域,实现其价值与使用价值。商品包装可以保护商品在流通过程中品质完好和数量完整,同时还可以增加商品的价值。此外,良好的包装还有利于消费者挑选、携带和使用。商品包装在营销实践中起着越来越重要的作用。一般来说,商品包装应该包括商标或品牌、形状、颜色、图案和材料等要素。

专栏

从 4P 到 4C

4C 理论是由美国营销专家劳特朋教授在 1990 年提出的,它以消费者需求为导向,重新设定了市场营销组合的四个基本要素,即消费者(consumer)、成本(cost)、便利(convenience)和沟通(communication)。它强调企业首先应该把追求顾客满意放在第一位,其次是努力降低顾客的购买成本,然后要充分注意到顾客购买过程中的便利性,而不是从企业的角度来决定销售渠道策略,最后还应以消费者为中心实施有效的营销沟通。

消费者

零售企业直接面向消费者,因而更应该考虑消费者的需要和欲望,建立以消费者为中心的零售观念,将“以消费者为中心”作为一条红线,贯穿市场营销活动的整个过程。零售企业应站在消费者的立场上,帮助消费者组织挑选商品货源;按照消费者的需要及购买行为的要求,组织商品销售;研究消费者的购买行为,更好地满足消费者的需要;更注重为消费者提供优质的服务。

成本

顾客在购买某一商品时，除耗费一定的资金外，还要耗费一定的时间、精力和体力，这些构成了顾客总成本。所以，顾客总成本包括货币成本、时间成本、精神成本和体力成本等。由于顾客在购买商品时，总希望把有关成本包括货币、时间、精神和体力等降到最低限度，以使自己得到最大限度的满足，因此，零售企业必须考虑顾客为满足需求而愿意支付的“顾客总成本”。努力降低顾客购买的总成本，如降低商品进价成本和市场营销费用从而降低商品价格，以减少顾客的货币成本；努力提高工作效率，尽可能减少顾客的时间支出，节约顾客的购买时间；通过多种渠道向顾客提供详尽的信息、为顾客提供良好的售后服务，减少顾客精神和体力的耗费。

方便

最大限度地便利消费者，是目前处于过度竞争状况的零售企业应该认真思考的问题。如上所述，零售企业在选择地理位置时，应考虑地区抉择、区域抉择、地点抉择等因素，尤其应考虑“消费者的易接近性”这一因素，使消费者容易达到商店。即使是远程的消费者，也能通过便利的交通接近商店。同时，在商店的设计和布局上要考虑方便消费者进出、上下，方便消费者参观、浏览、挑选，方便消费者付款结算等。

沟通

零售企业为了创立竞争优势，必须不断地与消费者沟通。与消费者沟通包括向消费者提供有关商店地点、商品、服务、价格等方面的信息；影响消费者的态度与偏好，说服消费者光顾商店、购买商品；在消费者的心目中树立良好的企业形象。在当今竞争激烈的零售市场环境中，零售企业的管理者应该认识到：与消费者沟通比选择适当的商品、价格、地点、促销更为重要，更有利于企业的长期发展。

三、价格策略

影响定价的因素是多方面的，包括定价目标、成本，以及其他市场营销组合因素。

企业制定价格必须全面考虑各个方面的因素，采取一系列步骤和措施。一般来说，要采取六个步骤：选择定价目标、估算成本、测定需求的价格弹性、分析竞争对手的产品与价格、选择适当的定价方法、选定最后价格。

大体上企业定价有三种导向，即成本导向、需求导向和竞争导向。

成本导向定价法是按照单位成本加上一个标准的利润加成，是最基本的定价方法。所谓目标定价法，是指根据估计的总销售收入（销售额）和估计的产量（销售量）制定价格的一种方法。按边际成本定价也称边际贡献定价，即仅计算变动成本，略去固定成本，而以预期的边际贡献补偿固定成本并获得收益。

需求导向定价法是一种以市场需求强度及消费者感受为主要依据的定价方法，包括认知价值定价法、反向定价法和需求差异定价法三种，其中需求差异定价法（又称差别定价法）既是一种定价方法，又涉及许多灵活多变的定价策略。认知价值定价法，就是企业根据购买者对产品的认知价值制定价格的一种方法。反向定价法，是指企业依据消费者能够接受的最终销售价格，计算自己从事经营的成本和利润后，逆向推算出产品的批发价和零售价。

竞争导向定价法通常有两种定价方法，即随行就市定价法和投标定价法。随行就市定价法是指企业按照行业的平均现行价格水平定价。此种方法是同质产品市场的惯用定价法。投标定价法即以密封投标竞争的方式确定商品价格的方法。

四、渠道策略

分销渠道（distribution channel），是指某种产品从生产者向消费者或用户转移过程中所经过的一切取得所有权（或协助所有权转移）的商业组织和个体。

在产品从生产者转移到消费者的过程中，任何一个对产品拥有所有权或负有推销责任的机构，就叫作一个渠道层次。分销渠道的宽度是指渠道中每一层次使用同类型中间商数目的多少。

分销渠道设计是分销渠道决策的重要内容，包括选择最佳的渠道模式、确定每一层次所需中间商的数目、中间商的类型以及确定渠道成员的权利与责任。分销渠道设计的基本步骤包括：确定渠道目标与限制、明确各种渠道方案、评估各种可能的渠道方案。

分销渠道管理是指生产者设法解决与中间商的冲突，并以各种适宜的措施支持和激励中间商积极分销，从而促使商品高效地流转到消费者手中的活动过程。企业在设计渠道之后就需要选择中间商，在分销渠道投入运行后还涉及对中间商的激励、评估以及调整渠道系统等问题。

五、促销策略

成功的市场营销活动，不仅需要制定适当的价格、选择合适的分销渠道向市场提供令消费者满意的产品，而且需要采取适当的方式促销。所谓促销，是指通过人员或非人员的方式传播商品信息，帮助和促进消费者熟悉某种商品或劳务，并促使消费者对商品或劳务产生好感与信任，继而使其踊跃购买的活动。

促销组合，就是企业根据产品的特点和营销目标，综合各种影响因素，对各种促销方式的选择、编配和运用。

在实践中，促销方式有很多种，大体可分为两类：人员促销和非人员促销。具体来说又可以分为四种方式：人员推销、广告、公关、营业推广。

人员推销是企业运用推销人员直接向顾客推销商品和劳务的一种促销活动。

在竞争日益激烈的现代商品市场，商业广告数量繁多，花样日新月异。为了在广告活动中取得更大的效果，就必须制定各种广告策略，以配合广告策划的实施。市场营销学中的广告是广告主以促进销售为目的，付出一定的费用，通过特定的媒体传播商品或劳务等有关经济信息的大众传播活动。

公共关系是指企业通过与公众沟通信息，使企业和公众相互了解，以提高企业的知名度和声誉，为企业的市场营销活动创造一个良好的外部环境的活动。企业要同公众沟通信息，就必须开展灵活多样的活动。公共关系是最常用的促销手段之一，它不仅有助于企业树立良好的整体形象，扩大企业知名度，而且有助于增强员工归属感、自豪感、凝聚力，扩大企业的销售额。

营业推广也称销售促进，它是企业用来刺激早期或强烈的市场反应而采取的各种短期性促销方式的总称，目的在于劝诱同业(中间商)或消费者购买某一特定产品。营业推广有三大类对象，即消费者、中间商和推销人员。

本章小结

1. 市场营销是个人和群体通过创造并同他人交换产品和价值以满足需求和欲望的一种社会和管理过程。市场营销管理的基本任务，就是为达到企业目标，通过市场调研、计划、执行与控制，管理目标市场的需求水平、时机和构成。营销管理的实质是需求管理。

2. 有五种可供选择的观念指导企业市场营销活动，它们分别是生产观念、产品观念、推销观念、市场营销观念和社会营销观念。

3. 市场营销环境是存在于企业营销部门外部的不可控制的因素和力量，这些因素和力量是影响企业营销活动及其目标实现的外部条件。营销环境包括微观环境和宏观环境两个方面。

4. 按顾客购买目的或用途的不同，市场可分为组织市场和消费者市场两大类。组织市场指以某种组织为购买单位的购买者所构成的市场，购买目的是为了生产、销售、维持组织运作或履行组织职能。消费者市场是个人或家庭为了生活消费而购买产品和服务的市场。生活消费是产品和服务流通的终点，因而消费者市场也称为最终产品市场。

5. 所谓STP战略，指的是市场营销战略分析中三个连续的过程：市场细分、目标市场和市场定位。通过STP过程，企业把市场区分成若干细分市场，选择其中的一个或几个细分市场作为目标市场，为每个细分市场定制产品开发和营销方案，对于每一个目标市场把自身可以给其带来的关键特征和利益清晰地传达给顾客。

6. 市场营销组合，是指企业为满足实施市场营销战略的需要，综合运用各种可控制的营销策略和手段，组合成一个系统化的整体，以达到企业市场营销战略目标，从而使企业获得最佳效益。主要的市场营销策略可以概括成为产品、价格、渠道和促销等。

7. 现代市场营销学对产品的理解是一种广义的概念，它是指凡能提供给市场，以引起人们注意、获取、使用或消费，从而满足人们某种需要或欲望的物质，包括产品实体、无形服务、地点、组织及意识等。广义的产品，也称为整体产品概念，它由五个基本层次组成：核心产品、形式产品、期望产品、附加产品、潜在产品。

8. 所谓产品生命周期，是指新产品研制成功后，从投入市场开始直到被市场淘汰为止所经历的时间过程。产品生命周期是以销售额和企业获得的利润额的变化衡量的。从新产品投入市场开始到产品在市场上消失为止，一般经历四个阶段，即导入期、成长期、成熟期和衰退期。

复习思考题

1. 什么是市场，什么是市场营销？
2. 什么是市场营销观念？市场营销观念的演进经历了哪些阶段？
3. 消费者市场的主要特征有哪些？
4. 什么是市场细分、目标市场及市场定位？
5. 竞争战略有哪些主要的类型？
6. 市场营销组合策略主要有哪些？
7. 什么是产品整体概念？包括哪些层次？
8. 产品生命周期各阶段应采取的营销策略有哪些？
9. 有哪些主要的定价策略？
10. 渠道管理的重点是什么？
11. 有哪些促销策略类型和方式？

案例思考

哈根达斯：卖的不是冰激凌，而是梦想！

哈根达斯(Haagen-Dazs)的“矜贵”是举世闻名的，动辄上百元的价位让普通冰激凌自惭形秽，也让它享有“冰激凌中的劳斯莱斯”的美称。经历了60多年的风雨兼程，哈根达斯已在全球55个国家开设了700多家专卖店和几万家零售点，从西方到东方，从蓝眼睛到黄皮肤，它跨越了地域和种族的限制，成为追求高雅时尚生活人士的共同语言。在许多人心里，哈根达斯卖的不是冰激凌，而是对生活的梦想！

洞察市场，哈根达斯一炮走红

1961年，哈根达斯诞生于纽约的布朗克斯(Bronx)，它的创始人便是鲁本·马塔斯(Reubeno Mattus)。1921年，波兰移民马塔斯便开始在纽约布朗克斯大街上出售家庭自制的冰激凌和果冰，并在当地渐渐有了一些名气。

20世纪50年代，美国冰激凌市场竞争越来越激烈，40多岁的马塔斯敏锐地发现，低价冰激凌市场已日渐成熟，小作坊式的冰激凌生产根本不可能有大的作为。另外，由于冷冻技术的发展，许多制造商在冰激凌中加入了更多的空气、稳定剂和防腐剂，以延长产品的保质期并降低成本，使冰激凌质量大不如前。于是，马塔斯立志要生产纯天然、高质量、风味绝佳的冰激凌产品，抢占高品质冰激凌的市场空间。他推出三种口味的高档冰激凌：香草、巧克力和咖啡，主要针对一些高级餐厅和商店，1961年产品正式命名为“Haagen-Dazs”。

马塔斯高价位的经营策略无疑具有风险性，然而最终让他获得了极大的成功。哈根达斯上市后很快一炮走红，并在全球带来了一场冰激凌革命。在随后的几十年里，哈根达斯尽管几易其主，但其“矜贵”的品牌形象却一直未变，马塔斯独到的商业眼光和其后对“矜贵”品牌形象的维护，让哈根达斯至今仍独秀于顶级冰激凌行列，成为优质生活和品位的象征。美国《时代》杂志曾赋予哈根达斯“冰激凌中的劳斯莱斯”的美名。

尽善尽美，哈根达斯演绎“矜贵”

正如许多顶尖奢侈品牌，哈根达斯走的是“曲高和寡”的经营路线，它必须凸显自己“矜贵”的品牌个性。马塔斯在创立哈根达斯之初，便明确地喊出了自己的宣言“制造最好的冰激凌”，在其后的发展历程中，无论是制作选料、产品定价，还是专卖店设立、宣传策略等，哈根达斯都尽善尽美，体现出对“矜贵”傲人品质的孜孜以求，使品尝哈根达斯冰激凌成为一种难忘的体验。

在产品制作上，马塔斯舍弃当时偏重外观而忽视口味的做法，不吝成本，严格地选用100%天然的原料。为保证傲人的品质，哈根达斯不懈寻找世界上最优质的原料，不含任何防腐剂、人造香料、稳定剂和色素，在冰激凌中加入更多鲜奶油，并努力降低冰激凌的空气含量。采用脱脂奶、新鲜奶油、蔗糖及经过严格品质鉴定的新鲜蛋黄是哈根达斯骄人口味的秘密，正如哈根达斯所宣称的：每一口的哈根达斯冰激凌都比一般的冰激凌更加香软，品尝后顿觉齿颊留香。至今，哈根达斯仍延续了这一优良传统，全球出售的哈根达斯都是选用100%天然原料，而且每道制作工序都有严格的质量检测保证。

在产品定价上，哈根达斯与和路雪、雀巢不一样，走的是高价位路线，目标消费群是处于收入金字塔顶层的注重生活品位、追求时尚的年轻人。哈根达斯冰激凌的价格令普通人“望而却步”，一份“梦幻天使”78元，一个冰激凌球25元，一个主题冰激凌更是在百元以上。然而哈根达斯的高价位依然吸引大批信徒，粉丝已经将哈根达斯视为高品质生活的象征。

1976年鲁本·马塔斯的女儿多丽丝·马塔斯(Doris Mattus)在美国开了第一家哈根达斯专卖店，其高雅的设计获得巨大的成功，随后，哈根达斯专卖店如雨后春笋般在世界各地出现。哈根达斯为了维护其“矜贵”形象，专卖店绝不会设立在嘈杂的超市或杂货店里与廉价冰激凌为伍，其专卖店均设于时尚繁华路段，由设计师精心设计，有时，哈根达斯一家旗舰店的投资会超过数百万美元。幽静的角落、温情的音乐、柔和的灯光，哈根达斯用温馨、轻松、时尚、浪漫的氛围包围每一位光顾者，让顾客在品尝冰激凌的同时，体会优雅的“哈根达斯一刻”。如今，哈根达斯已在全球55个国家拥有约700多家专卖店，年销售额逾10亿美元。

在宣传策略上，为了维护其“矜贵”形象，哈根达斯几乎不做针对广大受众群的电视广告，它的广告偶尔出现在一些时尚杂志上，大多是极富视觉冲击力的平面广告。当然，哈根达斯很看重“口口相传”的效果，因此对光顾者“进来一个，抓住一个；抓住一个，巩固一个；巩固一个，发展一批”。消费者热情的口碑传播也成了哈根达斯的撒手锏。另外，哈根达斯精美的菜单里令人目不暇接的主题雪糕也许比广告更具诱惑力，当你面对菜单里诸如“浓情脆意”“爱琴海之舟”“心怡情怡”“梦幻天使”“情迷黑森林”“梦牵霞飞”等美妙新奇的冰激凌名字时，你怎能不垂涎欲滴而乖乖投降呢？哈根达斯还有一个独特的宣传策略，就是将产品贴上爱情标签，一句“爱我，就请我吃哈根达斯”的广告语，让吃哈根达斯就像送玫瑰一样，哈根达斯俨然成为“小资男女”的浪漫爱情信物，令许多情侣们衍生出甜蜜美好的遐想。哈根达斯在情人节时还特别推出“情侣冰激凌”，免费拍情侣照，罗曼蒂克的促销手段让情侣们流连忘返。

对“矜贵”品质尽善尽美的追求，使哈根达斯成为“高贵时尚生活方式”的代言人。

中国之旅，哈根达斯融入东方情结

1996 年，哈根达斯进入中国，在上海南京路开设了中国第一家专卖店，随后，哈根达斯在北京、广州、杭州、深圳、青岛等十多个城市闪亮登场。

哈根达斯是个异国品牌，当许多人对圣诞节和情人节等舶来品热情追捧时，哈根达斯却将自己的西方浪漫风情融入传统的东方情结中，牢牢抓住了中国消费者的心。

2000 年，哈根达斯为中国消费者推出了匠心独具的“冬日狂欢精选”系列，包括哈根达斯冰激凌火锅、3 款冬日精选菜式和专为新千年倾情奉献的“千禧之约”冰激凌蛋糕。特别是哈根达斯冰激凌火锅将西方的冰激凌同中国的传统火锅融为一体，给中国消费者带来美好新奇的体验。

哈根达斯深谙中国人品茶之道，特意将同属东方的日本抹茶融入冰激凌，让你在浓郁的茶香中体会到一种别样的冰激凌甜蜜。哈根达斯 2001 年 4 月推出的“抹茶”冰激凌包括“抹茶手卷”和“茶的物语”，“抹茶手卷”将清香的抹茶冰激凌融入奶昔，而“茶的物语”则融合鲜奶、炼乳及蜜红豆。哈根达斯将东方茶文化融入西方的冰激凌，掀起了一场“绿色风暴”。

2001 年中秋节前，哈根达斯又推出独具创意的“月饼冰激凌”。在设计精美的月饼礼盒中，4 款不同口味的“月饼冰激凌”异彩纷呈，有以芒果雪芭为馅、以巧克力为皮的月饼冰激凌，还有由草莓和芒果搭配而成的月饼冰激凌……当你中秋佳节举头赏月，品尝着清滑香浓、莹润剔透的“月饼冰激凌”时，怎能不深切地感受到哈根达斯“一切都值得回味”呢?

如今，哈根达斯已成为享誉全球的品牌，无论在哪里，只要一提到“哈根达斯”，人们心中便会激起温馨、甜蜜、时尚的涟漪，在消费者心里，哈根达斯卖的不是冰激凌，而是对美好生活的梦想!

问题：

1. 结合案例分析营销策略的主要类型。
2. 哈根达斯的目标市场与市场定位分别是什么?

第十二章　人力资源管理

学习目标

1. 了解人力资源管理的主要内容；
2. 了解和掌握工作分析的程序和方法；
3. 了解和掌握招聘的方法；
4. 了解员工培训的有关内容；
5. 了解绩效与薪酬管理的方法。

关键术语

人力资源规划　工作分析　人员招聘　绩效考评　薪酬管理

引入案例

移动互联网时代的人力资源管理

1997年以前，是韦尔奇的天下，他崇尚“末位淘汰制”或者说是“360度评估”：把团队内人员按20%、70%、10%的比例分为最优、中等和最差三个层次。最优的20%的人得到晋升和提薪，70%的人给予培训，激励让他们上升至最优秀20%的人当中，最差的10%员工必须走人，切不能把过多的时间和精力耗在这10%的人身上。这三个层次始终都是动态的，随时更换人员。

这是1997年以前，在那之后乔布斯回归苹果。至今想来，他在那一年说的两句话和做的一件事，推动了这个星球进入移动互联网时代，并影响了后来的各种思维、思潮和管理方法，包括今日的人力资源管理趋势。

他的两句话是“Think Different”（另类思考）与“要么杰作、要么狗屎”。他做的那件事：将 Mac 变成了半透明状。今天我们讲各种互联网思维，用 Think Different 来诠释，概莫能外。今天我们猜想人类的思维正在透明化，引子不过是那个半透明的 Mac；今天引领潮流的企业脸书（Facebook）、小米等在选才、用人的标准和方法上极速趋向二维化：要么杰作，要么狗屎，不杰出必须走人。

连互联网钉子户公司奈飞（Netflix）也只讲：我们只和“成年人”一起做事。雷军坦诚：自己成功最重要的是靠人。移动互联网时代考核评估体系已经滞后了吗？将要失效了吗？我们需要什么新的方法？为什么一名优秀的工程师能够抵得上 100 名普通工程师？怎么找到那名优秀的工程师？怎么用好他？

时代的商业环境已经发生了巨大的变化。盯住典型用户的核心需求，死磕，实现良好的用户体验，然后借由互联网传播。那些剩下的、所谓非典型用户也竟然迅速地被影响为典型用户。其过程宛如病毒传播，最后取得的成绩，令人炫目。而这一切的发生，主要“靠人”。

麦当劳宣布其首席营运官（COO）蒂姆芬顿（Tim Fenton）在 2014 年 10 月退休后不会再任命新的 COO，彻底取消了这个职位。在现代企业中，COO 曾经是个很关键的职位，但从数据上看，现在这个职位已经不再重要了。不仅是麦当劳，《商业周刊》的报道称，2012 年只有 38％的《财富》500 强公司设有 COO 位置，而 2000 年这个比例是 48％。去 COO，去管理层，追求扁平化……

无独有偶，张瑞敏也屡屡提出“管理无边界，企业无领导”。在《消失的组织架构——超级节点化》一文中提及，以流程为导向的工作团队的建立，即以发起流程的“节点”来驱动业务的进程，即人人都是核心，人人都不是核心，完全可以根据企业的需要随环境的变化而变化。企业部门间和组织内部的界限日益趋于模糊，大多数工作将通过“虚拟团队”完成。网络经济下的企业组织将越来越多地在企业内部和外部使用跨职能的任务团队，人们必须学会（显然现在绝大多数还没学会）在没有固定职务、没有命令权威、既不是被控制也不是控制他人的情况下管理，完成任务，实现目标。

移动互联网时代的人力资源管理何去何从？几个观察如下：

1. 我们知道，传统企业的组织架构中，中层的作用主要是上传下达：向下级传达上级的指令并监督执行，同时向上级反馈来自下一级的信息，其次才是人才培养和企业文化传递。但这部分工作将伴随着信息技术的发展和管理工具的广泛运用而逐渐被取代（现代管理学之父德鲁克早在 20 世纪 90 年代就有此预言）。

2. 传统企业组织架构像朝鲜人民军，兵种清晰，层级分明，基础作战单元以旅/团为主；而创新公司组织架构像美军，由于信息技术发达，基础作战单元超级扁平化，以特种部队(介于排和连的编制)为主,综观美军最近几年的行动,无论是抓萨达姆,还是刺杀本·拉登,都是由五角大楼直接指挥特种部队完成的。

3. 基于互联网的创新公司老板本人必须充当“五角大楼”的角色,而中层应该从一名纯管理者变成特种部队的队长。传统商业模式由于足够成熟,老板一个月真正重大决策不会超过三次,但移动互联网时代的公司,由于变化快,现场管理和临机决断的事宜太多,因此必须缩短决策半径,必须扁平化。

资料来源:福布斯中文网,有删减。

第一节　人力资源管理概述

一、人力资源管理的含义及内容

1. 人力资源管理的含义

关于人力资源的概念国内外学者有不同的界定。我们这里采用最宽泛的定义,即人力资源是能够推动整个经济和社会发展的具有智力劳动和体力劳动能力的劳动者。

所谓的人力资源管理,是指运用科学的方法,在企业战略的指导下,以人力资源战略规划和职位分析为基础,对企业人力资源的获取、培训与开发、考核与激励、保障与奖励进行计划、组织、协调和控制,以实现企业目标与员工价值的过程。

2. 人力资源管理的内容

人力资源管理活动就是为了实现组织的战略目标,利用现代科学技术和管理理论,通过不断地获取人力资源,并对之进行开发、激励与整合。人力资源管理的内容主要包括以下几个方面。

(1)人力资源战略规划。人力资源战略规划是指企业根据自身的战略目标,分析企业人力资源现状及经营环境变化对人力资源的需求趋势,利用科学的预测方法,制定必要的政策和方法,以保障企业人力资源的发展能够满足企业发展的要求。

(2)工作分析与设计。工作分析是根据组织结构所确定的对各职务的说明与对员工的要求,搜集、分析和整理关于工作信息的一个系统性程序。工作分析的结果被用来规划和协调几乎所有的人力资源活动,如员工的选择标准、员工的选拔技术、培训方案和绩效评估以及薪金确定等。

(3)员工的招聘与录用。即根据企业的人力资源规划,为企业的某些岗位招聘与选拔、录用和配置合适的人员的工作。一般包括内部和外部招聘两种主要来源。

(4)员工的培训与开发。员工的培训侧重于教导员工如何完成其目前工作的技能学习,而开发则是侧重于未来工作技能的学习。其主要目的是通过提高员工的工作技能和知识水平改进组织的绩效。

(5)绩效管理。绩效管理工作就是通过一定的考评方法和技术,评价员工的工作成绩,以此激励其继续恰当的工作行为或改进不恰当的工作行为,并为决策部门提供依据。

(6)薪酬管理。薪酬包括工资和福利及奖金等。员工薪酬结构的合理与否直接决定了员工的工作积极性和企业的稳定。

(7)其他。这主要包括劳工关系的管理、健康与安全问题,以及跨国经营过程的国际人力资源管理等。

二、人力资源管理部门的组织和职能

1. 人力资源管理部门的组织

企业要做好员工的招聘、选拔和培训工作,以及制定合理的薪酬制度与有关保健、安全和福利等制度,都离不开一个专门的人力资源管理部门。一般的企业人力资源管理部门组织见图 12—1。

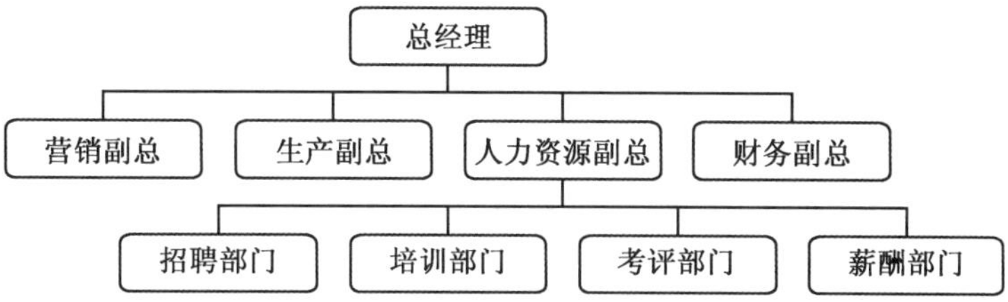

图 12—1 人力资源管理部门的组织结构

2. 人力资源管理部门的职能

人力资源管理部门是企业人力资源管理的重要部门,但企业人力资源管理工作绝不仅仅只是人力资源管理部门的工作,直线经理也发挥着重要作用。

直线经理的人力资源管理工作主要包括:了解新进员工、培训员工、分派适当的工作、帮助下属员工改进工作绩效、改善员工之间的人际关系、向员工宣传公司的政策、控制本部门的人事费用、发掘下属工作潜力、调动下属的工作积极性以及关心下属生活等。

人力资源经理的工作主要有三种。

(1)直线职能。首先,人力资源经理需要直接指挥本部门员工的活动;其次,在整个公司范围内,人力资源经理对其他经理人可以行使相当程度的直线职能,即所谓的暗示职权。这是因为,人力资源经理经常有机会就甄选测试等人力资源方面的问题同公司高层接触,其结果是,人力资源经理的意见经常被看作高层的意见和指示。

(2)协调职能。即人力资源经理作为高层的得力助手,协调组织企业最高层保证企业在人力资源管理方面的目标、政策和规定得以贯彻执行。

(3)服务职能。即为直线经理提供关于人力资源管理方面的建议和服务工作,如员工的选择、任用、培训、晋升、考评等工作。

表 12－1 列出了直线经理与人力资源经理的管理职责。

表 12－1　　直线经理与人力资源经理的管理职责

职能	直线经理	人力资源经理
录用	提供工作分析、工作说明和职务说明书等相关资料,使各部门的人事计划与战略计划相一致,面试工作申请人、给定人力资源管理部门收集的资料,做出最终录用规定	工作分析、人力资源计划、招聘、准备申请表、组织笔试、核查背景和推荐资料、身体检查等
保持	公平对待员工、沟通、当面解决抱怨和争端、提倡协作、尊重人格、按贡献分配和奖励	薪酬和福利政策、劳工关系、健康与安全、员工服务
发展	在职培训、工作丰富化、应用激励方法、向员工反馈信息	技术培训、管理发展与组织发展、职业生涯规划、咨询服务、人力资源管理研究
调整	纪律约束、解雇、提升和调动	调查员工的抱怨、解雇和退休政策咨询

第二节　人力资源规划与工作分析

一、人力资源规划

人力资源规划是人力资源的一项基础性工作。企业要实现自己的发展目标,提高人力资源的效率,有效地配置人力资源,就必须科学预测和计划当前和未来人力资源的供求。

1. 人力资源规划的概念与内容

人力资源规划是指一个企业为满足自身未来发展在人力资源数量和质量方面的需要,根据本企业的战略目标和人力资源现状,科学地预测未来环境变化中人力资源的供给与需求状况,制定必要的政策和措施以确保自身在需要的时候和需要的岗位上获得各种需要的人才,以实现企业目标和员工价值。

人力资源规划的内容主要分为两个层次:一是组织的人力资源总体规划,二是人力资源总体规划中各个具体业务的规划。总体规划是指组织在规划期内人力资源管理的总目标、总政策、具体实施步骤和总预算安排。各业务规划包括人员的补充规划、分配规划、接替和提升规划、教育培训规划、工资激励规划、退休解聘计划和劳动关系计划等。业务计划是总体计划的具体展开。每项业务规划都由目标、任务、政策、步骤及预算五部分组成(见表12—2)。

表12—2　　人力资源规划的主要内容

规划项目	主要内容	预算内容
总体项目	人力资源管理的总体目标和配套政策	预算总额
配备计划	中长期内不同职务或工作类型的人员的分布状况	人员总体规模变化而引起的费用变化
退休解聘计划	因各种原因离职的人员情况及其所在岗位情况	安置费
补充计划	需要补充人员的岗位、补充人员的数量及对人员的要求	招募、选拔费用
使用计划	人员晋升政策，晋升时间；轮换工作的岗位情况、人员情况、轮换时间	职位变化引起的薪酬福利等支出变化
培训开发计划	培训对象、目的、内容、时间、地点及教员等	培训总投入、脱产人员工资及脱产损失
职业计划	骨干人员的使用和培养方案	含在培训开发计划中
绩效与薪酬福利计划	个人及部门的绩效标准、衡量方法；薪酬结构、工资总额、工资关系、福利项目及绩效与薪酬的对应关系等	薪酬福利的变动额
劳动关系计划	减少和预防劳动争议，改进劳动关系的目标和措施	诉讼费用及可能的赔偿

2. 人力资源规划的程序

人力资源规划作为人力资源的一项基础活动，其核心部分包括人力资源需求预测、人力资源供给预测和人力资源供需综合平衡三项工作。其具体程序步骤见图12—2。

(1)组织战略信息的核查。制定组织人力资源规划的依据是组织的总体发展战略和经营环境。这主要包括：企业的技术特点，产品的生产和销售，产品结构，消费者结构，经营规模和扩张方向，国家或区域的政治、经济、文化、人口、法律，当地的工资水平，人们的择业倾向，教育状况的信息等。

(2)企业现有人力资源状况的核查。核查现有人力资源的关键在于核查人力资源的数量、质量、结构及分布状况。这些内容的核查与企业人力资源的需求预测密切相关，所以要尽量获取真实信息。另外，这一部分工作要结合人力资源管理信息系统和职务分析的有关信息来进行。

(3)人力资源需求预测。一般情况下，在预测企业人力资源需求时，要注意以下几个影响因素：市场需求、产品和服务的要求、人力资源的稳定性、培训和教育、技术革新和管理变革、工作时间、预测活动的变化以及各部门可用的财务预算等。

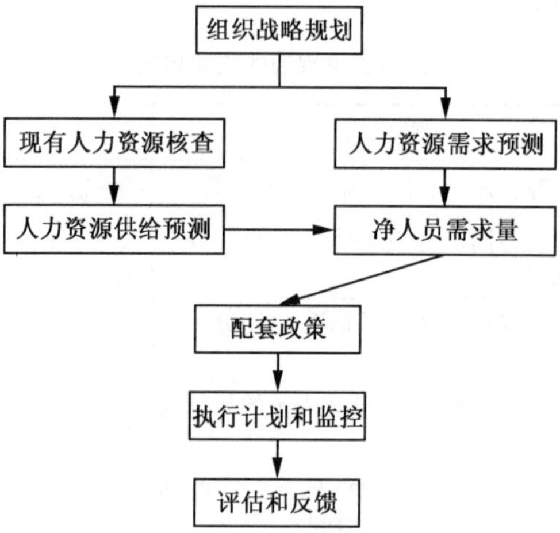

图 12—2　人力资源规划程序

人力资源需求预测的方法通常有如下几种:上级估算判断法、德尔菲法、岗位分析法等定性预测方法,还有回归分析法和总体需求结构分析法等定量方法。

(4)人力资源供给预测。人力资源的供给预测包括两部分:一是内部拥有量预测,二是外部人力资源供给量预测。

对于内部拥有量预测,常用的预测方法有内部人员核查法、马尔科夫模型、职位继承表法等。下面主要介绍职位继承表法。

职位继承表法是一种阶层结构的图表,可以根据在职者的年龄、阶层、工作表现、升迁机会、个人潜能、健康状况、候选人员等资源,预先填写并妥善保管。这样,在上层人员突然离职后,可以根据此表找到合适的替补人员。职位继承表的具体实例见表 12—3。其中不同的颜色用来代表提升的可能性。如黑色代表应该立即晋升,绿色表示可以晋升,黄色表示在 1—3 年内经过培养可以提升,红色表示培养 3—5 年可以提升。

表 12—3　　职位继承表的实例

职位	姓名	年龄	任职时长	晋升标志
销售副总经理	李四	50 岁	5 年	黑
销售部经理	张三	46 岁	1 年	黑
市场部经理	王五	41 岁	2 年	黑
销售助理	刘二	36 岁	3 年	绿
销售部经理	张三	46 岁	紧急继任者	黄

外部人力资源预测包括对地方及全国劳动力市场的预测。对此,组织需要考虑的

因素有:公司所处地区及全国的人口密度、现有及将来来自其他组织的人力竞争、当地及全国的失业水平、当地的雇用模式以及获得合格员工的可能性、当地及全国的教育水平和输出状况等。

(5)起草计划,匹配供需。根据总体人力资源规划,管理者需要进一步制定出各项具体业务计划和相应的人力资源政策,以便在组织内部实施和执行。具体来说,需要制定和执行的具体人力资源计划有人力资源开发计划、招聘计划、人员保留计划等。

(6)执行规划和实施监控。由于环境及组织的变化,组织的战略目标也会发生变化,组织的人力资源规划也必须不断变更。另外,人力资源的供求预测可能不准确,这样在人力资源规划的实施过程中会出现许多问题,这就要修订人力资源规划。这需要建立一套报告程序保证对规划的监控。报告内容包括:确定公司所需雇员的总量及根据招聘计划还需要招聘的员工数量、实际人力成本与预算成本的比较、人力损耗量和雇用量的比率变化趋势等,据此对人力资源规划的执行实施监控和调整。

(7)评估与反馈。人力资源管理不仅要注重前期的规划,还要注意在执行过程中的评估与问题的反馈。一般由有关专家、客户及有关部门主管组成评估小组完成评估工作。

二、工作分析

工作分析(职务分析)是人力资源规划、核定人力资源成本、让员工明确各自的工作职责和工作范围、组织招聘、选拔、绩效考核和薪酬管理的基础和前提。

1. 工作分析的含义与内容

工作分析,是指对企业各类岗位的性质、任务、职责、劳动条件和环境,以及员工承担本岗位任务应具备的资格条件所进行的系统分析和研究,并制定出岗位规范、工作说明书等劳动人事文件的过程。

2. 工作分析的程序

工作分析是全面评价工作的过程,整个过程包括五个环节:计划、设计、分析、结果、运用指导。

(1)计划。

①确定工作的目的与结果使用的范围,明确所分析的资料到底用来干什么,解决什么管理问题;提出原来任职说明书主要条款存在的不清楚、模棱两可的问题或对新岗位任职说明书提出拟解决的主要问题。

②确定所要分析的信息内容与方式,预算分析的时间、费用与人力。

③组建工作分析小组,分配任务与权限(工作小组一般由工作分析专家、岗位在职人员、上级主管等参加)。

(2)设计。

①明确分析客体,选择分析样本,以保证分析样本的代表性与典型性。

②选择分析方法与人员。人员的选择主要由经验、专业知识与个性品质等决定。

③做好时间安排,制定分析标准。

④选择信息来源(工作者、主管者、顾客、分析专家、词典、文献汇编)。

(3)分析。收集、分析、综合所获得的信息资料,包括四个方面的分析。

①工作名称分析:工作特征的分析与概括、名称的选择与表达。

②工作规范分析:工作任务、工作责任、工作关系与工作强度的分析。

③工作环境分析:物理环境、安全环境与社会环境的分析。

④工作条件分析:必备的知识、经验、技能和心理素质的分析。

(4)结果。工作分析结果的表述,有五种形式。

①工作描述:主要是对工作环境、工作要素及其结构关系的说明。

②工作说明书:主要是对某一职位或岗位工作职责任务的说明。

③工作规范:主要是对职位或岗位内工作方式、内容及范围的说明,包括完成工作操作方式方法与工具设备、职位之间的相互工作关系,但不一定包括责任、权限与资格要求。

④资格说明书:主要是对某一职位或岗位任职资格的说明。

⑤职务说明书:主要是对某一职务或某一职位工作职责权限及其任职资格等其他内容的全面说明。

(5)运用。通过工作分析,将职位划分为不同的类别和等级,为人力资源管理各项工作提供基础与依据。

3. 工作分析的方法

要制定一份完整的工作说明书和工作规范,必须搜集有关工作的足够多的信息。搜集信息的方法有很多种,最常用的有观察法、面谈法、工作日志法、问卷法。

(1)观察法。观察法是指工作分析人员直接到现场,亲自观察特定对象(一个或多个工作人员)操作,收集、记录有关工作的内容,工作间的相互关系,人与工作的作用,以及工作环境、条件等信息,最后把取得的职务信息归纳整理为适用的文字资料。其优点是可以直接至工作现场深入了解状况。观察前,要有一份详细的观察提纲和行为标准。这样,在观察时就能及时记录。工作分析的观察提纲格式见表12－4。缺点有:会干扰工作正常行为或工作者心智活动,无法感受或观察到特殊事故,如果工作本质上偏重心理活动,则成效有限。

表 12—4　　工作分析观察提纲(摘要)

被观察者姓名:________　　日期:________
观察者姓名:________　　观察时间:________
工作类型:________　　工作部门:________
观察内容:________________
工作分析观察提纲(部分)
1. 什么时候开始正式工作?________
2. 上午工作多少小时?________
3. 上午休息几次?________
第一次休息时间从________到________
第二次休息时间从________到________
……
4. 上午完成产品多少件?________
5. 平均多少时间完成一件产品?________
6. 室内温度________
7. 搬了多少原料?________
8. 噪音分贝多少?________
……

(2)面谈法。工作分析人员可以直接与员工面谈,了解其工作情况。但在面谈之前,工作分析人员应事先拟订调查提纲,列出所有需要调查的问题,使对方了解面谈的目的。面谈应保持轻松愉快的气氛,应按照问题的顺序一一发问,并且详细记录面谈过程。然后,应针对取得的资料与被约谈者的领导讨论,以确定资料是否正确。面谈法的优点有:可获得完全的工作资料;可进一步使员工和管理者沟通观念,以获取谅解和信任;可以不拘形式,问句内容较有弹性;收集方式简单。其缺点有:信息可能受到扭曲,因受访者怀疑分析者的动向、无意误解,或分析者访谈技巧不佳等因素而造成信息的扭曲;分析项目繁杂时,费时又费钱;占用员工工作时间,妨碍生产。

(3)工作日志法。为了了解员工工作的实际内容、责任、权力、人际关系及工作负荷,每个员工都必须详细记录每天完成的各项工作、任务以及耗费的时间。如果各项活动都有详细的记录,就可以为工作分析提供大量的参考资料。工作日志格式见表12—5。其优点有:充分地了解工作,有助于主管对员工的面谈;采用逐日或在工作活动后及时记录,可以避免遗漏;可以搜集到最详尽的资料。其缺点有:员工可能会夸张或隐藏某些活动,同时加入其他行为;费时、费成本且干扰员工。

表 12—5 **工作日志(样表)**

日期:____年____月____日 星期__________ 部门__________ 姓名__________								
事务序号	事务来源			事务内容及处理	处理时间	是否完成		备注
	计划	上级	例外			是	否	

(4)问卷法。问卷法是指利用调查问卷进行职位调查。其优点有:最便宜及迅速;容易进行,且可同时分析大量员工;员工有参与感,有助于双方计划的了解。其缺点有:很难设计出能够收集完整资料的问卷表;一般员工不愿意花时间正确地填写问卷表。工作分析问卷见表 12—6。

表 12—6 **工作分析问卷**

姓名: 职务:

部门: 员工号:

上级主管: 上级主管职务:

1. 岗位概述:(用你自己的语言简单描述一下你的主要工作)

2. 岗位资格:(列出你的岗位所必需的任何执照、许可、证书)

3. 工具/仪器:(列出完成你的岗位任务所需要的仪器、设备、工具等)

4. 岗位职责:(描述你通常的工作,根据每个任务的重要性和每个月所花的时间,按顺序依次列出,尽可能多地列出你的任务)

5. 沟通:(你的工作需要同其他部门、公司、机构等沟通吗?如果是,请说明内容以及沟通的频率)

6. 监督:(你的岗位有管理责任吗?( )是( )否 如果是间接的管理,请进一步说明)

7. 监督的频率:

( )经常 ( )有时 ( )很少 ( )从不

工作环境:(室内、室外,有无空调等,列出任何不同寻常的工作环境)

8. 岗位要求:(请列出可以完成这个岗位工作所需的最低要求)

(a)教育

(b)经验

(c)特别的培训

(d)特别的技能

9. 其他信息:(你感觉对你的岗位很重要)

员工签字: 日期:

4. 工作说明书与工作规范

利用以上提到的工作分析方法，搜集到组织内各职位的有关信息，将这些信息资料整理后，就可以开始编制工作说明书和工作规范。

(1)工作说明书。工作说明书是对某一特定工作的内容、环境等的概括性叙述。其目的是让员工了解工作本身的性质和责任。工作说明书的内容一般包括以下几项：

①工作标识：工作编号、名称、类别、所属部门、直接上级、所辖下级、制作日期、薪点等；

②工作概要：用一句话说明为什么要设置这一工作，目的是什么；

③履行职责：主要应负责任，每一项责任的具体内容，要达到的目的；

④业绩标准：业绩衡量标准，如何衡量每一项责任的完成情况；

⑤工作关系：报告对象、监督对象、合作对象、外部交往、工作关系；

⑥使用设备：使用的主要设备；

⑦工作的环境和工作条件：时间、地点(室内、室外)、噪音、危险等；

⑧任职资格：任职资格要求，具备何种条件的人适合承担这一工作；

⑨其他信息：主要挑战、决策和规划等；

⑩签署和认可：由领导与员工分别签名，认同工作说明书的内容。

工作说明书的具体格式根据实际可有所调整，具体可参考表12—7。

表12—7　　工作说明书范例

人事调配助理岗位说明书
一、工作标识(与职位相关的基本信息)
职位名称：人事调配助理
所在部门：人事教育处　上级职位：人事教育处主管
制定日期：2019年1月
二、工作概要(该职位存在的主要目的和价值)
负责机构与编制管理、人才招聘、绩效管理工作，为人才队伍建设和发展规划提供合理建议。
三、履行职责(职位的关键活动和要达到的成果以及关键衡量要点)
1. 主要应负责任：拟订人事管理有关规章制度
拟订研究所各项人事改革、岗位聘任、绩效管理等规章制度，报上级主管审核确定。负责程度：起草。考核指标：制度完善性、制度可执行性。
2. 主要应负责任：机构与编制管理
负责所属机构与编制的管理，协助领导确定部门与岗位设置、人员规模等。负责程度：执行。考核指标：机构与岗位设置的合理性。
3. 主要应负责任：人才招聘与岗位聘任

负责优秀人才的招聘工作(包括国外杰出人才的引进)。执行专业技术人员、管理人员以及工人的岗位聘任工作,执行干部选拔任免的有关工作。负责程度:执行。考核指标:计划完成率。

4. 主要应负责任:绩效管理

协调组织所属部门和岗位聘任人员的绩效管理和考核工作,监控考核结果的合理运用。负责程度:负责。考核指标:绩效管理有效性和结果运用合理性。

5. 主要应负责任:专家工作

"政府特殊津贴""中国科学院青年科学家奖""青年创新基金"等奖项的申报工作、院士的初选工作。负责程度:执行。考核指标:领导评价、服务对象满意度。

6. 主要应负责任:人事信息库维护与人事信息统计

负责人事信息库的维护;负责专业技术与管理人员、工人、机构、编制统计报表的上报工作,并提供统计分析资料。负责程度:负责。考核指标:上报及时性、数据准确性。

7. 主要应负责任:人事人才支持工作

承办各种人事手续和证明,如解决两地分居、接收应届毕业生、离退安置等。负责程度:负责。考核指标:服务对象满意度。

8. 主要应负责任:其他

及时主动完成领导交办的其他任务。负责程度:负责。考核指标:领导评价、积极主动性。

四、任职素质要求(通常指最低的任职资格要求)

知识/经验:人力资源管理或相关专业本科以上学历,中共党员,两年以上相关工作经验,熟悉有关人事规章制度以及招聘、考核的操作流程。了解研究所相关专业知识,熟练掌握 Office 办公软件,具有良好的中英文水平与文字功底。

工作能力:组织协调能力、沟通表达能力、写作能力、创新能力。

工作态度:服务意识、诚实正直、责任心、主动性。

岗位申请人签字:　　　　负责人签字:　　　　签订日期:

(2)工作规范。工作规范即人员素质要求说明书,它要明确胜任该项工作的人员需具备的资格条件,它是选聘员工时最重要的评估标尺。工作规范的内容包括:工作经验、特殊技能和能力、个性品质及身体条件的必备资格和理想资格。

与工作说明书比较,工作规范是在工作说明书的基础上,进一步说明"什么样的人员才能适合本岗位的工作"。而工作说明书则是以岗位为中心,对工作岗位的全面、系统和详细说明。另外,工作说明书的内容范围比较广泛,既包括对工作岗位的性质、特征的说明,又包括该项工作对任职人员的各种要求。而工作规范比较简单,主要说明员工任职资格条件方面的问题(见表 12－8)。

表 12－8　　工作规范

工作名称：×××电脑公司技术服务员 **教育水平：** 必备资格条件：高中毕业 理想资格条件：有计算机方面的一些技术培训 **工作经验：** 必备资格条件：无，将接受公司的培训 理想资格条件：有组装、维修计算机硬件的工作经验；有阅读技术手册并根据手册操作的工作经验 **特殊技能和能力：** 必备资格条件：独自和作为团队成员解决问题的能力；有效沟通和清晰表达思想的能力；学习技术技能并将所学知识应用于实际的能力和愿望 理想资格条件：一定的计算机技能；对使用计算机感兴趣 **个性品质：** 必备资格条件：诚实正直；有上进心，愿意学习；愿意为高质量的客户服务做出奉献；开朗友好；灵活；愿意从事一些晚间或周末的工作 理想资格条件：有组织纪律性；对计算机有浓厚兴趣；精力充沛 **体格要求：**能负重 32 公斤；视力好，手指灵活；会驾驶并持有效驾驶执照

第三节　招聘与培训

一、员工招聘与选用

员工招聘和选用是企业人力资源管理工作的重要内容。员工的招聘和选用就是人力资源部门根据企业人力资源规划或空缺岗位的需要，运用科学的方法和手段，聘请和筛选符合岗位要求的人员的过程。

1. 企业招聘概述

一般情况下，组织是由于以下几个方面的原因而产生对人员的需求：新组织的成立、组织发展或调整、现有岗位的空缺、现有岗位人员不称职、原来岗位的人员得到晋升。

(1)招聘原则。人力资源部门在招聘人员时应注意以下原则：一是效率优先原则；二是双向选择原则；三是公开、公平的原则；四是竞争、择优、全面原则；五是确保用人质量与结构合理原则，即坚持能级配置和群体相融的原则，招聘适合企业发展要求的员工，确定企业人员结构合理。

(2)招聘职责的划分。现代组织中，人力资源管理工作已经远远不仅是人力资源部门的事，而是全体经理的工作，在员工的招聘方面也不例外。

人力资源部门主要完成分析组织整体和各部门应招聘多少人，以及应招聘什么样的人。人力资源部门在招聘方面的责任是整体性的。它通过招聘满足组织整体对人力资源的要求。

而其他部门经理在招聘方面的责任包括：提出增补员工的要求、填写申请表、与应聘者面谈、培训员工以及帮助员工规划职业生涯等。

人力资源部门与其他部门在员工招聘方面的职责划分见表12—9。

表12—9 招聘工作在直线部门与职能部门之间的职责划分

人力资源管理部门的职责	部门主管人员的职责
1. 开展工作分析，列出特定工作岗位的任职要求 2. 提出未来雇员/员工的要求及类型 3. 描述工作对员工的素质要求，以便设计合适的招聘方案 4. 同候选人面谈，做出最后的甄选	1. 编写工作描述和工作说明书 2. 制订出员工晋升计划 3. 拓宽招聘渠道和开展招聘活动，争取高质量的应聘者 4. 面试和筛选候选人

2. 企业员工招聘的程序

招聘活动一般有以下程序：

(1)根据组织的人力资源规划，确定人员净需求量，制定人员选拔、录用政策，在组织的经营计划的指导下，制定出不同时期对人员的补充、调配和晋升规划。

(2)得到职务分析报告之后，确定空缺职位的任职资格和招聘面试的内容和标准，再据此确定招聘技术。

(3)拟订具体招聘计划，上报组织领导批准。

(4)人力资源部门发布招聘宣传广告并做好其他工作。

(5)审查求职申请表，进行初次筛选。

(6)组织面试和笔试。

(7)甄选。

(8)对录用人员开展体检和背景调查。

(9)试用。

(10)正式录用，签订劳动合同。

(11)评估招聘工作。

3. 企业员工招聘的方法

(1)面试。面试是在特定场景下，经过精心设计，通过考官对应试人员面对面的观察、交谈等方式，了解应试人员素质特征、能力状况及求职动机等的一种人员甄别方式。

面试主要是对被试者的非语言行为的观察与分析，主要包括面部表情的观察和身体动作的观察。

从不同的角度可以对面试进行不同的分类。根据实施时的模式可分为口试和情景模拟面试。所谓情景模拟(simulation)是指模拟真实的工作环境和过程，让被试者在模拟的情景中表现自己的才干，由评价人员在旁边观察并根据测评要素评定的一种方法。以下是一些情景模拟的面试方法。

①公文处理测验。在这种测评方式中，被评价者将扮演企业中某一重要角色(一般是需要选拔的岗位)。然后把这一角色日常工作中常常遇到的各种类型的公文经过编辑加工，设计成若干种公文(文件筐)等待被评价者处理。这些待处理的公文包括各部门送来的各种报告、上级下发的各种文件、与企业相关的部门或业务单位发来的信函等，其内容涉及企业经营管理的方方面面。既有重大决策问题，也有日常琐碎小事。要求被评价者对每一份文件都要做出处理，如写出处理或解决问题的意见、批示，或直接与部门的人员联系发布指示等。被评价者应在规定的时间内处理完公文。评价者待测评对象处理完后，应对其所处理的公文逐一检查，并根据事先拟定的标准评价。如看被试者是否能分轻重缓急、有条不紊地处理这些公文，是否恰当地授权下属，还是拘泥于细节、杂乱无章地处理。被试者处理完后，评价人员还要采访被试者，要求被试者说明是如何处理这些公文的，以及这样处理的理由等。

②无领导小组讨论。无领导小组讨论(leaderless group discussion，LGD)就是指数名被评价者集中在一起讨论某一问题。事前并不指定讨论会的主持人，评价者则在一旁观察评价对象的行为表现，并对被试者做出评价的一种方法。讨论的题目内容往往是大众化的热门话题，并呈中性。讨论的内容也可以是与拟聘岗位工作有关的内容，做到具体化和专门化，如以某企业经营管理中出现的问题作为案例提出来由大家讨论。不管在哪种情况下，讨论的问题最好能给被试者比较广阔的空间，让被试者有自由发挥的余地。对于评价者来说，重要的是善于观察。可以从以下几个方面观察，如每个测评对象提出了哪些观点，与自己观点不同时怎么处理，测评对象是否坚持自己认为正确的提议，他们提出的观点是否有新意，怎样说服别人接受自己的观点以及谁引导讨论，并进行阶段性的总结等。在这个过程中还可以看到每个人的领导能力如何，独立见解如何，能否倾听别人的意见，是否尊重别人，是否侵犯别人的发言权等。

③管理游戏。管理游戏中最常用的有两种，即小溪练习和建筑练习。

在小溪练习中，给被评价人员一个滑轮及铁棒、木板、绳索等工具，要求他们把一根粗大的圆木和一块较大的岩石运到小溪另一边。这样的任务单靠个人的力量是无法完成的，而必须通过所有人员的协作努力才能完成。通过这项练习，评价人员可以在客观的情景下，有效地观察评价对象的领导特征、组织协调能力、合作精神、有效的智慧特征和社会关系特征等。

建筑练习,这是一项个人练习,包括一名被评价人员和两个测评中心的辅助人员。这项练习要求被评价人员使用木材建造一个很大的木头结构的建筑。在练习中,有两个“农场工人”A 和 B 帮助被评价人员一起来建造。这两个工人 A 和 B 是测评中心的人员,就像许多社会心理学实验中的假被试者一样,他们按照预定的目的和安排行事。A 表现出被动和懒惰的特征,如果没有明确的指定命令,他就什么事也不干。B 则表现好斗的和鲁莽的特征,采用不现实的和不正确的建造方法。A 和 B 以各种方式干扰、批评被评价人员的想法和建造方案。该练习的目的是考察个人的领导能力,更重要的是研究被评价人员的情绪稳定状况。

面试的优点是:适应性强,主试可以根据不同的要求,对被试者提各种各样的问题,有时在某一个方面可以连续提各种问题,全面深入地了解被试者;可以双向沟通,有人情味;可以多渠道地获得被试者的有关信息。面试的缺点是:时间较长;费用比较高;可能存在各种偏见;不容易数量化;测试的有效性和可靠性不甚确定。

(2)笔试。目前在企业招聘中常见的笔试大致可分为四大类:专业知识测试、IQ 测试和类 IQ 测试、能力测试、个性测试。实践中企业的笔试基本上是这四类笔试的不同组合。

①专业知识笔试和传统的笔试方式类似,多数企业的做法一般以应聘者的学历和工作经验作为判断专业知识好坏的标志。如果应聘者是应届毕业生,那么应聘者的在校成绩,尤其是和应聘工作相关课程的成绩也可以作为辅助判断的标志。

②IQ 和类 IQ 测试是指对数量分析、逻辑推理等基本能力的测试。国外有许多成熟的 IQ 量表,用于测量人的智商,如比奈量表、瑞文图形推理等。

③能力测试一般是把在工作中可能会遇到的情景问题用书面问题的形式表达出来,让应聘者根据自己的工作经验或想象来回答,是一种将情景反映书面化的测试方法。

④个性测试一般包括人格、职业兴趣和动机测验。其基本思想是认为不同的工作对人的个性要求不同,必须有针对性地为不同的工作匹配不同个性的人才。在国外工商界应用比较广泛的个性测试包括:卡特尔 16 因素人格问卷、霍兰德职业兴趣问卷等,还有夏罗克墨迹测验、主题统觉测验、罗特莫完成句子量表等。但这种笔试致命弱点在于对结果的评价带有浓重的主观色彩,不能满足招聘的公平性原则,所以目前很难在企业实际的招聘工作中推广。

4. 招聘渠道

(1)内部渠道。内部渠道包括内部推荐和企业内部招聘等。

内部推荐的应聘者多数是公司内部员工熟知的亲人或朋友,所以他们对公司内部信息和岗位要求比较清楚,同时,内部员工对被推荐者较为熟悉,会考虑他们是否具备相应的条件;加之进入公司后也可能更快地融入公司内部关系网络。但采用该渠道时也应注意一些负面影响:一是被推荐者不合格;二是容易形成小团体,这会影响公司正常的组织架构和运作。

内部招聘在规模较大的企业比较常见,这种方式的特点是费用极少,能极大提高员工士气,申请者对公司相当了解,适应公司的文化和管理,能较快进入工作状态;而且可以在内部培养出一专多能的复合型人才。其局限性也比较明显,就是人员供给的数量有限,易近亲繁殖,形成派系,组织决策时缺乏差异化的建议,不利于管理创新和变革。内部招聘也常用于内部人才的晋升、调动、轮岗。

(2)外部渠道。外部渠道包括校园定向招聘、网络招聘、现场招聘会和猎头公司招聘等。

一般而言,校园招聘的计划性比较强,招聘新人的数量、专业往往是结合企业的年度人力资源规划或者阶段性的人才发展战略要求而定。因此,进入校园招聘的通常是大中型企业,他们通常会在几个大类专业中挑选综合素质高的大学生。这类渠道能够提高公司在高校的知名度,而且校园招聘的费用低廉。校园招聘虽然能够吸引众多的潜在人才,但是这类人员的职业化水平不高,流失率较高,需要企业投入较多的精力进行系统完整的培训。

网络招聘的招聘信息可以定时定向投放,发布后也可以管理,其费用相对比较低廉,理论上可以覆盖到全球。通过在知名的人才网上发布招聘信息,可以快捷、海量地接收到求职者的信息,而且各网站提供的格式简历和格式邮件可以降低简历筛选的难度,加快处理简历的速度。但是,这种渠道不能控制应聘者的质量和数量,海量的信息,包括各种垃圾邮件、病毒邮件等会加大招聘工作的压力。另外还有专业网站及论坛、特定人群(MBA、专业人士、校友、网络发烧友)组织的网站、聊天室(群、组)等新型、非主流的招聘渠道。

现场招聘会是传统的人才招聘方式,费用适中。人力资源主管不仅可以与求职者直接面对面交流,而且可以直观展示企业实力和风采。这种方式总体上效率比较高,可以快速淘汰不合格人员,控制应聘者的数量和质量。现场招聘通常会与媒体广告同步推出,并且有一定的时效性。其局限性在于往往受到展会主办方宣传推广力度的影响,求职者的数量和质量难以有效保证。这种方式通常用于招聘一般型人才。

猎头是一种由专业咨询公司利用其储备人才库、关系网络,在短期内快速、主动、定向寻找企业所需要的人才的招聘方式。目前,猎头主要面向的对象是企业中高层管理人员和企业需要的特殊人才。

现实中还有广播招聘、电视招聘、借助某项活动推广物色人选等不同方式。

以上招聘渠道及其效果分析,应该说是特色鲜明,各有利弊。企业在招聘时,应该结合自己的发展阶段、经济实力、用人规律等，通过多种渠道搜寻企业所需要的人才。

二、员工培训

员工培训就是根据实际工作的需要，为改变员工价值观、工作态度和工作行为，使他们在现在或将来工作岗位上的工作表现达到组织的要求而进行的有计划、有组织的培养和训练活动。

1. 员工培训的原则

(1)战略原则。培训的战略原则包括两层含义：其一，企业培训要服从或服务于企业的整体发展战略；其二，培训本身也要从战略的角度考虑，要以战略的眼光组织企业培训，不能只局限于某一个培训项目或某一项培训需求。

(2)长期性原则。要正确认识智力投资和人才开发的长期性和持续性，要用“以人为本”的经营管理理念搞好员工培训。

(3)按需施教、学以致用原则。企业组织培训的目的在于通过培训让员工掌握必要的知识技能，以完成规定的工作，最终为提高企业的经济效益服务。

(4)全员教育培训和重点提高相结合原则。全员教育培训，就是有计划、有步骤地教育和训练所有在职员工。全员培训的对象应包括企业所有员工。

(5)严格考核和择优奖励原则。培训与其他工作一样，严格考核和择优奖励是不可缺少的管理环节。

(6)投资效益原则。员工培训是企业的一种投资行为，与其他投资一样，也要从投入产出的角度考虑效益大小及远期效益、近期效益问题。员工培训投资属于智力投资。

2. 员工培训的形式和方法

员工的培训可以分为在职培训和非在职培训两种形式，可以利用以下方法进行。

(1)讲授法。属于传统的培训方式，优点是运用起来方便，便于培训者控制整个过程。缺点是单向信息传递，反馈效果差。常被用于一些理念性知识的培训。也可以利用现代视听技术(如投影仪、DVD、录像机等工具)培训员工。其优点是运用视觉与听觉的感知方式，直观鲜明。但学员的反馈与实践较差，且制作和购买的成本高，内容易过时。它多用于企业概况、传授技能等培训内容，也可用于概念性知识的培训。

(2)讨论法。按照费用与操作的复杂程度又可分成一般小组讨论与研讨会两种方式。研讨会多以专题演讲为主，中途或会后允许学员与演讲者交流沟通。优点是信息可以多向传递，与讲授法相比反馈效果较好，但费用较高。而小组讨论法或针对企业经营的某一问题或案例讨论，其特点是信息交流时方式为多向传递，学员的参与性高，费用较低。多用于巩固知识，训练学员分析、解决问题的能力与人际交往的能力，但运用时对培训教师的要求较高。

(3)角色扮演法。受训者在培训教师设计的工作情景中扮演其中角色，其他学员与培训教师在学员表演后做适当的点评。由于信息传递多向化，反馈效果好、实践性强、费用低，因而多用于人际关系能力的训练。

3. 培训的组织管理

培训的组织包括四个步骤：第一步，需求分析，要确定必需的特殊工作执行技能，分析可能的培训对象所具备的技能和培训需求，具体的、可度量的知识和工作绩效目标；第二步，教育指导设计，要确定、汇编和形成培训计划内容，包括工作手册、习题和活动及培训方法和技术；第三步，执行，即培训培训对象；第四步，评估和跟踪，评估员工培训的成败和绩效。

(1)培训需求分析。美国学者汤姆·W.戈特将“现实状态”与“理想状态”之间的“差距”称为“缺口”。如图12—3所示，该模型是通过对“理想技能水平”和“现有技能水平”之间关系的分析确认培训需求的。模型表明，只要“理想状态”形成，“现实状态”便会与之构成差距——包括现有知识程度与希望达到的知识程度之间的差距，现有能力水平与希望达到的能力水平之间的差距，现有认识、态度水平与希望达到的认识、态度水平之间的差距，现有绩效与预期的绩效之间的差距，已经达到的目标与要求达到的目标之间的差距，现实中的劳动者素质与理想中的劳动者素质之间的差距等。这种差距会产生“培训需求”。即

培训需求＝理想状态－现实状态

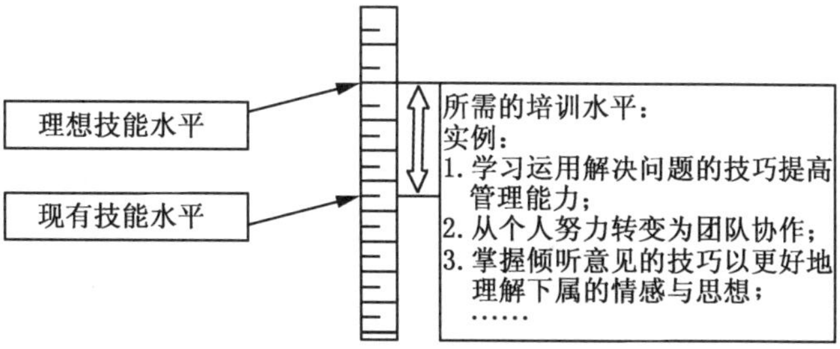

图12—3　培训需求差异分析模型

在现实中，还可以利用任务分析法、缺陷分析法和技能分析法分析培训需求，找出要培训员工的技能和项目。

培训目标的设置使企业能够确定培训对象、内容、时间等具体内容，并可在培训结束后评估培训的效果。一般来说，组织的培训目标主要有三类：知识的传授、技能的培训和态度的转变。

(2)培训指导设计。这一计划主要包括：第一，选定合适的培训项目和内容；第二，科学合理地设计培训课程；第三，选择适当的培训场地与设施；第四，制定培训经费的预

算;第五,制定包括课程设置、课程大纲、教材、作息时间、培训方法等在内的教学计划;第六,物色合适的教师。

(3)培训活动的实施。培训计划的实施与操作大体包括:选择培训项目的负责人、选择师资队伍和选择受训人员。

(4)培训的总结评价。一般在培训完成后,要总结和检查培训效果,以找出培训的经验和不足,为下一阶段的培训提供参考。

专栏

谷歌的人力资源管理技巧

在经历2004年上市之后,谷歌开始井喷式发展,一举成为市值最高的企业,企业规模也随之扩张。快速的扩张让谷歌面临着方方面面的考验,对于一个以人才见长的企业,人力资源管理能否适应谷歌的快速发展,能否帮助变成大象的谷歌一如既往地前行,并支撑这个新巨头的企业文化,这是谷歌面临的最大的挑战。

其实,谷歌几年来的发展说明,他们已经解决了这个挑战,不断吸纳顶尖人才,远低于同业的员工流失率。

人才管理

谷歌只雇用最聪明的人。既反映出谷歌对于招聘人才的高标准要求,也折射出苛求完美的人才理念。从公司出现职位空缺,到招聘到适合的人才,一般需要三个月的时间,理念是宁缺毋滥。在美国总部,公司创办的初期,谷歌的两位创始人会参与所有人的面试,后因公司规模不断壮大而放弃,但即使到了今天,谷歌两位创始人仍然会审查招聘委员会每周的工作情况,并对一些应聘者的资格提出意见。

有资料显示,最终获得谷歌工作职位的应聘者平均需要通过6.2次面试。参与面试的面试官,除了人力资源部和岗位需求部门,也会邀请跨部门甚至跨区域的人员参与面试,如此严谨的招聘流程,是为了确保最终进入谷歌的员工真正适合谷歌。

跨部门、跨区域的人员参与面试,一方面考察面试人员的协作能力,另一方面也考察其是否愿意与应聘者共事,同时还考察应聘者是否符合公司的文化,最后每个面试者写下评语,每个人的评语都有可能影响应聘者是否会被录取。

谷歌非常鼓励内部员工推荐应聘者,员工对于公司文化非常了解,员工推荐的人才更适应公司文化。如果员工推荐的人才最终被谷歌录用,公司会奖励员工。在美国总部,奖金高达2 000美元,在中国的奖金数额也颇有吸引力。现在,谷歌内部的员工有大约45%是通过员工推荐来的，事实证明这是一种非常有效的招聘方式。

公司会向新员工提供相应的企业文化培训，尤其对职业经理人，很多职业经理人因为经验和思维的原因，并不能很快适应谷歌开放、民主的工作氛围，职业经理人很容易因以往的工作形成习惯。谷歌在招聘时会注意寻找既符合公司文化又是善于学习的人，如果你有经验，不善于学习，不善于改变自己，将很难在谷歌成功，因为谷歌和任何一家公司都不一样，这就要求进入谷歌的职业经理人要非常善于挑战自己，学习能力要很强。职业经理人进入谷歌后，要进行系统的培训，会引导他们适应谷歌的文化。

绩效管理

谷歌具有非常完善的、基于团队的考核机制。员工每个季度都有自己明确的工作目标，而且因为互联网公司都有自己的网络管理平台，比如，工程师每周的项目做到了什么程度对所有员工都是透明的，这为员工的绩效考核提供了很好的管理工具。

谷歌的考核分不同的等级，对排在末位的员工有相应的帮助措施，特别重视排名最靠后的5%的员工，公司将集中找出原因，发现问题，建立信心，帮助他们赶上来，但也不排除会将一些人淘汰出局。而对最好的5%—10%的员工，每年都会得到充分的奖励和荣誉。

谷歌的人才流失率一直低于行业水平，这也从一个侧面证明了谷歌在人力资源管理工作上的创新是卓有成效的。

资料来源：《学习谷歌的人力资源管理技巧》，中国企管网，2011年9月。

第四节　考评与薪酬管理

一、绩效考评

绩效考评是促进人力资源管理科学化、规范化的重要途径。员工的工作绩效决定了企业的整体效益，同时，也影响着员工个人的发展。

1. 绩效考评的概念和原则

所谓绩效考评，是按照一定的标准，利用科学的方法，搜集、分析、评价和传递有关员工行为和工作结果方面信息的过程。

为了使考评工作顺利，就必须坚持以下一些原则：公开性和民主性原则、客观性和公正原则、立体考核原则、可操作性原则、及时反馈原则和持续化原则。

2. 绩效考评的程序

一般来说，绩效考评应包括制订计划、技术准备、收集资料信息、分析评价、绩效反馈和结果运用六个阶段。

(1)制订计划。绩效考评必须依计划进行,所以事先必须明确考评的目的和对象,再选择考评的内容、时间和方法。

(2)技术准备。技术准备包括拟订、审核考评标准,选择和设计考评方法与工具,以及培训考评人员等。

(3)收集资料信息。资料信息的收集是考评的基础,一般可以通过以下途径收集信息:考勤记录、工作日记、生产报表、备忘录、现场视察记录、立功记录和事故报告等。

(4)分析评价。即综合评价员工的绩效,要注意的问题是不同岗位和层次的员工考核的重点有所不同。

(5)绩效反馈。绩效的考评是通过考评改进员工的行为和态度,所以考评的结果一定要及时反馈给员工。

(6)结果运用。考评结果主要可以应用到以下几个方面:工资分析、奖金、股金、职务晋升或调迁和培训教育等。

二、绩效考评的方法

由于在考评过程中涉及的因素很多,因此一定要选择适合本企业和考核对象的考评方法。

1. 交替排序法

由于从员工中挑出绩效最好的和绩效最差的人往往比较容易。因此,交替排序法就成为运用最广泛的一种方法。其操作方法如下:

(1)将需要评价的所有员工名字列举出来,然后划去不很熟悉从而无法对其评价的人的名字。

(2)在被评价的某一绩效要素上,挑出哪位员工的表现最好,哪位员工的表现最差。

(3)再在剩下的员工中挑出最好的和最差的。以此类推,直至所有必须被评价的员工都被排列到表格中为止(具体见表12—10)。

表12—10　交替排序法的绩效考评等级

评价所依据的要素:________________ 将最好的员工排在第1位,最差的排在第10位,然后以此类推。	
1. ________________	6. ________________
2. ________________	7. ________________
3. ________________	8. ________________
4. ________________	9. ________________
5. ________________	10. ________________

2. 成对比较法

交替排序法在考评对象比较多的情况下，难度就会增大。这时，成对比较法是一种选择。这种方法要求按照某种绩效标准，两两比较员工绩效，优者计 1 分，劣者计 0 分，然后把每个人的分数相加，分数越高者越优秀。具体操作见表 12—11。

表 12—11　　成对比较法

	A	B	C	D	总分
A		0	0	0	0
B	1		0	0	1
C	1	1		0	2
D	1	1	1		3

3. 强制分布法

强制分布法是将工作小组中员工的绩效分级，再根据事先确定的比例将每个被评价的员工归到每一个绩效等级。使用这一绩效评价方法的目的主要在于，减少因评价者主观故意而给予普遍高或低的评价。比如，可以按照表 12—12 中的比例确定员工的绩效等级分布比例。

表 12—12　　绩效等级分布比例

绩效最高的	15%
绩效较高的	20%
绩效一般的	30%
绩效较低的	20%
绩效很低的	15%

当然，每一个绩效等级上的分布比例不一定要对称分布。

4. 等级评价法

等级评价法是对员工工作中的重要部分给出一个衡量的范围，根据员工的绩效给出相应的分数。例如，如表 12—13 所示，1 分代表最好，6 分代表很差。

表 12—13　　等级评价法

工作速度	1	2	③	4	5	6
工作质量	①	2	3	4	5	6
沟通技巧	1	2	③	4	5	6
团队态度	1	②	3	4	5	6
责任心	1	②	3	4	5	6

5. 关键事件法

关键事件法要求考评者记录员工在工作活动中所表现出来的非常好的行为或非常不好的行为(关键事件),然后每半年主管(考评者)与员工(下属)面对面以记录的事件为例,共同讨论后者的工作绩效。其优点在于:第一,它提供了一个关于员工绩效状况的事实,便于向员工解释其绩效考评的结果;第二,确保主管在全年中都会想着下属人员的绩效问题;第三,给主管提供了一些事例向员工说明他们可以通过什么方法消除工作中的缺陷。表12—14就是一家工厂中厂长助理的例子。

表12—14　　发生在一位厂长助理身上的关键事件举例

日常职责	工作目标	关键事件
安排工厂的生产计划时间表	充分利用工厂中的人员和机器设备,及时完成订单的生产	采用了新的生产计划系统;上个月将订单的延误率降低了10%;上个月将机器的利用率提高了20%
监督原材料的采购和库存控制	在保证充足的原材料供应的前提下,使库存成本降低到最低	上个月导致库存成本上升了15%,"A"和"B"零件的采购过剩20%;"C"零件短缺了30%
监督机器的维修保养	不出现因机器故障而造成的停产	在工厂中建立了一套新的预防性机器维护保养系统,由于及时发现机器部件的故障而防止了机器停工

6. 行为锚定等级评价法

行为锚定等级评价法(behaviorally anchored rating scale,BARS)通过用一些关于优良绩效和不良绩效的描述性事例解释或锚定一个量化的等级,将描述性的关键事件评价法和量化的等级评价法的优点结合起来。一般建立行为锚定等级评价法的步骤如下:

(1)获取关键事件。首先要求对某一职位了解的人描述代表该职位上的关键事件。

(2)开发绩效维度。然后由上面这些人将这些关键事件合并成为数不多的几个绩效维度,并界定其中的每个绩效维度。

(3)重新分配关键事件。这一步要求由另外一组对职位比较了解的人重新排列原始的关键事件,并将这些关键事件分别放入他们自己认为最合适的绩效要素中。通常情况是,如果就同一关键事件而言,第二组中某一比例以上(通常是50%—80%)的人将其放入的绩效维度与第一组人将其放入的绩效维度是相同的,那么,这一关键事件的最后位置就可以确定了。

(4)评价关键事件。在用关键事件来描述行为之后,第二组人还要评定每一绩效维度所代表的有效和无效程度(一般采用7点或9点尺度)。

(5)建立最终的绩效评价工具。对于每一个工作绩效维度来说,选择6—7个关键事件作为行为锚。

此外，绩效考评的方法还有目标管理法、行为描述表格法和基于计算机或网络的绩效考评方法等。由于绩效考评的复杂性和考评方法的特点，在实践中，一般都是几种方法综合利用。

三、薪酬管理

薪酬是员工从事劳动、履行职责并完成任务之后所获得的经济上的酬劳或回报。薪酬管理是人力资源管理的重要内容。设计适合企业及岗位特点的薪酬制度对提高员工积极性和企业绩效具有重要意义。狭义上的薪酬是直接获得的报酬，如基本工资、绩效工资、成就工资和津贴等；广义上的薪酬还包括间接获得的报酬，如福利。

1. 薪酬管理的原则

(1)适度原则。即薪酬应该有一个上限和下限。下限就是国家、地方或企业规定的最低工资和基本福利，用来保障员工的基本生活。而上限必须考虑到企业的成本控制要求。

(2)公平性原则。这种公平体现在外部公平、内部公平。即企业的薪酬水平与外部本地区或本行业相比，是公平或有竞争力的。内部公平则指企业内部相同岗位的薪酬应该基本一致，或不同岗位和职位的工资水平应该有一个比较合理的差距。

(3)激励性原则。即企业的薪酬制度不仅要让员工认可或满意，还要对他们形成一种激励作用。这也是企业薪酬管理的重要目的之一。这需要了解员工对薪酬的要求，设计比较合理的薪酬结构。

(4)多元化原则。员工的需求是多种多样的。这种多元化的需求必然要求企业在设计薪酬结构和开展薪酬管理时，注意薪酬结构的合理搭配。

2. 薪酬管理的影响因素

企业薪酬政策的制定必须考虑到企业内外因素的影响。

(1)外部影响因素一般有：劳动力市场的供求状况、政府的政策调节、经济发展状况与劳动生产率、物价变化、地区的生活水平和行业薪金水平的变化等。

(2)内部影响因素一般有：企业的支付能力、企业的发展阶段、工作的性质和经营层的态度等。

3. 薪酬结构与形式

目前我国流行的薪酬结构有以下几种。

(1)基础薪酬，也称基本薪酬，是以员工的熟练程度、工作的复杂程度、责任大小及劳动强度大小为基准，根据员工实际完成的工作量或花费的工作时间而支付的劳动报酬。它是员工收入的主体部分，具有相对稳定性。

(2)奖励薪酬,即奖金,是企业对员工超额劳动部分或劳动绩效突出部分支付的奖励性报酬。其目的是鼓励员工提高劳动效率和工作质量。奖金随绩效变化而变化。

(3)附加薪酬,即津贴,是企业对员工在特殊劳动条件下所付出的额外劳动的物质补偿,如恶劣的工作条件等。

(4)福利。福利是企业吸引员工或保持人员稳定而支付的基本薪金的补充项目,主要是为了提高员工及家属的生活水平,使员工安心工作。福利形式多样,有实物、金钱、机会或服务等。

4. 薪酬模式

由于薪酬体系中各部分的性质特点不同,当它们以不同比例组合时,就构成了不同的薪酬模式。

(1)高弹性模式。这是一种短期绩效决定模式。即员工的薪酬与其绩效水平相关性比较高,如果绩效高,则给予较高的薪酬;反之,就支付较低的报酬。这种模式适合以下几种情况:员工的工作热情不高;组织的人员流动率较大;员工业绩的伸缩空间较大,如营销、研发职位等。

其特点是激励功能较强;薪酬与绩效紧密挂钩,不易超支;但薪酬水平波动较大,不易核算成本,员工缺乏安全感。

(2)高稳定模式。该模式下员工的薪酬与绩效关系不大,而是取决于经营情况及员工的工龄等。其适用于以下几种情况:员工工作热情高,组织人员流动率不大,员工业绩的伸缩性小。其特点是:薪酬水平波动不大,容易核算成本;员工安全感较强,但缺乏激励功能,劳动力成本稳定,容易形成较重的负担。

(3)折中模式。这种模式兼具稳定性和弹性,既能激励员工,又能给其安全感。但要达到理想效果,需要根据企业的特点和实际,合理确定薪酬体系中各部分的比例。一般情况下,基本薪酬部分具有刚性,再加上与员工绩效水平有关的奖励薪酬,或加上与组织绩效有关的附加薪酬和比较灵活的员工福利。其特点是兼具激励性与安全感,可以灵活掌握,成本容易控制,但对薪酬管理人员要求较高。

另外,企业要确定合适的薪酬制度,还要根据员工的工作性质、职位和所处层次的不同设计对应的薪酬结构和选择相应的薪酬模式。

专栏

大数据时代的人力资源管理

大数据时代的人力资源管理,本质上是通过量化职场人的知识、能力、素质、风格等各项特征，形成人力资源管理的经验化与精确化。更重要的是，大数据创新会有助于推动充分市场化、专业化的职场环境，这将充分释放人力资源价值。那么大数据时代对人力资源管理工作的具体影响在哪里呢？

首先是最基本的岗位选拔问题。

无论何种选拔，其本质是候选者与目标岗位胜任力要求的匹配度。也就是说，匹配度越高，被选中的概率越高。

在传统的人力资源管理中，这种匹配大多是非常模糊而感性的，主要依赖决策层的经验和判断力。但在大数据的作用下，可以搭建一个相对可靠性较高的选拔匹配平台。

平台的一边，是对于目标岗位的素质描述，以及参照本企业历史数据或同行业经验数据，对于所要求候选者各项胜任力素质的各项要求，这样，在选拔之前，对于目标人选"应该是什么样子"做到心中有数。

平台的另一边，是对于候选者的各项能力素质指标，按照目标岗位的胜任力维度分解展现，也就是，可以客观呈现候选人"就是这个样子"。

这样，可以直观地观察候选者的胜任力与目标岗位的胜任力要求的匹配情况，会极大提高选拔的精度与效率。

其次是薪资绩效问题。

各个企业HR经常遇到的难题是，不清楚本企业的薪资水平在全行业的位置，不清楚本公司的各项福利保险是否发挥了激励作用，不清楚如何实现对应聘者薪资预期的有效管理。

从长期来看，伴随着多行业可共享的大数据信息平台的逐渐成形，企业HR部门将越来越便利地分析同行业薪资水准，从而调整本公司薪酬以保持薪酬竞争力。

此外，对于薪资外的福利保险，企业同样在了解员工差异化需求的基础上，改变多年不变、千人一面的福利模式，对不同员工实现差异化福利包。

而在应聘者薪资预期方面，可以通过建立起应聘者的竞价机制，使招聘的薪资谈判完全市场化，提高招聘的"性价比"。

再次是领导层的管理优化问题。

越来越多的企业建立了较为完备的领导力发展体系，主要的问题在于对于领导力发展过程中的"学习-运用-评估"的持续性差，导致对于管理人员缺乏长期的领导力评估，针对性的学习和运用自然更加无从谈起。

在一个基于大数据理念的领导力发展体系中，一般按照不同层级建立不同的领导力模型，并通过专项培训、日常评估、业绩考察等多种方式对各级管理人员的领导力表现进行记录、分析与指导，从而为每个人量身定制出领导力发展路线图。

无论大数据的量化分析技术演进到何种程度，无论对于职场人的刻画模型有多么精准，人力资源管理本质上仍然部分是艺术，部分是科学，这是由人的复杂性决定的。未来的人力资源管理要达到的目标是，在大数据技术的支撑下，让科学的部分尽可能科学，从而让艺术的部分更加充满智慧。

大数据时代的企业招聘，从技术方法角度看，是持续的数据挖掘过程；从信息角度看，是供需信息持续匹配，关联信息的不断交叉组合的过程；从人力资源专业来看，是对于人才价值评估、岗位胜任力理解的专业展现过程。

资料来源：节选自《HR前瞻：大数据时代的人力资源管理》，https://www.sohu.com/a/237028632_100097323，登录时间：2021年5月11日。

本章小结

1. 一般来说，人力资源管理主要包括人力资源战略规划、工作分析与设计、员工的招聘与录用、员工的培训与开发、绩效管理与薪酬管理等。

2. 工作分析是企业进行人力资源管理的基础，一般来说，工作分析的方法主要有观察法、面谈法、工作日志法、问卷法等。工作分析的结果是工作说明书和工作规范两个文件。

3. 寻找适合企业要求的员工，是招聘工作的主要内容。为了招聘到优秀的员工，一般从内部渠道和外部渠道，采用面试和笔试两种方式录用。

4. 员工的培训是为了改进员工的工作绩效和使员工素质与技能跟上企业的发展要求。员工培训组织包括：培训需求分析、教育指导设计、执行、评估和跟踪。为了提高培训的效果还必须采用多种培训手段。

5. 绩效考评是为了衡量员工的工作结果和效率。常用的绩效考评方法有交替排序法、成对比较法、强制分布法、等级评价法、关键事件法和行为锚定等级评价法等。为了保证绩效考评的准确与科学，一般要多种方法综合使用。

6. 目前流行的薪酬结构包括：基本薪酬、奖励薪酬、附加薪酬和福利。可以选择的薪酬模式有高弹性、高稳定和折中模式三种。企业要根据员工的特点、企业发展实际和外部环境的要求确定合理的薪酬结构和选择恰当的薪酬模式。

复习思考题

1. 阐述人力资源管理的主要内容。
2. 讨论直线经理与人力资源经理在人力资源管理工作中的职责划分。
3. 讨论各种招聘面试方法的特点。
4. 阐述绩效管理的程序与原则。
5. 说明行为锚定等级评价法的主要内容。

案例思考

美国通用电气公司人才开发与管理战略

美国通用电气公司(General Electric，GE)作为《财富》杂志连续四次选出的“全美最受推崇的公司”，迄今已有100多年历史。

一、造就长期稳定的公司领导层

一位优秀的公司首席执行官(CEO)，是通用电气公司能够持续快速发展的关键。通用电气公司有一支具有战略眼光、丰富经验和出色领导能力的团队。这个班子具有以下突出特点：

一是精干高效。通用电气公司作为全球著名的跨国公司，经营范围涉及动力、工业自动化、飞机发动机、医疗、塑料、金融、家用电器等10多个领域，下属企业遍布100多个国家和地区，拥有30万员工，而其最高领导层却非常精干。公司设一名董事长兼首席执行官，两名副董事长，下有6名高级副总裁，分别主管业务、研究开发、财务、人事、法律、资讯等方面的工作，直接控制着公司的重大决策和日常运转。尽管公司庞大，但总部管理部门只有5个。公司明确规定，从董事长到一线工人之间，不得超过5个层次。可以说，通用电气公司在运营过程中基本达到了前总裁韦尔奇提出的管理层次少、工作流程短、“像小公司一样精干灵活”的目标。

二是结构合理。公司最高领导层是从不同业务部门晋升上来的，具有不同的专业知识、不同的业务经验或领导方式，用他们的话说就是“多元化”。这样一种知识和经历结构，有助于发挥班子成员的各自优势和互补作用，有助于防止决策的片面性，增强班子的整体功能。

三是授权到位。公司班子领导成员各负其责、各司其职，每个成员都集中精力管好自己负责的工作。比如，首席执行官主要负责公司的重大决策、重要人事调整和企业文化传播等大事，其他业务工作都由别的领导成员负责管理。

四是相对稳定。通用电气公司1892年成立以来的110年中，共产生了9位董事长。如果不计算2001年9月才上任的伊梅尔特，实际上每位董事长平均任职13.75年。韦尔奇于1981年上任，一直干到2001年9月退休。在他任职的20年间，通用电气公司的市值由12亿美元增长到3 980亿美元，从原来的全球排名第16位跃居第1位。2001年，伊梅尔特凭借优良的素质和出色的业绩，终于在3位候选人中脱颖而出，成为韦尔奇的接班人。这样一个长期稳定的领导层和具有战略眼光与卓越领导能力的CEO，从组织领导上保证了公司的持续快速发展。

二、培育以“诚信”为核心内容的企业文化

不断增进员工对公司价值观的认识，是通用电气公司成功发展的基石。公司的三大传统之一是诚信(其他两大传统为“变革”和“业绩”)。每个员工携带的应当遵循的“通用电气价值观”卡片上，列在突出位置的也是诚信。“诚信”是通用电气价值观的核心内容，在通用电气文化中居于重要的指导地位。通用电气文化中的勇于变革、客户第一、质量为本、“无界限”活动等内容，都是“诚信”的拓展和派生。

通用电气公司非常重视员工和合作伙伴诚信理念的养成。每个员工进入公司的第一件事，就是接受诚信的培训。公司的每个代理商，也要接受诚信的培训。通用电气公司要求各业务部门和分公司的CEO、总经理、销售主管，都要抓诚信培训，亲自讲解诚信的规则和政策，并且把能否传播、宣传、推广这一价值理念以激励员工,作为衡量领导者是否称职的重要条件。同时,公司还利用互联网培训,使每个员工在家里或工作岗位上随时都可以学习。通用电气公司强调诚信,不是空对空,也不做表面文章,而是扎扎实实地落实到每一项业务、每一个环节。比如考核员工主要看两条,一条是诚信的规则遵循得怎么样,一条是取得的业绩怎么样。如果诚信和业绩都很好,那将会得到提升和奖励;如果诚信好,业绩不怎么样,那将会获得第二次机会,再展身手;如果业绩不错,但诚信不好,那将会成为"不受欢迎的人"而被迫离开公司。

三、打造学习型公司

不断提升全体员工的素质,是通用电气公司持续发展的不竭动力。韦尔奇最重要的变革是把通用电气公司变成了一家全球化的学习公司。韦尔奇认为,一个企业真正的"核心实力"不是生产制造或售后服务,而是企业的学习能力。他担任通用电气公司的 CEO 后,一直致力于在公司内培育、创造一种学习的氛围。他要求每个雇员都要学习新知识、新技能,不但内部要相互学习,而且要向外部公司学习,并且能够把学到的新知识、新经验、新做法在实践中加以运用。

通用电气公司坚持以人为本的思想,高度重视人才的引进、培养和管理。它同其他跨国公司一样,积极利用自己的优越条件在全球招募人才。然而,它的过人之处在于,对这些招募来的优秀人才,公司不是单纯地强调发挥他们的作用,而是不断地培训他们,培养他们永不满足的学习欲望,使他们每天都能自觉去学习新的东西、寻求新的创意,在不断学习、成长中实现自己的梦想。

通用电气在培养公司高层管理人才上,更是舍得花本钱、下功夫。通用电气公司第四任董事长拉尔夫·卡迪纳(Ralph Codiner)曾指出,"经理人可能会成为通用电气增长的瓶颈"。韦尔奇进一步提出,一个优秀的管理者"可以提升整个团队的业绩"。正是出于这样的考虑,通用电气公司早在 20 世纪 50 年代就开始专门培训高层管理人才。

四、构建完善有效的监督激励机制

推行"无界限"管理和员工"360 度"全方位考评,使通用电气公司始终保持着生机和活力。构建一套完善有效的监督制约机制,是通用电气公司能够始终保持生机和活力的一个重要原因。通用电气公司的监督主要是通过三个层面来实现的:一是股东及社会的监督。通用电气公司的股东群非常庞大,总共有 400 万个左右,社会化程度很高。这样大的股东群时刻关注着公司股票的行情,再加上华尔街股票分析师的跟踪分析、新闻媒体对运营情况的披露,对公司构成了强有力的外部监督。二是董事会对公司及首席执行官的监督。通用电气公司董事会共有 18 名董事,其中外部专职董事 14 名。这些外部董事权力很大,他们代表广大股东的利益,依法参与公司的前瞻性战略决策,监督公司运营情况和考核首席执行官。三是公司内部严格的考核监督制度。公司有一套严格的考核评估体系,这主要包括通过业务集团的控制审计、专职审计人员和外部会计师事务所等多个环节,评估公司运营情况,同时通过实行"无界限"管理、公司领导直接听取员工反馈意见等形式,形成了整个系统的闭环。这样一个完整、稳定的监督系统,有效地保证了公司的正常经营和实现的财务结果客观真实。

通用电气公司按照严格的制度和程序考核员工,并在科学评估的基础上奖惩。他们创造了一种称为"阶段 C"的管理方法,主要内容包括"行动、决策和严格的跟踪机制"。按照这种方法,每年年初,各业务部门都要由上而下制定出个人发展计划。部门领导负责组织评估和"360 度"全方位跟踪考察,并按照各项指标体系评估直接下属的工作表现,提出是否提职、提薪的建议。公司根据员工不同岗位、不同贡献的情况,采取包括提升、发放奖金、奖励持股权等多种形式奖励员工。同时,下决心解雇10%的最差员工，这无疑是一种反向激励。这种优胜劣汰、奖惩分明的机制，给公司员工以巨大的激励和压力，使其不断奋进，不敢懈怠，从而保持了公司的生机和活力。

资料来源：杨晓东：《美国通用电气公司人才开发和管理战略及启示》，中国人力资源开发网，2008年7月31日。

问题：

1. 结合通用电气案例与本章所学知识，分析说明企业如何构建自己的人力资源管理体系。
2. 结合通用电气案例论述人力资源管理在企业管理中的作用。

第十三章　财务管理

学习目标

1. 了解财务管理的基本概念和知识体系；
2. 理解财务管理过程各个环节的管理重点；
3. 掌握财务报表的结构，学会看财务报表；
4. 会进行简单的财务分析。

关键术语

财务管理　财务活动　财务关系　筹资　投资　营运资金　利润分配
资产负债表　利润表　现金流量表　财务分析

引入案例

小企业的财务管理之道

1. 成本控制有张有弛

A 电子公司是一家成立于 1995 年的民营企业，注册资金 300 万元人民币。该公司的经营范围是代理国内和国际品牌的通信产品，属于商品流通单位，也负责对终极用户的安装。

成本控制是许多中小企业所普遍重视的，但成本的节约应该是一种有取舍有原则的节约。为了节约人员的开支，该公司对成本的控制采取了不同情况不同对待的方法。对于少量的终极用户安装业务，多采用临时聘请熟识的工程队；对于机器的日常小规模维护，则采用对业务人员普及技术培训的方法；而针对高端机器的紧急修理则采取和上游厂商签订维护协议的方法。

2. 人人参与财务管理

该公司财务部有4名会计。虽然公司的会计人员很少，但他们的财务工作对整体公司的运作起到了强大的约束作用。A公司推行的是“人人参与财务管理”的模式。在公司的走廊以板报的形式，由财务人员每天按照合同的具体条目更新现金回收状况。它的出现引起了公司每个人的关注：业务人员经常来查对，讨论并通过它跟进自己负责合同的收款进度；主管也可以通过它估计二级经销商的回款情况。这样，每个人都可以从这里获得重要的信息。在公司，应收账款在收回前只不过被看成一项市场费用，如果还没有收到货款，就不能算销售已经完成，也就没有客户满意度，当然也不会给相应的销售人员支付佣金。“人人参与财务管理”的模式，极大地调动了销售人员的积极性，杜绝了销售人员只管签订合同而不管实际收款的情况。

很多企业建立了销售收款责任制，销售人员不但要推销产品，还要负责收款，并把催讨货款与销售人员的奖金挂起钩来，这是防范应收账款风险的有效措施，但需注意激励和约束的平衡关系。如果企业的业务量较大，可以建立应收账款的计算机管理系统，利用计算机对客户实施适时监控。

3. 重视存货管理

A公司细致地统计记录每月的销量，并设定了管理软件中的库存模式，一旦存货低于警戒线立即补货。长期经营的经验使他们公司的存货占用资金非常低。也因为他们的业务大体是订制的机器，所以和厂家的协调非常重要。该公司和长期合作的生产企业均有详细的协议。设置的付款比例是与买方合同的收款比例同步的，这样就大大降低了由于付款时间差距引起的大量占用现金的风险，也对厂家为机器设备安装期间提供的售后服务起到了一定的牵制作用。而对于小型设备突然出现的需求量浮动，他们采用向同行调货的方式实现，虽然比直接从供货商调货价高，但由于次数少，相比起来也比囤积大量库存占用流动资金要合算得多。

该公司规模不大，但却注重吸收先进技术，运用管理软件管理库存，在保证存货供应的同时，节约了存货上占用的资金。目前大多数的贸易类企业采取零存货的方式，按单订制直接供应给客户，避免了存货因价格变动导致损失的风险。也有很多企业实施企业流程再造（BPR）、企业资源计划系统（ERP），这些都是提高企业运转速度的手段。

资料来源：佚名：《小企业的财务管理之道》，《牛津管理评论》，2007年9月19日。

第一节 财务管理概述

一、财务管理的内涵

1. 财务管理

企业财务是指企业在生产经营过程中客观存在的资金运动及其所体现的经济利益关系。

财务管理是基于企业生产经营过程中客观存在的财务活动和财务关系而产生的，它是利用价值形式对企业生产经营过程的管理，是企业组织财务活动、处理与各方面财务关系的一项综合性管理工作。

2. 财务活动

所谓财务活动，是指资金筹集、投放、使用、收回及分配等一系列行为。从整体上讲，财务活动包括四个方面。

(1)筹资活动。企业组织商品生产，必须以占有或能够支配一定数额的资金为前提。企业通过筹资可以形成两种不同性质的资金来源：一是企业权益资金，企业可以通过向投资者吸引直接投资、发行股票、用留存收益转增资本等方式取得，其投资者包括国家、法人、个人等；二是企业债务资金，企业可以通过向银行借款、发行债券、利用商业信用等方式取得。企业筹集资金表现为企业资金的流入。

(2)投资活动。企业取得资金后，必须将资金投入使用，以谋求更大的经济效益；否则，筹资就失去了目的和效用。企业投资可以分为广义的投资和狭义的投资两种。广义的投资是指企业将筹集的资金投入使用的过程，包括企业内部使用资金的过程和对外投放资金的过程。狭义的投资仅指对外投资。

(3)资金营运活动。企业在日常生产经营过程中会发生一系列的资金收付。企业的营运资金，主要是为满足企业日常营业活动的需要而垫支的资金。在一定时期内，资金周转越快，资金的利用效率就越高。

(4)分配活动。企业通过投资或资金营运活动可以取得相应的收入，并实现资金的增值。企业取得的各种收入在补偿成本、缴纳税金之后，还应依据现行法规及规章对剩余收益予以分配。广义地说，分配是指分配和分派企业各种收入的过程；而狭义的分配仅指企业净利润的分配。

财务活动的四个方面，不是相互割裂、互不相关的，而是相互联系、相互依存的。正是这四个方面，构成了完整的企业财务活动，这四个方面也是企业财务管理的基本内容。

3. 财务关系

企业财务关系是指企业在组织财务过程中与有关各方所发生的经济利益关系。企业的财务关系可以概括为以下几个方面。

(1)企业与投资者之间的财务关系,主要是指企业的投资者向企业投入资金,企业向其投资者支付投资报酬所形成的经济关系。

(2)企业与债权人之间的财务关系,主要是指企业向债权人借入资金,并按借款合同的规定按时支付利息和归还本金所形成的经济关系。

(3)企业与受资者之间的财务关系,主要是企业以购买股票或直接投资的形式向其他企业投资所形成的经济关系。

(4)企业与债务人之间的财务关系,主要是企业对其资金以赎买债券、提供借款或商业信用等形式出借给其他单位所形成的经济关系。

(5)企业与政府之间的财务关系,是指企业按规定向中央政府缴纳各种税款,由此体现的一种强制和无偿的经济关系。

(6)企业内部各单位之间的财务关系,主要是企业内部各单位之间在生产经营各环节相互提供产品或劳务所形成的经济关系。

(7)企业与职工之间的财务关系,主要是企业向职工支付劳动报酬过程中所形成的经济关系。

二、财务管理的目标

1. 财务管理的目标

财务管理的目标是在特定的理财环境中,通过组织财务活动,处理财务关系所要达到的目的。具有代表性的财务管理目标主要有以下几个方面。

(1)利润最大化。即假定在企业的投资预期收益确定的情况下,财务管理行为将朝着有利于企业利润最大化的方向发展。

(2)资本利润最大化或每股利润最大化。所有者作为企业的投资者,其投资目标就是取得资本收益。

(3)企业价值最大化。企业价值不是账面资产的总价值,而是企业全部财产的市场价值,它反映了企业潜在或预期获利能力。此财务目标体现了资金的时间价值和风险价值,克服了管理上的片面性和短期行为,有利于社会资源合理配置,是较为合理的财务管理目标。

2. 资金时间价值

资金时间价值是指一定量资金在不同时点上的价值量的差额。资金的时间价值是资金在周转使用中产生的,是资金所有者让渡资金使用权而参与社会财富分配的一种形式。在通常情况下,资金的时间价值相当于没有风险和没有通货膨胀条件下的社会平均资金利润率。

资金时间价值的度量涉及终值和现值两个概念。终值又称为将来值,是现在一定量现金在未来某一时点上的价值,俗称本利和。现值又称本金,是指未来某一时点上的一定量的现金折合为现在的价值。在现代财务管理中一般以复利方式计算终值和现值,复利方式是以当期期末本利和为计息基础计算下期利息,即利上加利。

设 F 为终值,P 为现值,i 为年利率,则第 n 年的复利终值为:

$$F=P\cdot(1+i)^{n}$$

复利现值的计算公式为:

$$P=F\cdot(1+i)^{-n}$$

3. 风险

风险是对企业的目标产生负面影响的事件发生的可能性。从财务管理角度看,风险就是企业在各项财务活动过程中,由于各种难以预料或无法控制的因素作用,企业的实际收益与预计收益发生背离,从而蒙受经济损失的可能性。在财务决策分析中,短期一般不考虑风险因素,但在长期财务决策中就不得不考虑风险因素,需要计量风险程度。

设 R_R 为风险收益率,b 为风险系数,V 为标准离差率,则三者的关系为:

$$R_R=b\cdot V$$

在不考虑通货膨胀因素的情况下,投资的总收益率 R 为:

$$R=R_F+R_R=R_F+b\cdot V$$

其中,R 为投资收益率,R_F 为无风险收益率。标准离差率是标准离差同期望值之比,即 $V=\frac{\delta}{E}\times100\%$,反映了决策方案的风险程度。风险价值系数是指该项投资的风险收益率占该项投资的标准离差率的比率。

三、财务管理的工作步骤

财务管理的工作步骤一般来说包括以下五个环节。

1. 财务预测

财务预测是根据财务活动的历史资料,考虑现实的要求和条件,对企业未来的财务活动或财务成果做出科学的预计和测算。

2. 财务决策

财务决策是指财务人员按照财务目标的总体要求,利用专门方法比较分析各种备选方案,并从中选出最佳方案的过程。财务决策是财务管理的核心。

3. 财务预算

财务预算是指运用科学的技术手段和数量方法，对未来财务活动的内容及指标的具体规划。

4. 财务控制

财务控制是在财务管理的过程中，利用有关的信息和特定手段影响或调节企业财务活动。

5. 财务分析

财务分析是根据核算资料，运用特定方法分析和评价企业财务活动过程及其结果。

第二节 财务管理过程

一、企业筹资

1. 企业筹资概述

企业筹资是企业根据生产经营等活动对资金的需要，通过一定的渠道，采取适当的方式获取所需资金的一种行为。企业筹资的基本目的是为了自身的生存和发展。

按资金的来源渠道不同，筹资可以分为权益筹资和负债筹资。企业通过发行股票、吸收直接投资、内部积累等方式筹集的资金属于企业的所有者权益或自有资金。企业通过发行债券、向银行借款、融资租赁等方式筹集的资金属于企业的负债或借入资金。企业采用吸引自有资金的方式筹集资金，财务风险小，但付出的资金成本相对较高；企业采用借入资金的方式筹集资金，一般承担风险较大，但相对而言，付出的资金成本较低。

按是否通过金融机构，筹资可分为直接筹资和间接筹资。直接筹资的工具主要有商业票据、股票、债券。间接筹资的工具典型的是银行借款。

按所筹资金使用期限的长短，筹资可分为短期资金筹集和长期资金筹集。供一年内使用的资金是短期资金，主要用于现金、应收账款、存货等，常采用商业信用和取得银行流动资金借款来筹集。供一年以上使用的资金为长期资金，主要用于开发新产品、扩大生产规模、更新厂房设备等，常采用吸收投资、发行股票、发行公司债券、取得长期借款、融资租赁和内部积累方式来筹集。

2. 筹资渠道与方式

我国企业目前筹资的渠道主要包括：(1)银行信贷资金；(2)其他金融机构资金；(3)其他企业资金；(4)居民个人资金；(5)国家财政资金；(6)企业自留资金。

我国企业目前筹资方式主要有:(1)吸引直接投资;(2)发行股票;(3)利用留存收益;(4)向银行借款;(5)利用商业信用;(6)发行公司债券;(7)融资租赁;(8)杠杆收购。其中,(1)—(3)筹措的资金为权益资金,(4)—(8)筹措的资金为负债资金。

3. 资金成本

资金成本是指企业为筹集和使用资金而发生的代价,包括用资费用和筹资费用两部分。用资费用是指企业在生产经营、投资过程中因使用资金而支付的代价,如向股东支付的股利、向债权人支付的利息等,这是资金成本的主要内容。筹资费用是指企业在筹措资金过程中为获取资金而支付的费用,如向银行支付的借款手续费,因发行股票、债券而支付的发行费等。筹资费用只发生一次,在用资过程中不再发生。资金成本由用资费用与实际筹得资金的比率表示,其计算公式为:

$$资金成本=\frac{每年的用资费用}{筹资总额-筹资费用}$$

资金成本在筹资决策和投资决策中作用较大,因而是财务管理中重要的概念。另外在实际应用中常常使用个别资金成本,即各种筹集方式的成本;加权资金成本,即分别以各种资金成本为基础,以各种资金占全部资金的比重为权数计算出来的综合资金成本;资金的边际成本,即资金每增加一个单位而增加的成本。

$$加权平均资金成本=\sum(某种资金占总资金的比重\times 该种资金的成本)$$

4. 资金结构

资金结构是指企业各种资金的构成及其比例关系。资金结构是企业筹资决策的核心问题。资金结构总的来说是负债资金的比例问题,即负债在企业全部资金中所占的比重。

影响资金结构的因素有很多,比如企业财务状况、企业资产结构、企业产品销售情况、投资者和管理人员的态度、行业因素、利率水平等。

负债不是多了就不好,负债资金具有双重作用,适当利用负债,可以降低企业资金成本,但当企业负债比例太高时,会带来较大的财务风险。为此,企业必须权衡财务风险和资金成本的关系,确定最优的资金结构。所谓最优的资金结构,是指在一定条件下使企业加权平均资金成本最低、企业价值最大的资金结构。确定最佳资金结构的方法有每股利润无差别点法、比较资金成本法和公司价值比较法。

其中每股利润无差别点法,又称息税前利润-每股利润分析法(EBIT-EPS 分析法),是通过分析资金结构与每股利润之间的关系,计算各种筹资方案的每股利润的无差别点,进而确定合理的资金结构的方法。其计算方法为:

$$\frac{(\overline{EBIT}-I_1)(1-T)-D_1}{N_1}=\frac{(\overline{EBIT}-I_2)(1-T)-D_2}{N_2}$$

其中，$\overline{EBIT}$ 为每股利润无差别点处的息税前利润；I_1、I_2 为两种筹资方式下的年利息；D_1、D_2 为两种筹资方式下的优先股股利；N_1、N_2 为两种筹资方式下流通在外的普通股股数。

当息税前利润大于 $\overline{EBIT}$ 时，采取负债筹资方式较为有利；当息税前利润小于 $\overline{EBIT}$ 时，不应再增加负债，以发行普通股为宜；当两者相等时，采用两种方法无差别。

二、投资

1. 投资概述

投资是指特定经济主体为了在未来可预见的时期内获得收益或使货币增值，向一定领域的标的物投放足够数额的资金或实物等货币等价物的经济行为。投资具有目的性、时间性、收益性和风险性的特点。

从企业投资动机的层次高低上可将其划分为行为动机、经济动机和战略动机三个层次。投资最简单的行为动机是出于企业的本能；经济动机是为了取得收益，获得资金增值，这是投资的核心目的；开拓市场、控制资源、防范风险等属于层次较高的战略动机。从投资的功能上也可将投资动机划分为四种：获利动机，即通过投资取得更大收益；扩张动机，即通过投资扩大企业的经营规模或范围，甚至开拓新领域；分散风险动机，即通过投资为暂时闲置的资金寻求出路，以便分散持有资金的风险；控制动机，即通过投资取得对其他企业或实体的控制权，以便取得控制物流环中的上游资源或下游市场。

2. 投资的分类

投资有广义和狭义之分。广义的投资包括企业内部的资金投放和使用，以及对外的投出资金；狭义投资仅指对外部分的投出资金。

(1)按照投资行为的介入程度，投资可分为直接投资和间接投资。

直接投资是由投资人直接介入投资行为，即将货币资产直接投入投资项目，形成实物资产或者购买现有企业资产的一种投资。间接投资是投资者以其资本购买公债、公司债券、金融债券或公司股票等，以预期获取一定收益的投资。二者具有本质的区别，直接投资的资金所有者和资金使用者是统一的，而间接投资是分离的。

(2)按照投资对象的不同，投资可分为实物投资和金融投资。

实物投资是指将资金投向具有实物形态资产的一种投资，包括厂房、机器设备、房地产、黄金、古玩文物等。金融投资是指将资金投向金融资产的一种投资，包括股票、债券、银行存款、外汇等。二者在风险、流动性和交易成本上都有区别。实物投资的风险要比金融投资小，但流动性和交易成本要比金融投资大。

(3)按投资的内容不同，投资可分为固定资产投资、无形资产投资、开办费投资、流动资金投资、房地产投资、有价证券投资、期货与期权投资、信托投资、保险投资等多种形式。

3. 投资风险和投资收益

投资风险是指投资决策必须考虑的一种特殊风险，即由于投资活动受到多种不确定因素的共同影响，实际投资出现不同结果的可能性。投资风险表现为不同投资结果与期望收益之间的不一致性。

投资收益又称为投资报酬，是指投资者从投资中获取的补偿，包括期望投资收益、实际投资收益、无风险投资收益和必要投资收益等类型。

投资者通常不是把自己的全部资金放在单一资产上，而是同时向多项资产投资。这种同时以两个或两个以上资产作为投资对象而发生的投资，就是投资组合。如果同时以两种或两种以上的有价证券作为投资对象，就称为证券组合。

4. 资本资产定价模型

资本资产定价模型是指财务管理中为了提示单项资产必要收益率与预期所承担的系统风险之间关系而构建的一个数学模型。在特定条件下，资本资产定价模型的基本表达式如下：

$$E(R_i)=R_F+\beta_i(R_m-R_F)$$

其中，$E(R_i)$为第 i 种资产或第 i 种投资组合的必要收益率，R_F 为无风险收益率，β_i 为第 i 种资产或第 i 种投资组合的 β 系数，R_m 为市场组合的平均收益率。

从上式可以看出，单项资产或特定投资组合的必要收益率受到无风险收益率、市场组合的平均收益率和 β 系数三个因素的影响。

单项资产的 β 系数是指可以反映单项资产收益率与市场上全部资产的平均收益率之间变动关系的一个量化指标，即单项资产所含的系统风险对市场组合平均风险的影响程度，也称为系统风险指数。其计算公式为：

$$\beta=\frac{\text{某种资产的风险报酬率}}{\text{市场组合的风险报酬率}}$$

5. 项目投资

(1)项目投资是一种以特定项目为对象，直接与新建项目或更新改造项目有关的长期投资行为，通常包括固定资产投资、无形资产投资、开办费投资和流动资金投资等内容。与其他形式的投资相比，其具有投资金额大、影响时间长、变现能力差、投资风险大的特点。

项目投资的程序主要包括项目提出、项目评价、项目决策、项目执行和项目再评价等几个环节。

(2)在项目投资中涉及以下几个概念。

项目计算期是指投资项目从投资建议开始到最终清理结束整个过程的全部时间，即该项目的有效持续期间。完整的项目计算期包括建设期和生产经营期。

原始总投资又称为初始投资，是反映项目所需现实资金水平的价值指标。建设投资是指在项目建设期内按一定生产经营规模和建设内容进行的投资，包括固定资产投资、无形资产投资和开办费投资三项内容。

现金流量也称为现金流动量，简称现金流，指投资项目在其计算期内各项现金流入量与现金流出量的统称，它是评价投资方案是否可行时必须事先计算的一个基础性数据。现金流量是计算项目投资决策评价指标的主要根据和重要信息之一。一般包括初始现金流量、营业现金流量和终结现金流量。

净现金流量又称为现金净流量，是指在项目计算期内由每年现金注入量与同年现金流出量之间的差额所形成的序列指标，它是计算项目投资决策评价指标的重要依据。

(3)项目投资决策评价指标及计算。

静态投资回收期又称全部投资回收期，简称回收期，是指以投资项目经营净现金流量抵偿原始总投资所需要的全部时间。其主要公式为：

$$\text{不包括建设期的回收期}(PP')=\frac{\text{原始总投资}}{\text{投产后前若干年每年相等的净现金流量}}=\frac{I}{NCF_{(s+1)\rightarrow(s+m)}}$$

其中，I 为原始投资合计，$I=\left|\sum_{t=0}^{s}NCF_t\right|$，$NCF_i$ 为第 i 年的净现金流量。

投资利润率又称投资报酬率(ROI)，是指投产期正常年度利润或年均利润占投资总额的百分比。其计算公式为：

$$\text{投资利润率}=\frac{\text{年利润或年均利润}}{\text{投资总额}}\times 100\%$$

净现值(NPV)是指在项目计算期内，按行业基准收益率或其他设定折现率计算的各年净现金流量现值的代数和。其基本公式为：

$$\text{净现值}=\sum_{t=0}^{n}(\text{第}\ t\ \text{年的净现金流量}\times\text{第}\ t\ \text{年的复利现值系数})=\sum_{t=0}^{n}\frac{NCF_t}{(1+i_c)^t}$$

其中，i_c 为该项目的行业基准收益率。

获利指数(PI)又称现值指数，是指投产后按行业基准折现率或设定折算的各年净现金流量的现值合计与原始投资现值合计之比。其计算公式为：

$$\text{获利指数}=\frac{\text{投产后各年净现金流量的现值合计}}{\text{原始投资的现值合计}}$$

内部收益率(IRR)是指项目投资实际可望达到的收益率,即能使投资项目的净现值等于零时的折旧率,又称内含报酬率或内部报酬率。

6. 证券投资

证券投资是指投资者将资金投资于股票、债券、基金及衍生证券等资产,从而获取收益的一种投资行为。与实际投资相比具有流动性强、价值不稳定、交易成本低的特点。

具体来说,证券投资按其投资对象不同,可分为债券投资、股票投资、基金投资、期货投资、期权投资和证券组合投资等。

证券投资的程序包括选择投资对象、开户与委托、交割与清算和过户。

三、营运资金

1. 营运资金概述

营运资金又称营运资本,是指流动资产减去流动负债后的余额。营运资金因其较强的流动性而成为企业日常生产经营活动的润滑剂和基础,在客观存在现金流入量和流出量不同步和不确定的现实情况下,企业持有一定量的营运资金十分重要。企业应控制营运资金的持有数量,既要防止营运资金不足,也要避免营运资金过多。企业需要在风险和收益率之间权衡,从而将营运资金的数量控制在一定范围内。

营运资金的特点需从流动资产和流动负债两个角度来讲。流动资产又称经营性投资,与固定资产相比,具有投资回收期短、流动性强以及并存性、波动性的特点。

流动负债与长期负债相比,具有速度快、弹性大、成本低、风险大的特点。

2. 现金

现金是指在生产过程中暂时停留在货币形态的资金,包括库存现金、银行存款、银行本票和银行汇票等。现金是变现能力最强的资产,可以用来满足生产经营开支的各种需要,也是还本付息和履行纳税义务的保证。

现金持有的动机主要有交易动机、预防动机和投机动机等。当然企业除了以上三种原因持有现金外,也会基于满足将来某一特定要求或者为在银行维持补偿性余额等其他原因而持有现金。现金的成本主要由持有成本、转换成本和短缺成本三部分构成。企业基于交易、预防、投机等动机的需要,必须保持一定数量的现金余额。

企业在确定了最佳现金持有量后,还应采取各种措施,加强现金的日常管理,以保证现金的安全、完整,最大限度地发挥其效用。现金日常管理的基本内容主要包括现金回收管理和现金支出管理。

(1)现金回收管理。为了提高现金的使用效率,加速现金周转,企业应尽量加速账款的回收。一般来说,企业账款的回收需要经过四个时点,即客户开出付款票据、企业收到票据、票据交存银行和企业收到现金。

(2)现金支出管理。与现金收入相反,现金支出管理的主要任务是尽可能延缓现金的支出时间。策略主要有合理利用企业账户上现金余额与银行账户上所示的存款余额之间的差额,推迟支付应付款,采用汇票付款,改进工资支付方式。

3. 应收账款

应收账款是企业因对外赊销产品、材料、供应劳务等而应向购货或接受劳务的单位收取的款项。应收账款具有促进销售、减少存货的功能。其成本主要有机会成本、管理成本和坏账成本。

制定合理的信用政策是加强应收账款管理、提高应收账款投资效益的重要前提。信用政策即应收账款的管理政策,是指企业为规划与控制应收账款投资而确立的基本原则与行为规范,包括信用标准、信用条件和收账政策三部分内容。信用标准是客户获得企业商业信用所应具备的最低条件,通常以预期的坏账损失率表示。信用条件是企业接受客户信用订单时所提出的付款要求,包括信用期限、折扣期限及现金折扣率等。收账政策是指企业针对客户违反信用条件、拖欠甚至拒付账款所采取的收账政策与措施。

对已经发生的应收账款,企业还应进一步强化日常管理工作,采取有力的措施分析、控制,及时发现问题,提前采取对策。这些措施主要包括应收账款追踪分析、应收账款账龄分析、应收账款收现率分析和建立应收账款坏账准备制度。

4. 存货

存货是指企业在日常生产经营过程中为生产或销售而储备的物资。企业持有充足的存货,不仅有利于生产过程的顺利进行、节约采购费用与生产时间,而且能够迅速满足客户各种订货的需要。然而,存货的增加必然要占用更多的资金,将使企业付出更大的持有成本,而且存货的储存与管理费用也会增加,影响企业获利能力的提高。因此,如何在存货的功能与成本之间利弊权衡,在充分发挥存货功能的同时降低成本、增加收益,实现它们的最佳组合,成为存货管理的基本目标。

存货的功能主要有防止停工待料、适应市场变化、降低进货成本、维持均衡生产。存货的成本主要有进货成本、储存成本和缺货成本。

存货日常管理的目标是在保证企业正常生产经营的前提下尽量减少库存,防止积压。实践中形成的行之有效的管理方法有存货储存期控制、存货 ABC 分类管理、存货定额控制、存货供应时点控制等多种方法。

四、利润分配

利润分配是财务管理的重要内容,有广义和狭义之分。广义的利润分配是指分配企业收入和利润的过程,狭义的利润分配是指企业净利润的分配。财务管理中讨论的利润分配主要指狭义的利润分配。

一个企业的利润分配不仅会影响企业的筹资和投资决策，而且还涉及国家、企业、投资者和职工等多方面的利益，因此企业在分配利润时应遵循依法分配的原则、兼顾各方利益的原则、分配与积累并重的原则、投资与收益对等原则。

股利政策是指在法律允许的范围内，可供企业管理当局选择的，有关净利润分配事项的方针及对策。企业经常采用的股利政策主要有剩余股利政策、固定股利政策、固定股利支付率政策、低正常股利加额外股利政策等。

利润分配按有关规定，股份有限公司当年实现的利润总额，依法缴纳所得税后，按以下的程序分配：弥补以前年度亏损、提取法定公积金、提取任意公积金和向投资者分配利润或股利。

第三节　财务报表与财务分析

一、财务报表

1. 财务会计报告

财务会计报告也称财务报告，是指企业对外提供的反映企业某一特定日期财务状况和某一会计期间经营成果、现金流量的文件。财务会计报告包括会计报表、会计报表附注和财务情况说明书。其中，会计报表是财务会计报告的主体和核心，包括资产负债表、利润表、现金流量表及相关附表。会计报表附注是指为了便于会计报表使用者理解会计报表的内容而对会计报表的编制基础、编制依据、编制原则和方法及主要项目等所做的解释。财务情况说明书是在会计报表所反映情况的基础上，对企业财务状况、经营成果、资金周转情况及其发展前景所做的总括说明。

2. 资产负债表

资产负债表是反映企业在某一特定日期财务状况的报表。它反映企业在某一特定日期所拥有或控制的经济资源、所承担的现时义务和所有者对净资产的要求权。

在我国资产负债表采用账户式结构，报表分为左右两方，左方列示资产各项目，反映全部资产的分布及存在形态；右方列示负债和所有者权益各项目，反映全部负债和所有者权益的内容及构成情况。资产各项按其流动性由大到小顺序排列；负债各项按其到期日的远近顺序排列。资产负债表左右双方平衡，即资产总计等于负债和所有者权益总计。

3. 利润表

利润表是反映企业一定会计期间经营成果的报表。报表是按照各项收入、费用以及构成利润的各个项目分类分项编制而成的。

常见的利润表结构主要有单步式和多步式两种。在我国，企业利润表多采用多步式结构，分为正表项目和补充资料两大部分，主要包括以下四个方面的内容。

(1)构成主营业务利润的各项要素。主营业务利润以主营业务收入为基础，减去为取得主营业务收入而发生的相关成本、税金后得出。

(2)构成营业利润的各项要素。营业利润在主营业务利润的基础上，加其他业务利润，减营业费用、管理费用和财务费用后得出。

(3)构成利润总额的各项要素。利润总额在营业利润的基础上，加减投资损益、补贴收入、营业外收支后得出。

(4)构成净利润的各项要素。净利润在利润总额的基础上，减去所得税费用后得出。

4. 现金流量表

现金流量表是反映企业在一定会计期间现金和现金等价物流入和流出的报表。其中，现金是指企业的库存现金、可以随时用于支付的存款；现金等价物是指企业持有的期限短(一般指购买日起，3 个月内到期)、流动性强、易于转换为已知金额现金、价值流动风险很小的投资。

现金流量是指一定会计期间企业现金和现金等价物的流入和流出，可以分为三类：经营活动产生的现金流量、投资活动产生的现金流量和筹资活动产生的现金流量。

我国企业的现金流量表包括正表和补充资料两部分。正表是现金流量表的主体，企业一定会计期间现金流量的信息主要由正表提供。正表采用报告式的结构，按照现金流量的性质，依次分类反映经营活动产生的现金流量、投资活动产生的现金流量和筹资活动产生的现金流量，最后汇总反映企业现金及现金等价物净增加额。

补充资料包括三部分内容：将净利润调节为经营活动的现金流量(即按间接法编制的经营活动现金流量)、不涉及现金收支的投资和筹资活动、现金及现金等价物净增加情况。

在具体编制现金流量表时，企业可按业务量的大小及复杂程度，采用工作底稿法、T 形账户法或直接根据有关科目的记录分析填列。

二、财务分析

1. 财务分析概述

财务分析以企业财务报告及其他相关资料为主要依据，评价和剖析企业的财务状况和经营成果，反映企业在运营过程中的利弊得失和发展趋势，从而为改进企业财务管理工作和优化经济决策提供重要的财务信息。

在对企业进行财务分析时有着不同的要求，有着不同的侧重点。但就企业总体来看，财务分析可归纳为四个方面：偿债能力分析、营运能力分析、盈利能力分析和发展能力分析。其中偿债能力是财务目标实现的稳健保证；营运能力是财务目标实现的物质基础；盈利能力是两者共同作用的结果，同时也对两者的增强起着推动作用。四者相辅相成，共同构成企业财务分析的基本内容。

2. 财务分析的方法

开展财务分析需要运用一定的方法。财务分析的方法主要包括趋势分析法、比率分析法和因素分析法。

趋势分析法又称水平分析法，是通过对比两期或连续数期财务报告中的相同指标，确定其增减变动的方向、数额和幅度，说明企业财务状况或经营成果的变动趋势的一种方法。采用这种方法可以分析引起变化的主要原因、变动的性质，并预测企业未来的发展前景。趋势分析法的具体应用主要有三种方式：一是重要财务指标的比较，二是企业报表的比较，三是会计报表项目构成的比较。

比率分析法是通过计算各种比率指标确定经济活动变动程度的分析方法。采用这种方法，能够把某些条件下的不可比指标变成可以比较的指标，以利于分析。

因素分析法是依据分析指标与其影响因素的关系，从数量上确定各因素对分析指标影响方向和影响程度的一种方法。方法主要有连环替代法和差额分析法。

3. 财务指标分析

总结和评价企业财务状况与经营成果的分析指标包括偿债能力指标、营运能力指标、盈利能力指标和发展能力指标。

(1)企业偿债能力分析。偿债能力是指企业偿还到期债务(包括本息)的能力。偿债能力分析包括短期偿债能力分析和长期偿债能力分析。

短期偿债能力是指流动资产对流动负债及时足额偿还的保证程度，是衡量企业当前财务能力，特别是流动资产变现能力的重要标志。指标主要有流动比率、速动比率和现金比率三项。

$$\text{流动比率}=\frac{\text{流动资产}}{\text{流动负债}}$$

$$\text{速动比率}=\frac{\text{流动资产}-\text{存货}}{\text{流动负债}}$$

$$\text{现金比率}=\frac{\text{现金类资产}}{\text{流动负债}}$$

长期偿债能力是指企业偿还长期负债的能力。企业长期偿债能力衡量的指标主要有资产负债率、产权比率和已获利息倍数三项。

$$\text{资产负债率}=\frac{\text{负债总额}}{\text{资产总额}}\times 100\%$$

$$产权比率=\frac{所有权益总额}{资产总额}\times100\%$$

$$已获利息倍数=\frac{息税前利润}{利息费用}\times100\%$$

(2)企业营运能力分析。营运能力是指企业基于外部市场环境的约束，通过内部人力资源和生产资料的配置组合而对财务目标的实现所产生作用的大小。营运能力分析包括人力资源营运能力的分析和生产资料营运能力的分析。

具体来讲，人力资源营运能力分析通常采用劳动效率指标来分析。

$$劳动效率=\frac{主营业务收入净额或净产值}{平均职工人数}$$

生产资料营运能力分析通常从流动资产周转情况分析、固定资产周转情况分析以及总资产周转情况分析。

$$应收账款周转次数=\frac{赊销净额}{平均占用额}$$

$$存货周转次数=\frac{销货成本}{存货平均占用额}$$

$$流动资产周转次数=\frac{销售收入}{流动资产平均占用额}$$

$$固定资产周转率=\frac{销售收入}{总固定净产值}$$

(3)企业盈利能力分析。盈利能力是企业资金增值的能力，通常表现为企业收益数额的大小与水平的高低。其指标主要有主营业务收入利润率、成本费用利润率、盈余现金保障倍数、总资产报酬率、净资产收益率和资本保值增值率等指标。

$$销售毛利率=\frac{收入-成本}{收入}$$

$$销售净利率=\frac{税后净利}{销售收入}$$

$$投资报酬率=\frac{税后净利}{资产总净值}$$

$$所有者权益报酬率=\frac{税后净利}{所有者权益总额}$$

$$每股盈余=\frac{税后净利-优先股股利}{普通股发行在外股数}$$

$$每股股利=\frac{支付普通股股利}{发行股数}$$

$$市盈率=\frac{普通股每股市价}{每股盈余}$$

(4)企业发展能力分析。发展能力是企业在生存的基础上，扩大规模、壮大实力的潜在能力。分析发展能力主要考察以下五项指标：销售增长率、资本积累率、总资产增长率、三年销售平均增长率和三年资本平均增长率。

$$\text{销售增长率}=\frac{\text{本年主营业务收入增长额}}{\text{上年主营业务收入总额}}$$

$$\text{资本积累率}=\frac{\text{本年所有者权益增长率}}{\text{年初所有者权益}}$$

4. 财务指标综合分析

单独分析任何一项财务指标，都难以全面评价企业的财务状况和经营成果，要想对企业财务状况和经营成果有一个总的评价，就必须进行相互关联的分析，采用适当的标准综合评价，即将营运能力、偿债能力、盈利能力和发展能力等诸方面的分析纳入一个有机的整体。财务综合分析的方法很多，其中应用比较广泛的有杜邦财务分析体系和沃尔比重评分法。

杜邦财务分析体系是利用各财务指标间的内在关系，系统评价企业综合经营理财及经济效益的方法。该体系以资产收益率为核心，将其分解为若干财务指标，通过分析各分解指标的变动对净资产收益率的影响揭示企业获利能力及变动原因。

杜邦体系各指标之间的关系如下：

$$\begin{aligned}\text{净资产收益率}&=\text{总资产净利率}\times\text{权益乘数}\\&=\text{主营业务净利润}\times\text{总资产周转率}\times\text{权益乘数}\end{aligned}$$

其中，

$$\text{主营业务净利润}=\frac{\text{净利润}}{\text{主营业务收入净额}}$$

$$\text{总资产周转率}=\frac{\text{主营业务收入净额}}{\text{平均资产总额}}$$

$$\text{权益乘数}=\frac{\text{资产总额}}{\text{所有者权益总额}}=\frac{1}{1-\text{资产负债率}}$$

本章小结

1. 企业财务是指企业在生产经营过程中客观存在的资金运动及其所体现的经济利益关系。所谓财务活动，是指资金筹集、投放、使用、收回及分配等一系列行为。从整体上讲，财务活动包括四个方面：(1)筹资活动；(2)投资活动；(3)资金营运活动；(4)分配活动。企业财务关系是指企业在组织财务过程中与有关各方所发生的经济利益关系。

2. 财务管理的目标是在特定的理财环境中，通过组织财务活动，处理财务关系所要达到的目的。具有代表性的财务管理目标主要有：(1)利润最大化；(2)资本利润最大化或每股利润最大化；

(3)企业价值最大化。企业价值最大化是现代财务管理的主要目标,其科学性在于考虑了资金的时间价值和风险。

3. 企业筹资是企业根据生产经营等活动对资金的需要,通过一定的渠道,采取适当的方式,获取所需资金的一种行为。企业筹资的基本目的是为了自身的生存和发展。

4. 投资是指特定经济主体为了在未来可预见的时期内获得收益或使货币增值,向一定领域的标的物投放足够数额的资金或实物等货币等价物的经济行为。投资具有目的性、时间性、收益性和风险性的特点。

5. 营运资金又称营运资本,是指流动资产减去流动负债后的余额。营运资金因其较强的流动性而成为企业日常生产经营活动的润滑剂和基础,在客观存在现金流入量与流出量不同步和不确定的现实情况下,企业持有一定量的营运资金十分重要。

6. 利润分配是财务管理的重要内容,有广义和狭义之分。广义的利润分配是指分配企业收入和利润的过程,狭义的利润分配是指对企业净利润的分配。财务管理中讨论的利润分配主要指狭义的利润分配。

7. 财务报告是企业对外提供的反映企业某一特定日期财务状况和某一会计期间经营成果、现金流量的文件。其中财务报表是最重要的财务报告。资产负债表、利润表和现金流量表是基本的财务报表,是反映企业财务状况的重要信息载体。

8. 财务分析以企业财务报告及其他相关资料为主要依据,评价和剖析企业的财务状况和经营成果,反映企业在运营过程中的利弊得失和发展趋势,从而为改进企业财务管理工作和优化经济决策提供重要的财务信息。

复习思考题

1. 财务管理的内容主要有哪些?
2. 企业筹资管理的重点是什么?
3. 投资管理的重点是什么?
4. 营运资金管理需要注意哪些问题?
5. 如何分配利润?
6. 什么是财务报告和会计报表?其主要类型分别有哪些?
7. 财务分析的方法及其分析指标有哪些?

案例思考

迪士尼公司投资案例

1922年5月23日,创始人沃尔特·迪士尼用1 500美元组建了“欢笑卡通公司”。现在,迪士尼公司已经成为全球最大的娱乐公司之一。其创始人沃尔特·迪士尼,则被誉为“奇特的天才”“百年难遇的欢乐使者”,美国总统约翰逊称“他所创造的真、美、欢乐是永世不朽的”,是全世界的一笔宝贵财富。

1928年,沃尔特·迪士尼首次大胆使用配音的动画片《蒸汽船威利号》取得巨大成功,那可爱而顽皮的米老鼠在世界各地受到前所未有的欢迎。其后,一系列经典卡通片如《白雪公主和七个小矮人》《匹诺曹》等更是俘获了一代又一代观众的心。迪士尼的品牌迅速树立起来。

1955年,迪士尼把动画片所运用的色彩、刺激、魔幻等表现手法与游乐园的功能相结合,推出了世界上第一个现代意义上的主题公园——洛杉矶迪士尼乐园。这是老迪士尼给迪士尼帝国留下的最宝贵财产之一。1966年老迪士尼的去世带走了迪士尼激情四溢的创作灵感。但是,迪士尼公司还是延续老迪士尼的思路,又在本土建成了由7个风格迥异的主题公园、6个高尔夫球俱乐部和6个主题酒店组成的奥兰多迪士尼世界。直到1983年和1992年,迪士尼以出售专利等方式,分别在日本东京、法国巴黎建成了两个大型迪士尼主题公园,迪士尼终于成为主题公园行业的巨无霸级跨国公司。

然而,整个20世纪70年代对迪士尼公司来说几乎是"失去的10年"。迪士尼一直徘徊在低增长甚至亏损的边缘。直到1984年,出身于美国广播公司(ABC)电视台的迈克尔·艾斯纳成为迪士尼董事会主席和首席执行官,情况才彻底改变。

艾斯纳就职是迪士尼帝国真正建立的起点,由于艾斯纳的出色运作,公司利润在两年内迅速翻了两番。

目前,迪士尼公司已经成为全球性的多媒体公司。它是好莱坞最大的电影制片公司,而且已经不仅仅局限在卡通影片,开始真人实景影片的制作;迪士尼乐园至今已经成为迪士尼王国的主要收入来源,提供了总利润的70%;1995年收购美国广播公司,全面进入电视领域;出售依卡通形象制造玩偶的特许经营,每年的营业额在10亿美元左右;迪士尼唱片公司致力于唱片、录像带、影碟及连环画等儿童印刷出版物的经营,其中将过去几十年出口的影片制成影像带出售,每年即可收入1.7亿美元。

到1995年迈克尔·艾斯纳收购美国广播公司之前,迪士尼公司当年营业额达到121.28亿美元,利润13.937亿美元,市场价值470.4亿美元,分别比1994年增长14.14%、13.8%和63.5%。而与1922年相比,则是几千万倍的增长。在艾斯纳任职的前13年中,迪士尼的股价平均每年增长27%,资产回报率一直保持在18.5%,迪士尼帝国的市值也由20亿美元涨至2000年的900亿美元。

艾斯纳和迪士尼的财务总监斯塔斯告诉分析师和股东,到2002年,公司希望每年的现金净流量增长到20亿美元。

如何处理每年拥有20亿美元的现金似乎是所有人都热爱的局面。按照迪士尼的做法,公司可能会回购一些股票。在2001年,公司的确回购了大约价值2.35亿美元的股票,表明公司管理层对迪士尼的信心,公众持有者多年来也习惯股票持续上升的情况了。但是对艾斯纳来说,也许到了买点别的东西的时候了。

公司的自由现金流量充足,为并购时需要的巨额资金打好了基础。

1996年迪士尼公司以190亿美元巨资收购了美国广播公司(ABC),分别进行了93.7亿美元的长期债务融资和94.4亿美元的股权融资。收购成功后,1996年的公司收入达190亿美元。之后,迪士尼公司在有线电视领域迅速发展,目前旗下已拥有著名的ESPN体育频道、迪士尼频道、"A&E"和"生活时代"等。这一不同凡响的兼并事件,被称为美国历史上第二大公司兼并,而对娱乐业则是史无前例的第一大兼并事件。

1998年,迪士尼在还不算晚的时候购买了搜信(Infoseek)搜索引擎建立Go.com,这时互联网还没到铺天盖地的时候，而且顺手买下了 ESPN 的互联网部分 Espn. com，并宣布开展互联网业务，目标是以搜信为基础建立自己的门户网站和雅虎及美国在线竞争。但该公司在第一年亏损 9.91 亿美元，第二年亏损 10 亿美元，资金黑洞越来越大，而业界地位却与那两位竞争对手不可同日而语。2000 年 1 月，迪士尼放弃了这一宏图，将网站定位在娱乐和休闲网站上，以与竞争对手有所区别，并希望借卡通人物吸引儿童、青少年上网。尽管 Go. com 一度是位居雅虎、MSN 和美国在线之后的美国第四大门户网站，但始终未达到迪士尼公司的期望值，最终在 2001 年 2 月关门大吉。Go. com 的最终失败是迪士尼互联网业务崩溃的起点。2001 年 4 月，迪士尼发布电影及电视方面消息的 Mr-showSiz. com 和音乐网站 WallofSound. com 也相继倒闭。艾斯纳说浪费在 Go. com 门户网站的钱只有 1.5 亿美元，而不是报道上所说的 8 亿美元。

现在回过头来看，艾斯纳在 1996 年花 190 亿美元购入美国广播公司电视网的价钱好象有点高了，但是美国广播公司占大股的 ESPN 体育台这个赚钱机器一直都很争气，因此 190 亿美元也算合算。

2001 年 7 月 23 日，迪士尼公司以 53 亿美元资金，包括 30 亿美元现金外加承担 23 亿美元的债务，收购新闻集团和塞班娱乐公司拥有的福克斯家庭全球公司。该公司的“福克斯家庭娱乐频道”经营了 20 年，以儿童节目为主。加入迪士尼后，福克斯频道将改名为“ABC 家庭频道”。

这次并购对迪士尼来说战略意义重大。买入福克斯，使得迪士尼获得了新的有线电视频道，更加有助于迪士尼通过有线电视将它的节目向全球推广。福克斯家庭娱乐频道在美国有 8 100 万用户，在拉美也有 1 000 万用户。同时，这笔交易使迪士尼获得了“欧洲福克斯儿童频道”76%的股权，而这个频道有 2 400 万个家庭收看。总体上迪士尼公司可以增加 1 亿以上的新观众。除此之外，迪士尼还获得了福克斯公司的节目库，此库收藏了约 6 200 个时间为半小时左右的儿童节目。迪士尼公司的管理人员说，收购福克斯将使它在两年内通过传媒网络增加 50%的广告收入。同时这项交易使迪士尼有了更广的平台，来推销它的电影和主题公园。

问题：

1. 财务管理在迪士尼发展历程中起到什么样的作用？
2. 结合本章所学知识，分析企业应该如何应用财务管理策略。

第十四章　生产管理

学习目标

1. 掌握生产计划的编制方法；
2. 掌握流水线生产的组织与控制知识；
3. 了解物料需求计划、制造需求计划；
4. 掌握全面质量及其质量保证体系。

关键术语

生产作业计划　MRP　MRPⅡ　全面质量管理　准时生产制　精细生产

引入案例

丰田模式

改革开放以后，吹进国内的第一股企业管理清风就是日本丰田公司的管理经验。曾几何时，“丰田管理模式”风靡全球。20世纪90年代初，在一汽的带头和推动下，丰田的精细生产方式，再次在全国掀起风潮。

1999年1月，丰田公司从5个主要事业部选拔出70多名经验丰富的职员，成立“革新小组”，专门负责减少浪费。公司以强化国际竞争为目标，制定被称作“新层次上成本降低”的策略，其主要方面，一是从丰田系统外采购零部件；二是将汽车底盘合并共享，以降低开发成本。这个举动是对丰田公司原有优势的重新审视。

对1999年1月上市的新型小轿车威姿，以及花冠、佳美的换代产品等世界战略性新车型,丰田集团提出了降低成本30%的要求。如果集团内零部件生产厂达不到这个要求,就毫不犹豫地改为从集团外采购。这表明,在过去成绩上坐享太平的时代过去了。

从系统外采购零部件,就是从零部件采购开始,在设计、生产技术等所有方面想尽办法,任何小小的浪费也不放过。比如,发动机室配置的空调制冷管,由于尽量减少了弯曲次数,尽管长度缩短得不多,却可以节省材料费用和工序。其他诸如避免车体增加挤压成型工序、采用零部件的复合化等。所有负责开发的人员,都拥有消灭哪怕是丝毫的浪费的成本意识。正是这样的成本意识,其开发成本降低了30%,具备了与擅长生产小型车的欧洲厂家正面较量的能力。

据测算,丰田开发一种汽车底盘的费用,一般高达100亿—200亿日元。为了减少这种开支,它们大幅度合并、削减和共享底盘种类,将现有的20多种底盘,统一为中小车型的4种和FR系列高级轿车的三种。这样,每次更新换代,底盘就能在其他车型上使用,成本得以大大削减。

在提高生产线使用率的基础上,合并部分生产线,闲置生产线停止运转或转为他用,不能转用的,坚决废弃,目标是建立规模精悍、生产能力强大的生产结构。生产皇冠的元町厂,高级生产线由两班制改为一班制,单位生产速度加快,最大限度地提高工作日的单产量。富余出来的人员补充到生产线上,结果节约了能源,减少了夜班补助,在不解雇人员的情况下,降低了生产成本。爱信精机公司下属的铸件生产商,1998年4月停止了12条生产线中的3条,因此每年降低成本6亿日元。这是该公司成立60年来第一次停生产线。

社长奥田硕提出:"要赶在所有公司的前面,开发出世界上尚未有的技术,然后用适当的成本普及,使自己的技术成为现实标准技术。"为了提高其产品的竞争力,丰田每年拨款4 000亿日元经费,用于研究开发,在推行成本革命的趋势下,此项经费虽不能随便减少,但要求开发部门将自己的技术尽快上升为现实技术,大量推广销售。

第一节 生产计划与组织

一、生产计划与控制

生产计划是企业生产经营计划的重要组成部分,是企业年度综合计划的核心,是编制其他企业计划的依据,也是企业计划期内的行动纲领。本节主要讨论生产计划、生产作业计划、生产作业计划控制和网络计划技术等。

1. 生产计划的概念及主要指标

(1)生产计划的概念。生产计划是计划期内应完成的产品生产任务和进度的计划。它具体规定了企业在计划期(年、季、月)内应当完成的产品品种、质量、产量、产值、出产期等生产指标。它不仅规定了企业内部车间的生产任务和生产进度,还规定了企业间的协作任务。

(2)生产计划的指标体系。企业的任何生产计划都是由一系列计划指标构成的。这些指标各有不同的内容和作用,以一定的数值表示了计划期内生产经营活动各侧面的和所要达到的目标及水平。生产计划的主要指标有以下几种。

①品种指标。这是指企业在计划期内应当生产的产品品种和数量。品种的表现形式随企业不同而不同。品种指标既反映了企业在品种方面满足市场的程度,又反映了企业技术水平和管理水平的高低。

②质量指标。这是企业在计划期内各种产品应当达到的质量标准和水平。质量指标可分为两大类:一是反映产品本身质量的;二是反映生产过程工作质量的,如合格率、返修率等。

③产品指标。这是指企业在计划期内生产的合格产品的数量。它包括企业生产的可供销售的产品或劳务数量,还包括企业基建、大修和非生产部门使用的数量。它关系到企业的利润,反映了企业生产运作发展的水平,是产销平衡、产供平衡、产协平衡的主要依据。

④产值指标。这是产量指标的货币表现。通常主要分为商品产值、总产值和净产值。

$$\begin{matrix}\text{商品}\\\text{产值}\end{matrix}=\begin{matrix}\text{自备原材料生}\\\text{产成品的价值}\end{matrix}+\begin{matrix}\text{外售半}\\\text{成品价值}\end{matrix}+\begin{matrix}\text{用订货者来料}\\\text{生产的产品价值}\end{matrix}+\begin{matrix}\text{对外承做的工}\\\text{业性劳务价值}\end{matrix}$$

$$\text{总产值}=\begin{matrix}\text{期末在制品、半成品}\\\text{自制工具、模型价值}\end{matrix}-\begin{matrix}\text{期初在制品、半成品、}\\\text{自制工具、模型价值}\end{matrix}+\begin{matrix}\text{订货来}\\\text{料价值}\end{matrix}$$

$$\text{净产值}=\text{总产值}-\text{各种物资消耗的价值}$$

2. 生产计划的编制方法

编制生产计划实际上是一个反复综合平衡的过程。编制生产计划的方法很多,这里主要介绍常用的几种方法的基本原理。

(1)收入-利润顺序分析法。该方法是将企业的多种产品分别按销售收入和利润排序,并将它绘在销售收入与利润分析图上(见图 14—1)。

另外,还可以利用波士顿矩阵分析,这两种方法主要应用于企业产品品种的优化。

(2)线性规划法。利用线性规划,可以获得最大利润为目标,以人、财、物等资源为约束条件,通过建立线性规划模型,求解各产品的产量。

例如,企业有甲、乙两种产品需要生产。甲、乙的单位利润分别为 600 元和 500

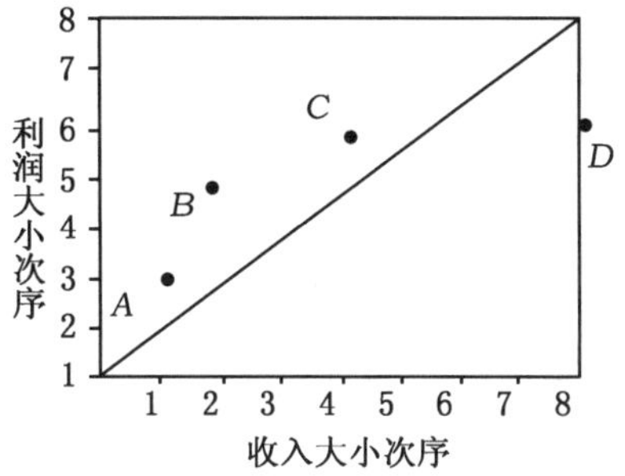

图 14－1　收入—利润顺序

元；生产 1 单位甲产品需要消耗 A 车间 200 台时，B 车间 300 台时，关键材料 M 20 公斤，关键外协 E 5 套；生产 1 单位乙产品需要消耗 A 车间 400 台时，B 车间 200 台时，关键材料 M 30 公斤，关键外协 E 1 套。计划期 A、B 车间的有效台时分别为 8 000 和 6 000，M 和 E 的供应限额分别为 900 公斤和 250 套。那么在保证产品全部销售的条件下，怎样安排生产最好？

可以设计划期内生产甲产品 X_1 单位，乙产品 X_2 单位，利润为 P。根据已知资料可建立如下线性规划模型：

目标函数：$\max P=600X_1+500X_2$

约束条件：$200X_1+400X_2\leqslant 8\,000$

$300X_1+200X_2\leqslant 6\,000$

$20X_1+30X_2\leqslant 900$

$5X_1+X_2\leqslant 250$

$X_1, X_2\geqslant 0$

由此可用图解法或单纯形法求解（具体可参见有关运筹学教材）。解得最优解为 $X_1=10$，$X_2=15$，最大利润为 13 500 元。

线性规划分析法与盈亏平衡分析法经常被用来确定企业生产计划的产量。

3. 生产作业计划的概念及期量标准

(1)生产作业计划的概念。生产作业计划是企业生产计划的具体执行计划，是生产计划的延续和补充，是组织企业生产活动的依据。这对于保证企业实现均衡生产，按期、按量、按质地完成生产计划，及时提供对路产品，满足市场需要，提高企业效益起着重要作用。

(2)编制生产作业计划的期量标准。所谓的期量标准是对生产作业计划中的生产期限和生产数量，经过科学分析和计算而规定的一套数据。由于企业的生产类型和生产组织形式不同，因而采用的期量标准也就不同。大量流水生产的期量标准有节拍、流水线工作批示图表、在制品定额等;成批生产的期量标准有批量、生产间隔期、生产周期、生产提前期、在制品定额、交货期等;单件生产的期量标准有生产周期、生产提前期等。

①批量和生产间隔期。批量就是一次投入(或产出)相同产品的数量,生产间隔期是指前后相邻两批同种产品投入(或产出)的时间间隔。两者之间的关系如下:

$$批量=生产间隔期\times平均日产量$$

$$生产间隔期=\frac{批量}{平均日产量}$$

确定批量的方法有经济批量法、最小批量法和以期定量法。这里主要介绍最小批量法和以期定量法。

最小批量法是以保证设备充分利用为主要目标的批量计算方法。这种方法综合考虑设备充分利用和提高劳动生产率,通过计算求出最小批量。其公式如下:

最小批量=设备调整时间单件工艺工序时间定额×设备调整允许损失系数

设备调整允许损失系数一般规定在 0.02—0.12。系数要根据批量大小的不同,并考虑零件价值对流动资产的影响选择。

以期定量法是先确定生产间隔期,然后再确定批量的一种方法。采用这种方法,当产量变动时,只需调整批量,不断调整生产间隔期。这样既考虑了经济效益,又简化了生产管理。

②生产周期和生产提前期。生产周期是指产品从原料投入生产起,到成品制成出产为止所经历的全部时间。生产提前期是指产品在各工艺阶段投入(出产)的时间,比最后出产成品时间所提前的天数。它是成批生产条件下,编制生产作业计划不可缺少的期量标准。计算投入提前期与出产提前期的公式如下:

车间投入提前期=本车间出产提前期+本车间生产周期

车间出产提前期=后车间投入提前期+保险期

装配车间投入提前期=装配车间生产周期

各车间的生产周期、生产提前期和保险期的关系见图 14—2。

③在制品定额。所谓在制品定额,是指在一定生产技术组织条件下,各生产环节上为保证正常生产所需占用的最低限度的在制品数量。生产环节过多地占用在制品,过多地占用流动资金,增加各种费用支出,都对降低产品成本、提高效益不利。所以,应科学合理地制定在制品定额。不同类型的企业在制品定额的方法也不一样。

在大量流水生产线内部主要有工艺在制品、运输在制品、保险在制品和流动在制品四种形态。这四种形态的在制品占用量需根据工作地具体加工情况而制定,或根据经验统计资料确定。在间断流水线上不包括运输在制品占用量,而在连续流水线则不

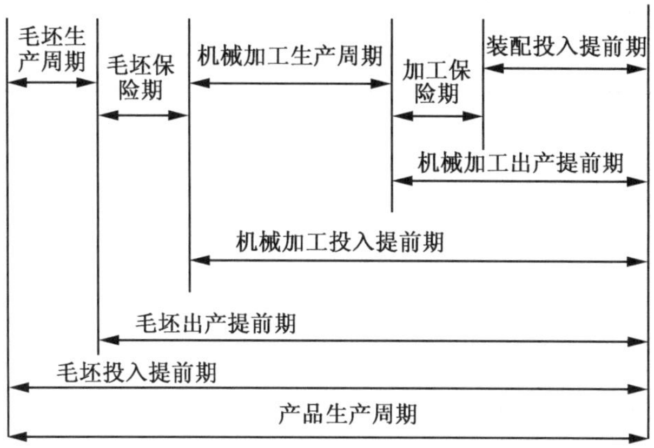

图 14—2 生产周期、保险期、提前期关系

包括流动在制品占用量。

在定期成批轮番生产条件下，车间内部在制品定额的制定可以根据以下公式计算：

$$车间内部在制品定额=\frac{一批零件在该车间的生产周期}{该种零件在该车间的生产间隔期}\times 批量$$

而车间之间的在制品定额是为了保证前后车间生产衔接而形成的，其中还包括保险储备量，一般是根据过去的统计资料确定的。

4. 生产作业计划的编制方法

生产作业计划的编制一般是先将企业的生产任务分配到各车间，编制各车间生产作业计划，然后由车间再分配到工段、班组直至每个职工。

(1)厂部分配车间生产任务的方法。这主要取决于车间生产组织形式和生产类型。如果是对象专业化的车间，可将生产任务直接分配给各车间。如果是工艺专业化的车间，应根据生产类型不同，采用以下几种方法。

①在制品定额法。这种方法运用在制品定额，结合在制品实际结存量的变化，按产品反工艺顺序，从产品出产的最后一个车间开始，逐个往前推算各车间的投入、产出任务。这适用于大量大批生产企业。其计算公式如下：

$$\begin{matrix}某车间\\出产量\end{matrix}=\begin{matrix}后续车间\\投入量\end{matrix}+\begin{matrix}该车间半\\成品外销量\end{matrix}+\begin{matrix}车间之间库存\\半成品定额\end{matrix}-\begin{matrix}车间之间期初库存\\半成品预计结存量\end{matrix}$$

$$\begin{matrix}某车间\\投入量\end{matrix}=\begin{matrix}该车间\\产出量\end{matrix}+\begin{matrix}该车间计划\\允许废品量\end{matrix}+\begin{matrix}该车间在\\制品定额\end{matrix}-\begin{matrix}该车间期初在\\制品预计结存量\end{matrix}$$

最后车间出产量和车间半成品外销量，是根据市场需要确定的。车间计划允许废品量按预先规定的废品率计算，最后车间出产量等于计划期任务量。

例如，某企业用在制品定额法确定的各车间投入量和产出量见表14—1。

表14—1　某汽车厂各车间投入量和产出量计算一览

产品名称			130汽车	
产品产量			10 000辆	
零件编号			A1-001	A1-012
零件名称			齿轮	轴
每辆件数			1	4
装配车间	1	产出量	10 000	40 000
	2	计划允许的废品数	—	—
	3	在制品定额	1 000	5 000
	4	期初在制品预计结存量	600	3 500
	5	投入量(1+2+3—4)	10 400	41 500
零件库	6	半成品外销量	—	2 000
	7	库存在制品定额	800	6 000
	8	期初在制品预计结存量	1 000	7 100
加工车间	9	产出量(5+6+7—8)	10 200	42 400
	10	计划允许的废品数	100	1 400
	11	在制品定额	1 800	4 500
	12	期初在制品预计结存量	600	3 400
	13	投入量(9+10+11—12)	11 500	44 900
毛坯库	14	半成品外销量	500	6 100
	15	库存在制品定额	2 000	10 000
	16	期初在制品预计结存量	3 000	10 000
毛坯车间	17	产出量(13+14+15—16)	11 000	51 000
	18	计划允许的废品数	800	—
	19	在制品定额	400	2 500
	20	期初在制品预计结存量	300	1 500
	21	投入量(17+18+19—20)	11 900	52 000

②累计编号法。它是根据预先制定的提前期标准，规定各车间出产和投入应达到累计号数的方法。累计号数可以从年初或从开始生产这种产品起，按生产的先后顺序累计确定。它适用于成批轮番生产企业。其计算公式如下：

$$\text{某车间出产累计号数}=\text{最后车间成品出产累计号数}+\text{该车间出产提前期}\times\text{最后车间平均日产量}$$

$$\text{某车间投入累计号数}=\text{最后车间成品出产累计号数}+\text{该车间投入提前期}\times\text{最后车间平均日产量}$$

各车间在计划期应完成的当月出产量和投入量可按下式计算：

$$\text{计划期某车间产出(或投入)量}=\text{计划期末该车间产出(或投入)累计号数}-\text{计划期该车间已产出(投入)累计号数}$$

按上式计算各车间产出(或投入)量以后,还应按零件的批量修正,使车间的投入或产出任务与批量成整倍数关系。

③生产周期法。它是根据预先制定的每类产品中代表产品的生产周期标准和合同交货期限要求,用反工艺顺序依次确定产品在各车间投入和产出时间的方法。它适用于单件小批生产企业。

(2)车间内部分配生产任务的方法。各车间在接到厂部下达的生产作业计划之后,就要进一步按旬、日,轮班落实到工段、班组、工作地和个人。车间内部生产作业计划的编制,一般是先把车间任务分配到工段(小组),然后再由工段(小组)分配到工作地和生产工人。其分配方法与厂部分配车间任务的方法基本相同。

二、生产组织

1. 生产过程的组成及要求

(1)生产过程的组成。生产过程是指从原材料投入生产开始,直到产品生产出来为止的全部过程。工业生产是一个各种生产要素不断投入、各种产品不断输出的循环过程,是一个创造新价值和使用价值的过程。所以,合理组织生产过程,以尽可能少的物质消耗,生产出尽可能多的、适销对路的产品对企业的生存和发展具有重要意义。

一般情况下,生产过程的组成包括:生产技术准备过程,这是产品在投入生产前的各种生产技术准备工作;基本生产过程,指直接为完成基本产品的生产活动;辅助生产过程,这是指为保证基本生产过程正常进行所必需的各种辅助性生产活动;生产服务过程,这是指为基本生产和辅助生产服务的各种生产服务活动。其中基本生产过程是核心,其他生产活动则根据企业实际有所不同。

基本生产过程按照工艺加工的性质,一般分为三个工艺阶段:准备阶段、加工阶段和装配阶段。每个工艺阶段又根据劳动分工和使用的设备、工具,划分为不同的工种和工序。所谓的工序,是指一个或一组工人在一个工作地对一个(或几个)劳动对象连续加工的生产活动。工作地则是指工人使用劳动工具对劳动对象连续加工生产活动的地点。

(2)生产过程组织的要求。生产过程组织就是要以最佳的方式,将企业投入的各种生产要素有机结合起来,使各个环节和方面形成一个相互协调的生产系统。这个系统要使产品在生产过程中的行程最短,时间最省,消耗最少,效率最高。为此,生产过程组织有以下要求。

①生产过程的连续性。即产品在生产过程各阶段、各工序之间流转,在时间上相

互衔接,连续不断,始终处于运动状态。生产的连续性可以缩短产品的生产时间、减少在制品的数量,加快周转速度,减少资金占用。但这同工厂布置和生产技术水平有关。

②生产过程的平行性。平行性是指生产过程的各项活动、各工序在时间上实行平行作业。只有将可以平行进行的生产活动组织平行交错作业,才能真正达到连续性的要求。同时,可以大大缩短产品的生产周期。

③生产过程的单向性。这是指产品在生产过程中的转移要向一个方向流动,不要有迂回往返运输。这样可以减少运输工作量,节省运输费用。这取决于工厂的布置。

④生产过程的比例性。即生产过程各阶段、各工序之间,在生产能力上应保持一定的比例关系,以适应产品生产的要求。这要求企业在设计生产系统时要合理规定各环节的生产能力,搞好生产能力的综合平衡。

⑤生产过程的均衡性。即企业及其各个生产环节的工作都能按照计划进度的要求有节奏地进行,产品的投入与产出能保持相对稳定,工作均匀而满负荷。这样可以充分利用设备和人力资源,保证产品质量,降低成本。这取决于生产系统设计的比例性。

⑥生产过程的适应性。即生产过程具有灵活应变的能力,以适应市场需求的变化。

2. 生产类型

区分生产类型对简化企业生产特点的研究,根据企业实际出发,实行分类指导,合理组织生产,加强企业管理有重要意义。工业企业可以从不同角度分类。如从生产技术的特点可以分为合成型、分解型、调剂型和提取型;从接受生产任务的方式分为订货生产方式和存货生产方式;从生产的连续程度分为连续生产型和间断生产型。下面主要从产品生产的重复程度和工作地专业化程度划分。

(1)大量生产。大量生产的特点是:生产的产品量大而品种少,经常生产一种或少数几种相类似的产品,生产条件稳定,大多数工作地固定完成一两道工序,专业化程度较高。大量生产可以采用高效率的专用设备和专用工艺装备,生产过程的机械化、自动水平比较高,工人易于掌握操作技术。可以按对象专业化组织生产。

(2)成批生产。成批生产的特点是:生产的产品数量比大量生产少,而产品的品种较多,各种产品在计划期内是成批轮番生产,大多数工作地要负担较多的工序,当一批产品加工完了改为制造另一批产品时,工作地的设备和工具需要花时间调整。设备和工具的调整次数与每批产品的数量成反比。所以,合理确定批量,是成批生产管理中的重要问题。

(3)单件生产。单件生产的特点是:生产的产品品种繁多,产品却仅限于少数的几种(件)。大部分产品一次生产后就不再重复生产。生产的稳定性差,专业化程度低,大多数工作地担负很多道工序。单件生产一般都采用通用的设备和工艺装备,只有在通用设备或装备无法完成时,才使用专用设备和装备。要求工人有较高的技术操作水平和较广的生产知识。

3. 基本生产单位的组织形式

工业企业内部的生产单位，如分厂、车间、工段和班组有两种基本的组织形式。

(1)工艺专业化。即按照生产工艺的特点设置生产单位。在工艺专业化的单位内，集中着同类型的生产设备和同工种的工人，用相同工艺方法加工产品，每个生产单位只完成企业产品生产过程的部分工艺阶段或工序。由于同类型的生产设备和相同的工艺加工方法集中在一起，因此能充分利用生产设备，便于专业化的技术管理和技术指导，以及适应品种变化的要求。只是产品要经过许多生产单位的加工才能完成，所以产品的运输路线长，停放等待时间长，生产单位之间的协调多，管理复杂。

(2)对象专业化。即以产品为对象设置生产单位。在对象专业化的生产单位内，集中着为制造某种产品所需要的各种不同类型的生产设备和不同工种的工人，用不同工艺方法加工其所负责的产品。每个生产单位基本上独立完成该种产品的全部或大部分的工艺过程。由于相同的劳动对象集中在一起，按顺序用各种不同工艺方法加工，产品在生产过程中的停放及等待时间少，运输路线短，便于采用先进的生产组织形式管理。但设备利用率低，需要较多的生产设备，投资费用大，适应产品变化的能力差。

4. 流水生产组织

流水生产一般是指劳动对象按一定的工艺路线和统一的生产速度，连续不断地通过各个工作地，按顺序加工并出产的一种生产组织形式。

(1)流水线的形式。流水线的形式较多。从生产对象的移动方式来看，有产品固定不动的流水线和产品移动的流水线。从流水线上生产对象的数目看，有不变流水线和可变流水线。可变流水线又分为成批流水线和混合流水线。成批流水线就是一种产品的一批生产任务完成后，要调整设备和工艺装备，然后开始生产另一种产品，如此重复生产。混合流水线则指在一个较短的循环期内同时生产几种产品，变换品种时基本上不需要重新调整设备和工艺装备，但要科学地编排投产顺序。另外从节拍保持来看，又分强制节拍流水线和自由节拍流水线。

(2)典型流水线的特点。典型的流水线生产具有以下特点：

①流水线上固定生产一种或少数几种产品，其过程是连续的；

②流水线上各工作地是按照产品工艺过程的顺序排列的，每个工作地只固定完成一道或几道工序，专业化程度高；

③流水线按照统一的节拍生产；

④流水线上各工作地的生产能力是平衡的、成比例的，各工序的单件加工时间等于节拍或节拍的倍数；

⑤流水线设有专门的传送装置，产品单向流动。

(3)组织流水生产的条件。要组织好流水生产，必须满足以下条件：

①产品品种稳定，是市场大量需要的产品；

②产品结构先进，设计定型，标准化程度高，工艺结构良好；

③原材料、协作件是标准的、规格化的，并能按时供应；

④机器设备能经常保持完好状态，实行计划预修制度；

⑤各生产环节的工作能稳定地达到工作质量标准，产品检验能随生产在流水线上进行。

第二节　物料需求计划、制造资源计划

物料需求计划(MRP)和制造资源计划(MRPⅡ)是现代企业通过计算机确定生产过程的物料需求和制订生产作业计划，将客户需求与企业内部生产经营活动以及供应商的资源整合在一起的新型管理方法。本节主要介绍 MRP、MRPⅡ的基本原理、构成要素和逻辑运算等问题。

一、物料需求计划

1. MRP 的基本原理

企业内部的物料需求一般可分为独立需求和相关需求两种类型。独立需求是指不能从该层需求派生出下一层的需求，它的需求量和需求时间是由企业外部需求决定的；相关需求是指该层需求能派生出下一层需求，即由独立需求派生出来的对原料、零部件等的需求。对于独立需求可以利用订货点方法来计划和控制。MRP 适用于加工装配式生产对相关需求的计划和控制。

对于加工装配式生产来说，如果知道了顾客的需求(需求什么、需求量和需求时间等)，就可按产品的结构确定对产品的所有零件和部件的需求，以及它们的投入和出产时间，并进而确定对原料的需求及投入时间。同时，还可以确定不同的制造资源的需求量。简单地说，MRP 就是根据产品、零件、原料以及制造资源之间在数量和时间标准的逻辑关系，利用反工艺的思路，围绕物料的转化来组织资源的，实现按需准时生产。

2. MRP 系统

MRP 系统核心的基本组成部分分为输入、计算处理和输出三部分。其中输入包括产品出产计划、物料清单文件和库存状况文件，计算处理指事先编制计算机程序，输出包括发挥不同作用的主要报告和次要报告(见图 14—3)。

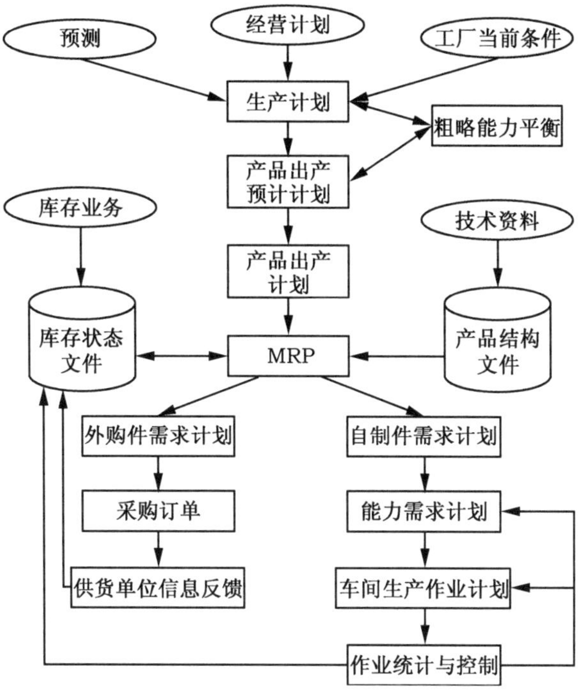

图 14—3 MRP 系统及其在生产经营系统中的地位

(1)MRP 的输入。MRP 的输入有三部分:产品出产计划、产品结构文件和库存状态文件。

产品出产计划是 MRP 的主要输入,它所列的最终产品项可以是一台完整的产品,也可以是一个完整的部件或零件,总之,是企业向外界提供的东西。产品出产计划所规定的出产数量可以是总需求量,也可以是净需求量。但一般来说,产品出产计划列出的是净需求量,即需要生产数量。这样由顾客订货或预测得出的总需求量就要扣除现有库存量,算出净需求量。表 14—2 是某企业的产品出产计划。该表列出了企业在某个时间生产何种产品以及它们的数量。一般产品出产计划的滚动计划期的时间段应是 MRP 的运行周期,一般以周为单位。

表 14—2 产品出产计划

周次	1	2	3	4	5	6	7	8	9
产品 A(台)					10			15	
产品 B(台)				13			12		
配件 C(件)	10	10	10	10	10	10	10	10	10

产品结构信息也称物料清单(见图 14—4)。最高层为零层,代表最终产品;第一层代表组成最终产品的元件;第二层为组成第一元件的元件。以此类推。

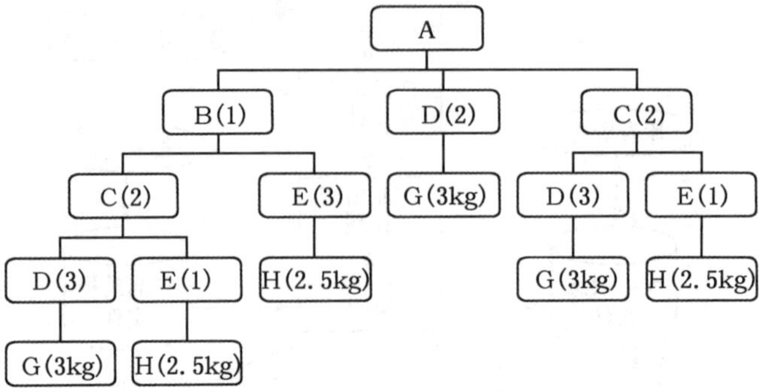

图 14—4　产品 A 的结构信息

在图 14—4 中,字母表示零件组件,括号中的数字表示零件数量,从图中可以看出,最高层次的 A 是最终产品,它由部件 B(一台 A 需要 1 件 B)、部件 C(一台 A 需要 2 件 C)和 D(一台 A 需要 2 件 D)组成。而 B 部件又可以分解,以此类推。有些部件如 E 是外购,则不需要分解。

产品信息输入计算机后,计算机根据输入的产品结构信息,自动赋予各部件、零件一个低层次代码,为了简化 MRP 的计算,当一个零件或部件在不同层次同时出现时,计算机会以最低层次代码作为其代码。这样一个零件的需求量为其上层对其需求量之和。

库存状态信息是保存企业所有产品、零件、在制品、原材料等存在状态的数据库。MRP 系统关于应当订什么物料、订多少、什么时候订等重要信息都存储在库存状态文件中。它的基本功能是记录和保存每种物料的有关数据,明确各种物料的预计使用量和预计入库量,以确定所需物料能否得到满足。所以,库存状况信息实际上给出了 MRP 系统所关心的三个基本问题:一是企业有什么物料?二是企业需要什么物料?三是为满足物料需要,企业应当如何做(制造加工还是订购)?

一般情况下,库存状态信息的内容包括三部分:一是物料主数据部分,反映物料及其管理的一些基本情况,由物料编号、物料类别、标准价格或成本、订货提前期、订货批量、供应商名单等组成;二是物料库存状况部分,反映整个计划期内每期物料的库存数量和变化情况,由物料毛需求、预计到货、现有库存、净需求、计划订货、计划订单下达等项目组成;三是辅助数据部分,目的是帮助有效控制库存,对库存有帮助的所有信息都在此部分。其中前两部分是 MRP 系统所必需的,第三部分则根据实际有所调整和取舍。

(2)MRP 系统的处理过程。库存状态文件中有五个库存状态数据最为重要:总需求量、预计到货量、现有数、净需求量和计划发出订货量。它们可以分为两类:一是库存数据,二是需求数据。预计到货量和现有数为库存数据,这些数据要经过检查才能进入系统;总需求量、净需求计划发出订货量为需求数据,是由系统计算得出的,只有通过计算才能验证。如果考虑到安全库存,则有以下关系:

净需求量＝总需求量－预计到货量－现有数＋安全库存量

如果得到的净需求量为负数,则取零。

一般可以使计划发出订货量等于净需求量,但要发出订货时间要提前,当考虑到存在订货批量和生产批量时,计划发出订货量大于或等于净需求量。

MRP 处理的处理有三个关键:一是在需求的层次上按产品结构关系自上而下分解;二是在需求时间上按订货周期从最终产品的交货起一步步向前倒推;三是在求出各物品总需求的基础上,根据库存状况算出净需求量,决定订货日期及数量。现举例如下:假设产品 A 的产品出产计划见表 14－3,产品结构见图 14－5。

表 14－3　　产品 A 的出产计划

时间段(周)	1	2	3	4	5	6	7
总需求量	25	15	120		60		15

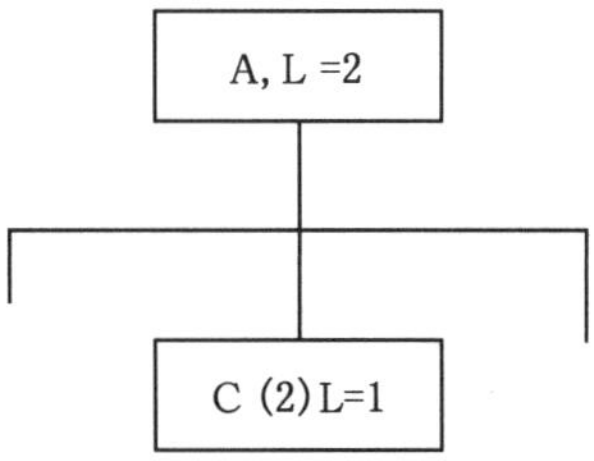

图 14－5　产品结构

已知产品 A 的预计存储量(H_A)是 50,产品 C 的预计存储量(H_C)为 225,在第一时间段的预计收到量(C)为 30。根据上述数据,计算结果见表 14－4。

表 14－4　　产品 A、产品 C 的运算

时间段(周)	H_A	1	2	3	4	5	6	7
总需求量		25	15	120		60		15
预计收到量								
预计存储量	50	25	10					
净需求量				110		60		15

续表

时间段(周)	H_A	1	2	3	4	5	6	7
计划收到订货量				110		60		15
计划发出订货量		110		60		15		
	H_C	×2		×2		×2		
总需求量		220		120		30		
预计收到量		30						
预计存储量	225	35	35					
净需求量				85		30		
计划收到订货量				85		30		
计划发出订货量					30			

(3)MRP 的输出。MRP 的输出分为主报告和辅报告两类。主报告包括计划将要发出的采购订单和加工订单、重新安排进度计划的变动报告、存储状态数据等。辅报告包括例外情况报告(即出现严重偏差的报告)、预测未来某时间段的需求、执行情况的控制报告等。

二、制造资源计划

1. MRPⅡ的基本原理

制造资源计划,即 MRPⅡ是在 MRP 的基础上发展起来的新的生产管理方式。其实 MRP 分初期的 MRP 和闭环的 MRP。初期的 MRP 仅仅是将产品出产计划变成零件投入出产计划和外购件、原材料的需求计划。如果考虑到生产能力,从内部则涉及车间管理,从外部则涉及采购。这样,企业其他活动就不仅是单向地从 MRP 取得信息了,MRP 同时也从车间、供应部门和设备部门得到信息的反馈。但是如果将生产活动和财务活动联系到一起,则 MRP 更进一步发展成为 MRPⅡ。

MRPⅡ实际是整个企业的系统,它包括整个生产经营活动:销售、生产、库存、生产作业计划与控制等。MRPⅡ的结构见图 14—6。

经营计划是 MRPⅡ的起点。经营计划就是确定企业的产值与利润指标,同时根据市场预测和企业当前的生产条件,确定生产计划,即确定生产什么和生产多少。一般以产品族为对象,而且在制订生产计划时要进行粗略能力平衡,即只是平衡关键机床月度或季度范围内的生产任务与生产能力。如果不行,则应该调整经营计划。接着按生产计划确定产品出产计划。产品出产计划以具体产品为对象,它规定每种具体产品的出产时间与数量,是组织生产的依据,同时也是销售的依据。它是企业内生产活动和经销活动的结合点。产品出产计划是 MRP 的一项关键输入,所以必须切实可

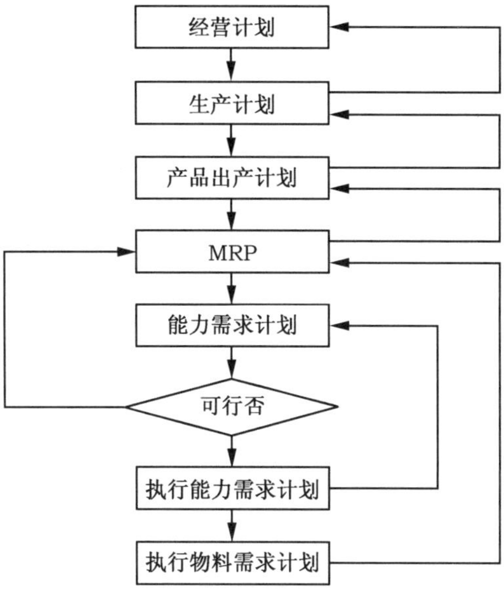

图 14－6　MRPⅡ结构

行。若不行，则要调整生产计划。MRP 输出的零部件投入出产计划实际上可以作为车间的“生产计划”，它规定了车间的生产任务，规定了车间“产品”的完工期限与数量，因而可以作为对车间生产实行控制的标准和车间编制生产作业计划的依据。

车间生产作业计划要规定每个工作地每天的工作任务，使 MRP 输出的零部件投入出产计划落实到每一道工序。这要明确每个零部件的加工路线和每道工序的工时定额。

2. MRPⅡ与企业运行机制

MRPⅡ系统已经不仅是生产部门的，而是全企业的 MRP，它统一了企业的经营活动。

(1)营销部门。通过主生产计划，营销部门与生产运作部门可以建立密切的联系。一方面，营销部门要承担及时提供市场信息的责任，为制定和维护科学的主生产计划服务；另一方面，营销部门根据 MRPⅡ提供的信息，了解和掌握生产运作系统的生产运作安排。

(2)生产运作部门。在没有 MRP 的时代，市场环境的变化往往使企业生产部门的生产作业计划形同虚设，导致生产部门和其他职能部门的协作困难。MRPⅡ系统大大增强了计划的完整性、周密性和应变性，在简化工作的同时，促使生产运作管理工作从经验走向科学和规范。

(3)采购部门。MRPⅡ系统使企业的采购部门放弃过去过早、过多订货来应付生产，可以根据其提供的信息，提前相当长的时间确定未来的采购需求，做到及早安排，从而提高经济效益。

（4）财务部门。财务部门可以在 MRPⅡ系统的基础上，利用生产运作报告直接生成财务报告，并在生产运作计划变更时，立即得到其对财务计划和经营计划的影响。

（5）技术部门。技术部门主要提供 MRPⅡ系统赖以运行的基本数据，如物料清单文件、工艺路线文件、加工中心文件等。这些文件对计划和控制有很大帮助。

第三节　全面质量管理

认真实施全面质量管理，保证为用户提供符合质量要求的产品，是企业管理的一项重要内容。

一、全面质量管理及质量体系

1. 全面质量管理的概念

所谓全面质量管理，是指企业为了保证和提高产品质量，组织全体职工及有关部门参加，综合运用一整套质量管理体系、管理技术、科学方法，控制影响质量全过程的各因素，结合改善生产技术，经济地研制和生产用户满意的产品的系统管理活动。它体现了质量过程的全要素、全员、全过程等特点。

2. 质量体系

质量体系是指为保证产品、过程或服务满足规定的或潜在的要求，由组织机构、职责、程序、活动、能力和资源等构成的有机整体。企业建立质量体系的目的是满足用户对产品质量的要求，从而实现企业利益。

质量体系是由组织机构、职责和权限、工作程序、资源和人员以及质量活动五大部分组成的。

（1）组织机构。企业应根据产品特点、生产工艺等因素，设置专门的组织机构负责质量活动的计划、组织、协调、指导和监督等工作。

（2）职责和权限。企业应为产品生产的所有与质量有关环节的机构和人员规定质量控制职责，并赋予他们一定的权限，使其能在自己的职责范围内充分行使职权，有效开展质量活动。

（3）工作程序。为了保证产品质量的稳定，企业还必须为所有质量环节规定相应的工作程序，以使企业的质量管理由“人治”走向“法治”。这些工作程序的表现就是质量体系文件。大致有四类：一是质量体系的纲领性文件，通常以质量手册的形式出现；

二是质量体系的管理文件;三是具体产品的质量控制方案;四是技术性文件,即直接指导操作人员按技术规范要求完成质量活动的有关文件。

(4)资源和人员。它通常包括各类人才资源和专业技能,即企业要建立一个具备专业技能的质量管理队伍。

(5)质量活动。质量活动大致有八个环节:市场调查、开发设计、工艺准备、采购、制造、检验、销售、技术服务。另外,还有组织机构和职责、人员培训、设备控制、质量文件和记录、纠正措施、质量成本、质量审核七个要素,这七个要素渗透在上述八个环节中,构成了质量活动的全部内容。

3. 质量管理循环

质量管理循环简称 PDCA 循环,是组织质量体系运转的基本方式。它是一个包括计划、执行、检查、处理四个阶段的科学管理工作程序,并进一步具体化为八个工作步骤(见图 14—7)。

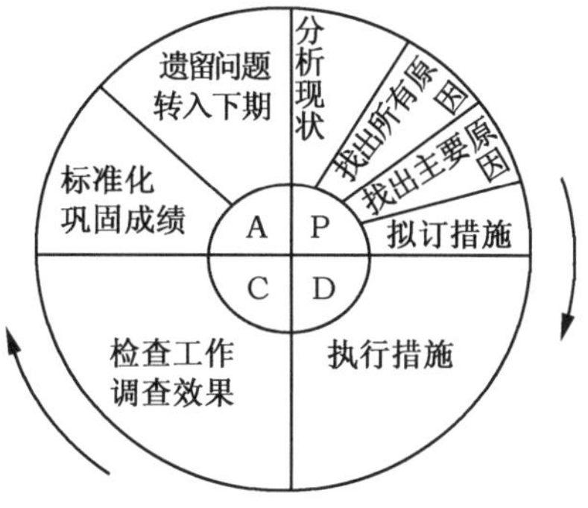

图 14—7 PDCA 循环的工作程序

二、统计质量控制

统计质量控制就是要求从企业质量管理的杂乱无章的原始数据中,选取一部分样本,利用数理统计方法,找到其中的规律,由此推断出整体的规律性,以此进行企业的质量管理控制。

一般情况下,质量管理常用的统计方法有以下几种。

1. 分类法

分类法也称分层法,是指把搜集到的质量数据按不同的目的、标志加以分类,把性质相同、在同一生产条件下搜集到的质量数据归并在一起,使数据反映的事实或原因更明显、更突出,便于找出问题,对症下药。用以分类的标志则根据要研究的目的来确定。常用的标志有材料、操作者、设备、操作方法、时间、测量工具等。

2. 排列图法

排列图法也称巴雷特图法，是指根据关键的少数和次要的多数的原理，把影响产品质量的各因素按主次轻重排列，发现主要影响因素，突出重点。其形式见图 14—8。

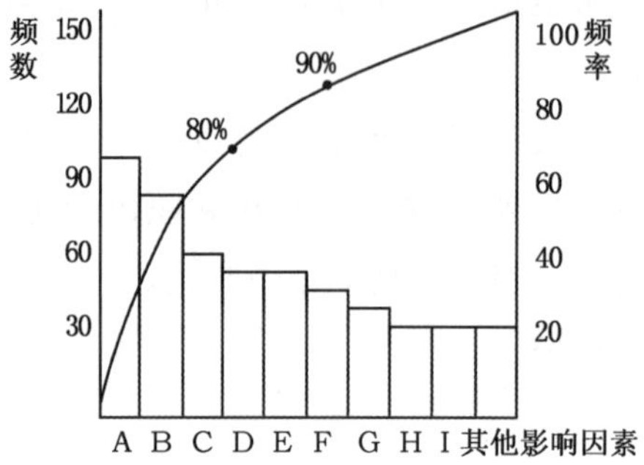

图 14—8 排列图

在图中，左边的纵坐标表示频数（件数、金额等），右边的纵坐标表示频率（以百分比表示）。横坐标表示影响质量的各种因素，按照其影响程度的大小在横坐标上从左到右排列起来。直方形的高度表示某个因素程度的大小。曲线称巴雷特曲线，是把每个因素的累计频率点连接起来形成的。从图中看到，前面几个因素的累计频率在 80％以内，这些因素叫主要因素。80％—90％的因素叫次要因素。80％以内的主要因素是改善质量的关键。

3. 因果分析图法

为了寻找产生某种质量问题的原因，采用召集有关人员开“诸葛亮会”的办法，集思广益，将大家的意见反映在这个图面上。探讨一个质量问题产生的原因要从大到小、从粗到细、寻根究底，直至能采取具体措施为止。把各种大小原因都用箭线表示出来，箭头指向的问题或原因视为一个结果，则箭尾标注的文字即表示其原因，如此形成因果关系（见图 14—9）。

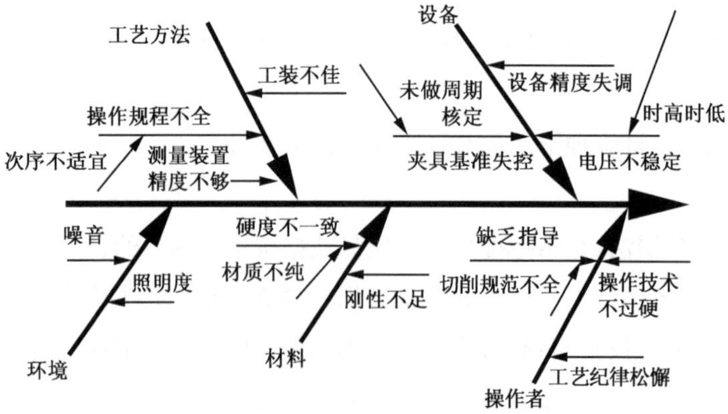

图 14—9 因果分析图

4. 控制图法

控制图法也称管理图法，是用于分析和判断工序是否处于稳定状态所使用的带有控制界限的一种图形。在生产过程中，定时抽样，将测得的质量特性数据用点描在图上，如果点落在控制界限以内，而且排列无缺陷，则表明生产过程正常，处于控制状态，出不合格品的概率小；如果点越出控制界限，或点排列有缺陷，如连续 7 个以上点呈逐渐上升(或下降)倾向，在中心线同一侧出现连续 7 个以上点，点呈现周期性的排列等，都表明生产过程异常，应及时查明原因，采取措施使生产过程恢复正常。因此，控制图起着及时报警、预防出现大量不合格品的作用(见图 14—10)。

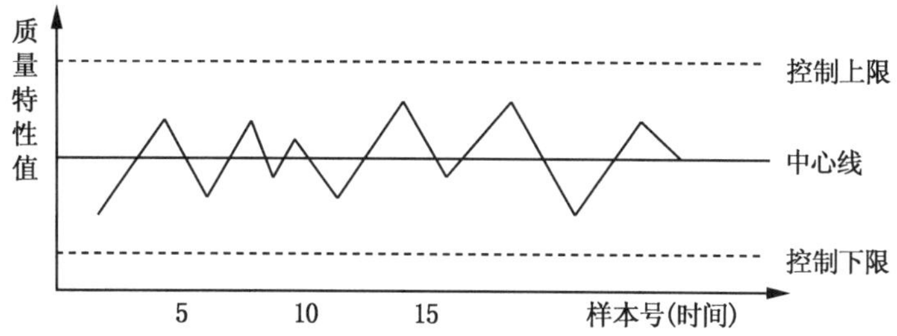

图 14—10　控制图

另外，还有散布图法、统计分析表法、直方图法等，可以参考其他资料。

三、质量管理的经济性分析

开展质量管理，必须考虑其经济性问题。ISO9000 系列标准中明确指出：“用财务项目来度量质量体系的有效性是重要的。有效的质量体系对企业的盈利和亏损的影响是至关重要的。”即质量管理不能不考虑成本，要全面权衡质量成本和提高产品质量水平的关系。

1. 质量成本的概念

质量成本是指为了确保和保证满意的质量引起的费用及没有达到质量而造成的损失。质量成本按性质一般可分为内部运行质量成本和外部活动质量成本两大类。

(1)内部运行质量成本。内部运行质量成本是指为达到和保持所规定的质量水平所支付的费用和因质量问题而造成的经济损失，包括预防成本、鉴定成本、内部故障成本和外部故障成本等。预防成本是指为预防故障所支付的费用；鉴定成本是指为评定质量要求是否被满足而进行试验、检验和检查所支付的费用；内部故障成本是指由于产品在交付前不能满足质量要求所造成的损失；外部故障成本是指由于产品在交付使用后不能满足质量要求所造成的损失。

(2)外部活动质量成本。外部活动质量成本是指合同要求，为向顾客提供所需要的客观证据所支付的费用，包括特殊的和附加的质量保证措施、程序、数据、证实试验和评定的费用。

2. 产品质量成本分析

一般采用质量成本法分析企业内部运作质量成本，目的是为了将质量成本控制在一个适宜的水平上，从而以最低的成本，取得最佳的经济效益。质量与成本的关系是：预防成本和鉴定成本越大，则内部和外部故障成本相应减少，反之亦然。因此，预防及鉴定成本与故障成本和质量成本，必然会在某一特定水平上达到最小，此时即为最佳质量成本（见图 14－11）。

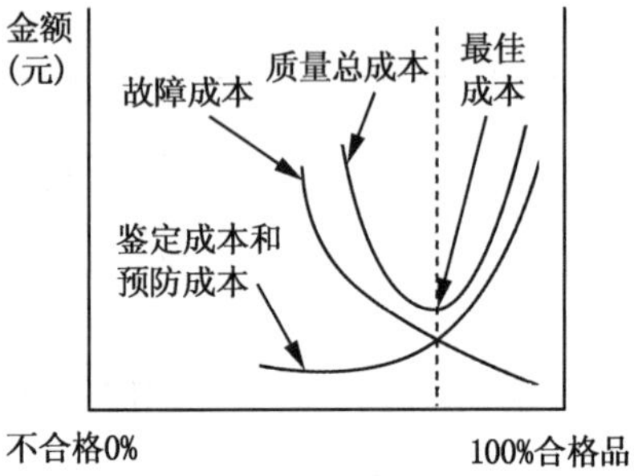

图 14－11 质量成本关系

在实际工作中常根据经验统计结果分析产品质量成本，并以此为基础做出改进。一般来说，故障成本占质量总成本的 50％－60％，预防成本占 10％，鉴定成本约占 30％，是个合理的比例。如果超出这个比例，则质量总成本就会上升。

第四节 精细生产制

一、准时生产制和精细生产的产生与发展

1. 准时生产制的产生

准时生产制（just-in-time，JIT）起源于日本的丰田汽车公司，是继大量大批生产运作方式之后的一种全新的先进生产运作方式。

最初的制造业是手工生产运作方式。这种生产方式虽然能完全满足顾客的要求，但效率低，成本高，缺乏一贯性和可靠性。1908 年，亨利·福特使用大规模流水线生产 T 型汽车，开始了工业生产的流水线时代。虽然流水线生产的效率很高，但其缺乏柔性；工人分工简单明确，操作简便，降低了培训工人的要求，但工人的工作枯燥乏味，成了机器的附属品；更重要的是，这种生产方式是以产定销，缺乏对市场的适应能力。

第二次世界大战后，丰田公司开始研究开发一种新的生产方式，以适应日本国内的市场要求。丰田公司在研究了美国福特的弊端后，提出了著名的看板管理，即希望通过看板来实现在“正确的时间，生产运作正确数量的正确产品”。以此来降低在制品库存和周转时间，降低产品成本和返修率，提高产品质量。以后，随着实践的发展，这种生产方式不断得到完善和提炼，逐渐形成了一整套包括生产经营理论、管理原则、生产动作计划与组织等内容的完整理论和方法体系，即JIT。

2. 精细生产——JIT的发展

20世纪80年代以后，市场需求的个性化和多样化以及资源价格上涨带来的成本压力，使得企业必须加快产品的更新换代速度，快速响应市场。以美国麻省理工学院教授为主的50多位日美欧学者组成的国际汽车项目(International Motor Vehicle Program)在全面研究了JIT生产方式及其应用情况后，提出了精细生产方式。

精细生产的内容不再局限于生产运作系统内部的管理，还包括市场预测、产品开发、制造加工管理、零部件供应系统直至营销与售后服务等企业一系列活动。它是在结合了手工生产和大量流水线生产的优点，克服了两者缺点的基础上提出的一种新型的生产方式。

二、精细生产的主要内容

1. 精细生产的基本思想

精细生产的基本思想可以用非常简练的一句话来概括：千方百计地减少一切不必要活动，杜绝浪费。具体来说，它的“新”体现在以下几方面。

(1)反对和放弃“以产定销”“由内而外”的经营理念，树立更积极的“以销定产”“由外而内”的经营理念。

(2)精细生产倡导“零库存”和“零缺陷”。这相对于传统的将库存作为资产和累积价值的认识，以及允许一定缺陷的认识完全不一样。精细生产将“双零”作为追求目标，促进企业努力改善生产系统。

(3)精细生产将库存看作企业低效率的重要原因，倡导不断改进的意识，坚持“降低库存—暴露问题—解决问题—降低库存……”的改进方法。

(4)精细生产将企业中的问题视作改进的突破口，通过反复追寻，找到问题的根本解决途径，以此达到提高企业竞争力的目标。

2. 精细生产的主要内容

精细生产的主要内容包括现场管理、新产品开发、与用户的关系、与供应商的关系等。现场管理主要是通过看板系统，实现准时生产。

(1)工厂现场管理。生产计划按生产指令发送的方式分为：推动式系统和牵引式系统。

推动式系统即由企业的计划部门根据生产运作目标，逐一计算和确定每个零部件的投入出产计划，并按计划向生产运作中心发出生产和订货指令；而每一生产运作中心都按计划制造零部件，并不管后续生产运作中心当时是否需要，再将加工完的零部件送到后续生产运作中心，同时将实际完成情况反馈到计划部门(见图 14—12)。

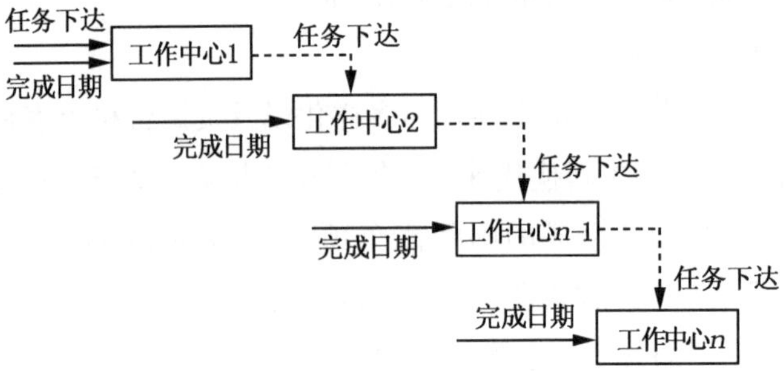

图 14—12　推进式系统

牵引式系统是精细生产所采用的系统。它是从代表市场需求的产品订单出发，仅向最后的生产运作中心下达计划，而每个生产运作中心按照当时的需要向前一个生产运作中心提出要求，发出工作指令，前面的生产运作中心完全按这些指令生产运作，这样反工序式地拉动前面的生产运作中心，直至生产中心 1，甚至是原料的供应者或外协厂。这种拉动是通过看板管理系统实现的(见图 14—13)。

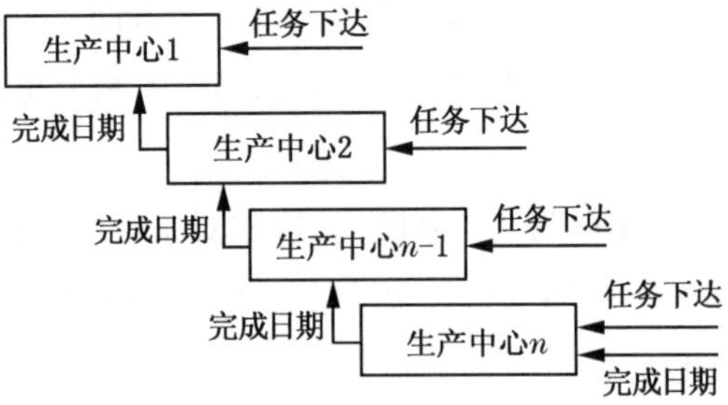

图 14—13　牵引式系统

(2)看板管理。看板管理是实际精细生产的重要工具，但绝不能把精细生产看作看板管理。实行看板管理需要排列和布置设备重新，每种零部件只有一个来源，零件在加工过程中有明确固定的移动路线，并且每个工作地一般设置两个存放处——入口存放处和出口存放处。

看板又称传票卡，是传递信号的工具。它是在需要的时间，按需要的量对所需要的物品发出生产运作指令的一种信息媒介体。其功能包括：生产运作及运送的工作指令，防止过量生产运作和过量运送，进行“目视管理”的工具，改善生产运作的工具。

看板主要分两类。一是移动看板。它是被用于在前道工序的出口存放处与后道工序的入口存放处之间往返运动。当放置零部件的容器从前道工序的出口存放处运到后道工序的入口存放处时，移动看板就附在容器上，当后道工序开始使用其入口存放处容器的零件时，移动看板就取下，放在看板盒中。当后道工序需要补充零件时，移动看板就被送到前道工序的出口存放处相应的容器上，同时将该容器上的生产运作看板取下，放在生产运作看板盒中。移动看板只对应一种零件和一定的标准容器。移动看板包括以下信息：零件号、容器容量、看板号、供方工作地号、供方工作出口存放处号、需方工作地号和需方工作地入口存放处号（见图14－14）。

从供方工作地： 38＃油漆	零件号：A435 油箱座 容器：2 型（黄色） 单位容器容量：20 件 看板号：3 号（共发出 5 张）	到需方工作地： 3＃装配
出口存放处号： NO. 38-6		入口存放处号： NO. 3-1

图 14－14　移动看板示意

二是生产运作看板。它用于指挥工作地的生产运作，规定了所生产运作的零件及其数量。这只在工作地和它的出口存放处之间往返。当后道工序转来的移动看板与其出口存放处容器上的生产运作看板对上号时，生产运作看板就取下，放入生产运作看板盒内，同时该容器（放满零件）连同移动看板一起被运送到后道工序的入口存放处。工人按顺序从生产运作看板盒内取走生产运作看板，并按生产运作看板的规定，从该工作地的入口存放处取出要加工的零件，待加工完规定的数量后，将生产运作看板挂到容器上。生产运作看板包括以下信息：要生产运作的零件号、容器的容量、供方工作地号、供方工作地出口存放处号、看板号、所需的物料、所需零件的简明材料清单、供给零件的出口存放处位置及其他信息（见图14－15）。

工作地号：38＃油漆
零件号：A435 油箱座
放于出口存放处：NO. 38-6
所需物料：5＃漆，黑色
放于：压制车间 21-11 号储藏室

图 14－15　生产运作看板示意图

用看板组织生产过程见图14－16。当按照计划需要装配某台产品时，3号工作地就发出移动看板，按移动看板规定的供方工作地及出口存放处号，找到存放所需零件的容器。将容器上挂着的生产运作看板取下，放到 2 号工作地的生产运作看板盒中，并将移动看板挂到该容器上，将容器运到 3 号工作地的入口存放处相应的位置，供装配使用。2 号工作地的工人从生产运作看板盒中取出一个生产运作看板，按生产运作看板的规定，到 2 号工作地的入口存放处找到放置所需零件的容器，从中取出零件进行加工。同时将该容器上的移动看板放入 2 号工作地的移动看板盒。当生产运作的数量达到标准容器的要求时，则将生产运作看板挂到该容器上，将容器放于 2 号工作地的出口存放处规定的位置。同样，将 2 号工作地的移动看板送到 1 号工作地的出口存放处，取走相应的零件。按同样的方式逐步向前推进，直到原材料或其他外购件的供应地点。

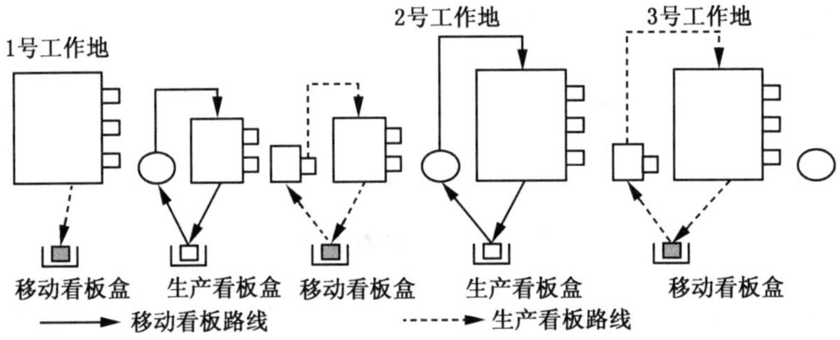

图 14—16　用看板组织生产运作的过程

为了尽可能降低库存，同时符合企业生产运作系统的实际情况，应合理确定看板数量，随着生产运作系统的不断“强壮”而逐渐减少看板数量。具体可参考以下公式：

$$N=N_m+N_p$$

$$N_m=DT_w(1+A_w)/b$$

$$N_p=DT_P(1+A_p)/b$$

其中，N 代表所需看板的数量；N_m 代表移动看板的数量；N_p 代表生产运作看板的数量；D 代表对某零件的日需要量；b 代表标准容器中放置某种零件的数量；T_w 代表零件的等待时间（日），即移动看板的循环时间；T_P 代表所需的加工时间（日），即生产运作看板的循环时间；A_w 代表等待时间的容差；A_p 代表加工时间的容差。A_w、A_p 应该尽可能接近零。

看板管理要进行好，需要坚持以下几个规则。

第一，无论是移动看板，还是生产看板，在使用的时候，都附在装有零件的容器上。

第二，必须要按需方的要求传送零件，没有移动看板不得传送零件。

第三，要使用标准容器及按标准数量放入，这样可以减少搬运与点数的时间，并可防损伤零件。

第四，当从生产运作看板盒中取出一个生产看板，只生产一个标准容器所容纳数量的零件。当标准容器装满时，一定要将生产运作看板附在标准容器上，放置到出口存放处，且按照看板出现的先后顺序生产。

第五，次品不交给下道工序，避免更大的浪费。

(3)与供应商的关系。精细生产以“双赢”思想为指导，主张装配厂与供应商建立长期的合作关系。

供应商的选择不是靠投标，而是根据长期合作关系及其一贯表现决定。这样，双方的合作关系一直可以延伸到产品的开发环节。

要合理分配双方的利益。根据市场的竞争情况、确定的产品市场价格，决定产品的成本，以及供需双方确定成本的降低途径和环节。同时，将成本降低的利益在双方之间合理分配。

还要注意供应商的“企业内部化”运行。供应商一方面按企业的要求生产和送货；另一方面企业要了解供应商的难处和他们的意见和建议，以此帮助供应商解决其所遇到的各种问题。

(4)与用户的关系。精细生产坚持“用户第一”的指导思想，以积极主动的态度开展销售，通过高质量的服务提升产品的竞争力，吸引用户。

本章小结

1. 生产管理是企业管理的重要活动。生产计划是企业生产经营计划的重要组成部分，是企业年度综合计划的核心，是编制其他企业计划的依据，也是企业计划期内的行动纲领。生产计划的编制有其指标体系和编制方法。指标主要有品种指标、质量指标、产品指标、产值指标。生产作业计划是生产计划的具体化。编制生产作业计划也有其期量标准和编制方法。由于企业的生产类型和生产组织形式不同，因而采用的期量标准也就不同。

2. 市场竞争的激烈，使得企业必须能够不断地革新生产技术，以适应快速变化的多样化、个性化的市场需求。而技术的发展为企业提供了这种可能。物料需求计划(MRP)和制造资源计划(MRPⅡ)已应运而生。MRP是现代企业通过计算机确定生产过程的物料需求和制订生产作业计划，将客户需求与企业内部生产经营活动以及供应商的资源整合在一起的新型管理方法。

3. 质量管理是企业管理的重要内容，更是生产管理的重中之重。全面质量管理作为成熟的质量管理理念有其质量体系、质量控制和分析方法。质量体系是由组织机构、职责和权限、工作程序、资源和人员以及质量活动五大部分组成的。质量控制主要是通过统计分析法完成的，主要有分类法、排列图法、因果分析图法和控制图法等。同时，全面质量管理还要从经济成本的角度分析全面质量管理的可行性。

4. 精细生产作为一种全新的生产管理理念，是在JIT的基础上发展起来的。其主要内容包括现场管理、新产品开发、与用户的关系、与供应商的关系等。现场管理主要是通过看板系统实现准时生产。

复习思考题

1. 生产计划和生产作业计划的指标体系和编制方法有哪些?
2. 思考 MRP 和 MRPⅡ的异同。
3. 思考全面质量管理的管理循环过程。
4. 精细生产的主要内容是什么?

案例思考

戴尔的“零库存”管理

戴尔不懈追求的目标是降低库存量。21 世纪初期,戴尔公司的库存量相当于 5 天的出货量,康柏的库存天数为 26 天,一般 PC 厂商的库存时间为 2 个月,而中国 IT 巨头联想集团是 30 天。戴尔公司分管物流配送业务的副总裁迪克·亨特说,高库存一方面意味着占用更多的资金,另一方面意味着使用了高价物料。戴尔公司的库存量只相当于一个星期出货量,而别的公司库存量相当于四个星期出货量,这意味着戴尔拥有 3%的物料成本优势,反映到产品价格上就是 2%或 3%的优势。

戴尔的管理人员借助信息和资源管理软件规范物料流程。在一般情况下,包括手头正在进行的作业在内,任何一家工厂内的库存量都只相当于规定的出货量。

戴尔模式的竞争力在哪里?专家研究后发现,主要体现在低库存方面。戴尔的库存时间比联想少 18 天,效率比联想高 90%,当客户把订单传至戴尔信息中心,由控制中心将订单分解为子任务,并通过互联网和企业间信息网分派给上游配件制造商。各制造商按电子订单进行配件生产组装,并按控制中心的时间表供货。戴尔只需在成品车间完成组装和系统测试,剩下的就是客户服务中心的事情。一旦获得由世界各地发来的源源不断的订单,生产就会循环不停、往复周转,形成规模化。这样纷繁复杂的工作如果没有一个完善的供应链系统在后台支撑,而通过普通的人工管理是“不可能完成的任务”。在得州圆石镇,戴尔公司的托普弗制造中心巨大的厂房可以容纳五个足球场,而其零部件仓库却不超过一个普通卧室那么大。工人们根据订单每三五分钟就组装出一台新的台式 PC。

戴尔的零库存是建立在对供应商库存的使用或者借用的基础上。在厦门设厂的戴尔,自身并没有零部件仓库和成品仓库。零部件实行供应商管理库存(VMI),并且要依戴尔订单情况的变化而变化。比如 3 月 5 日戴尔的订单是 9 000 台电脑;3 月 6 日是 8 532 台电脑等。每天的订单量不一样,要求供应商的送货量也不一样。戴尔订单的数量不确定,则对供应商配件送货的要求也是可变的,对 15 英寸显示屏和 18 英寸显示屏的需求组合是不同的,如 3 月 5 日的显示屏需求组合是(5 000, 4 000),3 月 6 日的需求组合是(4 000, 5 000)等。超薄显示屏和一般显示屏的需求组合变化也是一样的。所以,戴尔的供应商需要经常采取小批量送货,有时送 3 000 个,有时送 4 000 个,有时天天送货,订单密集时需要一天送几次货,一切根据需求走。为了方便给戴尔送货,供应商在戴尔工厂附近租赁仓库存储配件,以保障及时完成送货。这样,戴尔的零库存是建立在供应商的库存或者精确配送能力的基础上。戴尔通过对充分利用供应商的库存降低自己的库存，并把主要精力放在凝聚订单上。而戴尔公司的成品管理则完全是采取订单式，用户下单，戴尔组装送货。由于戴尔采取了以 VMI、CRM 等信息技术为基础的订单制度，在库存管理方面基本上实现了完全的零库存。

互联网受到戴尔公司的充分重视，主要表现在：戴尔与客户、供应商及其他合作伙伴之间通过网络沟通的时间界限已经模糊了，戴尔与客户之间 24 小时即时沟通，突破了上班时间的限制；同时，戴尔与合作伙伴之间的空间界限已经被模糊了，戴尔在美国的供应商可以超越地域的局限，通过网络与设在厦门的工厂即时沟通，了解客户订单的情况。

通过强化信息优势，戴尔整合了供应商库存协作关系，并在实践中成功地磨合出了供应商的送货能力。戴尔需要 8 000 个显示器，在当天供应商就能送 8 000 个显示器；当戴尔需要 5 000 个大规格显示器，供应商在 2 个小时内就能够配送 5 000 个大规格显示器。戴尔与供应商培植紧密的协作关系，保证为客户提供精确的库存。在流通活动中，客户的“信息”价值替代“存货”价值。在供应链管理中，戴尔作为链主，其主要的分工是凝聚订单，比如收集 10 000 台电脑订单，供应商则及时供货，提供 10 000 种与电脑相关的配件，如显示器、鼠标、网络界面卡、芯片及相关软件等。供应商在戴尔的生产基地附近租赁仓库，并把零配件放到仓库中储备，戴尔需要这些零配件时，则通知供应商送货。零配件的产权由供应商转移到戴尔。另外，戴尔可以充分利用库存赚取利润，比如，戴尔向供应商采购零部件时，可以采取 30 天账期结算；但在卖出电脑时执行的是先款后货政策，至少是一手交钱一手交货，并利用客户货款与供应商货款中间的时间差谋求利益。

有专家说：“戴尔的‘零库存’是基于供应商‘零距离’之上。”假设戴尔的零部件来源于全球的四个市场，美国市场是 10%，中国市场是 50%，日本市场是 20%，欧盟市场是 20%。然后在中国香港的基地组装后销售到全球。那么从美国市场供应商 A 到达中国香港基地，空运至少 10 个小时，海运至少 25 天；从中国市场供应商 B 到达中国香港基地的公路运输至少 2 天；从日本市场供应商 C 到达中国香港基地，空运至少 4 小时，海运至少 2 天；从欧盟市场供应商 D 到达中国香港，空运至少 7 小时，海运至少 10 天。如要保证戴尔在中国香港组装的零库存，则供应商在香港基地必须建立仓库，自建或租赁，来保持一定的元器件库存量。供应商承担了戴尔公司的库存风险，而且还要求戴尔与供应商之间要有及时、频繁的信息沟通与业务协调。而直接模式同样不可避免地遇到“库存”问题。戴尔所谓要“摒弃库存”其实是一种导向，绝对的零库存是不存在的。库存问题的实质是：既要千方百计地满足客户的产品需求，同时又要尽可能地保持较低的库存水平，只有在供应链居于领导地位的厂商才能做得到，戴尔就是这样的企业。与联想相比，戴尔在库存管理方面具有优势；在与零部件供应商的协作方面，也具有优势。“以信息代替存货”，在很多其他厂商看来是不可能的，但在戴尔却是实际存在的。

戴尔的零库存需要客户支持、系统改进、供应商关系、市场细分等多个环节的参与配套。离开任何一个方面，零库存的优势也是不存在的。没有强大的订单凝聚能力，要借用供应商的库存是不可能的。以显示器为例，需要 10 000 个订单和需要 500 万个订单，供应商的反应也是不一样的。显然，戴尔拥有了 500 万个显示器的需求，可以给供应商提出更多的要求，只不过戴尔可以把订单拆开，要求供应商送货 600 次。这样做，由于订单总量仍然是很大的，因此供应商才愿意按照“随需随送”的要求参与业务运作，虽然承担了戴尔的库存风险，但实际上总的利益还是很大的。如果订单很小，比如只有 10 000 个，供应商怎么可能把自己的仓库建到戴尔工厂附近，又怎么能够做到在需要的时候确保两小时送货呢？很显然，只有订单足够大，才能实现这个目标。

在微利时代，订单与低库存的匹配也是很难的。订单掌握在客户手里，能不能产生这样的需求，产生的需求能不能为戴尔公司掌握，这是很难确定的。经常的情况是，戴尔保持着零库存，而客户的订单是波动的，订单的成长性也具有淡季和旺季之分，如淡季戴尔一个月可能只卖80万台PC，旺季一个月可能要卖200万台。戴尔的库存管理能力必须适应从80万台到200万台的变化。这对讲求零库存的戴尔是一个很大的挑战。订单与低库存相匹配的按需订制方式是戴尔的优势，需要有经验的积累和供应商关系的磨合等。成本控制、节约开支等措施是戴尔日常管理的核心，这不能妨碍订单与供应商库存的协调。戴尔是如何做到这种匹配的呢？主要的方法有：一是戴尔的强势影响力，使供应商认同戴尔的潜力，它们会千方百计地满足戴尔的订单变化；二是强大的信息沟通机制能够通过迅速沟通满足配件、软件的需求；三是有力度的流程管理方式，使戴尔能够精确地预估未来的需求变化。

戴尔每年的采购金额已经高达200多亿美元，假如出现库存金额过量10%，就会出现20亿美元的过量库存，一则会占用大量的资金；二则库存若跌价10%，就会造成2亿美元的损失。在采购、生产、物流、销售等环节，戴尔保持低库存或者零库存的努力在继续，避免带来资金周转缓慢、产品积压及存货跌价方面的风险。迈克尔评价说："在电子产业里，科技改变的步调之快，可以让你手上拥有的存货价值在几天内就跌落谷底。而在信息产业，信息的价值可以在几个小时、几分钟，甚至几秒钟内变得一文不值。存货的生命，如同菜架上的生菜一样短暂。对于原料价格或信息价值很容易快速滑落的产业而言，最糟糕的情况便是拥有存货。我们在1989年经历的第一个重大挫折，原因居然与库存过量有关系。我们当时不像现在，只采购适量的存储器，而是买进所有可能买到的存储器，我们在市场景气达到最高峰的时候，买进的存储器超过实际所需，然后存储器价格就大幅度滑落。而屋漏偏逢连夜雨，存储器的容量几乎在一夕之间，从256K提升到1MB，我们在技术层面也陷入了进退两难的窘况，我们立刻被过多且无人问津的存储器套牢，而这些东西花了我们大笔的钱。这样，我们这个一向以直接销售为主的公司，也和那些采取间接模式的竞争对手一样，掉进了存货的难题里。结果，我们不得不以低价摆脱存货，这大大降低了收益，甚至到了一整季的每股盈余只有一分钱的地步。"

问题：

1. 戴尔的库存管理对其生产经营有何影响？
2. 讨论戴尔的库存管理对国内生产企业的启示。

第十五章　供应链及物流管理

学习目标

1. 理解供应链管理的目标；
2. 掌握供应链设计的基本原则、步骤及供应链伙伴选择的方法；
3. 掌握供应链管理的方法；
4. 了解第三方物流的成功要素。

关键术语

供应链　供应链管理　物流战略　第三方物流

引入案例

美国沃尔玛公司的物流配送业务运作

沃尔玛公司是全美零售业年销售收入位居第一的著名企业，素以精确掌握市场、快速传递商品和最好地满足客户需要著称。之所以能取得如此辉煌的业绩，其中一个极为重要的因素就是沃尔玛拥有自己庞大的物流配送系统，并实施了严格有效的物流配送管理制度。这确保了公司在效率和规模成本方面的最大竞争优势。

1. 配送中心的设立

从建立沃尔玛折扣百货公司之初，公司就意识到有效的商品配送是保证公司达到最大销售量和最低成本的存货周转及费用的核心。而唯一使公司获得可靠供货保证及提高效率的途径就是建立自己的配送组织，包括送货车队和仓库。随着沃尔玛的成长，公司意识到配送中心的好处不仅是使公司可大量进货，而且通过要求供应商将商品集中大量送到配送中心，再由公司统一接收、检验、配货、送货，比让供应商将商品分散送至各分店更经济。于是在1969年，沃尔玛的第一个配送中心建成了，当时即可集中处理公司所销商品的40%，大大提高了公司大量采购商品的能力。第二个配送中心建立于1975年，约1.4万平方米，它不承担仓储功能，只是一个转运站，统一接收供货方送来的大宗货物，经检测、编配后转换到公司的送货卡车上。到20世纪80年代末，沃尔玛的配送中心已遍及16个州，总面积约160万平方米。整个公司销售8万多种商品，85%由这些配送中心供应。

2. 配送作业方式

在配送运作时，大宗商品通常经由铁路送达配送中心，再由公司卡车送达商店。每店一周收到1—3卡车货物。60%的卡车在返回配送中心途中又捎回沿途从供应商处购买的商品。这样的集中配送为公司节约了大量金钱，据统计，20世纪70年代初公司的配送成本只占销售额的2%，比一般零售大公司低了近一半。同时集中配送还为各分店提供了更快捷、更可靠的送货服务，并使公司能更好地控制存货。而竞争对手却只有50%—65%的商品实行集中配送。

3. 配送中心的运行及管理

沃尔玛的配送中心运行完全实现了自动化。每个配送中心约10万平方米面积，相当于23个足球场，占地约60平方公里。中心的货物从牙膏、卫生纸、玩具到电视、自行车等应有尽有。每种商品都有条码，由十几公里长的传送带传送商品，激光扫描器和电脑追踪每件商品的储存位置及运送情况，每天能处理约几万箱的货物配送。配送中心的一端是装货月台，可供30辆卡车同时装货；另一端是卸货月台，有135个车位。每个配送中心有600—800名员工24小时连续作业，每天有160辆货车开进来卸货，150辆货车装好货物开出。商品在配送中心停留的时间总计不超过48小时。配送中心每年处理数亿次商品，99%的订单正确无误。

4. 配送组织的完善

沃尔玛公司为了更好地配送，非常注意完善自己企业的配送组织。其中一个重要的举措便是公司建立了自己的车队配送货物，以保持灵活性和为一线商店提供最好的服务。例如，沃尔玛通常为每家分店的送货频率是每天一次，而其竞争对手凯玛特平均5天一次，塔吉特平均每3—4天一次；沃尔玛的商店通过电脑向总部订货，平均只要两天就可以到货。如果急需，则第二天即可到货，这一速度同业中无人可及。这使沃尔玛享有相对竞争对手的极大优势，货架总能保持充盈，并随时掌握到货时间，其运输成本也总是低于竞争对手。可以说，配送业务管理的成功保证了沃尔玛公司从一个区域性连锁公司发展为全国性连锁公司，而且一直保持着低成本效率，业绩不断增长，确保了公司的发展，是公司成功的一个重要“武器”。

资料来源：《美国沃尔玛公司的物流配送业务运作》，2006年7月10日。

第一节 供应链管理概述

一、供应链管理的产生与发展

20世纪90年代以来，由于科技的不断进步和经济的不断发展，全球信息网络和全球市场逐渐形成。围绕新产品的市场竞争日趋激烈，技术进步和需求的多样化使得产品生命周期不断缩短，企业面临着开发新产品、缩短交货期、提高产品质量、降低生产成本和改进客户服务的压力。这些压力归根到底是要求在满足消费者个性需要和保持成本优势的基础上，尽可能地提高对市场的响应速度。

1. 供应链管理的产生

传统的纵向一体化管理模式使企业把产品设计、计划、财务、会计、生产、人事、管理和设备维修等工作看作是企业必不可少的业务工作。其结果就是辅助性的管理工作没有抓起来，关键性业务也无法发挥出核心作用，从而使企业失去了竞争特色，而且增加了成本。有鉴于纵向一体化管理模式的弊端，从20世纪80年代开始，国际上许多企业放弃了原来的纵向一体化管理模式，转向横向一体化管理模式，即本企业只抓核心的东西。

同时，经营环境的变化，使得原来分散经营的企业逐渐意识到，要在激烈的市场竞争中生存下来，必须与其他企业建立一种战略上的伙伴关系，实行优势互补，发挥各企业的核心能力，并在一种跨企业的集成模式下，使各个企业能够统一协调起来。供应链管理思想就是在这样的背景下产生的。

2. 供应链管理的发展

随着越来越多的企业实施供应链的管理模式，其思想和管理水平得到了迅速发展。目前，有关供应链管理的理论研究和实践应用，正处于不断深入和优化过程中，形成了三个主要的研究方向。

(1)供应链建模技术。即研究如何通过模型描述供应链系统的运营机制以支持对供应链管理的各种分析和决策活动，如Petri网供应链建模技术。

(2)供应链管理技术。依据供应链的生命周期，研究供应链的构建方法和运营管理方法。其中包括供应链管理的各种决策，如供应链的关系决策、库存决策和运输决策，供应链信息流、物流和资金流的合理分布和流动方式，以及应付不确定因素对供应链的影响等诸多问题。

(3)供应链管理的支持技术。信息技术对供应链管理提供了有效的支持。这方面的研究可分为两个方面：一是研究企业内部基于供应链管理的多种信息系统的集成，从而形成一个开放的和可伸缩的集成框架；二是研究企业间或多个企业组成的虚拟企业内部的信息共享和相互协作。

二、供应链的基本概念与类型

1. 供应链的概念

华中科技大学马士华教授编著的《供应链管理》一书中，对供应链的定义是："供应链是围绕核心企业，通过对信息流、物流、资金流的控制，从采购原材料开始，制成中间产品以及最终产品，最后由销售网络把产品送到消费者手中的将供应商、制造商、分销商、零售商、直到最终用户连成一个整体的功能网链结构模式。"

2001 年，中国发布实施的国家标准《物流术语》(GB/T18354-2001)对供应链的定义是："生产及流通过程中，涉及将产品更新换代或服务提供给最终客户的上游或下游企业，所形成的网络结构。"一个典型的供应链结构见图 15－1。

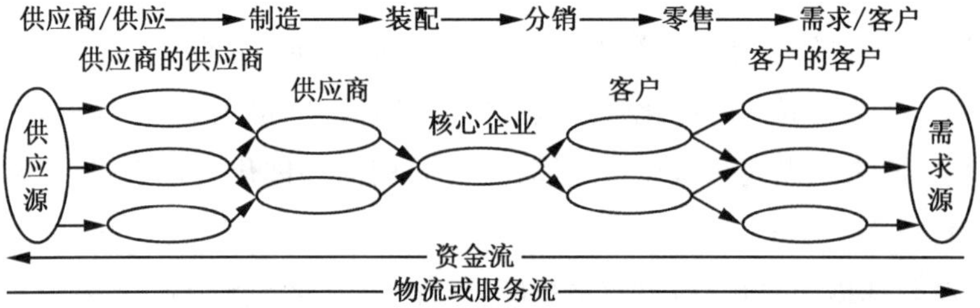

图 15－1　供应链的网络结构模型

综上所述，所谓供应链，是指产品生产和流通过程中所涉及的原材料供应商、生产商、批发商、零售商以及最终用户组成的供需网络，即由物料获取、物料加工，并将成品送到用户手中这一过程所涉及的企业和企业部门组成的一个网络。简单地说，供应链描述了原材料从起点到终点的全部过程。图 15－2 是关于纸张的供应链。

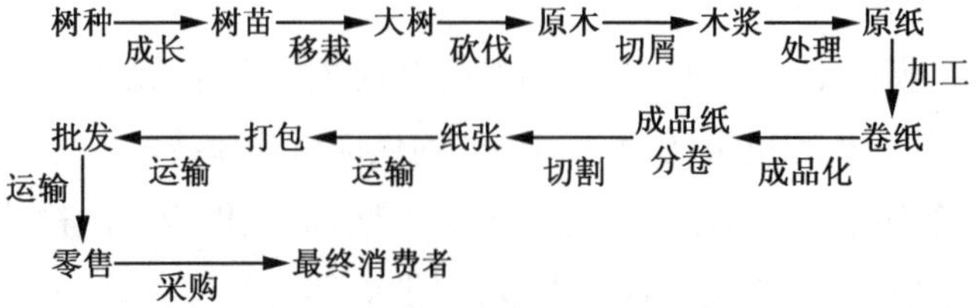

图 15－2　纸张的供应链

2. 供应链的类型

根据不同的划分标准，可以将供应链进行以下划分。

(1)根据供应链的稳定性可以把供应链划分为稳定的供应链和动态的供应链。基于相对稳定、单一的市场需求而组成的供应链稳定性较强，而基于相对频繁变化、复杂的需求而组成的供应链动态性较高。在实际管理运作中，需要根据不断变化的需求，相应地改变供应链的组成。

(2)根据供应链容量与用户需求的关系可以把供应链划分为平衡的供应链和倾斜的供应链。一个供应链具有一定的、相对稳定的设备容量和生产能力(所有节点企业能力的综合，包括供应商、制造商、分销商和零售商等)，但用户需求处于不断变化的过程中，当供应链的生产能力和用户需求平衡时，供应链处于平衡状态。而当市场变化加剧，造成供应链成本增加、库存增加、浪费增加等现象时，企业就不是在最优状态下运作，供应链便处于倾斜状态。

(3)根据供应链的功能模式(物理功能和市场中介功能)可以把供应链划分为有效性供应链和反应性供应链。有效性供应链主要体现供应链的物理功能，即以最低的成本将原材料转化成零部件、半成品、产品，以及在供应链中的运输等；反应性供应链主要体现供应链的市场中介功能，即把产品分配到满足用户需求的市场，对未预知的需求做出快速反应等。

另外，根据各主体在供应链中的地位，一般可把供应链分为以生产商为主体的供应链、以批发商为主体的供应链和以零售商为主体的供应链。

(1)以生产商为主体的供应链。生产商的供应链最为复杂，其供应链的结构形式是多种多样的。图 15—3 是某公司主要产品的供应链。

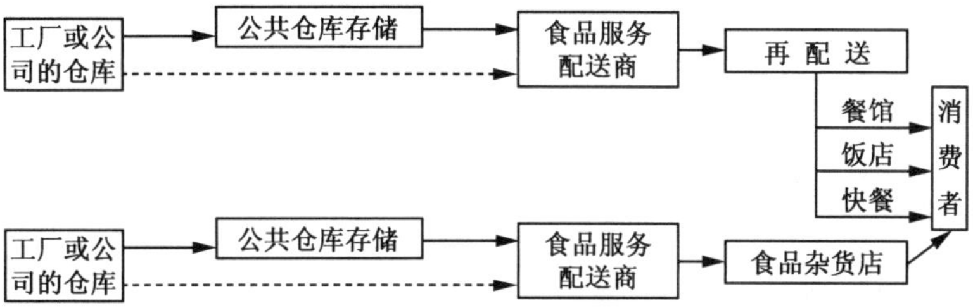

图 15—3 生产商的供应链

(2)以批发商为主体的供应链。批发商的供应链结构中一般是执行配送功能的，其供应链结构一般取决于产品的特征、选择的渠道、消费者的购买渠道及批发商的营销策略。图 15—4、图 15—5 分别是消费品和工业品批发商的供应链。

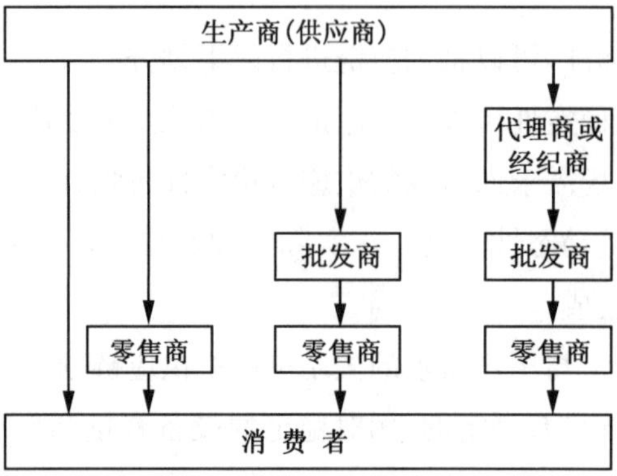

图 15－4 消费品批发商的供应链

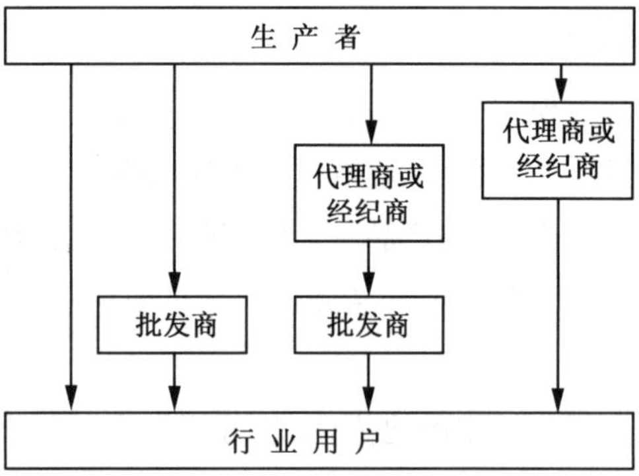

图 15－5 工业品批发商的供应链

(3)以零售商为主体的供应链。以零售商为主体的供应链管理的目的是提高效率,增加销售量,降低库存。因此,其供应链的形式应是尽量简化,更好地与制造商结成一体。图 15－6 是一家时装店的供应链。

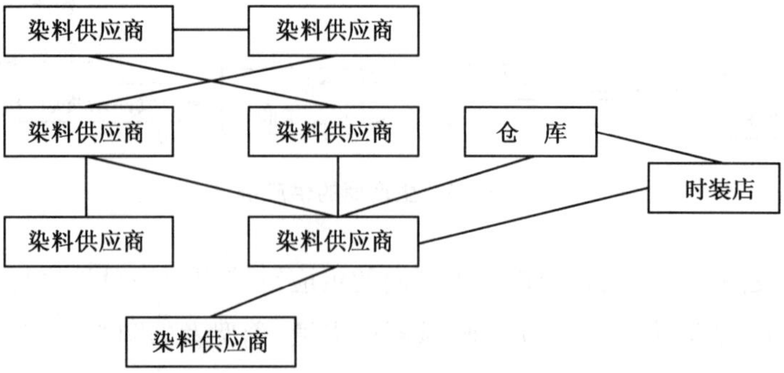

图 15－6 时装店的供应链

三、供应链管理的基本概念

1. 供应链管理的定义

供应链管理作为管理学的新概念，目前并没有关于它的统一定义。以下是几个经典的对供应链管理的描述。

哈兰德（Harland）将供应链管理描述成对商业活动和组织内部关系、直接采购者的关系、第一级或第二级供应商、客户关系和整个供应链关系的管理。斯科特（Scott）与韦斯特布鲁科（Westbrook）将供应链管理描述成一条连接制造与供应过程中每一个元素的链，包含了从原材料到最终消费者的所有环节。巴茨（Baatz）进一步将供应链管理扩展到物资的再生或再利用过程。以上可以理解为广义上的供应链管理。

而狭义的供应链管理是在一个组织内集成不同功能领域的物流，加强从直接战略供应商通过生产制造商与分销商到最终消费者的联系，利用直接战略供应商的能力与技术，尤其是供应商在产品设计阶段的早期参与，提高生产制造商的效率和竞争力。

还有一种供应链管理定义强调地理分布与物流集成的重要性。毫无疑问，物流是商业活动中的一个重要功能，但它不是供应链管理的全部内容。

2001 年，我国发布的国家标准《物流术语》（GB/T18354-2001）将供应链管理定义为："利用计算机网络技术全面规划供应链中的商流、物流、信息流和资金等，并进行计划、组织、协调和控制等。"

全球供应链论坛将供应链管理定义为："为消费者带来有价值的产品、服务以及信息的、从源头供应商到最终消费者的集成业务流程。"

综上所述，所谓的供应链管理（supply chain management，SCM）是一项运用网络的整体解决方案，目的在于把产品从供应商及时有效地运送给制造商与最终客户，将物流配送、库存管理、订单处理资讯进行整合，通过网络传输，其功能在于降低库存、保持产品有效期、降低物流成本以及提高服务品质。

2. 供应链管理的内容

供应链管理主要涉及四个主要领域：供应、生产计划、物流和需求。这四个领域中，需求又是关键的要素。恰当的供应链设计取决于顾客的需求和满足这些需求所涉及环节的作用。任何一个供应链存在的主要目的，都是为了满足顾客需求，并在这一过程中盈利。由图 15－7 可知，供应链管理是以同步化、集成化生产计划为指导，以各种技术为支持，尤其是以 Internet/Intranet 为依托，围绕供应、生产作业、物流、满足需求来实施的，以达到提高用户服务水平和降低总成本之间的平衡。

由此可见，供应链管理关心的不仅仅是物料实体在供应链中的流动，除了企业内部与企业之间的运输问题和实物分销管理以外，供应链管理还包括以下主要内容：战

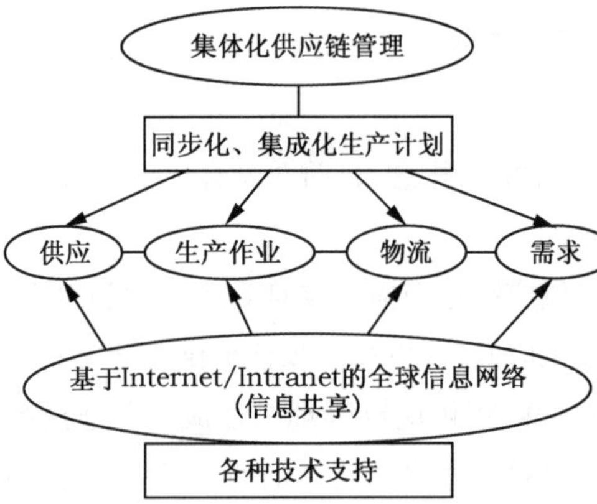

图 15—7 供应链管理涉及的领域

略性供应商和用户合作伙伴关系管理;供应链管理产品需求预测和计划;供应链的设计(全球节点企业、资源、设备等的评价、选择和定位);企业内部与企业之间物料供应与需求管理;基于供应链管理的产品设计与制造管理、生产集成化计划、跟踪和控制;基于供应链的用户服务和物流;企业间资金流管理;基于 Internet/Intranet 供应链交互信息管理等。

3. 供应链管理的运营机制

供应链的成长是通过供应链管理的合作机制、决策机制、激励机制和自律机制等实现满足顾客需求、创造企业经济效益和保持与环境的动态一致。

(1)合作机制。供应链的合作机制体现了战略伙伴关系和企业内外资源的集成与优化利用。基于此,企业从产品的研究开发到投放市场,周期大大缩短,而且顾客导向化程度更高。模块化产品、标准化组件,使企业在多变的市场中的柔性和敏捷性显著提高,虚拟制造与动态联盟提高了业务外包策略利用程度。企业集成化程度超越了原来的内部业务流程重组,达到了企业间的协作。

(2)决策机制。由于供应链上企业的决策信息来源不再限于一个企业内部,而是在开放的信息网络环境下,不断交换信息,达到企业间同步化、集成化的计划与控制,而且随着 Internet/Intranet 发展成为新的企业决策支持系统,企业的决策模式将会产生很大的变化,因此处于供应链中的任何企业决策模式应该是基于 Internet/Intranet 的开放性信息环境下的群体决策模式。

(3)激励机制。归根到底,供应链管理和任何其他的管理思想一样都是要使企业在反应速度、产品质量、成本、服务和柔性上有所提升。企业必须建立健全的业绩评价和激励机制,使企业了解供应链管理的成绩和不足,从而推动企业供应链管理水平能沿着正确的方向不断提升。但目前缺乏均衡一致的供应链管理业绩评价指标和方法是供应链管理研究的弱点，也是导致供应链管理实践效率不同的主要原因之一。

(4)自律机制。自律机制要求供应链企业向行业的领头企业或最具竞争力的竞争对手看齐，不断评价产品、服务和供应链业绩，并不断改进，以保持自己的竞争力和持续发展。自律机制主要包括企业内部的自律、对比竞争对手的自律、对比同行企业的自律和比较领头企业的自律。

第二节 供应链的构建与管理

为了提高供应链管理的绩效，建立或加入一个高效精简的供应链是极为重要的一环。不合适的供应链设计会导致浪费和失败，所以正确的供应链设计是必需的。

一、供应链的设计

1. 供应链设计的原则

在供应链的设计过程中，为了保证贯彻、实现供应链管理的思想，有一些基本的设计原则应遵循。

(1)自上而下和自下而上相结合的设计原则。自上而下的设计方法是从全局的宏观规划走向局部实现步骤的系统分解设计方法；自下而上的设计方法是从局部的功能实现走向全局的功能集成的设计方法。通常是先由高层管理者根据市场环境和企业发展的现实，从企业发展战略规划的角度考虑和制定宏观的设计目标，在设计过程中，双方从上下两个层面对设计目标和设计细节做适当调整，达到设计共识。

(2)简洁性原则。为了保持供应链具有灵活、快速响应市场和增值性强的能力，供应链的每一个节点都具有敏捷、简单、活力及快速实现业务流程组合的特点。所以，在设计或改造供应链时，供应链上的无效作业要尽可能减少，可以自动化处理的作业尽可能由自动化设备管理，供应商的选择要少而精，合作伙伴的选择要具有战略性，采购管理要保证减少采购成本，推动准时生产和精益思想的生产系统设计风格，由此实现精细供应链设计的目标。

(3)集优化原则。核心企业在选择供应链上节点企业的过程中，应该遵循强强联合的选择原则，充分实现最大限度地利用外部资源的目的，使每个节点企业集中精力致力于其核心业务的发展。这些独立的单元化企业具有自我组织、简单优化、面向目标、动态联合和运行、活力充沛的特点，它们能够快速联合其他单元，有效地对客户需求做出反应，从而实现供应链业务的快速运行。

(4)协作性原则。供应链业绩的好坏直接取决于供应链合作伙伴关系是否和谐，取决于供应链的柔性程度。因此,只有充分发挥系统各成员和子系统的能动性、创造性及系统与环境的总体协调性,才能保证整体系统发挥最佳功能。这要避免各个节点企业的利益本位主义而动摇系统的整体性。

(5)动态性原则。提高企业对市场变化的适应能力是供应链管理的主要目的之一。这要求整个供应链必须减少信息在传递过程中出现的延迟和失真,增加信息的透明度,减少业务运行过程中不必要的中间环节,提高信息预测的精度和时效性,降低各种不确定因素的影响,准确地联合各类强手企业,结成强强联合体,以应对供应链的动态变化。

(6)创新原则。要从新时代的角度和视野审视原有的供应链管理体系,大胆创新设计供应链。一般来说,创新设计时需要注意以下几点:要符合企业总体目标和发展战略要求,要符合市场需求的发展和企业的运营能力以及对资源的整合能力,充分发挥企业各类人员的创造性、各类资源的实用性及各合作伙伴资源优势,要体现经济性和可行性。

(7)战略性原则。这一原则要求企业供应链的设计必须与企业战略规划相适应,必须具有长远性和预见性。

2. 供应链设计策略

现在的企业比以往有了更多的用于提高供应链绩效的技术和知识,但这些先进的技术和知识并没有给一些企业的绩效改进带来帮助。原因就在于这些企业缺乏一种选择适合它们特定情况的思想和技术的框架。一般有三种供应链设计策略:基于客户需求的供应链设计策略、基于成本核算的供应链设计策略、基于多代理的集成供应链设计策略。这里主要介绍基于客户需求的供应链设计策略。

供应链的设计最重要的是明白用户对企业产品的需求。客户需求的产品生命周期、需求预测、产品多样性和服务的市场标准等都是影响供应链的重要问题。

辨别产品是功能性的还是革新性的,是基于客户需求的供应链设计策略首先要解决的问题。这两种不同性质的产品对供应链的要求是不一样的。功能性的产品能满足基本需要,不会有太大的变化,因而需求稳定而可以预测,并且生命周期长,但会带来激烈的市场竞争,从而导致利润率较低。这要求企业供应链的设计目标主要是增强供应链各个节点企业之间的衔接和平滑,以降低企业的总交易成本。

革新性的产品具有高边际利润、需求不稳定、产品生命周期短等特点。这都使得革新性的产品具有较高的市场不确定性。面对这些特点,此类企业的供应链设计主要是通过优化供应链内部的信息流的传输速度和质量,以增强对市场的适应能力和响应能力。供应链的灵活性是这种企业供应链设计的主要目标。

一旦企业承认了革新性产品需求的不确定性,就可以选择三种处理不确定性的协调策略。第一种就是它可以继续努力减少不确定性。如找到可以作为重要批示器的数据来源，或者让不同的产品尽可能多地使用共同的元件，以使元件的需求变得更加可以预测。第二种是它可以避免不确定性。为此可以采取的措施包括：缩短市场导入期、增加供应链的灵活性，以便能够生产出顾客所订购的产品数量；或者当需求具体且能精确预测时，每次至少都生产出与需求接近的数量。第三种是一旦不确定性已经尽可能地减少和避免，公司就可以利用存货或过度生产能力的缓冲措施严防确定性。

3. 供应链设计的步骤

基于产品和服务的供应链设计步骤可以概括为以下十步。

(1)分析核心企业的现状。就是科学分析核心企业的供需管理现状或者其供应链管理的现状，确定其已有的优势，发现其中的问题和已经出现的或可能出现的不适应需要的端倪，目的是研究供应链设计的方向和设计定位点，同时将可能影响供应链设计的各种要素分类罗列出来。

(2)分析核心企业所处的市场环境。通过市场竞争环境的分析，就可以知道哪些产品的供应链需要开发、需求对产品的属性要求；通过对用户、分销商、生产商和竞争对手的调查，了解产品和服务的细分市场情况、竞争对手的实力、供应商的情况、零售商的市场拓展能力以及市场的宏观情况影响等。进一步的工作成果是有关产品的重要性排列、供应商的优先级排列、生产商的竞争实力排列、用户需求的发展趋势分析以及市场不确定性分析评价。

(3)明确供应链设计的目标。产品和服务的供应链设计的主要目标有两种：一是高品质的产品和服务，二是低成本的费用投入和快速的市场响应能力。除此以外，还有其他目标，如进入新市场、拓展老市场、开发新产品、调整老产品、开发分销渠道、改善售后服务水平、提高用户满意度、建立战略联盟等。要明白哪些是主要目标，哪些是次要目标。

(4)分析组成供应链的资源要素。本阶段主要分析供应链上的供应商、用户、原料、产品、市场和合作伙伴以及竞争对手的作用、使用情况和发展趋势，了解他们对供应链设计产生的影响，给出避免风险的各种方案，并将它们按照所产生作用的重要程度排序。

(5)提出供应链设计的框架。分析供应链的组成，确定供应链上主要的业务流程和管理流程，描绘出供应链物流、信息流和资金流的基本流向，提出组成供应链的基本构架。在这个框架中，供应链各主体的选择及其定位分析是必须要解决的问题。另外，各成员的选择标准和评价标准应该基本得到完善。

(6)评价供应链设计方案的可行性。这一步需要分析和评价供应链设计技术的、功能的、运营的、管理的可行性，进一步优化供应链结构，并结合核心企业的实际，以及对产品和服务的发展战略要求，为开发供应链提出技术、方法和工具的选择支持。这实际上也是对供应链设计方案的决策过程。

(7)调整新的供应链。这一步需要解决以下关键问题：供应链的详细组成成员的选择和定位、生产运输计划与控制等；原料的供应量、运输流量、价格、质量、提前期等；生产设计的能力，如需求预测流程和能力、生产产品的种类和能力、生产作业的能力、运输配送的能力、生产计划、生产作业计划和跟踪控制、库存管理等问题；销售和分销能力设计，如销售/分销网络、运输、价格、销售规划、销售/分销管理、产品服务的能力等；信息化管理系统，软、硬件平台的设计；物流通道和管理系统的设计等。可以运用许多技术和工具，如归纳法、流程图、仿真模拟、管理信息系统等。

(8)检验已产生的供应链。可以通过模拟一定的供应链运行环境，借助一些方法和技术测试供应链。如果模拟测验结果不理想，则要返回第(5)步重新设计。

(9)比较新旧供应链。结合现实运作环境，通过比较新旧供应链的差异，可以了解新供应链对旧供应链的取代过程。因为旧供应链的所有不合理环节都不可以在一瞬间完成转变，它需要一个过程。

(10)完成供应链的运行。要根据不同特征的供应链，实行相应的管理方法。

二、供应链合作伙伴的选择

所谓供应链的合作伙伴关系，是指供应链各节点企业之间的关系。对制造业来说，主要是供应商与制造商的关系。

1. 供应链合作伙伴的选择原则

建立供应链合作伙伴关系不仅要关注价格、质量和交货期，还要评估供应商供应的稳定性和生产能力能否与企业发展相匹配、经营理念是否接近以及是否有长期合作的意愿等。

(1)工艺与技术的连贯性。供应链合作关系的展开必须在技术上保持一致性，包括产品设计和制造工艺的连贯性。工艺上的差异性以及供应商的现在和未来的生产能力的局限都会限制供应商被引入战略合作关系以后的技术引进，从而影响供应链的整体运作。

(2)企业的业绩和经营状况。供应商的经营业绩往往成为企业在选择合作伙伴时考虑的重要因素。该企业产品的价格、质量、交货状况决定了其在供应商市场的信誉和声望。另外，供应商的内部组织和管理、企业高层主管对采购单位的态度以及其财务状况也直接影响其交货和履约的绩效。

(3)有效的交流和信息共享。平滑、有效的供应链首先需要供应链各企业之间有充分的信息共享。只有更好地与被选择企业加强交流，才能提供更多的战略信息。

此外，合作伙伴的选择不在多而在精；否则，会导致资源和机会的浪费。

2. 供应链合作伙伴的选择方法和步骤

一般要根据供应商的多少、对供应商的了解程度及对物资需要的时间是否紧迫等要求确定。具体有以下几种方法。

(1)直观判断法。这种方法主要是通过倾听和采纳有经验的采购人员意见，或者采购人员分析和评价合作伙伴的方法。常用于选择企业非主要的合作伙伴。

(2)招标法。当订购数量大、合作伙伴竞争激烈时，可采用招标法选择适当的合作伙伴。它是企业提出招标条件，各应标企业竞标，然后由企业决标，并与最佳选择伙伴签订合同协议。

(3)协商选择法。即企业先选择出供应条件比较理想的几个合作伙伴，然后同他们协调确定适当的合作伙伴。当采购时间紧迫、投标单位少、竞争程度小、订购物资规格和技术条件复杂时，协商选择法比较合适。

(4)采购成本比较法。当产品质量和交货期比较接近时，企业则可以通过比较采购成本选择恰当的合作伙伴。采购成本一般包括售价、采购费用、运输费用等。

(5)层次分析法。该方法的基本原理是根据具有递阶结构的目标、子目标(准则)、约束条件、部门等来评价方案，采用两两比较的方法确定判断矩阵，然后把判断矩阵的最大特征相对应的特征向量的分量作为相应的系数，最后综合给出各方案的权重。

(6)神经网络算法。通过对给定样本模式的学习，获取评价专家的知识、经验、主观判断及对目标重要性的倾向，可再现评价专家的知识、经验和直觉思维，从而实现了定性和定量分析相结合，可较好地保证评价结果的客观性。

建立合作伙伴关系的步骤一般如下：

①从企业战略的角度来检验是否需要建立合作关系，以及建立哪个层次的合作关系；

②确定挑选合作伙伴的准则，评估潜在的候选企业；

③正式建立合作伙伴关系；

④维持和精炼合作伙伴关系，包括增强彼此间的合作或解除合作关系。

3. 建立供应链合作伙伴关系需要注意的几个问题

由于供应链中各个企业的独立性，其中伙伴关系的管理就成为供应链运作成功与否的重要因素之一。为此，需注意以下几个问题。

(1)相互信任。合作伙伴的信任关系的建立可以避免供应链管理的冲突，降低彼此的交易成本。这需要关注各个企业在战略、组织、企业文化方面的差异。

(2)信息共享。要达到信息共享，需要各个企业建立基于 Internet/EDI 技术的供应链管理信息系统。制造商必须让供应商了解企业的生产程序和生产能力，这样供应商就清楚知道企业需要产品和原料的期限、质量和数量。同时，还要交换市场需求的信息。

(3)权责明确。供应链的无缝对接还要求各个企业之间有明确的权责划分,不要为了自己的利益转嫁经营中的风险。

(4)解决合作伙伴之间问题的态度。供应链中各个企业的合作不可能一帆风顺。由于各种差异的存在,分歧是难免存在的,就需要各方有务实和忍耐的态度和有效的方法。这在很大程度上取决各方企业高层领导的态度和重视。可以通过成立专门的小组,处理合作过程中的各种问题。

三、供应链的管理

在供应链构建完成以后,还必须有有效的方法实施管理。目前实践中主要有以下几种方法。

1. 快速反应

快速反应(QR)出现在20世纪70年代后期的逐渐萎缩的美国纤维纺织业的国货运动中,是由克特·萨尔蒙公司倡导,沃尔玛等公司在实践中建立起来的。

所谓QR是指在供应链中,为了实现共同的目标,零售商和制造商建立了战略伙伴关系,利用EDI等信息技术,交换销售时点及订货补充等经营信息,用多频度、小数量配送方式连续补充商品,以实现缩短交货周期,减少库存,提高客户服务水平和企业竞争力的供应链管理方法。

实施QR需要经过六个步骤(见图15－8),每一步都以前一步为基础,且比前一步有更好的回报,但需要额外投资。

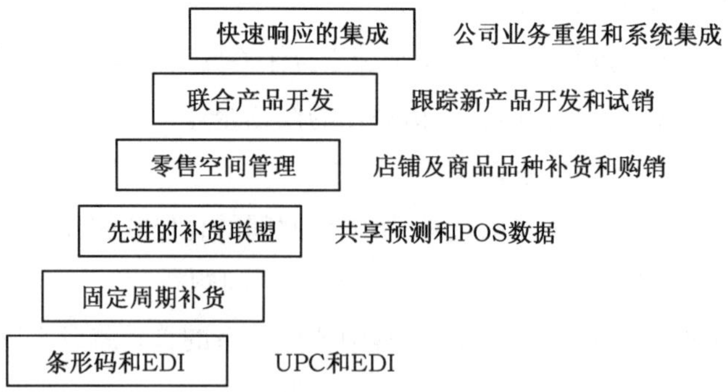

图15－8 QR的实施步骤

(1)条形码和EDI。零售商首先必须安装条形码(UPC码)、POS扫描和EDI等技术设备,以加快收款速度和销售数据的传输。POS扫描是在收款检查时用光学式阅读条码输入数据,然后将条形码转换成相应的商品代码。这样可以了解消费者的购买动向,做好库存和订货管理。UPC码是行业标准的12位条形码,用于产品识别和检查价格,并记录交易。EDI是在计算机间交换商业单证,它要求公司将其业务单证转换成行业标准格式,并传输到某个增值网(VAN),贸易伙伴在VAN上接收到这些单证,然后将其从标准格式转成自己系统可识别的格式。EDI可传输的单证包括订单、发票、订单确认、销售和存货数据及提前运输通知等。

(2)固定周期补货。功能性商品一般不会受流行趋势的影响,因而可以不通过考察来确定其重新订货量。QR的功能性商品的自动补货是基于过去和目前销售数据及其他一些因素定期预测,要求供应商在保证零售商的商品供应的基础上,更频繁、更快地运输商品。

(3)先进的补货联盟。零售商和供应商联合起来检查销售数据,制订未来的需求计划和预测,在降低库存水平的基础上,保证补货业务的流畅,加快周转速度,提高投资毛利率。

(4)零售空间管理。零售空间管理是根据每个店铺的需求模式规定其经营的花色品种和补货业务。

(5)联合产品开发。这一步主要是革新性产品的设计和开发。它要求厂商和零售商联合开发,缩短从新产品概念到上市的时间。

(6)快速反应的集成。这一步要求企业通过重新设计业务流程,将前五步的工作与公司整体业务集成起来,支持公司战略发展。这不仅需要公司在供应链上努力,还需要公司在组织结构、业绩评估系统、业务流程和信息系统上调整。

2. 有效客户反应

有效客户反应(ECR)是美国食品杂货行业为了应对由于零售业态间的竞争激化导致的日益膨胀的促销费用和高额的库存成本压力而应运而生的。

(1)ECR的含义。ECR是生产厂家、批发商和零售商等供应链节点相互协调和合作,并以用更低的成本满足消费者需要为目的的供应链系统。ECR作为一种活动,主要由贯穿供应链各方的四个核心过程组成,即店铺空间安排、商品补充、促销活动和新商品开发与市场投入(见图15—9)。

(2)ECR的构建。ECR的构建主要是要把市场营销、物流管理、信息技术和组织革新技术有机结合起来,以实现加强协调,满足消费者需要的目标。

ECR系统中的营销技术主要是商品类别管理和店铺货架空间管理。商品类别管理就是企业按顾客的需要和购买方法对经营的商品按类别分类,确定每个类别商品的功能、作用、收益性、成长性等指标,并综合考虑各类商品的库存水平和货架展示等因素,制订商品品种齐全计划,管理整个商品类别,提高消费者满足度和企业经济效益。店铺空间管理就是按不同商品类别分配和展示安排货架面积,以提高单位营业面积的

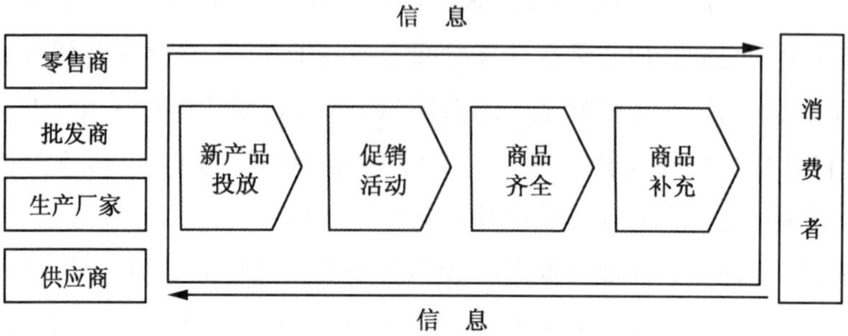

图 15—9 ECR 的供应链过程

经济效益。

ECR 系统可以通过连续库存补充计划、自动订货、预先发货通知、供应商管理库存、直接转拨和店铺直送，达到商品的即时配送和顺畅流动。

ECR 系统应用的主要信息技术有电子数据交换(electronic data interchange, EDI)和销售时点信息(point of sale, POS)。

ECR 系统的实施需要企业内部各部门以及各节点企业之间的紧密协调和合作，所以，需要革新企业组织以适应 ECR 系统的要求。企业内部组织革新就是改变原来的按采购、生产、物流、销售各职能划分的组织形式，采用按商品类别的管理团队为单元的组织形式。即给每个商品类别分配一个管理团队，并制定各种考核指标，配以相应的采购、品种选择、库存补充、价格设定、促销等方面的权限。企业间的组织革新要求各个企业都按商品类别革新内部组织结构，这样两个合作企业的同种类别的商品管理团队就可以协调经营问题，这需要高层的支持。这样就引申出创造的利益如何在供应链中分配的问题。这需要各个企业变原来的基于部门和产品的成本计算方式为基于活动的成本核算方式，即成本按活动来分摊。

第三节 企业物流战略及组织

一、企业物流管理概述

企业物流是企业生产经营的组成部分，也是社会大物流的基础。在企业经营范围内，由生产或服务活动所形成的企业内部的物品实体运动就是企业物流的范畴。

1. 企业物流的概念

2007 年的《国家标准物流术语》认为："物流是指物品从供应地向接收地的实体流动中，根据实际需要，将运输、储存、装卸、搬运、包装、流通加工、配送、信息处理等功能有机结合来实现用户要求的过程。”企业物流是企业内部的物品实体流动。它是企业在生产运作过程中，物品从供应、生产、销售以及废弃物的回收和再利用所发生的运输、储存、装卸、搬运、包装、流通加工、配送、信息处理等活动。从系统论的角度来说，企业物流是一个具有承受外界环境中输入、转换和输出的自适应体系。

(1)企业物流系统的输入。输入是指企业生产活动所需生产资料的输入供应，即供应物流。适时、适量、齐备、成套地完成供应活动是保证企业顺利进行生产经营的基础。一般供应物流具体包括生产资料的采购、运输、库存管理、用料管理和供应输送等。图 15－10 给出了原材料及设备采购工作方法阶段的物流示意图。

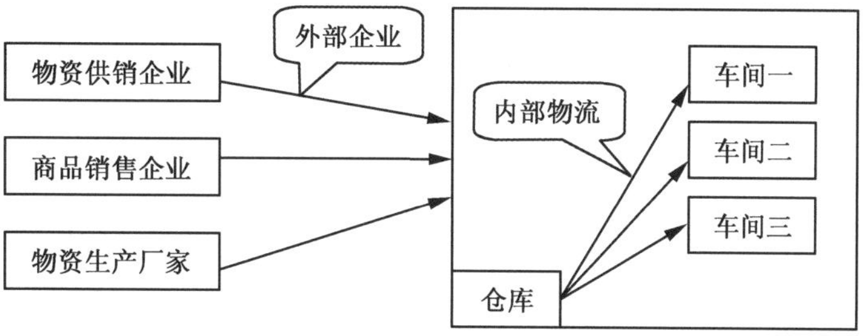

图 15－10　原材料及设备采购供应阶段的物流

(2)企业物流系统的转换。企业物流系统的转换是指企业生产物流，即厂区物流、车间物流等。生产物流是生产过程中，原材料、在制品、半成品、产成品等在企业内部的实体流动。生产物流是企业按生产流程的要求，组织和安排物资在各生产环节之间进行的内部物流。图 15－11 为机械加工企业生产阶段的物流情况。

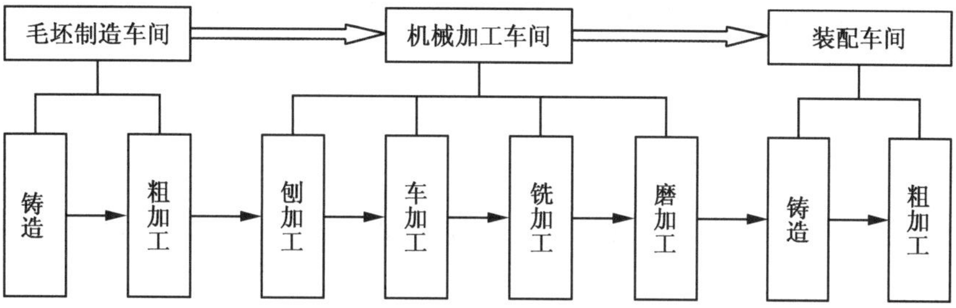

图 15－11　机械加工企业生产阶段的物流示意图

生产物流主要包括：物流的速度；物流的质量，即物资损耗少；物流的运量，即物资的运距短等内容。

(3)企业物流系统的输出。销售物流是企业物流的输出系统，承担着完成企业产品的输出任务，并形成对生产经营活动的反馈因子。销售物流是为了实现企业产品的销售。它服务于客户的企业物流，其运行的优劣不仅直接影响客户的生产经营活动，也会影响自己的经济效益。

2. 企业物流的分类

从不同的角度，企业物流可以被分成不同的类型。如按企业性质的不同划分为工业生产企业物流、农业生产企业物流、批发企业物流、配送企业物流、仓储企业物流、第三方企业物流和零售企业物流。而工业和农业生产企业物流，根据主体物流活动的区别，又可以分为供应物流突出类型、生产物流突出类型和销售物流突出类型以及废弃物流突出类型。批发企业物流根据地位的不同可以分为大型企业销售网络中的批发企业和独立批发企业。零售企业物流主要有三种：一般多品种零售企业、连锁店型零售企业和直销企业。

另外，还可以按物流活动的主体分为企业自营物流、专业子公司物流、第三方物流。

3. 企业物流管理的内容

企业物流管理就是对企业内部的物流活动进行计划、组织、指挥、协调、控制和监督的活动，从而达到物流功能的最佳组合，在保证物流服务水平的前提下，实现物流成本的最低化。要达到物流管理的目标，需要对物流活动的诸要素、物流系统诸要素和物流职能进行管理。

(1)物流活动诸要素的管理。包括运输管理、储存管理、装卸搬运管理、包装管理、流通加工管理、配送管理、物流信息管理和客户服务管理。

(2)物流系统诸要素的管理。包括对物流从业人员的管理、物资的管理、资金的管理、设备的管理、方法的管理和信息管理。

(3)物流职能的管理。包括物流计划管理、物流质量管理、物流技术管理和物流经济管理。

二、企业物流战略

企业物流战略作为企业经营战略的一部分，必须在企业整体经营战略的规划下，设计企业物流战略。

1. 企业物流战略概述

(1)企业物流战略的含义。企业物流战略作为企业职能战略之一，它是企业针对内部物流的目标、任务和方向而制定得更为具体、操作性更强的有关本部门的行动指南。作为一种战略，它应该具有所有战略的基本特征：目的性、长期性、竞争性和系统性。

(2)企业物流战略的目标。企业物流战略的根本目标是服务于企业总体经营战略的实现。具体来说，有三个目标：降低成本、减少资本和改进服务。降低成本就是通过对不同的备选方案的评价和选择，将与运输和存储相关的可变成本降到最低；减少资本就是使企业的物流系统的投资回报最大化；改进服务是在考虑到物流成本的前提下，努力提高物流的服务水平。

2. 企业物流战略的内容

企业的物流战略作为一个子战略，除了服从于整体经营战略外，还要与其他战略相互衔接和配合(见图 15－12)。

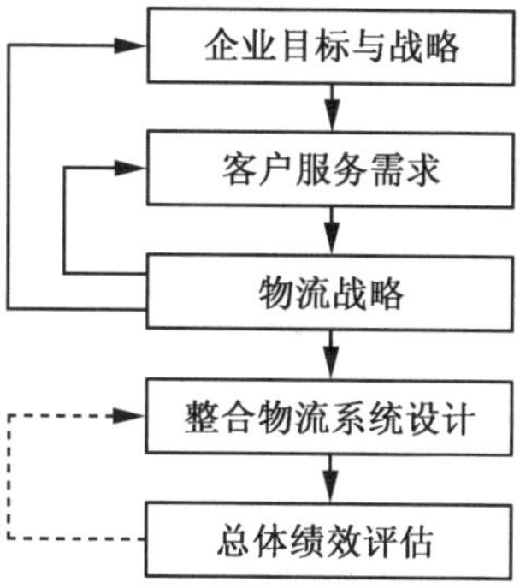

图 15－12　物流战略的流程

企业物流战略计划主要解决四个问题。

(1)客户服务需求的目标。客户服务水平的决策比任何其他因素影响都要大。因为对任何企业来讲，客户服务水平高低的决策都有一个“临界点”，当低于这个临界点时，客户服务水平低，因而对物流系统要求低，投资也低；当高于这个临界点时，客户服务水平高，但后果是对物流系统的投资也高，甚至是投资成本超过了其收益。

(2)设施选址战略。存货地点及供货地点的地理分布构成了物流计划的基本构架。好的设施选址应考虑到产品转移过程及成本和客户需求，做到两者的最佳匹配。其内容主要包括确定设施的数量、地理位置、规模、分配设施所服务的范围。

(3)存货战略。存货战略是指存货管理方法的选择，基本上可分为存货分配到储存点与通过补货自发拉动库存两种战略。另外，还包括不同产品品种存放地点的选择，以及存货水平的决策。

(4)运输战略。运输战略主要包括运输方式、运输批量、运输时间及运输路线的选择。另外，库存水平也影响运输批量等。

3. 基本时间的物流战略

信息与通信技术的发展使得信息的交换成本不断降低。企业物流战略就可以利用信息技术来加快存货的周转速度及信息的交换，降低预测和配送过程的不确定性。基于时间的物流战略是指在适当的时间完成一定的作业，以减少物流总成本，包括延迟战略(postponement)和运输集中战略(consolidation)。

(1)延迟战略。即延迟提供了一种减少物流预估风险的战略。在传统安排中,大多数的库存运动和储存是按照对未来交易的预估进行的。如将一种产品的最后制造和配送延期到收到了客户的订单后,则不合适或错误的生产及库存部署就能自动被减少或被消除。因此两种延迟形式:生产延迟(或形成延迟)和物流延迟(或时间延迟),对于形成物流是至关重要的。

20 世纪 90 年代的全球竞争气候使得以反应为基础的生产能力将重点放在适应客户要求的灵活性上。生产延迟的主张是,按一张订单在一段时间里生产一种产品,在获知这个客户的精确要求和购买意向之前,不做任何准备工作或采购部件,但这会失去大规模生产的经济性。生产延迟的目标在于尽量使产品保持中性及非委托状态,理想的延迟应用是制造相当数量的标准产品或基础产品以实现规模化经济,而将最后的特色推迟到收到客户的委托以后。这就很好地解决了大规模制造的经济性优势与顾客需求的多样化之间的矛盾。

生产延迟的影响有两个方面。首先,销售预估的不同产品的种类可以减少,因此,物流故障的风险较低。其次,更多地使用物流设施和渠道关系来开展轻型生产和最后的集中组装。产品的客户化在最接近客户终点市场的地方被授权和完成。

物流延迟的基本观念是在一个或多个战略地点预估全部货品,而将进一步库存部署延迟到收到客户的订单之时。一旦物流程序被启动,所有的努力都将被用来尽快将产品直接向客户方向移动。这样,配送的预估性质就被彻底删除而同时保留着大规模生产的经济优势。

许多物流延迟的应用包括服务供给部分,关键的与高成本的部件保存在中央库存内以确保所有潜在用户使用。当某一种部件的需求发生时,订单通过电子通信传送到中央库存区域,使用快速、可靠的运输直接装运到服务设计。结果是以较少的总体库存投资改进了服务。

物流延迟以快速的订单和发送替代在当地市场仓库里预估库存的部署。与生产延迟不同,系统利用物流延迟,在保持完全的生产规模经济的同时,使用直接装运的能力来满足客户服务要求。

生产及物流延迟均服务于减少商务的预估性质。然而,这两种延迟模式以不同的方式减少风险。生产延迟集中于产品,在物流系统中移动无差别部件并根据客户在发送时间前的特殊要求修改;物流延迟集中于时间,在中央地区储存不同产品,使用要求的存货数量。倾向于哪种形式的延迟取决于数量、价值、竞争主动性、规模经济,以及客户期望的发送速度和一致性。图 15－13 给出了延迟战略的示意图。

(2)运输集中战略。物流战略的难点之一就是如何获得运输的规模经济性。预期

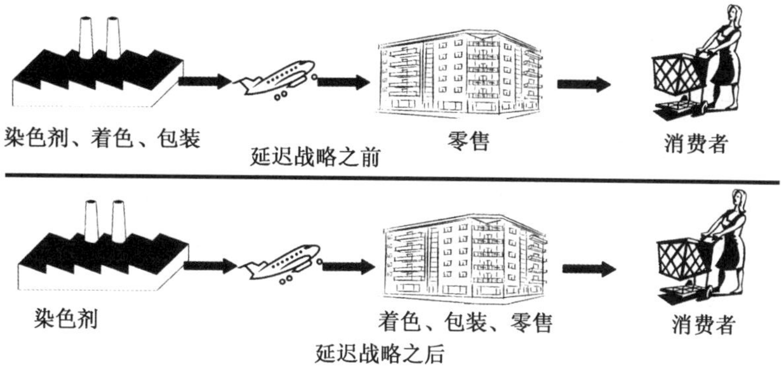

图 15－13　延迟战略示意图

性物流安排便于运输业务的集中，而利用延迟战略，以反应为基础的物流则应以小规模、不稳定的运输形式进行。基于时间的物流战略试图将不同预测需求的影响从安全库存要求转换到小规模的运输要求。为了在基于时间的物流战略中维持运输成本不变，管理重点是在开发与实现集中化运输上。集中化运输的实现依赖于可靠性、当前和计划的库存状态信息和有计划的生产。从运作的角度看，有三种方法可以实现有效的集中运输，即市场区域的集中、计划发送和协同配送。

市场区域的集中即将同一区域市场的不同客户的小批量需求集中起来运输。为了弥补客户数量的不足，通常使用三种集中运输安排：第一，将货物送到配送中心，货物在那里分装，再运到目的地；第二，在特定日期，按计划将货物送到目的市场；第三，利用第三方物流。

计划发送即指在固定的日期内将货物发运到特定市场。这通常要与客户沟通，强调集中运输的互利性。公司向客户承诺，所有在某一日期前收到的订单都保证在预定之日送货。

协调配送即通常由货运代理、仓储或运输公司为同一市场中的多个货主安排集中运输。这通常用于具有大批量的长期的配送合同。

第四节　第三方物流

第三方物流是物流专业化的重要形式，而且第三方物流的占有率是物流业发展水平的重要标志。

一、第三方物流概述

1. 第三方物流的含义

随着社会分工的发展和市场环境的变化,“第三方物流”作为一种新的物流形态引起了企业的重视。无论是在国外还是在国内,领先企业的物流模式已开始向第三方物流转变。随着企业物流实践的发展,第三方物流的内涵和应用继续扩大,不断出现新的理念、新的手段和方法,推动物流行业的发展。

所谓第三方物流,是指生产经营企业为集中精力搞好主业,把原来属于自己处理的物流活动,以合同方式委托给专业的物流服务企业,同时通过信息系统与物流服务企业保持密切联系,以达到对物流全程的管理和控制的一种物流运作与管理方式。因此第三方物流也称合同制物流。

我国的国家标准《物流术语》中,对第三方物流的表述是:“由供方与需方以外的物流企业提供物流服务的业务模式。”

2. 第三方物流的产生和发展

第三方物流的概念源于企业业务的外包。在欧洲,“第三方物流”作为一项外包行业,已经有好几百年的历史,物流领域许多著名的企业在中世纪都有踪迹。目前,“第三方物流”在欧洲的比重远远大于美国。欧洲的“第三方物流”公司大致可以分为四个层次:一是服务范围广泛的大型物流企业,二是从事传统物流的物流公司,三是新兴的“第三方物流”公司,四是大型国有机构加入的第三方物流公司。欧洲的第三方物流企业,以汽车制造厂家和家电生产厂家为主要顾客,以制造业为中心开展物流服务。

随着社会经济的发展,第三方物流越来越体现出它的优势和作用,全球第三方物流市场规模已从2010年的5 416亿美元增长至2018年的8 196亿美元。其中,亚太地区增长较快。

2018年,亚太地区第三方物流市场规模达3 220亿美元,占全球比重达到39.3%;第三方物流行业分析指出,北美、欧洲分列第二、第三,市场规模分别为1 997亿美元、1 736亿美元,占比分别达24.4%、21.2%。

在亚太地区中,中国第三方物流市场表现尤其突出。第三方物流概念在20世纪90年代中期传入国内,经过多年的发展,第三方物流已有长足进步,特别是随着外资企业的进入和市场竞争的加剧,企业对物流重要性的认识逐渐深化,对专业化、多功能的第三方物流需求日渐增加。

2018年,中国第三方物流收入规模1 638亿美元,第三方物流占物流市场8.0%的份额。发达国家的实践证明,独立的第三方物流要占到社会物流的50%以上,物流产业才算成熟,未来几年,我国第三方物流市场面临较大发展空间。

3. 第三方物流与传统的物流委托的异同

传统的物流委托是企业将物流活动的一部分，如货物运输、货物保管等交由物流公司承担，而库存管理、物流系统设计等物流管理活动还由企业自己做。物流企业只是站在自己经营的角度以费用加利润的方式定价、收取服务费，接受企业的物流委托。

第三方物流企业则是站在货主的立场上，以货主企业的物流合理化为设计物流系统运营的目标。而且第三方物流企业不一定都要有物流作业能力。从发达国家的实践看，即使第三方物流企业保有物流设施，也是将使用本企业设施的比例控制在两成左右。在实践中，第三方物流的形态多种多样。一般来说，货主企业承担物流系统的运营和管理；第三方物流则设计物流系统，物流作业活动则交由货运公司（见表 15－1）。

表 15－1　　第三方物流与传统物流的比较

功能要素	第三方物流	传统物流
合约关系	一对多	一对一
法人构成	数量少(对用户)	数量多(对用户)
业务关系	一对一	多对一
服务功能	多功能	单功能
物流成本	较低	较高
增值服务	较多	较少
质量控制	难	易
运营风险	大	小
供应链因素	多	少

二、第三方物流的发展模式

从发展方向看，第三方物流发展有两种方向：纵向延伸（见图 15－14），实行功能多样化；横向扩展（见图 15－15），实行经营规模化。当然也可以同时采取这两种模式。

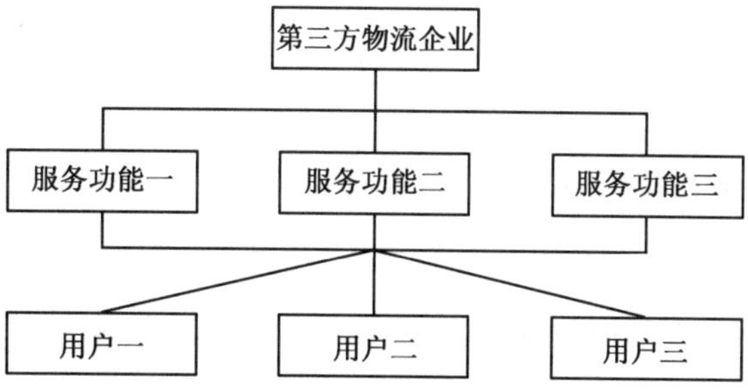

图 15－14　第三方物流服务模式——纵向延伸

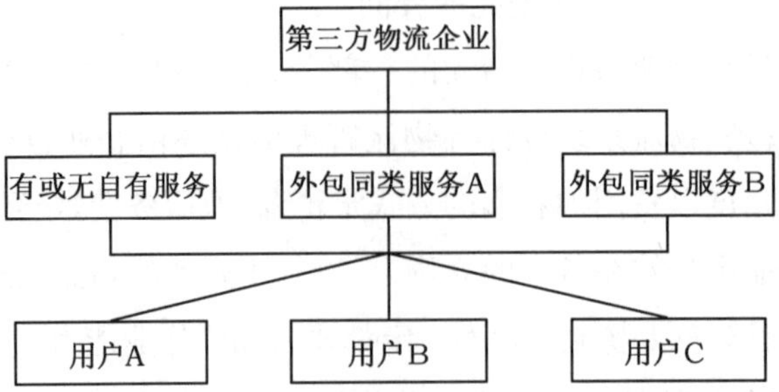

图 15—15　第三方物流服务模式——横向扩展

史蒂文·E. 莱希(Steven E. Leahy)等对第三方物流的研究,产生了代表第三方物流服务企业与客户之间成功的 25 个因素(见表 15—2)。

表 15—2　　第三方物流成功关系的决定因素(0=不重要;4=重要)

因　素	平均等级
1. 为顾客着想,对顾客需求反应迅速,这包括提供者能顾客化或为顾客提供定制服务	3.57
2. 可靠性——以一致与可靠的方式提供服务	3.54
3. 变通——不断改进,提供者能适应不断变化的商业环境,提高内在能力不使系统中断	3.38
4. 准时——提供给使用者的服务与信息迅速与及时	3.32
5. 方便——提供者是随时准备的、合作的和容易做生意的	3.30
6. 控制与工作评价——在提供者与购买者之间有关于工作评价标准的合同	3.30
7. 改进服务——提供者能同时提供高水平服务的外协	3.27
8. 相互信任与为对方考虑——使提供者与使用者双方都清楚经营目标与动力	3.27
9. 集中主业——使提供者与使用者双方专业化于他们的主业	3.24
10. 整个组织的投入——具有多层次的合作,包括提供者与使用者的高层管理人员	3.24
11. 提供者具有顾客的业务知识,对对方的能力与局限性有清楚的认识	3.22
12. 成本的节约——提供者可以同时以低成本外包	2.19
13. 强调长期关系——提供者与购买者的关系是合约而不是交易者的关系	3.14
14. 管理专业知识——提供者雇用有经验的专家管理供应链的所有方面	3.11
15. 共享相关信息——建立信息系统、程序与会议,使使用者与提供者共享相关信息	3.11
16. 合作方具有最新技术——使购买服务方能使用最新技术和设备而无投资负担	3.08
17. 财务实力——提供者与使用者的财务状况保证有资源供应	3.08

续表

因　素	平均等级
18. 渠道观点——所有参与方从总渠道或供应链的系统观点着眼处理它们之间的关系	3.05
19. 享有共同目标(价值一致)——提供者与作用者的企业文化与哲学一致，具有共同的目标	2.98
20. 具有解决问题与争议的指南——建立对双方都有利的发现和讨论问题的程序	2.98
21. 提供服务的数量——提供者提供整套综合增值服务，满足顾客的需要	2.81
22. 利益风险共享——建立激励计划，包括对任何提供者与使用者的合作性努力的利益与风险共享	2.78
23. 提供者对外部或竞争环境的知识——提供者具有竞争对手、行业规章、政治和市场条件的知识	2.76
24. 有退出条款——稳定的关系依赖于买卖双方当考虑长期利益时，能进出自由	2.65
25. 设备与人力资源的共享——提供者与费用者共享设备与雇员	1.87

总之，要成为一个优秀的第三方物流提供商，应具备以下特点。

(1)完善的客户服务功能。第三方物流作为一种服务性企业，在激烈的市场竞争条件下应该具有3CS的观念，即向顾客提供服务，以达到顾客满意直至达到顾客成功。服务应该始终围绕着客户的需求来制定，同时要尽可能地创造顾客需求。这就要求第三方物流公司在为客户提供基础性的服务(如运输、存储等)的同时，积极向客户提供定制化的增值服务。优秀的第三方物流公司能够研究分析客户的需求，精心设计出新型的服务项目，供客户选择。

(2)完善的配送网络建设。企业选择第三方物流公司的重要标准，是看企业产品的目标市场是否在物流提供商品的网络范围之内，并且网络要适应企业目标市场的动态增长。随着商品经济的发展，企业的目标市场已经延伸到全国甚至是全球，这就要求第三方物流企业在配送网络方面，能够给客户更多的选择。

(3)高度的信息化。高度的信息化表现在物流信息处理的电子化和计算机化、物流信息传递的标准化和实时化、物流信息收集的数据库化和代码化。这就要求建立先进的信息管理系统，运用条码技术、数据库技术、电子订货系统，快速反应和有效客户反应等。

(4)优秀管理团队的建设。物流技术是不断发展的，第三方物流企业在运用物流技术的过程中要不断地创新和发展，同时现代的第三方物流要求有高素质的管理团队与之相适应。他们应该在为顾客提供最满意的服务方面达成共识，树立与顾客达到共赢而不是零和博弈的思想。

第三方物流企业要站在货主企业的角度提供有利于物流合理化的综合物流服务，必须熟悉货主企业、物流活动的发展规律，具有物流系统开发和创新的能力。

本章小结

1. 供应链管理是企业在放弃原来的纵向一体化管理模式基础上发展起来的，目前对供应链的研究主要集中在三个方面：供应链建模技术、供应链管理技术和供应链管理的支持技术。从不同角度可以将其划分为：稳定的/动态的供应链、平衡的/倾斜的供应链、有效性/反应性供应链等。同时，还可以根据供应链中各主体的地位分为：以生产商为主体的供应链、以批发商为主体的供应链和以零售商为主体的供应链。供应链管理的实质就是在满足顾客需求与降低成本之间寻求平衡。

2. 供应链的构建应与企业战略保持一致。在设计企业供应链时，应坚持七项设计原则：自上而下与自下而上相结合原则、简洁性原则、集优化原则、协作性原则、动态性原则、创新原则和战略性原则。供应链的设计应坚持按一种适合企业的框架进行。一般来说，有三种基本的供应链设计策略：基于客户需求的供应链设计策略、基于成本核算的供应链设计策略和基于多代理的集成供应链设计策略。在选择供应链合作伙伴时，要考虑到工艺与技术的连贯性、企业的业绩与经营状况、信息交流与共享以及双方企业文化与价值观的差异等。目前在实践中，存在的选择供应链合作伙伴的方法有：直观判断法、招标法、协商选择法、采购成本比较法、层次分析法和神经网络算法等。在供应链管理实践中主要有快速反应和有效客户反应两种方法。

3. 物流战略是企业重要的职能战略，它应服务于企业总体战略的实现。企业物流系统是一个输入、转换和输出的自适应系统。企业物流战略计划主要解决四个问题：客户服务需求的目标、设施选址战略、存货战略和运输战略。由于信息与通信技术的发展，基于时间的物流战略得到广泛应用。它包括延迟战略和运输集中战略。

4. 第三方物流是目前物流业中发展较快的领域。它的产生已经有好几百年的历史，从 20 世纪 90 年代开始迅猛发展，我国的第三方物流也有了相当的发展，而且发展速度惊人。第三方物流与传统的委托物流的区别在于，第三方物流是从货主的角度，为货主物流的合理化提供物流设计服务。目前第三方物流主要有功能多样化的纵向发展模式和经营规模化的横向发展模式。第三方物流的建设成功取决的因素很多，最重要的是完善的客户服务功能、完善的配送网络、高度的信息化和优秀的管理团队。

复习思考题

1. 什么是供应链及供应链管理？
2. 如何理解供应链管理的运营机制？
3. 论述设计企业供应链应坚持的原则。
4. 论述企业供应链管理的方法。
5. 什么是企业物流战略？企业物流战略主要解决哪些问题？
6. 什么是第三方物流？高效的第三方物流应具备哪些条件？

案例思考

赫辛农场

1983年康拉德(Conrad)和伊丽莎白·科尔(Elizabeth Kole)搬进赫辛(Hessingen)农场,由于市场价格较低,过去几年他们从牛奶和其他农产品中获得的收入下降了,只能通过其他资源增加收入,包括把旧仓库改成度假屋。

8年前,伊丽莎白接管了一小块地开始种香草。她把一部分香草卖给那些想用新鲜的有机食品做饭的当地人,过往游客也会买一些不寻常的纪念品,于是香草业开始发展起来。5年前,伊丽莎白又开始种植更多不常见的香草,把种植区扩大到了第二块地,并且开设了一个游客点。现在人们开始关注香草的生长和制作,并且品尝各种食物。3年前,伊丽莎白引入一系列新的香草产品。这是一次很大的扩张,把农场的一些房屋改成"香草厨房",制作烹调用品(如酱油、调味品和腌泡汁)和香料(花朵、盆栽和干香草做成的小香袋),还有称为"健康材料"(传统上认为香草混合物具有良好效果)的产品。现在这个农场作为一个旅游景点对外做广告。农场的网站起到了重要的作用,伊丽莎白通过网站收集订单。目前可以向当地人送100包货物(距离大约50公里),向更远的客户邮寄200包货物。

香草作为一个规模较小的产品,开始只是为了给农场带来一些额外收入,但是现在已经成了农场的主要业务。伊丽莎白正在考虑进一步扩大生产范围,把有的工序转移到15公里以外的工业区。要是这样的话,需要的销售量大约是目前邮寄量的10倍。伊丽莎白计划通过邮寄订购和网站的使用增加销售量。

资料来源:[美]唐纳德·沃特斯著:《物流管理概论》,电子工业出版社2004年版。

问题:

1. 伊丽莎白如何组织她的物流?她的目标和应优先考虑的问题是什么?
2. 业务扩展对物流带来何种影响?伊丽莎白将会面临什么问题?为了克服这些问题她该怎么办?

第十六章　管理创新

学习目标

1. 掌握创新的概念；
2. 理解管理创新的概念和内容；
3. 了解企业管理发展的趋势。

关键术语

创新　管理创新　战略联盟　虚拟经营　人本管理　企业再造　柔性管理

引入案例

IBM 经验谈：百年历程，智慧转型

在 30 年中，从百年老店 IBM 的身上，我学到了些什么？第一条：（企业）如果想要存活 100 年，需要永远引领商业应用趋势；第二条：大胆进取；第三条：必须把文化视为一种竞争性武器。

永远引领商业应用趋势

第一：永远引领商业应用趋势。有这样一句话，“不是每棵树都能成为参天大树”。开始 IBM 的名字是 CTR。IBM 在 1911 年刚刚诞生时是做什么的？IBM 生产打卡机、钟表，还制造奶酪切片机和肉切片机。这不是今天我们所认识的 IBM。我必须和大家说及这一经验教训。如果不能影响未来客户，那我们将无法生存。另外一句对那些在业务成长中的公司大有裨益的老托马斯·沃森先生的名言是，“公司永远不要认为自己今天生产的产品会满足十年之后的客户,永远不要这么认为”。当时,老托马斯·沃森来到公司,他说:“大家知道,仅生产多样化产品是不够的,这不会长久。”IBM曾经几乎忘记它。

大胆进取

那是个人电脑时代,公司当时差点要垮掉了。IBM是世界上最早发明了个人电脑的公司之一,但是之后便迷失其中。那时,IBM忘记了“必须生产未来产品”的经验教训。那时,IBM几乎濒临死亡。后来,我们认识到企业需要革新自己的业务以创造更高价值,同时我认为这条经验教训适合于任何公司,包括当今中国那些(新发展起来的)年轻公司。经验教训的核心是必须不断寻求更高价值。因此,这么多年来,我们一直不断推出各种新产品,变革新业务。同时,我们卖过食物加工设备,卖过存储器,卖过硬盘。现在,取而代之,我们努力提供软件、服务、解决方案等业务,在中国,很多公司现在也都集中在这一业务领域。所以说,第一条经验教训是,要想避免商品同质化,你必须寻求更高价值。第二条经验教训是,不断大胆进取,也就是敢于冒险。历史告诉我们,很多公司失败的原因是行动缓慢,决策迟疑。想想网络革命,往事历历在目。很多公司经过一段时间之后便灭亡了,为什么?新兴业务模式的出现。它引发业务模式的革新。大家在录像中是否注意到,IBM在1960年进行了重大投资——System-360。现在大家拥有的一切都可以编程,所以我们很容易把这视为理所当然的事。两个时代,到今天为止,有两个计算机时代。开始是计数,机器是用来计数的。之后添加了新内容,那就是制表机。制表机持续了好几十年。到了1960年,IBM推出System-360,这是第一台可以编程的计算机。我想给同学们深入地解释一下。其实这是计算机的第二个时代——编程时代。从开始的制表,到今天的编程。顺便说一下,超级计算机系统“沃森”,它会让我们见证第三个时代。回到System-360,这是一次巨大的投资。我们在System-360上的投资很大,并从此开启了一个黄金时代。

把文化视为一种竞争性武器

你必须对有些事情深信不疑,否则你也许会在决策中犯错。所有重大举措必是建立于一个基本信念。收购普华永道是因为我们坚信客户希望从IBM得到更加创新和整合的服务,IBM必须建设一整套新的技能。完成这么大型的收购,冒险是值得的。不同于收购专利中的某项设备,我们清楚地知道如何准备、接收,当收购涉及人员的时候,人是可以选择离开的。我们必须坚定不移。这是我首要看重的事情,大胆决策必须基于我们对要做的事情有着非常强大的信念和热情。或者,大家认为文化对于企业而言是一个可用于竞争的武器吗?第三条,也是最后一条经验教训,我们认识到文化是公司所拥有的最重要的竞争性武器之一。我想告诉大家我是如何定义文化的。首先,你能够有意识地重新定位“公司文化”,文化即行为。文化是根植于信念的一系列行为之和。有时人们说，文化表现为在无人关注下人们的所作所为。思考未来时，我想与大家分享三种文化，三种可能影响未来的文化，即系统化思考的文化、形成分析的文化和服务于更高目标的文化。这三种文化会涉及你经营的业务，影响你的发展之路，我们认为这三种文化会在未来几十年起作用。

资料来源：IBM公司全球高级副总裁兼销售、市场与战略部门总经理 Ginni Rometty 在同济大学做的一次演讲摘录，编者有删节。

第一节　企业创新

一、创新概述

1. 创新的概念

德鲁克认为，创新是企业家特有的工具，是一种赋予资源以新的创造财富的行为。对企业来说，创新不仅是寻求新技术，而且也包括寻求新产品、新原料、新市场、新管理制度和新的方法等。创新不仅是构想出新的东西，而且要实际做出新的东西。创新是企业家精神的核心。企业家通过创新可以产生新的资源来创造财富，或者使现有的资源具有更大的创造财富的能力。创新不仅涉及新材料、新机器，而且涉及新知识、新技能、新组织设计、新方法的引进。

2. 创新的类型和原则

熊彼特将创新分为技术创新和制度创新两大类，并把它概括为以下五种形式：生产新的产品，引入新的生产方法、新的工艺过程，开辟新的市场，开拓并利用新的原材料或半制成品的供给来源，采用新的组织方法。

德鲁克在他的《创新与创业精神》一书中，提出了六条创新原则：有目的、有计划的创新，首先就要从分析各种创新机会开始；走出去观察、询问和倾听，研究潜在顾客的期望、价值观和需求；有效的创新必须简单集中，最好是只做一件事；有效的创新开始时要小，只做一件具体的事情就行；创新一开始就要树立充当领导潮流的奋斗目标，争取成为未来的发展方向；要立足现在，即为现在创新，而不要企图为未来创新。

总的原则是，企业创新基本思路是有计划、有步骤地放弃老产品、放弃正在过时的东西。企业不要为保护过时的东西花费更多的人力、物力、财力和时间，而应当把这些用到创新方面。

二、创新策略

1. 首创型创新

首创型创新，是创新度最高的一种创新活动。其基本特征在于首创性。例如，率先推出全新的产品，率先开辟新的市场销售渠道，率先采用新的广告媒介，率先改变销售价格等，所有这些行为都是首创型创新。

首创型创新具有十分重要的意义，因为没有首创，就不会有改创或仿创。每一项重大的首创型创新，都会先后在不同地区引起一系列相应的改造型创新和仿创型创新活动，从而具有广泛又深远的创新效应。对于企业来说，首创型创新可以开辟新的市场领域，提高企业的市场竞争力，获得高额利润。对于处于市场领先地位的企业来说，要想保持自己的市场领先地位，就必须不断地开展首创型创新。

一般来说，首创型创新活动风险较大、成本较高，相应的利润也较高。由于市场需求的复杂性和市场环境的多变性，以及生产、技术、市场等方面的不确定性，首创型创新活动具有较大的不确定性和风险性。另外，要开辟一个全新的市场，企业必须先进行大量的市场开发投资，包括市场调查、产品开发、设备更新、组织变动、人员培训、广告宣传等市场开发费用。当然，如果首创型创新获得成功，企业便会因此获得巨大的市场利益。如果首创失败，企业就会蒙受一定的损失。

首创型创新是一种高成本、高风险和高报酬的创新活动。因此，在采用首创策略时，创新者应根据实际情况，充分考虑各种创新条件的影响，选择适当的创新时机和方式，及时创新。

2. 改创型创新

改创型创新的目标是改造和再创造已有的首创，在现有首创的基础上，充分利用自己的实力和创新条件，对他人首创进行再创新，从而提高首创的市场适应性，推动新市场的不断发展。这是一种具有中等创新度的创新活动。改创型创新策略，是介于首创型战略与仿创型战略之间的一种中间型创新战略。

改创性是改创型创新战略的基本特征。改创者不必率先创新，而只需改良或变造首创者的创造，因此，改创者所承担的创新成本和风险比较小，而所获创新收益却不一定比首创者少。当然，改造也是一种创造，也具有一定的风险。

首创是重要的，改创也是重要的，如果没有首创，便没有改创的前提和基础。然而，如果没有改创，许多首创便没有市场发展前景。例如，飞机、汽车、计算机等首创产品，如果没有后来的不断改进和再创新，也就不会有今天这样的市场大发展。

3. 仿创型创新

仿创型创新策略是创新度最低的一种创新活动，其基本特征在于模仿性。模仿者既不必率先创造全新的新市场，甚至也不必改造首创。仿创者既可以模仿首创者，又可以模仿改创者，其创新之处表现为自己原有市场的变化和发展。一些缺乏首创能力和改创能力的中小型企业，往往采用模仿策略，进行仿创型创新。一般来说，仿创者所承担的市场风险和市场开发成本都比较小。虽然仿创者不能取得市场领先地位，却可以通过自己某些独占的市场发展条件获取较大的收益和竞争优势。例如，仿创者可采取率先紧跟首创者的策略，从而取得时间优势；或者采用市场割据策略、低成本战略，从而取得市场上的价格竞争优势。

仿创有利于推动创新的扩散，因而也具有十分重要的意义。任何一个首创者或改创者企业，无论它拥有多大的实力，也无法在一个比较短的时期内占领所有的市场。因此，一旦首创或改创获得成功，一大批仿创者的出现就成为必然。

总之，在制定创新策略时，不同的企业应该选择一个适当的创新度，适度创新。所谓适度创新，就是既要适应市场需求的发展状况，又要适应本企业的创新条件。只有这样，创新者才能充分利用和发挥本企业的创新优势，尽量减少或避免创新的风险，提高创新的效果，促进企业的发展。

三、企业创新的内容

从总体上看，企业创新体系由以下四个方面的内容构成。

1. 制度创新

制度创新也称组织创新，是企业创新的保障。它是指随着生产的不断发展而产生的新的企业组织形式。组织是对资源的一种配置方式，它包括对人力、物力和财力资源及其结构的稳定性安排。从企业发展史看，企业组织形态的演变，由家庭的“纵向一体化”到分料，到户制，到工场作坊，到简单的工厂制，到合股公司、股份公司以及股份公司的横向一体化即法人互相持股，都是组织创新的结果。

2. 技术创新

技术创新是指一种新的生产方式的引入。所谓新的生产方式，具体是指企业从投入品到产出品的整个物质生产过程中所发生的“突变”。它既包括原材料、能源、设备、产品等硬件创新，也包括工艺程序设计、操作方法改进等软件创新。第二次世界大战后，技术创新对经济发展起了日益广泛和深刻的推动作用，人们通过自己的日常观察便可察觉这种变化。

3. 市场创新

伴随着新技术的出现和新产品的开发，必然带来企业对新的市场的开拓和占领，继而引起市场结构的新变动和市场机制的创新问题。所谓市场创新，是指企业从微观的角度促进市场构成的变动和市场机制的创造，以及伴随新产品的开发对新市场的开拓、占领，从而满足新需求的行为。企业市场创新着重于市场开拓，以开拓新的市场、创造新的需求，提供新的满意为宗旨。

4. 管理创新

管理创新是企业创新的基础，也是企业创新的重点。

第二节　管理创新

一、管理创新的概念

管理创新是指创造一种新的更有效的资源整合范式，它既可以是全过程管理，也可以是目标细节管理，是创新理念及创新行为在企业管理层次上的延伸，在企业的生存与发展中占据十分重要的位置。管理与创新是企业持续发展的永恒主题。管理创新具有以下特点。

(1)管理创新是目的明确的活动，它的直接目的就是创新管理，最终目的就是达到企业的整体效率和效益的目标。因此，应该有计划、有步骤地开展企业的管理创新活动。

(2)管理创新是具有能动性的实践活动，即企业的管理创新活动是对企业内外部环境的变化做出的及时反应，是管理活动主动适应环境变化的过程，它既包括企业受到激励而产生的主动创新，也包括在受到外界压力不得已的情况下产生的被动创新。

(3)管理创新活动中引入的新的管理要素或要素组合方式包括：一种新的经营理念、一种新的管理制度、一种新的组织结构、一种新的管理方式、一种新的管理模式等。

(4)管理创新不仅是指自主创新，即“创造”出一种新的更有效的整合协调资源的范式，也可以是模仿性创新，即吸取引用其他企业的创新成果，为我所用。

企业在激烈的市场竞争中为了生存和发展的需要，必须不断进行管理创新。也只有实施管理创新，才能让企业在管理机制方面具有灵活性和优越性，才能赢得长久的竞争优势。管理创新同制度创新、技术创新和市场创新一起，形成了企业创新的四大支柱。管理创新在提高企业经济效益、降低交易成本、稳定企业、推动企业发展等方面起着重要的作用，它也是产业创新、市场创新的保障。

二、管理创新的内容

1. 经营理念和战略创新

创新是企业活力和竞争力的源泉，而创新能力来自创新思维。在知识经济已初显端倪的今天，能否树立创新思维是关系到企业兴衰存亡的重大问题。企业管理理念创新，就是企业为了取得整体优化效益，打破陈规陋习，克服旧有思想束缚，树立全新的管理理念。理念创新直接地表现为一种创造性思维活动，它深刻地影响企业的行为和效益，是企业管理创新的灵魂。经营理念的创新首先要树立“全面价值”观念，实施可持续发展战略，同时要树立培育核心竞争力的理念，实施专业化发展战略。除此之外，要树立竞争理念，实施战略联盟发展战略，从而逐步调整企业的经营理念和发展战略。

2. 管理组织结构创新

组织结构是企业运行赖以支撑的架构，我国企业正在进行制度创新，在新的制度下，组织结构必须有相应的变革与创新，以有机和弹性为基本特征，适应变化的环境。目前，尤其在国有控股公司、集团公司、投资管理公司等的构造方面，其组织结构的创新特别重要，否则企业制度的改革不可能真正成功。

企业目标能否顺利实现，很大程度上取决于企业组织能否有效运行和组织功能是否正常发挥。因此，在管理创新的过程中，组织结构能否根据外界环境的变化，通过再设计以适应管理创新的需要就成为管理创新活动成败的关键。扁平化、柔性化、网络型组织结构已经成为企业组织结构创新的方向，尤其是当企业组织选择创新作为最基本的战略时，网络结构是最能够体现对变化的动态适应性和创新性的弹性化的组织结构。

3. 管理机制和模式创新

管理方式就是指管理的方法与管理的形式，它是企业资源整合过程中所使用的工具，直接涉及企业资源的有效配置。管理方式的创新主要有两个方面：一个是单一性的管理方式的创新，如库存管理方法、网络计划技术、ABC 管理法等；另一个是综合性的管理方式的创新，如制造资源计划、全面质量管理、计算机集成制造系统等。概括起来，管理方式的创新主要包括以下几种情况：采用一种新的领导方式、采用一种新的管理手段、提出一种新的资源利用措施、采用一种有效的业务流程、创设一种新的工作方式等。

管理模式是指基于整体的一整套相互联系的管理理念、管理制度、管理方式方法的总称，它是一个综合性和全面的管理范式，它与企业的特点有密切的关系。也就是说，能够结合企业的特点创造出全新的管理并获得成功，这就是管理模式的创新，例如集成管理、危机管理、企业再造等。管理模式的创新还可以在企业某一个具体管理领域中做出，即领域管理模式的创新，如生产管理模式、财务管理模式、人事管理模式等方面的创新。

专栏

熊彼特创新理论的观点

第一，创新是生产过程中内生的。他说：“我们所指的‘发展’只是经济生活中并非从外部强加于它的，而是从内部自行发生的变化。”尽管投入的资本和劳动力数量的变化,能够导致经济生活的变化,但这并不是唯一的经济变化;还有另一种经济变化,它是不能用从外部加以数据的影响来说明的,它是从体系内部发生的。这种变化是那么多的重要经济现象的原因,所以,为它建立一种理论似乎是值得的。这种经济变化就是“创新”。

第二,创新是一种“革命性”变化。熊彼特曾做过这样一个形象的比喻:你不管把多大数量的驿路马车或邮车连续相加,也绝不能得到一条铁路。“而恰恰就是这种‘革命性’变化的发生,才是我们要涉及的问题,也就是在一种非常狭窄和正式的意义上的经济发展的问题。”这就充分强调创新的突发性和间断性的特点,主张对经济发展进行“动态”性分析研究。

第三,创新同时意味着毁灭。一般来说,“新组合并不一定要由控制创新过程所代替的生产或商业过程的同一批人去执行”,即并不是驿路马车的所有者去建筑铁路,而恰恰相反,铁路的建筑意味着对驿路马车的否定。所以,在竞争性的经济生活中,新组合意味着对旧组织通过竞争而加以消灭,尽管消灭的方式不同。如在完全竞争状态下的创新和毁灭往往发生在两个不同的经济实体之间;而随着经济的发展,经济实体的扩大,创新更多地转化为一种经济实体内部的自我更新。

第四,创新必须能够创造出新的价值。熊彼特认为,先有发明,后有创新;发明是新工具或新方法的发现,而创新是新工具或新方法的应用。“只要发明还没有得到实际上的应用,那么在经济上就是不起作用的。”因为新工具或新方法的使用在经济发展中起到作用,最重要的含义就是能够创造出新的价值。把发明与创新割裂开来,有其理论自身的缺陷;但强调创新是新工具或新方法的应用,必须产生出新的经济价值,这对于创新理论的研究具有重要的意义。所以,这个思想为此后诸多研究创新理论的学者所继承。

第五,创新是经济发展的本质规定。熊彼特力图引入创新概念以便从机制上解释经济发展。他认为,可以把经济区分为“增长”与“发展”两种情况。所谓经济增长,如果是由人口和资本的增长所导致的,并不能称作发展。“因为它没有产生在质上是新的现象,而只有同一种适应过程,像在自然数据中的变化一样。”“我们所意指的发展是一种特殊的现象,同我们在循环流转中或走向均衡的趋势中可能观察到的完全不同。它是流转渠道中的自发的和间断的变化,是对均衡的干扰,它永远在改变和代替以前存在的均衡状态。我们的发展理论,只不过是对这种现象和伴随它的过程的论述。”所以,“我们所说的发展,可以定义为执行新的组合”。这就是说,发展是经济循环流转过程的中断,也就是实现了创新,创新是发展的本质规定。

第六,创新的主体是“企业家”。熊彼特把“新组合”的实现称为“企业”,那么以实现这种“新组合”为职业的人们便是“企业家”。因此,企业家的核心职能不是经营或管理，而是看其是否能够执行这种“新组合”。这个核心职能又把真正的企业家活动与其他活动区别开来。每个企业家只有当其实际上实现了某种“新组合”时才是一个名副其实的企业家。这就使得“充当一个企业家并不是一种职业，一般来说也不是一种持久的状况，所以企业家并不形成一个从专门意义上讲的社会阶级”。熊彼特对企业家的这种独特的界定，其目的在于突出创新的特殊性，说明创新活动的特殊价值。但是，以能否实际实现某种“新组合”作为企业家的内在规定性，这就过于强调企业家的动态性，这不仅给研究创新主体问题带来困难，而且在实际生活过程中也很难把握。

第三节 企业管理发展的趋势

企业管理是伴随经济社会的发展以及企业的不断进步而发展的。进入 21 世纪后，在世界新技术革命、全球经济一体化的不断推动下，企业外部经营环境和企业内部管理环境发生了一系列深刻的变化，使企业管理表现出一些新的发展趋势。

一、企业管理的现代化趋势

企业管理现代化是为适应现代生产力发展的客观要求，根据市场经济规律，运用科学的思想、组织、方法和手段，有效管理企业的生产经营活动，使之达到或接近国际先进水平，创造最佳经济效益的过程。

企业管理现代化的主要内容包括管理思想、管理组织、管理方法、管理手段和管理人才的现代化。管理思想现代化是指现代企业生产经营应有的指导思想，它在企业管理现代化体系中居于主导地位。现代化管理思想大致可包括：人才第一的思想、民主管理的思想、现代经营思想、管理系统化思想、时间和信息是现代经营主要资源的思想，以及提高经济效益的思想等。

管理组织现代化，就是要根据企业的具体情况，从提高企业的生产经营效率出发，按照职责分工明确、指挥灵活统一、信息畅通、准确和精兵简政的要求，设置以技术和专业人才为基点的扁平型组织结构，合理配备人员，并建立健全以责任制为中心的、科学的、严格的规章制度，保证生产经营工作有条不紊地进行。

在知识经济时代，企业经营不仅强调灵活性，更强调效率，强调企业内部各部门之间、企业与企业之间的协调合作，强调资金、技术、设备、人力及信息资源的充分利用，使得企业管理的难度加大。因此，要求在总结和继承传统的思想教育、行政、经济、法律和数学方法的基础上，积极推广先进的管理方法，如目标管理、市场预测、决策技术、价值工程、统筹法、优选法、ABC 管理法、量本利分析、滚动计划、看板管理等，并在管理实践中注重知识研究和开发，创造和总结新的管理方法。

由于知识在经济中的作用不断增强，企业之间的竞争、联合方式、供需双方的交易方式、销售渠道等均将发生新的变化，这就要求企业根据需要和可能，在管理工作中采用现代化的管理工具(包括计算机及网络、机器人、办公自动化设备等)。

现代化大生产是以现代科学技术为基础的，要驾驭现代企业的生产经营过程，必须拥有相当数量的具有各种专业知识和技能，有比较丰富的实践经验，头脑敏锐，视野开阔，善于吸收国内外先进科学技术成就和管理经验的开拓型人才。

二、跨国公司及战略联盟的新发展

跨国公司盛行于 20 世纪 70 年代，但在最近十年跨国公司的数量及规模又有了很大的发展。跨国公司已成为当今世界经济发展和竞争的主角，它们以庞大的规模和雄厚的实力左右着世界经济的发展。

随着世界经济日益朝着一体化方向发展，为了实现优势互补，共享资金、技术等有限资源，获取更多的利润，跨国公司之间的战略联盟也得到了很大发展。跨国公司之间的战略联盟是指两个或两个以上的跨国公司出于对整个市场的预期目标和企业战略目标的要求，在一个领域或几个领域的范围内达成协议，长期合作。其特点是联合的各方都保持经营的独立性，它们之间的联合是一种松散的联合。战略联盟是企业全球化的一种最高形式，是企业之间竞争与合作并存的一种新形式。

三、虚拟企业组织形式广泛利用

虚拟企业，是一种在互联网上与其他企业、能力共享的一种全新的企业组织形式。它与传统实体企业的不同之处在于，其工作人员运用网络加强彼此之间的联系，跨越时空及组织共事。虚拟企业是由许多独立企业组成的临时性组织，目的在于及时利用变化多端的各种机会。虚拟企业的组织形式有利于发挥每个伙伴的优势，创造一个“一切都最优”的组织结构；便于相距遥远的企业，借助信息网络，彼此联系，共同工作；虽然这种伙伴关系并不持久，但伙伴关系成员之间彼此信赖，相互信任，注重利用各种机会。这种虚拟的组织形式是流动的和灵活的，它既无总部，也无组织章程；既没有固定的管理层次，也没有上下级的关系。这种正在发展的新的企业组织形式在知识经济时代必将得到更广泛地利用。

四、企业再造方兴未艾

企业再造又称企业再生，就是从根本上重新设计企业原有的基本信念和业务流程，使之合理化，以期增强企业的应变能力。企业再造是在企业外部环境变化日趋加快、竞争空前激烈的情况下出现的，它能够克服传统管理中的弊端。如企业一经建立，各方面的基本制度、工作程序一经形成，企业便陷入长期僵化，出现应变能力下降、停滞不前的状况。由于企业再造理论真正把企业看作与外部环境相适应、相协调的系统，迎合了企业管理的实际需要，因而近年来十分盛行。

五、人本管理和知识管理受到重视

知识是唯一在使用过程中不被消耗，可以通过创新而不断增值，能为全社会共享的资源。基于这样的认识，美国企业不断扩展企业员工的知识面，增加其掌握的知识量，提高知识和技术才能，并纷纷将“智力资本”列入发展计划。以追求知识资本给企业带来的巨大收益。通用电气公司投入 3 亿美元，用于职工通过“六西格玛”培训计划等，均在知识化上向前大大迈进了一步。由于美国企业重视“智力资本管理”，美国从业人员结构产生了新变化，企业“蓝领工人”明显减少，“白领人员”明显增多。工业部门工人数占劳动力比重从 33％下降到 17％，新就业者中“知识工人”占 90％。

在当今社会，人逐渐成为一项最重要的资源，人力资本的素质关系到企业的成败。在企业中一定要坚持以人为本的管理思想，激励和调动人才的主动性、积极性和创造性，实现人与企业共同发展、共同促进。人本管理将成为优化管理的重要发展方向，其主要表现是：在向人力资源开发的转变过程中，传统的人事管理将发展为人才开发管理；加强职工培训和继续教育，注重智能资本投资，开发职工的创造力；树立企业精神，建设企业文化和企业形象的活动将进一步向纵深发展。

六、刚性管理向柔性管理过渡

以“刚性管理”为基本内容的泰勒制，促成了由传统的经验管理向科学管理的转化，开创了科学管理的新纪元，大大提高了企业的生产效率。但“刚性管理”过分强调“以规章制度为本”，是一种机械的、非人性化的管理，其结果是不能充分发挥人的能动性和创造性的。而柔性管理是指以人为中心，依据企业的共同价值观和精神，以及文化氛围的人格化管理。

柔性管理本质上是一种“以人为中心”的管理，同样，人力资源配置柔性化要求用“柔性”的方式管理和开发人力资源。决策的最优化准则向满意准则的转变，也就是从刚性向柔性的转变。在信息网络技术的推动下，产品柔性生产正从制造领域向设计、物流、销售等领域延伸，实现从产品决策、产品设计、生产到销售的整个生产过程自动化和智能化。

专栏

数字化转型及其路径

数字化转型就是利用数字化技术推动企业组织转变业务模式、组织架构、企业文化等的变革措施。数字化转型旨在利用各种新型技术，如移动网络、互联网、社交媒体、大数据、机器学习、人工智能、物联网、云计算、区块链等一系列技术为企业组织构想和交付新的、差异化的价值。采取数字化转型的企业，一般都会追寻新的收入来源、新的产品和服务、新的商业模式。因此数字化转型是技术与商业模式的深度融合，数字化转型的最终结果是商业模式的变革。

埃森哲的研究团队认为，数字化转型的最显著特征就是通过数字化应用提升运营效率。中国各行业的数字转型水平整体仍处于初级阶段，尽管过去多年来中国各家企业都关注数字化转型，但转型紧迫感和举措执行力并不强。

麦肯锡全球研究院在2017年12月报告中（该报告研究了中国22个行业的数字化水平）提出“数字化”包括三个方面的内容：资产数字化、运营数字化、劳动力数字化。

IBM认为数字化就是通过整合数字和物理要素，规划整体战略，实现业务模式转型，并为整个行业确定新的方向。根据IBM研究分析，转型的战略途径主要有三种：(1)注重客户价值主张；(2)注重运营模式转型；(3)从整体和整合的角度，将前两种途径结合起来，同时转型客户价值主张和组织交付运作方式。

数字化转型包括三个方面：

转换——从传统的信息技术承载的数字转变成“新一代IT”的数字，实现技术应用升级。

融合——从实体状态的过程转变成信息系统中的数字，打通全方位、全过程、全领域的数据实时流动与共享，实现信息技术与业务管理的真正融合。

重构——在数字化实现精准运营的基础上，加快传统业态下的设计、研发、生产、运营、管理、商业等的变革与重构。

本章小结

1. 创新是企业家特有的工具，是一种赋予资源以新的创造财富的行为。对企业来说，创新不仅是寻求新技术，而且也包括寻求新产品、新原料、新市场、新管理制度和新的方法等。创新有五种基本形式：生产新的产品，引入新的生产方法、新的工艺过程，开辟新的市场，开拓并利用新的原材料或半制成品的供给来源，采用新的组织方法。

2. 创新策略主要有首创型创新、改创型创新和仿创型创新等。从总体上看，企业创新体系主要由制度创新、技术创新、市场创新和管理创新四个方面的内容构成。

3. 管理创新是指创造一种新的更有效的资源整合范式，它既可以是全过程管理，也可以是目标细节管理，是创新理念及创新行为在企业管理层次上的延伸。管理创新主要包括经营理念和战略创新、管理组织机构创新、管理机制和模式创新。

4. 企业管理发展的主要趋势有：企业管理呈现代化趋势，跨国公司及战略联盟得到了快速发展，虚拟企业组织形式广泛采用，企业再造方兴未艾，人本管理和知识管理受到重视，刚性管理向柔性管理过渡等。

复习思考题

1. 你是如何理解创新概念的？
2. 创新策略有哪些？
3. 管理创新的主要内容有哪些？
4. 谈谈你对企业管理发展趋势的理解。
5. 人本管理的重要意义有哪些？
6. 知识管理的现状是什么？
7. 分析我国推进自主创新的现实性和必要性。

案例思考

解读苹果产品战略的本质

在 2010 财务年度，苹果公司的营业收入达到 652 亿美元，净利润达 140 亿美元，分别比 2009 财务年度增长了 152%和 170%。苹果公司的股价也再创新高，2011 年 4 月底，其股价为每股 350 美元，市值达 3 238 亿美元，为全球市值最高的 IT 企业。1997 年乔布斯回归苹果公司时，苹果公司的股价则徘徊在 5 美元左右。在乔布斯回归之后的 13 年间，苹果公司的股价涨幅为 70 倍。是什么造就了苹果公司今天的辉煌？

产品战略的本质：用户体验至上

乔布斯的理念是，苹果的产品是个人工具，帮助个人解决问题。苹果没有选择机构或企业作为其客户，而是以个人作为目标客户。事实上，苹果公司从未成功地推出过面向企业的产品，这使得苹果公司专注于个人用户的体验。从某种意义上讲，苹果公司的成功来自对人们如何使用电脑设备的透彻理解，以及开发“酷毙了的产品”的高度承诺。

作为一家电子消费品企业，始终坚持不变的是满足消费者的体验需求，不断推出能更好满足消费者体验的产品。即使在产品非常畅销的时候也依然推陈出新。

从消费者角度而言，用户体验至上意味着既要充分考虑顾客的需求，又要考虑顾客的承受能力。苹果公司早期的产品，如 1983 年推出的丽萨(Lisa)电脑，是世界上首款采用图形用户界面和鼠标的个人电脑(远远早于微软公司 Windows 系统的出现)。虽然丽萨电脑在技术上全面领先 IBM

兼容机，用户不必用键盘敲入命令，还可以同时运行几个程序，但由于其与IBM兼容机不兼容，甚至不兼容苹果Ⅱ，且售价高达1万美元，因此苹果公司很快就放弃了该产品。

从iPod到iPod Touch，从iPhone到iPhone4，从iPad到iPad2，苹果公司每一次产品升级，都大大提升了消费者的用户体验。

在上一代iPod Touch、iPhone、iPad还在热销之际，苹果公司却在不断研发并连续推出新一代产品。作为一家高科技公司，苹果公司始终坚持不变的是产品创新。作为一家电子消费品企业，苹果公司始终坚持不变的是满足消费者的体验需求，不断推出能更好满足消费者体验的产品。

设计思想：另类思考

1997年，乔布斯专门创意了“Think Different”（另类思考）的广告语，一方面让消费者重新认识苹果，更重要的是激发公司员工的创新动力。

在苹果公司，所有的一切都深深地打下了苹果联合创始人乔布斯的思想印记。在领导设计麦金托什电脑（Macintosh）时，乔布斯认为，顾客要买的其实不是产品本身，而是要用产品完成任务或解决问题。麦金托什电脑不应只是一个设备，它应该使客户喜欢使用电脑。乔布斯一贯强调，苹果应该开发出酷毙了、顾客看一眼就会喜欢上的产品。

对乔布斯和他的开发团队的骨干而言，其设计的电脑应该既能帮助顾客完成工作，又让顾客喜欢使用电脑。他们认为，对潜在的电脑使用者而言，如果他们能掌握复杂的电脑并且愿意花钱，苹果电脑的设计就是要让他们喜欢上电脑，用户应该能够看到苹果电脑给他们带来的好处，也乐意享用这些好处。只有显著地简化电脑的复杂程度，才能使顾客相信电脑是有用的。因此，苹果特别推崇设计时的简单易用。为了实现简单易用这一目标，苹果公司在产品设计时就专注于顾客的想法和需求，以及顾客如何与产品互动。当设计人员确信其抓住了客户的想法和需求时，再设法从工程技术上实现。重要的是，在设计阶段需要创造和创新，在工程技术上同样需要创造和创新。在这种理念的指导下，用户往往只需要按一个键，就可以完成其想要实现的功能，例如，iPod、iPhone、iPad的操作均极为简单，以致销售的产品中不附带产品说明书。

简化是苹果公司产品设计流程里最重要的一步，iPod、iPhone、iPad等苹果产品的设计中无不体现出对“简单即是美”这一逻辑的推崇。正如1983—1993年担任苹果公司CEO的斯科利回顾他与乔布斯共事经历时所说的，乔布斯是个极简主义者，乔布斯总相信，你做的最重要的决定并不是你要做的事情，反而是你决定不去做的事情。

乔布斯同时又是个完美主义者。在产品系统设计、外观设计及工业设计中，乔布斯极力捍卫他的完美主义的理念。他追求每个步骤每个细节的精准，做事有条不紊，细心谨慎，尽善尽美。体现在产品设计中，苹果公司高度关注细节。苹果公司认为，虽然并不是所有用户都关注每一个细节，但从总体来说，关注很小的细节非常重要，人们之所以喜欢苹果产品，这是其中的原因之一。关注细节，经常可以帮助发现产品即使不具有某些功能时人们也可以正常使用，也可以帮助发现公司能在其他方面开发出什么东西。iPod和iPod mini、iPod Nano、iPod shuffle的设计理念就来自对细节的关注。

设计时专注于顾客想法和需求，专注于简单易用，苹果公司实际上抓住了用户体验最实质的东西。当苹果产品以精致诱人的造型面市时，就已经超越了时尚。在乔布斯看来，从设计意图，到概念的提出，到实现概念的整个产品设计过程，一直到用户使用该产品的体验，最后到外在的华丽外形，都体现了“简单即终极复杂”的设计理念。

企业文化的灵魂:创新

在苹果公司联合创始人乔布斯看来,历史上没有一家大公司曾成功地持续创新,而长盛不衰的关键正是完全地、纯粹地创新。这种想法使得乔布斯始终把创新放在第一位。如何激发并保持员工的创造力,是苹果公司成立之初无法回避的问题。

个人主义至上是创立之初的苹果公司激发员工创造力的重要法宝。苹果公司鼓励个人主义,个人主义可以创造差异,苹果公司倾向于雇用那些有思想、懂得自我激励的人。在乔布斯的领导下,苹果公司在成立之初就形成了一种充满活力和创造力的企业文化。苹果的文化鼓励努力工作,强调个人成就。这种文化使得苹果公司开发出令人不可思议的产品,如苹果Ⅱ型电脑成为计算机行业的领导者,其市场份额在1980年底即达25%。

反主流文化是苹果企业文化的另一个重要元素。从百事可乐总裁一职来到苹果公司的斯科利在1983年担任苹果公司CEO后发现,这家鼓励个人主义的硅谷新贵的工作环境充满了反主流文化。员工们坚信,苹果公司的动力来自他们,管理层的角色是为他们创造能够激发他们创造力的、最佳的工作环境。无疑,苹果公司的这种文化与那些有着悠久历史的大公司有明显的不同。斯科利清楚地认识到,个人主义至上的企业文化在激发员工创造力、使苹果公司保持创新精神的同时也给苹果公司带来了一些消极后果,甚至带有破坏性。斯科利所做的是,在不牺牲创造力和苹果公司精神的前提下,为苹果带来组织和营销的规范。他之后的两任CEO斯宾德勒、阿梅里奥也延续了他的做法。一直到乔布斯1997年回归苹果公司,苹果的创新文化始终坚持如一。正如乔布斯所说的那样,在苹果公司,创新想法可能来自员工在走廊上不期而遇的随意交谈,或者员工夜里10点半互相打电话讨论刚刚想出来的好的创意,或者是某个人产生了一个前所未有的好主意而临时召集的6人会议。

值得一提的是,在乔布斯于1985年离开苹果公司后,时任CEO的斯科利在苹果公司1988年的重组中,专门成立了一个高技术小组(Advanced Technologies Group,ATG),其使命是探索革命性的创意和高风险技术,以保持苹果公司的技术优势。

创新是苹果文化的灵魂。在苹果公司的历史上,似乎从未有过克隆其他公司产品的历史。从苹果Ⅱ开始,到乔布斯重返苹果公司的十几年时间,苹果在微机史上创造了许多第一,其中,苹果Ⅱ和麦金托什机对计算机行业产生了革命性的影响。在乔布斯离开的12年间,苹果公司虽遭遇数次危机,导致3次变更CEO,但从未停止创新。

创新文化,使得苹果几乎每年都有新的产品问世。苹果推出的几乎每一款产品,都带给客户最新的体验,引领着时代的潮流。1978年4月推出的苹果Ⅱ是当时最先进的电脑;1983年推出的丽萨电脑也是当时世界上最先进的;1984年推出的麦金托什电脑,设计精美、技术领先,是当时最容易使用的电脑。乔布斯回归苹果之后,先于2001年1月份发布了用于播放、编码和转换MP3文件的工具软件iTunes,改变了流行音乐世界;2001年11月推出了引领音乐播放器革命的iPod,以及用于将MP3文件从Mac上传输到iPod上的工具软件iTunes2;2007年6月推出了改变智能手机市场格局的iPhone;2010年4月发布的iPad则让平板电脑成为一种潮流,极有可能改变PC行业的未来发展。

即便在经营最困难的时候,苹果也不曾改变创新;即便在产品非常畅销的时候,苹果也依然推陈出新。对创新的热爱,以至于偏执,是苹果能够坚持到今天的一个关键因素。

资料来源:陈武朝:《解读苹果产品战略的本质》,价值中国,2011年12月27日。

问题：

1. 管理创新的制约因素有哪些？

2. 小组讨论如何开展叫好又叫座的管理创新。

参考资料

[1]Bass, B. M. *Leadership and performance beyond expectations*. New York. The Free Press. 1985.

[2]Fred Luthans, *Introduction to Management*: *A Contingency Approach*, McGraw-Hill Book Company. 1976.

[3][美]约瑟夫・ M. 普蒂、海茵茨・韦罗奇、哈罗德・孔茨著:《管理学精要:亚洲篇》,机械工业出版社 1999 年版。

[4][美]斯蒂芬・P. 罗宾斯著:《管理学》(第 3 版),中国人民大学出版社 2003 年版。

[5][美]哈罗德・孔茨等著:《管理学》(第 7 版),经济科学出版社 1994 年版。

[6][美]马丁・坎农著:《管理学概论》,中国社会科学出版社 1989 年版。

[7][美]F. W. 泰勒著:《科学管理原理》,团结出版社 1999 年版。

[8][美]卡・海耶尔编:《管理百科全书》,上海辞书出版社 1991 年版。

[9][美]哈罗德・孔茨著:《再论管理理论的丛林》,中国社会科学出版社 1980 年版。

[10][美]丹尼尔・A. 雷恩著:《管理思想的演变》,中国社会科学出版社 2000 年版。

[11][法]H. 法约尔著:《工业管理与一般管理》,中国社会科学出版社 1982 年版。

[12][美]彼得・F. 德鲁克著:《管理——任务、责任、实践》(上),中国社会科学出版社 1987 年版。

[13][美]彼得・F. 德鲁克著:《管理的前沿》,译文出版社 1999 年版。

[14][美]F. S. 麦克劳林、R. C. 皮克哈德著:《管理决策的定量技术》,中国铁道出版社 1982 年版。

[15][美]彼得・F. 德鲁克著:《有效的管理者》,工人出版社 1989 年版。

[16][美]詹姆斯・L. 吉布森、约翰・M. 伊凡塞维奇、小詹姆斯・H. 唐纳利著:《组织学——行为、结构和过程》,电子工业出版社 2002 年版。

[17][美]菲利普・科特勒著:《营销管理》,上海人民出版社 2019 年版。

[18][美]迈克尔・A. 希特、R. 杜安・爱尔兰、罗伯特・E. 霍斯基森著:《战略管理——竞争与全球化》,机械工业出版社 2002 年版。

[19][美]乔杜里著:《六西格玛的力量》,电子工业出版社 2000 年版。

[20][美]加里・德斯勒著:《人力资源管理》(第 9 版),中国人民大学出版社 2017 年版。

[21][美]斯蒂芬・P. 罗宾斯著:《组织行为学》,中国人民大学出版社 2021 年版。

[22][美]唐纳德・沃特斯著:《物流管理概论》,电子工业出版社 2004 年版。

[23][英]唐娜・迪普罗斯著:《企业间文化优势》,万卷出版公司 2005 年版。

[24][英]乔恩休斯等著:《供应链再造》,东北财经大学出版社 2003 年版。

[25]周三多编:《管理学》,高等教育出版社 2014 年版。

[26]周三多等编:《管理学——原理与方法》,复旦大学出版社 2014 年版。
[27]许庆瑞编:《管理学》,高等教育出版社 2005 年版。
[28]尤建新等编:《企业管理概论》,高等教育出版社 2015 年版。
[29]黄渝祥编:《企业管理概论》,高等教育出版社 2000 年版。
[30]谭道明编:《企业管理概论》,武汉大学出版社 2000 年版。
[31]陈文安编:《新编企业管理》,立信会计出版社 2005 年版。
[32]王全喜编:《企业学导论》,南开大学出版社 2005 年版。
[33]金占明编:《企业管理学》,清华大学出版社 2002 年版。
[34]王方华、吕巍编:《战略管理》,机械工业出版社 2011 年版。
[35]王峰、吕彦儒等编:《市场营销》,上海财经大学出版社 2006 年版。
[36]财政部会计资格考试评价中心编:《财务管理》,中国财政经济出版社 2020 年版。
[37]财政部会计资格考试评价中心编:《中级会计实务》,经济科学出版社 2020 年版。
[38]杨先举编:《老子管理学》,中国人民大学出版社 2004 年版。
[39]倪德玲编:《最经典的管理思想》,经济科学出版社 2003 年版。
[40]姚炜著:《权变管理理论研究》,苏州大学出版社 2003 年版。
[41]张维迎著:《博弈论与信息经济学》,上海三联出版社 2002 年版。
[42]张维迎著:《企业的企业家——契约理论》,上海三联书店 1995 年版。
[43]吴诚编:《企业创新的原理和技法》,上海科学普及出版社 1997 年版。
[44]杨传华编:《如何制定工作计划》,北京大学出版社 2005 年版。
[45]吴培良主编:《企业领导方法与艺术》,中国经济出版社 1997 年版。
[46]巴斯克、艾索思著:《日本的管理艺术》,广西民族出版社 1984 年版。
[47]刘正周著:《管理激励》,上海财经大学出版社 1998 年版。
[48]梁钧平著:《人力资源管理》,经济日报出版社 1997 年版。
[49]郭凤涛:《浅谈企业的沟通管理》,《铁道工程企业管理》, 2005 年 5 月。
[50]成君忆著:《孙悟空是个好员工》,中信出版社 2004 年版。
[51]刘兴阳主编:《聆听智慧》,中国人民大学出版社 2006 年版。
[52]张仁德等主编:《企业文化概论》,南开大学出版社 2001 年版。
[53]林平凡等著:《企业文化创新——21 世纪企业竞争战略与策略》,中山大学出版社 2002 年版。
[54]刘光明等编:《企业文化》,广东经济出版社 2003 年版。
[55]刘志耀等编:《企业文化理论与实务》,中国经济出版社 2004 年版。
[56]刘光明编:《企业文化》,经济管理出版社 2001 年版。
[57]张云初等编:《企业文化资源》,海天出版社 2005 年版。
[58]安鸿章编:《工作岗位的分析技术与应用》,南开大学出版社 2001 年版。
[59]张建国等编:《现代人力资源管理》,西南财经大学出版社 2005 年版。
[60]杨清等编:《人力资源战略》,对外经济贸易大学出版社 2003 年版。
[61]丁利国等编:《人力资源管理》,西南交通大学出版社 2005 年版。
[62]赵永乐等编:《招聘与面试》,上海交通大学出版社 2006 年版。

[63]赵永乐等编:《工作分析与设计》,上海交通大学出版社 2006 年版。
[64]潘云良编:《人力资源管理与测评》,中共中央党校出版社 2004 年版。
[65]王世良编:《生产运作管理》,华文出版社 2001 年版。
[66]陈荣秋等编:《生产与运作管理》,高等教育出版社 1999 年版。
[67]吴清一编:《现代物流概论》,中国物流出版社 2003 年版。
[68]兰洪杰等编:《供应链管理》,清华大学出版社 2004 年版。
[69]徐绪松、吴强、马莉莉:《管理科学前沿问题研究》,《光明日报》,2005 年 9 月 20 日。
[70][日]大前研一等著:《创业者之道》,中信出版社 2006 年版。